HALT
TICKET OFFICE
540 CYN

NO DIRECTION HOME
THE LIFE AND MUSIC OF
BOB DYLAN

2

迷途家园：

鲍勃·迪伦的音乐与生活

[美]罗伯特·谢尔顿 —— 著
Robert Shelton

滕继萌 —— 译

重庆大学出版社

CONTENTS 目录

第七章　沉沦岁月
Several Seasons in Hell

我曾艰难前行于六条蜿蜒崎岖的大道上。

——鲍勃·迪伦，1963[1]

置身地狱，随波逐流；置身天堂，掌舵引航。

——萧伯纳《地狱中的唐璜》

我接受混乱，但我不确定它是否接受我。

——鲍勃·迪伦，1965[2]

你看上去真是个感情热烈的年轻人。

——卡尔·桑德堡如此评价迪伦，1964

上：舞台上，1964年新港。

右：维克多·梅穆德斯和鲍勃·纽沃尔什（Bob Neuwirth）与迪伦，迪伦正在试驾刚刚买来的特莱姆芙（Triumph）牌摩托车。

从1964年2月3日开始，迪伦开始了一次疯狂、颠覆且混乱的全国巡演，这次巡演持续时间长达两年半之久，期间几乎从未停歇。然而，在加入这位反英雄的巡演之前，让我们跟随迪伦的脚步，稍稍回溯一下过往。在前一个章节，我们重温了迪伦的舞台生涯、写作，以及摇滚诗篇，然而，迪伦个体之外的生活节奏大多是在1963年后才开始加快的：就在那一年，肯尼迪遇刺身亡，迪伦和女友苏西的感情破裂，但却得到了给予他痛苦远大于成就感的“汤姆·潘恩奖”。在写给《小字报》的信中，迪伦对这噩梦般的一年作了总结。1964年，迪伦决定重新上路去探索这个国家，当时他还不到23岁。

这段从纽约到加州的旅程开始于1964年2月，其中迪伦数次特地绕道去肯塔基州探望因罢工运动陷入困境的矿工，朝圣般地拜访了他的启蒙诗人卡尔·桑德堡，去新奥尔良参加了狂欢节，还与南方的民权斗士再度携手合作。计划内的演唱会实际只有四场。旅程中迪伦并没有带指南针，而是选择听从“灵魂指明的方向”[3]。人生不会永远一帆风顺，我们这位俄耳甫斯式的主人公在那时就进入了一段幽暗、沉沦的岁月。迪伦似惊雷一般在美利坚的广袤土地上轰鸣而过，穿过惠特曼笔下的那条“大路”，踏上了伽思礼的《艰难旅途》、凯鲁亚克的《在路上》、霍珀（Hopper）和彼得·方达（Peter Fonda）的《逍遥骑士》（*Easy Rider*）以及肯·凯西（Ken Kesey）的《迷幻的考验》（*Acid Tests*）中描绘的公路场景。在迪伦躁动不安、充满好奇与渴望的内心深处，是一股无法抑制的强烈冲动，使他的身体和灵魂时刻处于剧烈的运动状态。

在选择旅伴这件事上，迪伦处理得很谨慎。毕竟，在一辆小旅行轿车中协调好四个年轻人之间关系的神秘变化可不是件容易的事情。后来迪伦曾向我透露："我很幸运，不光是因为我挣了很多钱，还因为我能和很多有意思的人在一起。我无所畏惧，而且在我身边的人也从来不必害怕什么。财富、自由以及没有恐惧的状态，这正是我所追求的东西。"大多数时间负责驾驶和处理商务事宜的人是维克多·梅穆德斯（Victor Maimudes），他个子很高，不善言辞，有着深邃的目光和杂乱蓬松的头发，就像是克林特·伊斯特伍德（Clint Eastwood）和维托里奥·加斯曼（Vittorio Gassman）的综合体。他还有项特殊才能——知道什么时候能开口，什么时候该保持沉默。维克多梦想当一名演员，或者进入电影界，所以他时常会为自己的"怀才不遇"而愤愤不平，虽然他大部分时间都在扮演迪伦的仆从的角色，但他对迪伦极少有负面评价。

皮特·卡尔曼（Pete Karman）是罗托洛家族的老朋友了，他有份稳定工作，多以西装革履形象示人，有领带无数条，母亲玛丽·罗托洛称其为"可靠先生"。卡尔曼加入迪伦的团队纯粹是为了找乐子。他曾供职于《每日镜报》（*Daily Mirror*），后来又成为一本旅游杂志的编辑。他从未正面描绘过迪伦的这次旅行，只是叙述了旅途中的狂热状态以及理想幻灭的感受。一年前，卡尔曼刚刚造访了古巴。"毫无疑问，迪伦非常出色，但切·格瓦拉或许才是我见过的最杰出的人……切·格瓦拉或者是鲍勃·迪伦，虽然这两个人并不会亲手为你点上一支烟，但不可否认他们依然是我们这个时代最伟大的平民英雄。我以前经常叫迪伦'笨蛋'，总对他说：'你好吗，笨蛋？'那年我20岁，他才19岁。"而从旅程开始后，卡尔曼再也没这样称呼过迪伦。迪伦后来跟我说：“我们必须把皮特踢出去，并直接用飞机把他安全送回家去。”[4]

助演阵容中的最后一员是保罗·克莱顿，他是一个内向的歌手和民俗学家，有着耶稣式的胡子，性格温文尔雅。虽是一名学者，克莱顿有着浪漫的情怀，他希望能在舞台上现场表演他的老民谣歌曲。凭借着名下20张专辑，克莱顿曾被称作“美国最高产的年轻民谣歌手”，但他的知名度依然很低。尽管在民间文学领域拥有两个学位和深厚的知识储备，克莱顿始终保持着谦逊、朴实无华的品格，无论是对待艺术还是对待朋友，都是全心全意。当然，这些朋友里还没有一位有资格和迪伦媲美。卡尔曼曾透露，克莱顿似乎在整个旅途中都承载着某种莫名的压力。克莱顿此前一直和卡拉恋爱，而有时候克莱顿、迪伦以及罗托洛姐妹之间走得太近，以至于三方之间的矛盾也被成倍放大。据卡尔曼讲，克莱顿是整个旅途中嗑药最凶的人。（在事业挫折与毒品依赖的双重折磨之下，克莱顿选择了触电自杀，尸体于1967年4月6日在他家的浴缸中被发现。）

启程仪式有些杂乱无章。维克多匆匆向包里塞了几千美元的旅行支票，皮特则姗姗来迟，早上十点才出现在经纪人格罗斯曼的家里。一行人与苏西及范·容克家每个成员一一道别，收拾送给肯塔基矿工的一堆衣服也花了不少时间，所以他们在黄昏时分才踏上旅程，蓝色福特轿车里堆满了公文包、乐器和旧衣物。衣服送达后，迪伦常会坐在车尾，匆匆写下几句歌词，或是修改几处音符。在四人闲聊、娱乐的间隙，沉默往往成为主旋律。迪伦沉浸于独处的状态，似乎有种特殊气场环绕着他，使外人无法轻易接近。此次旅程中，迪伦至少创作了两首代表作，包括《自由的钟声》和《D调民谣》。

旅途的第一站是克莱顿大学母校的所在地——弗吉尼亚州的夏洛茨维尔，一座美丽又古老的城镇。18个月前，克莱顿带迪伦去了夏洛茨维尔的煤气灯酒吧，把迪伦引荐给比尔·克里夫顿（Bill Clifton）、迈克·西格尔等民谣艺人。克里夫顿后来回忆道："那是个美好的夜晚，我们沉浸在琴声和歌声中。"克莱顿在镇外有一间简陋的乡村小屋，但一行四人还是选择在克莱顿的朋友斯蒂夫·威尔逊（Steve Wilson）的家中过夜。他们买了20多张《时代在变迁》专辑沿途发放，镇上的学生和售货员都认出了迪伦。

次日清晨，一行人离开夏洛茨维尔，向肯塔基州东部进发。在弗吉尼亚州阿宾顿附近的"煤炭之乡"，车上多了位搭便车的年轻乘客——一名叫罗伯特·斯万（Robert Swann）的煤炭工人，他戴着工作时用的亮色头盔，脸上抹的全是煤灰。接过迪伦赠予的一张《放任自流》时，他显得很是感动。斯万同时扮演着向导的角色，把一行人领到哈兰郡，还带他们认识了一些矿工。他们驱车跨越哈兰郡，寻找罢工运动的领袖——哈米什·辛克莱尔（Hamish Sinclair），他在国家矿工委员会任秘书一职。辛克莱尔还曾在纽约的慈善义演上演唱，是他让纠察队和罢工者们团结在一起。他热情地迎接了迪伦一行人，他们一起把车上的旧衣物卸了下来。辛克莱尔当时正为监狱保释、谋求罢工者福利和安排法律程序的事情忙得不可开交。除了捐赠衣物之外，迪伦还想贡献更多的力量，比如举办一场慈善义演，而此时的辛克莱尔根本无暇顾及其他，于是就让迪伦一行人到罢工前线去，看望一下罢工者以及纠察队长杰森·康伯斯。然而迪伦一行人离开的时间比预想的要早，我猜想可能是由于迪伦触景生情，想起了自己早年在希宾时的痛苦经历。

汽车向东南方向行驶。第一晚，一行人选在派恩维尔的一家汽车旅馆过夜；第二晚，他们留宿在北卡罗来纳州的阿什维尔，这里是小说《你再也无法回家》（*You can't Go Home*）的作者托马斯·沃尔夫的故乡。虽然在营业期间这里的白人店铺老板也欢迎黑人顾客光临，但总体而言，阿什维尔的种族隔离依然根深蒂固。迪伦他们先来到一家黑人经营的球馆打了会儿保龄球和台球，随后又光顾了一家情色影院，迪伦发现银幕上的某个女孩竟然是以前格林尼治村煤气灯酒吧的服务员。

随后，他们抵达亨德森维尔（Hendersonville），此地离北卡罗来纳州的平岩（Flat Rock）不远。在那里，他们始终没有找到诗人卡尔·桑德堡的住所，反倒被指引到一个同名同姓的牧羊人的家中。出乎众人意料的是，此牧羊人正是那位大名鼎鼎的卡尔·桑德堡。对迪伦他们而言，桑德堡的名号可谓如雷贯耳，此次拜访，四人均是心怀敬仰之情。这位86岁的老人有着多重身份：诗人、林肯传记作者、收藏家以及民谣歌手。桑德堡与迪伦有着诸多相似之处，他生于美国中西部的一个移民家庭，年轻时崇拜惠特曼，而现在迪伦又崇拜桑德堡。用评论家哈维·布雷特（Harvey Breit）的话说，桑德堡"在伊利诺伊当过运牛奶的司机，在堪萨斯收割过麦子，在科罗拉多州洗过盘子，在奥马哈挖过煤，还在波多黎各当过士兵……他过了段浪迹天涯、四处谋生的日子，后来成为小说家、历史学家、传记作家和民谣艺人，最后当了牧羊人"。1919年，在一封写给主张反战的法国作家罗曼·罗兰的信中，桑德堡写下一段似乎是伍迪·伽思礼曾说过的话："我是世界产业工人组织的一员[5],但我不会随身携带那张象征身份的红色卡片；我也是一名无政府主义者，但我不从属于任何相关组织。我忠于自己追求的一切，但我从不签订任何契约。我不会理会那些安于现状的人，相反，我时时刻刻都和世界各地的每一位反抗者肩并肩。”

当四人的旅行车驶入桑德堡那座占地240英亩的康纳马拉农场时，迪伦一行人看见门廊处站着一位老妇人，好似诺曼·洛克维尔（Roman Rockwell）画中那种丰满的祖母形象，那人正是莉莉安·桑德堡（Lillian Sandburg）。对于这四个留着长发的年轻人的突然来访，她似乎并不感到吃惊。据皮特回忆，当时迪伦是这样自我介绍的：“我是个诗人，我叫罗伯特·迪伦。我想拜访一下桑德堡先生。”老妇人便走进屋子，随即消失不见。宁静安详的草坡上有羊在吃草，迪伦一行人的目光越过那里，望向远处舒格娄伏山映衬下的一片茂密森林。房屋后面生长着许多茁壮的松树，一直延伸到远处的大、小格拉西山。这座房子在一百多年以前由当时南方的财政部长克里斯多弗·梅明格（Christopher Memminger）修建而成，桑德堡和家人从1945年开始居住在这里，直至他1967年7月与世长辞。

经过漫长的等待，面容和蔼的老诗人终于缓缓走出房门，与众人见面。灰白的头发垂落在他的左耳上，脸上布满胡茬，显然他对仪表并不过分在意。桑德堡穿了一件旧的呢绒衬衫和一条宽松的裤子，绿色的遮阳帽檐下是一副玳瑁眼镜。他用深邃的目光打量着面前四名身穿粗布工装、夹克和牛仔靴的访客。

或许是直觉的驱使，他那双淡蓝色的眼睛锁定在迪伦身上。（皮特后来告诉我说：“桑德堡当时留意了每个人，但很明显他对迪伦的兴趣更大，从两人瞬间的眼神交流中就可以看出某种微妙的默契。”）桑德堡说道：“你们应该是准备充分了，我可有不少问题等你们来回答。你们这个团队看上去具备应对一切突发情况的能力。”话音落下，迪伦走上前，递上了一张《时代在变迁》，克莱顿也送给老作家一张自己的专辑。桑德堡坦言没接触过迪伦的作品，但自己热爱诗歌和民谣，认为两种艺术形式间有着密不可分的联系。迪伦一行人对桑德堡在音乐收藏领域的先驱成就表达了崇敬之情，也表明自己对桑德堡那张《美国歌集》（*American Songbag*）（1927年发行的一张民谣歌曲精选集，收集了280首民歌）的喜爱。

这五个人在门廊那里聊了大概有20分钟。迪伦心里希望这位伟大的作家能“敞开心扉”，比如带他们参观一下他的书房，展示自己丰富的藏书和手稿。交谈中，桑德堡多次表示自己一定会听那两张专辑，迪伦也多次表明自己的诗人身份，每次迪伦提及“诗人”两字时，桑德堡的眼中仿佛闪烁着光芒。最后，桑德堡说手头还有一些稿件和信件要处理，交谈就此结束。皮特回忆起那段经历时说：“我们确实比较失望，因为桑德堡根本没听说过迪伦。在我印象里，后来没人再提过桑德堡的名字，这件事也让迪伦有些沮丧。”

旅程继续，四人从平岩出发，驾车进入北卡罗来纳州。在这里，烟花爆竹是可以合法销售的，他们于是买了好几种花炮，包括魔术弹、嗽嗽炮和樱桃炸弹等，把车子塞得满满的。随后四人抵达佐治亚州的雅典，这又是一座大学城。迪伦是个玩弹球机的天才，一到那儿，他就和同伴奔赴游戏厅玩个痛快。街上遇到学生们，无论是左派或右派，都认出了迪伦，有的还主动凑过来索要签名。后来迪伦又在一家唱片店里引起了一阵轰动，在这里受到的热烈欢迎，抚平了他此前受桑德堡冷落而产生的失望情绪。次日，四人在亚特兰大四处参观游览。当晚，迪伦在附近的埃默里大学（Emory

University）举行了一场演唱会，到场的学生非常熟悉迪伦的作品，几乎凭前奏就能判断是哪首歌。随后的聚会上，迪伦邀请了当地民谣界和激进组织的风云人物：厄尼·马尔斯。他外表粗犷，像和伍迪·伽思礼一个模子里刻出来的一样，他对迪伦这个年轻人产生了很大的好奇心；柏妮丝·约翰逊和科德尔·里根刚刚从抗议活动的前线赶过来。第二天，迪伦在亚特兰大一一拜访了他们。

一行人转而向西，穿越了南方的“黑色地带”，朝密西西比进发。沿途随处可见写有“白人专用”的标志和花哨艳俗的广告牌，迪伦他们甚至怀疑自己是否真的在美国，可见南方还是一副老样子。迪伦扫视着路旁的景物，不时在小纸片上匆匆记下几笔，创作《自由的钟声》的灵感于是就这样产生了。正当他们要进入密西西比时，一个艰难的抉择出现了：是按之前半应允半推辞的那样，去陶格鲁学院加入学生非暴力协调委员会，还是向南走，到新奥尔良参加“肥美星期二”狂欢节？在兴奋感与好奇心的驱使下，他们选择了新奥尔良。当晚，他们在密西西比的默里迪恩过夜，这里是乡村音乐之父吉米·罗杰斯的故乡。号称新月城的新奥尔良本是音乐之都，迪伦他们都为之神往。它绚丽夺目的色彩与一年一度的狂欢节盛事促使迪伦一行人快马加鞭，朝着墨西哥湾的方向前进。

众所周知，新奥尔良是爵士乐的故乡，也是克里奥尔（Creole）街头“嚎叫”的发源地；卡津人（Cajun）创造的沼泽音乐在此发扬光大，布鲁斯音乐也在这个音乐文化大熔炉里淬炼升华。因此，无数游客来到新奥尔良，踏上音乐的朝圣之旅。在新奥尔良，“声音”以五花八门的形式出现，比如在丧葬场合演奏的铜管乐，或是钢琴家在斯托利维红灯区表演的步态舞和雷格泰姆爵士乐。这里是爵士乐巨匠巴迪・波顿、乔治・刘易斯（George Lewis）和路易斯・阿姆斯特朗（Louis Armstrong）的故乡，玛哈莉雅・杰克逊（Mahalia Jackson）也在这里接受唱歌的启蒙。在新奥尔良街头，踢踏舞（shufflers）、朱巴舞（juba）等多种舞蹈的民间艺人彼此切磋技艺，吸引路人驻足观看，小提琴家也齐聚一堂。正是在这样一座城市，英国的传统民谣曲目《德比郡公羊》（*Derby Ram*）被改编成爵士乐的经典之作《他在游荡》（*Didn't He Ramble*）。新奥尔良音乐历史的每一个瞬间都闪烁着自由的光芒，尽显音乐人对风格仍有坚守。这里的每一个爵士乐手都能无拘无束地表演而不被外界力量左右，他可以自由选择曲目，也能在演奏时任意借鉴或发挥。新奥尔良是所有音乐信仰的圣地耶路撒冷，正是在这里，工人号子与黑人灵歌交融，孕育出布鲁斯音乐，布鲁斯又在这里实现从乡村到城市的跨越；正是在这里，“乐器”的含义被极大地丰富，一切可以用手敲、用嘴吹的物体都能成为乐手的宝贝。就连扫烟囱的工人和卖水果的商贩，都是哼着小曲在城市里穿梭。即使是美国流行音乐里最具活力、最经典的元素，都能与这座安逸、友善甚至慵懒的城市完美融合。一年四季、每时每刻，新奥尔良都洋溢着节日般的喜庆，不过“肥美星期二”那一天的新奥尔良，有着比平日更加狂热的氛围。

在一年一度、气氛有些压抑的四旬斋之前，有这样一个节日，融合了这座城市全部的魅力，且耗资巨大，那就是“肥美星期二”狂欢节。它由一个异教徒的节日到被基督教所接纳，现在又变成一个商业化的狂欢节，夜总会、纪念品商店和旅馆都将其视作招揽顾客的良机。狂欢节最热闹的地方当属街头巷尾，同时参加狂欢节是完全免费的。在街上，写有“欢迎来到新月城”“报名参加祖鲁国王列队表演”和“国王大游行在此出发”的标语显得格外引人注目。长长的游行队伍占据整条街道，有身着节日服装、道具的表演者，也有参与游行的各类团体，还有负责演奏的乐队。整个场景就像《黑色俄耳甫斯》（*Black Orpheus*）和《逍遥骑士》（*Easy Rider*）两部电影的结合，墨菲斯托做舞台监督，罗马神话中的酒神狄俄尼索斯（Dionysus）做吧台服务员。他们唯一能找到的下榻之处，房间标价50美元。接下来，一行人准备出去逛逛热闹的街道。皮特单独行动，结果办了不少傻事。在波旁街上，皮特结识了一个有纽约口音的脱衣舞女郎，自称认识休·罗姆尼（Hugh Romney）。这女孩说想找点大麻抽，皮特说他知道个地方，或许能搞到一点，于是他就给女孩留了旅店房间的电话。不过据他回忆，当时并没有透露迪伦和其他同伴的身份。皮特回到房间时，大家都已入睡。然而在凌晨三点时，脱衣女郎给皮特打来了电话。皮特努力向同伴们做着解释，并承认自己的疏忽大意，但同伴们过分夸张的焦虑情绪让他手足无措。结果，皮特当晚被赶出了房门。第二天清晨，皮特睡眼惺忪地回到旅店，发现同伴们都已收拾齐整，准备体验狂欢节盛事。于是他们便一起出发，一边逛街，一边寻找那位自称认识休·罗姆尼的脱衣舞女郎。

依照传统，“肥美星期二”狂欢节是围绕着游行队伍展开的，每名参与者都会自带酒水。在狂欢节上，迪伦他们深刻体会到了新奥尔良严重的种族隔离倾向。他们四人挤进人群，选了一个视野好的角落。四人每人都带了一瓶酒，虽然尚值清晨时分，但他们都大口大口地喝了起来。这时，一个穿着演出服的黑人舞者从不远处走过来，手里高高举着一支火把，走到迪伦四人面前时，他突然停了下来。原来，他已经连续跳了两英里地的舞，现在又累又渴。黑人舞者并没有说话，只是指了指迪伦手中的酒瓶。迪伦便把酒瓶递给他，舞者仰头畅饮。此时，周围的人群开始躁动起来。一位看似面色和善的老妇人朝着迪伦发起了牢骚："你竟然把自己的酒分给一个黑鬼喝？"迪伦没有回答。这时，又有一群气势汹汹的水手围了上来，冲突似乎一触即发。皮特一下慌了："兄弟们，这下可完了，我们早晚得死在这里！"迪伦赶紧吩咐同伴："大家快钻到人群里躲起来。"过了一会儿，四人重新会合。迪伦喃喃自语道："我现在真的是在美国吗？"

这次狂欢节之旅后来被迪伦记载在一些歌曲中，比如《荒凉街区》和《乔安娜的幻象》（*Visions of Johanna*）。但是在文字作品中，迪伦只记录了个别比较难忘的经历。在专辑《鲍勃·迪伦的另一面》的内页文字说明里，他对狂欢节只是匆匆几笔带过，仅在第五首诗中提到一位"南方的白人诗人"，名叫乔·B.斯图尔特（Joe B Stuart）。虽然迪伦连斯图尔特的名字都拼错了，但在新奥尔良结下的那段短暂的友谊已铭记心中。同样，斯图尔特也没有忘记迪伦，并在1967年把这段经历写进了自己的回忆录。斯图尔特当时是莫比尔郡一名平凡的高中英语老师，有着神采飞扬的年轻脸庞、敏锐的乐感和温暖的目光，他立刻喜欢上了迪伦，迪伦也同样喜欢他。在偶遇迪伦之前，斯图尔特已经和朋友连续狂欢了五日五夜。"那段时光很美好，我尽情享受每一天，"斯图尔特写道，"我当时在拉卡萨的第二间酒吧，（在那样一个地方）即使是沃尔特·迪斯尼（Walt Disney）这样的人物推门走进来，我也丝毫不会惊讶。我注视他（迪伦）那张苍白、瘦削的脸，他眉头紧锁，不时左顾右盼，像在期盼有人能认出他。"于是斯图尔特走上前，简单地打了个招呼："你好，鲍勃。"迪伦并没有理睬，而是继续前行。

1964年是属于民谣歌手的一年，在新奥尔良也不例外。在拉卡萨街角的酒吧里，总有一群用唱歌换取啤酒和小费的民谣歌手。热爱民谣的白人孩子聚集在街上，边弹琴边唱歌，极力模仿着迪伦的风格。在某个角落里，坐着一位年迈的黑人妇女，身材丰腴，神情严肃，在做完关于地狱和救赎的布道后便吟唱起福音和灵歌，双手还敲打着铃鼓伴奏。斯图尔特说："后来在拉卡萨附近，我又一次碰到了迪伦和他的伙伴们。他们看样子没喝酒，就那样安静、神色冷峻地走在街上。我又向他打了个招呼，但依然没有得到回应。"无奈之下，斯图尔特和同行的朋友吉姆·福尔曼（Jim Furhmann）只好在拥挤的人潮中继续前行。后来，他们结识了一个来自河对岸的女孩。某天，三人一同外出，竟然又一次与迪伦不期而遇。这次，迪伦主动跑过来并解释道："不好意思，哥们儿，之前没跟你说话，我真诚地向你道歉。"然后，迪伦就把目光转向了温蒂，那个来自路易斯安那的女孩。"瞧瞧这双水汪汪的蓝眼睛！"迪伦赞美道。温蒂看着迪伦说："你果然留着一头长发。"迪伦开玩笑地回应道："是的，我要一直留下去，下次我要在这些高层建筑上写诗，让头发一直垂落到地面上。"

后来吉姆和温蒂离开了，只剩下迪伦和斯图尔特两人。两人逐渐熟络起来。迪伦想再喝点酒，于是两人又回到了人头攒动的拉卡萨，伴着欢快的西班牙音乐摇摆起来。斯图尔特的几个朋友也在那里。诺曼·博伊尔斯（Norman Boyles）跟迪伦就"正规教育的意义"展开了辩论，他正在杜兰大学读博士，所以坚定地捍卫教育作为指路明灯的重要价值。音乐声逐渐变大，醉汉们大喊大叫起来，于是迪伦提出了一个私人派对的去处。一行五人站在运河附近的伊伯威尔的一个角落，观看前方举着火把的队伍。这次是柯玛斯游行，是所有游行中的最后一个，也是最好的一个。游行队伍浩浩荡荡，沿着街道行进，迪伦他们互相传递着酒瓶，还不时纵身跃起，去争抢游行队伍抛出的彩色珠子和达布隆金币。斯图尔特回忆道：“大家都被奇幻的表演吸引住了。每个人都玩得非常尽兴，没有任何顾虑。”

柯玛斯游行结束后，他们又前往“旺达的七片海（Wanda’s Seven Seas）”酒吧，那里的气氛和街上一样热闹。迪伦想和酒吧里的每个人聊天，他从一桌挪到另一桌，不停向旁人提问或是畅谈个人见解。从酒吧出来后，大家都精疲力竭，跌跌撞撞地走到了波旁街，那里有个孩子背靠在墙上，正边弹吉他边唱着《莫要三思》。迪伦对他说道：“你唱得真棒，再来一首吧。”男孩于是又唱了起来，迪伦和其他人在一旁伴唱。男孩突然像是意识到什么，望向眼前站着的人，惊讶得都有些口吃了：“你……你是！不……不……这不可能！这绝对不可能！”迪伦对他说：“你唱得真的很棒。”说罢便和其余人转身离去，只留下那位歌手呆呆地伫立在原处。

他们遇到了一位看上去劳累过度的黑人，迪伦便上前邀请他一起去喝一杯。一行人走到向科西莫酒吧门口时，酒保急急忙忙地跑过来，用恳求的语气对斯图尔特说：“乔，你们不能这样进来。让他（黑人）离这儿远点，我们可不想招惹是非。”经过一番交涉，酒保给出了一个妥协方案：让他们的黑人朋友留在外面，斯图尔特买一杯啤酒给他，让他在街上喝。斯图尔特提议去一家叫“嫩绿色（Baby Green’s）”的酒吧，那家酒吧是黑人开的，应该不会有什么问题。那位黑人朋友表示赞同：“既然你们白人开的酒吧不让我进，那就换一家我们开的吧。”六人猛灌了几口勃艮第葡萄酒，便向“嫩绿色”酒吧走去。刚到那里，迪伦就陷入了争吵。“为什么，哥们儿？

你给解释解释？”迪伦冲一个黑人酒保大声嚷着。“我们不想惹麻烦，不然警察会来把我们全逮起来投进大牢的。你好好掂量掂量，小伙子，你的母亲也许正在什么地方为你跪地祈祷呢！”其他人也都在一旁劝迪伦，毕竟种族隔离不是他一人的力量能改变的。六人离开那里后又前往法国街区的“七海”酒吧，维克多和斯图尔特在那里切磋起乒乓球技术和棋艺，其他人跟随迪伦去了附近的“早安”咖啡厅。经过一番休闲娱乐，两拨人在约定地点聚齐。

乔在法国街区有个朋友，在前往朋友家的路上，他突然产生了跑步的冲动。迪伦在后面跟着他跑，两个醉醺醺的人就在街上胡乱追逐起来。一不留神，迪伦的脚绊在路旁的石头上，结果摔了一个四脚朝天。（其他人赶紧将他搀扶起来），一路背着他走到了朋友的公寓。房主是一个名叫苏珊的已婚女人，一周以来她受够了醉鬼们的频繁骚扰，所以不想开门。乔冲她大喊，说鲍勃·迪伦也在这里，苏珊这才开了门。由于脚踝受伤，迪伦被同伴搀进屋，坐在一把摇椅上，给自己倒了一杯红酒，然后有节奏地前后摇摆起来，椅子腿不时碰到摆着玻璃器皿的桌子。在众人热闹的闲聊中，迪伦和女主人苏珊是绝对的主角。迪伦把自己这次旅行形容为一次偶遇众多知名作家的机会。斯图尔特一边看着迪伦，心里一边暗暗琢磨道：“这家伙应该活不太久，他迟早得出事，估计不是被烧死，就是在某个愚蠢错误酿成的事故中丢了小命，就像詹姆斯·迪恩那样。”他清楚地记着，迪伦飞奔着横穿马路，根本不理会来往的车辆。在之前下棋的时候，斯图尔特听维克多讲过，在高速公路上，迪伦执意不让车子停歇，因为他想“这样一直走下去，直到永远”。在交谈中，迪伦和苏珊提及了许多南方作家的名字，迪伦漫不经心地把田纳西·威廉斯（Tennessee Williams）列为“一个有罪的猫星人”，把福克纳列为他最想拜访的作家。

迪伦又想去街上走走，于是几人便从公寓出来，准备去一家叫劲米尔的小酒馆。在朝运河方向行走的途中，斯图尔特吟诵了一首诗。“这是谁写的？是汉克·威廉姆斯吗？”迪伦问道。“不，是我写的。”斯图尔特回答。迪伦说：“哥们儿，我真羡慕你，在学生时代有一群那么疯的老师。”迪伦抱怨自己以前的课堂内容总是千篇一律、枯燥乏味。斯图尔特问迪伦打算什么时候服兵役，迪伦回答说：“我之前就有打算，但他们不要我。”在返回拉卡萨的路上，迪伦一行人的人数不断增加，他们造访了那里每一间酒吧，寻找新的刺激。还有人提议去一家气氛欢快的希腊酒吧。现在队伍中已经有两名老师了，迪伦高兴得大喊起来：“老师！老师！现在我身边都是老师啦！”迪伦曾告诉斯图尔特，自己很喜欢大学生这个群体，对他们的所思所想也非常感兴趣。正当一行人步履蹒跚地向希腊酒吧走去时，从旁边一辆汽车中钻出了几个形貌粗鄙的莽汉，用尖锐刺耳的声音喊叫道：“好啊，原来是迪伦啊，来不来跟咱哥几个一块儿玩？”迪伦背过身，用低沉的嗓音冷冷地说：“我不想多费口舌，维克多替我把他们打发了吧。”维克多于是挺直了腰板走过去，命令那群街头混混赶紧消失。“好吧，好吧，哥们儿，那不打扰你们了。”喊声从车窗传出。随即，汽车便迅速消失于夜色中。

大约凌晨三点钟，他们抵达了名为“雅典屋（The Athenian Room）”的希腊酒吧。在酒吧二楼，有个醉醺醺的水手正兴高采烈地和一个变装皇后跳舞。变装皇后大胆主动的动作直逼得水手后退半步，他亲吻着水手，还掐了一下水手的臀部。旁边的一桌爆发出震天响的叫好声，那里坐着的是变装皇后的朋友们。整晚的痛饮、逛街和狂欢让大家都疲惫不堪，只有迪伦还在不停地用问题“折磨”着两位老师：“你们愿不愿意把我的诗教给你的学生？你们如果同意，我到时一定会去听你的课。”最后，斯图尔特和他的朋友们准备和迪伦就此分别，迪伦努力挽留：“一定要走吗，兄弟？”斯图尔特说自己八点就要起床忙别的事情，所以现在必须要离开了。“你是个勇敢的汉子，”迪伦对斯图尔特说道，“能在高中教课，肯定有足够的勇气。”然后迪伦说他们几个也要启程前往丹佛了。3点30分，两人互相道别。乔·斯图尔特，只是迪伦人生中的匆匆过客，他的名字也只在一张专辑的封面页被提及。后来，“肥美星期二”狂欢节也落下帷幕，新奥尔良又迎来一年一度的四旬斋。斯图尔特最后一次看见迪伦时，迪伦正站在酒吧的投币点唱机旁，一副欲言又止的样子，似乎还有许多话未说出口。那天的迪伦面露些许孤独、感伤之色，他正独自等待着黎明的来临。

迪伦一行人又上路了，坐在驾驶席的依旧是维克多。此时距丹佛的演唱会仅有两天时间，但他们还是依照计划先去了陶格鲁学院，民权斗士们正在那里筹划那场日后轰动全国的“自由之夏”民权运动。他们星夜兼程，疾驰在通往陶格鲁（Tougaloo）的路上，（即使如此）在陶格鲁的时间也只够他们去拜访几位民权人士，如多莉·拉德纳（Dorie Larner）、罗伯特·摩西（Robert Moses）和汤姆·海登（Tom Hayden），这些人也一起去听了迪伦在那里的演唱会。迪伦一共只唱了一个小时，在他说完最后的祝词后，维克多跑上台替迪伦向观众致以歉意，然后几人便从人群中挤出来，匆忙上了车。半路上，他们又停车研究了一下路线。要在两天内从杰克逊赶到丹佛难度太大，迪伦建议取道达拉斯。

当时肯尼迪遇刺刚过去三个月，各大报纸上还都是对案件现场的还原。得知迪伦一行人快要到达拉斯时，大家都兴奋不已。迪伦向几位市民打听肯尼迪遇刺的那条街的名字，可根本没有人听说过。即使是向州立教科书仓库（Texas School Book depository）的工作人员咨询，也同样没能得到答复。最终，他们就直截了当地问："总统被枪杀那地方怎么走？"第一个人回应道："你是说肯尼迪那个狗娘养的吗？好吧，你走这条路，经过两个街区后右转，再走一个街区就到了。"到了迪利广场（Dealey Plaza）后，几人环视四周，讨论凶手奥斯瓦尔德（Oswald）是否是单独进行刺杀行动。随后，他们驾车沿着肯尼迪当时走的路线行进，除了司机外的每个人都回头望着远处的教科书仓库，人们普遍认为子弹是从那里射出的。皮特回忆道："所有人，包括鲍勃，都变得像侦探一样。窗户离遇刺地点那么远，我们一边观察一边心想：要是有人能从那里射中肯尼迪，那他肯定得是个神枪手。"

汽车继续行驶在去往丹佛的路上，途经沃思堡，穿越狭长地带，前方是威奇托福尔斯。在得州和新墨西哥州边界的某处，他们停车去一家墨西哥风味的小餐馆吃饭。一名看上去不超过19岁的女服务员问道："你们从哪里来啊？"她此前从未见过从纽约来的人。有人告诉她鲍勃是个歌手，她激动得快跳起来了。他们给了她一张迪伦的专辑，她盯着专辑封面的照片左看右看，又看看迪伦本人，如此反复多次，脸上挂满难以置信的神情。几个小时车程后，他们又在克劳德附近的一家餐馆停留休憩。他们问当地人："这里有什么新鲜事儿吗？"这话听起来有些戏谑的意味。"没什么新鲜事儿，倒是大概一年前保罗·纽曼和一大帮好莱坞演员来这里拍摄过电影《原野铁汉》（*Hud*），就在这儿！”迪伦曾经模仿《原野铁汉》中主人公手叉腰间、神气十足的样子，摄影师巴里·费恩斯坦曾经给迪伦拍了十多张那种神情的照片。从这部电影的拍摄手法里，他们学到了许多东西。

到了南科罗拉多，迪伦从地图上找出了勒德洛（Ludlow），保罗给大家介绍了一点背景信息：1914年，勒德洛曾发生针对矿工的残暴屠杀，该事件激起民谣界的极大愤慨，众多艺人站出来伸张正义，伽思礼则是其中著名的艺人之一。约翰·格林威是美国劳工史方面的专家，他痛斥这次事件为“美国工会历史上最令人发指的暴行”。当时，科罗拉多南部的一些矿区被煤炭大亨们牢牢掌控，这些人无法无天，甚至在当地建立起自己的政府。1913年9月23日，贫困潦倒的勒德洛矿工联合起来，罢工抗议。罢工中，一位工会的领袖被州民兵非法逮捕，于是上千名妇女和儿童在“琼斯妈妈”的率领下开始了游行示威。副官长蔡司（Chase）纠集人手准备去对付示威人群，谁知将军在前往示威地点的路上从马背上摔了下来，（狼狈的样子）惹得示威者大笑不止。恼羞成怒的蔡司下令骑兵使用刀、剑等利器进攻示威者，结果造成四名妇女和一名儿童重伤。实际上，真正的屠杀发生在1914年的四月份，当时罢工已持续了八个月，矿工们都已被驱逐出公司宿舍，只得搭帐篷露营。蔡司当时已被解除民兵司令的职务，但他临时拼凑了一支由当地恶棍组成的国民警卫队。4月20日，在一次偶然的枪击之后，200名所谓的警卫队员在露营地四周架起机枪扫射，帐篷被子弹打得千疮百孔。枪击持续了整日，当晚，卫队士兵点燃了帐篷。许多矿工藏到壕沟里得以幸存，但长达14个小时的枪战还是造成100余人受伤以及30余人死亡。迪伦和他的朋友们伫立在一块由美国煤矿工人联合会制作的纪念牌匾前，沉思良久。这个以前在学校里从来不认真上历史课的年轻人，在此次旅程中学到了很多。

丹佛之行：迪伦洗漱、剃须完毕，换上一身干净的衣服。演唱会在丹佛市政礼堂顺利进行，演唱会监制哈尔·诺伊史塔德（Hal Neustadt）感到很满意。随后，迪伦一行人到当地的咖啡馆和民谣艺人出没的场所转了转，想找找朱迪·科林斯。得知她不在城里后，迪伦带着他的同伴进入山区，去参观中心城区。这是自1959年以来，迪伦第一次回到这座经历过重建的新兴城市。此时正值冬季，整个城市被白雪覆盖，显得比平时肃杀凄凉许多，唯一营业的店铺是一家杂货店。迪伦他们走进去，挑选了一些历史明信片。

迪伦他们当时遭遇了这年冬天最大的一场暴风雪，而要赶往下一站旧金山，还必须翻越落基山脉，路途遍布艰难险阻。在拉夫兰山口（Loveland Pass），汽车的轮胎防滑链就因不堪重负发生断裂。他们在科罗拉多州的大章克申市（Grand Junction）夜宿，当时的气温降至零点，旅店附近有处天然的温泉，他们从旅店狂奔而出，一头扎进泉水温暖的怀抱。维克多后来坐到了驾驶座上，接替皮特开了会儿车。驾驶途中，前方遇到一列丧葬车队，三十多辆车占据弯曲的山道。维克多踩下油门，以每小时70英里（112.6千米）的速度超了过去。意想不到的是，在车队前面领头的竟然是一辆警车，于是一场飞车追逐的好戏上演了。“我们确实害怕极了。”皮特回忆道。车里四人赶紧把所有能冒烟的家伙什儿都藏了起来。维克多对追上来的警察说：“我们是一支演唱小组，我们必须得在几个钟头内赶到雷诺市（Reno），否则我们的饭碗可就保不住了。”然后他向警官出示了车辆登记证明，看着上面登记的一些不知名的企业，如“灰烬”，那位警官的态度逐渐缓和，最终同意放行。

四人如释重负，开心得直放声叫喊。有了刚才的教训，迪伦让皮特和维克多轮流开车。到达雷诺市的时间是早上八点，四人先去赌场试了试运气，但是输了钱。皮特钱包里仅剩的32美元也被他挥霍一空，于是只好依靠迪伦，而实际上迪伦也在21点纸牌游戏上输了将近100美元。正要离开的时候，迪伦在一台老虎机前停了下来，把兜里仅剩的几个硬币投了进去。没想到，老虎机突然像时代广场（Times Square）夜晚的建筑一样华灯齐放，紧接着，大把的硬币如同潮水一般哗啦哗啦涌了出来。皮特最后回顾了一下战况，算了算本次赌场之旅的所得所失。四人来到雷诺市附近的一处沙漠地带，那里有着电影《扎布里斯基角》（*Zabriskie Point*）里的那种壮美景色。他们在沙漠上放起了从南卡罗莱纳买的花炮，当绚丽奇幻的烟花在空中绽放的瞬间，四人脸上都露出孩子般天真灿烂的笑容。抵达谢拉山脉（Sierras）后，四人又显示出了孩子气的一面：他们想登一座高山，就乘坐了一辆滑雪缆车，座椅左右摇晃着，沿着山峰侧面把他们送至山顶。放烟花和登雪山这两个活动也体现了他们当时无拘无束、自由自在的心情。告别了这一站，广袤无垠的大漠风光就逐渐消失了。汽车在公路上驰骋，距离目的地旧金山越来越近，路上的车变得多了起来，路旁也开始出现了农耕和商贸的种种迹象。至此，本次旅途也已接近尾声。

1964年2月24日，迪伦在伯克利举行了一场演唱会。在西海岸这个地方，凡是像迪伦这般性情落拓不羁之人，都能找到像在自家一样舒适自在的感觉。这里有伯克利的激进与叛逆，也有旧金山的创新与包容，整个加州都充盈着自由、开放的气息，这里的人们无拘无束，不受任何形式的桎梏。西海岸的许多知名乐评人都成了迪伦的忠实拥趸，拉尔夫·格利森对迪伦在伯克利社区剧院的这场演出倍加推崇，并撰写报道和评论以高度赞扬，而像马尔维娜·雷诺兹这样的著名评论家也积极在当地发放《小字报》。格利森在报道中赞誉迪伦的此次演唱会为近年来最具革新精神和影响力的演唱会，他本人也逐渐把迪伦视作如火如荼的反文化运动的领军人物。甚至在各色叛逆、怪异艺人云集的湾区，迪伦的到来也有着特殊的意义。格利森写道："我们这代人从小便被灌输犹太—基督教准则，承袭父辈的传统道德观念和价值观，认为拥有纯洁的灵魂才可与上帝对话。在我们老一辈看来，迪伦这代人懒散、颓废的作风和对前人秉持的美德嗤之以鼻的态度迟早会在历史的行程中消亡，但我们都错了。看一看当前的真实情况吧，包含迪伦的歌曲、爵士乐、当代诗歌、绘画在内的各类艺术作品反映的其实是现实生活的核心内涵，而艺术与现实的这种结合推动了社会的变革。争取种族平等大会、学生非暴力协调委员会（SNCC）、迪克·格雷戈里以及詹姆斯·鲍德温等，都是社会变革中的产物。"

法理尼亚也参加了迪伦在伯克利的演唱会，给准备发表在《名媛》杂志的一则专题故事做些记录。而他写下的这些文字，似乎也预示着自己的厄运以及迪伦后来截然不同的命运（法理尼亚1966年丧命于一场摩托车事故）：

演唱会终究落下帷幕，而人们实际上无意去关注他（迪伦）此前曾在哪里演出，抑或以后又要去向何方。人们乐此不疲的是拿他和詹姆斯·迪恩作比较：这两人之间的相似之处时而清晰易见，时而又难以名状，但公认的共同点是两人生命的脆弱性。所以，立刻动身去找他吧，也许下周再见到时，他已成摩托车轮下的冤魂。[6]

伯克利的演唱会过后，他们驾车前往琼在卡梅尔（Carmel）的住处。这时，卡尔曼决意正式退出："我不跟你们走了，再走下去，我一定会疯掉的。"他如此说道。实际上，其他人都在暗暗窃喜能有人换掉他。继任者叫鲍勃·纽沃尔什，是个漂泊四方并时有疯狂之举的人，他集艺术家、电影制作人和乡村歌手等头衔于一身，后来接替维克多做了迪伦公路巡演的经理。登门看望琼时，他们带了干果、水果等礼品，琼的母亲给大家烹制了牛排。"真正聊到跟迪伦的音乐有关的话题，"法理尼亚记录道，"是当琼说她想录一盘迪伦歌曲大合集的时候，迪伦回答道'当然没问题'。"次日，琼和迪伦一行人驾车前往南加州，琼开着自己那辆捷豹XKE，迪伦他们则依旧开着那辆旅行轿车。法理尼亚写道："迪伦住在好莱坞的雷鸟汽车旅馆（Thunderbird Motel），在闲暇时间他经常参加聚会，走访当地的民谣夜总会；琼在雷德兰兹和亲戚朋友待在一起，尽情享受日光浴，保持良好作息习惯。一日傍晚，琼来到自己的高中母校表演，观众对她的演出报以起立鼓掌，令她感动得热泪盈眶。在返场时，她提到了迪伦的名字，观众席上一阵欢呼。那一晚，迪伦也在里弗赛德（Riverside）演出，他把赞美之词回赠给琼，台下同样欢声雷动。"

迪伦实在不愿意回纽约，因为回去就意味着和苏西之间的矛盾又要升级了。两人的恋爱关系最终在1964年3月宣告结束。同样是在3月，迪伦在纽约的民谣城偶遇了当时让他很是头疼的对手——西蒙和加芬克尔，这个二人演唱组合当时正在制作首张专辑。早在这个组合的名字还叫“汤姆和杰瑞”的时候，两人就已颇具人气，他们的单曲《你好，女孩》（*Hey Schoolgirl*）还登上过热门榜单。如今，西蒙想尝试些新东西。他从伦敦的东区“漂”回到格林尼治村，随着自身对民谣音乐兴趣的日益增长，他的音乐风格也发生了深刻的变化。一日夜里，卡拉介绍迪伦和西蒙见了面。她觉得这两个歌手之间有很多共同点，比如两人有位共同的好友——英国歌手马丁·卡西。迪伦和西蒙于是聊了起来，但那一晚的交谈两人都心存戒备。几天后的一晚，我和迪伦来到民谣城，西蒙和加芬克尔正好有演出。优雅、空灵的和声，日后成了两人的标志，但在当晚格迪斯民谣城则显得格格不入，毕竟那里一直以沧桑、粗粝的种族斗争歌曲而著称。在酒吧里，我和迪伦都喝了不少酒，没心没肺地“咯咯”笑着。我们并非在嘲笑当晚的表演，但西蒙多半不这样觉得。不过，迪伦的确对其他歌手的演唱嗤之以鼻，有时还会当面表现出来。在他们的首张专辑里，西蒙和加芬克尔收录了迪伦的《时代在变迁》。在第二张专辑里，西蒙吸纳了迪伦作品特有的那种异化、反抗精神以及兄弟友爱，可他也在《一个单纯散漫的菲利匹克》（*Simple Desultory Philippic*）这首歌里好好戏谑、嘲讽了迪伦一番，比如歌中的口琴演奏和“阿尔伯特”那句歌词就不得不让人怀疑他创作此歌的攻击对象了。

1964年的大部分时间，人们看到的都是一个郁郁寡欢的迪伦。虽然情绪一直比较低落，但迪伦在不停地成长，不管是在专业技能上还是艺术造诣上。和苏西的恋情的告终，与琼的关系上的纠结，以及面对台下成千上万观众时的孤独与迷茫，都给他的那段人生岁月蒙上了一层阴霾。那一年的迪伦，沉溺于毒品，还漂游四方，似脱缰野马，以他“自己选择的速度”[7]四处驰骋。由于观众的渴求、急迫感以及音乐创作那近乎惩戒式的自我敦促，迪伦的那一年注定是在路上度过。

伦敦街头

1964年5月，迪伦再度访英。对于英国，他有着复杂的情感，这种情感可追溯到他在1962年12月至1963年1月的第一次英国之旅。1962年，迪伦在英国受邀参演了英国广播公司的舞台剧《城堡街的疯人院》（*Madhouse on Castle Street*）。跟所有的外乡人一样，迪伦对英国的一些事物感到困惑，比如对他所下榻的伦敦梅菲尔酒店（Mayfair Hotel），他就曾抱怨道："梅菲尔酒店派一些穿着连帽衣的小门童站在外面盯着你，这帮人穿戴得简直就像是盛装亮相的乔治·华盛顿。当你走向酒店，他们会跑过来帮你把行李拎进酒店大堂。你一走进酒店，又会有另外的人过来迎接你，而你还要给刚才拎行李的门卫一些小费。又有专人帮你把行李拎到电梯口，这也是需要付小费的。到了要去的楼层后，电梯门打开，你又得给一次小费。然后又有专人过来帮你拿行李，接着打开房门，把行李拎到床边，这才罢休。老兄，住个酒店你得付差不多10次小费。"经历了这一系列服务生轮换的折腾，迪伦静静地站在房间里，审视四周，刹那间意识到，自己不属于这个地方。于是他退了房，去找他参演的那部剧的制作人菲利普·萨维尔（Philip Saville），迪伦问他能不能找到一些"有意思的"人一起住。关于在伦敦时的孤独感，迪伦形容道："我终于体会到做一名黑人是什么感觉了。"

迪伦不知不觉地走进了伦敦著名的民谣俱乐部"游吟诗人"，在那里，他遇到了安西娅·约瑟芙（Anthea Joseph）。约瑟芙早先经营照看流浪动物的生意，后来在百代唱片公司和哥伦比亚唱片公司任要职，负责处理艺人关系。“我站在门口，看见沿楼梯逐级而下的一双靴子，是那种笨重的、棕色的皮靴。我心想：天啊，该不会又是个从南区来的小毛孩吧。这里有好多从伦敦南区过来玩的倒霉孩子，他们有的喜欢穿成杰克·艾略特那样，有的追随迪伦的穿着风格。穿靴子的人继续往下走，从楼梯能看见他的腿了，后来身子也出来了。我自言自语道：我好像认识这个年轻人！紧接着，我认出了那张脸。他走过来对我说：‘你是安西娅吗？我是鲍勃·迪伦，我可以进来吗？’‘当然可以。’我回答。‘只要你给我唱首歌，你的入场费就免了。’我逐渐发现，他特别有魅力，还非常幽默。虽然言语不多，但能看出来，他的内心世界非常丰富、精彩。他爱观察身旁的人，还特别爱笑。那时他刚从梅菲尔酒店出来，向我打听哪里可以过夜，我很惊讶竟然没人给这个小可怜安排住处。唱完歌之后，他跟某个刚结识的同伴一块儿离开了。总体来讲，他的演唱给观众留下了深刻的印象，大家都觉得他棒极了。”[8]

安西娅后来带迪伦去了“惠特比前景”酒吧的歌手俱乐部。酒吧坐落在格雷旅馆路上。“鲍勃的知名度太高了，那里的人都认识他，所以佩姬·西格尔（Peggy Seeger）只好请他上台唱首歌，实际上佩姬并不想让他唱。伊万·麦考尔和佩姬他们俩都是挺没劲的人。鲍勃唱完《霍利丝·布朗》后，观众们几乎陷入疯狂，他们此前从未听过如此震撼心灵的音乐。全场观众也跟着迪伦大合唱，场面非常激动人心，我当时特别想来一杯烈酒。佩姬和伊万则静静地坐在那里，似乎不为所动。唱完后，佩姬走过去对迪伦说了句：‘非常感谢你。’就这一句话。我当时很震惊，她竟然没说一句赞美的话，而伊万甚至未发一言。我们也二话没说起身就走了，迪伦一刻也不想停留。其实如果气氛到位的话，他是那种能一口气唱上几个小时的人。”

在第一次访英期间，迪伦和卡西夫妇二人很快结为好友。马丁·卡西是天主教信徒，他的观念比较开放，所以迪伦和他在一起时感到很轻松。卡西回忆道：“之前我就曾在《放声歌唱！》杂志上读过有关他（迪伦）的报道，所以我自然要请他上台唱首歌。他唱完后，‘国王和王后’俱乐部的观众全都沸腾了。奇怪的是，当他离开之后，这群观众又开始贬低他，说让他上台唱歌真是大错特错。”

卡西夫妇给迪伦写了好几次信，但迪伦只给他们回过一封长信。那是在1963年，迪伦在信中表达了对当时（抨击）时政歌曲大辩论的关注，人们对他的（政治）需要，以及对夫妇二人的思念：“我记得马丁当时唱的是《王者富兰克林》，而当时的我还对乐坛抱有信心，认为歌手们会坚持自我，坚信他们的音乐是对现实的真实反映……与你们在一起的那段时光已深深铭刻在我脑海，当时的那种感觉，即使是用文字、影像或者音乐也都无法形容。这世界上很难再找到像你们这样与众不同的人。”

迪伦那次访英的初衷是出演英国广播公司的那部剧，他在其中扮演一名“笃信无政府主义、喜欢写歌的青年学生”。尽管在戏剧表演上是个初出茅庐的无名小卒，迪伦的签约费也高达500英镑。萨维尔后来发现，他这回签下的这位可不只是个刚出道的演员，还是个剧作家。“我们察觉到，鲍勃不太喜欢埃文·琼斯为他写的台词，他想自己给自己写台词。”萨维尔在1971年时曾向我透露。“彩排的时候，他按自创的台词表演，一切顺利。但是他有点太以自我为中心了，他甚至想重写这部戏——至少是他自己那部分，彻头彻尾地重写。我们这才意识到，让他按部就班、遵循剧本去表演，根本不可能。所以我们作出决定，核心角色由两名演员共同出演。”大卫·华纳（David Warner）于是承担了原属于迪伦的台词任务，他是个冉冉升起的莎士比亚剧新星，后来又出演电影《摩根》。迪伦和华纳两人交情很好，这点众人皆知。迪伦好几晚都借住在萨维尔在汉姆斯特德的家中，萨维尔也因此能够督促迪伦按时去排练。在萨维尔家里，迪伦开始把自己曲目中所有的歌曲唱给他听，而萨维尔听得津津有味，他决定让迪伦在片头和片尾都演唱《随风飘荡》（萨维尔还记得，迪伦那段时间正在写《鼓手曼先生》）。[9]

然而排练过程中出现了好几次技术故障，萨维尔告诉格罗斯曼，日程安排可能要推迟好几周。阿尔伯特表示迪伦会坚持履行约定，但BBC要付一笔额外费用并报销往返机票钱。“雇个歌手唱片头片尾曲，然后他在剧中只需说一句台词（那句台词是：‘好吧，我不知道，我得回家好好想想。’），这笔演出费用恐怕是有史以来最离谱的了。”萨维尔这样告诉我。不过能把迪伦和《随风飘荡》介绍给英国人，萨维尔感到很自豪。同时，他也被迪伦“近乎佛教僧侣般的专注和在纷繁复杂的伦敦所保持的澄澈内心”深深折服。

空余的时间里，迪伦在伦敦见了从波士顿来的两个老朋友——埃里克·冯·施密特和理查德·法理尼亚，他们俩当时在给《民谣》厂牌做唱片。两人轻而易举地说服迪伦以“盲童格兰特（Blind Boy Grunt）”的艺名加入录制工作，并在《你总能分辨出来》、《圣诞岛》（*Xmas Island*）、《可卡因》（*Cocaine*）和《荣耀，荣耀》（*Glory, Glory*）四首歌中加入了他的口琴演奏片段。1963年1月14日和15日，迪伦在查令十字街（Charing Cross

Road）的多贝尔爵士唱片店（Dobell's Jazz Record Shop）完成了录制。他后来又在伦敦的“权威”俱乐部表演，他的反权威歌曲让他在那里大获成功。

迪伦的第一次英国之旅中发生了许多轶事趣闻。他曾向我提及参加过的一些怪诞的派对，其中遇到过肥胖的美国人、法国范儿的英国少女，以及一个从门口走到房间中央就要花上10分钟的瘸腿老太太。在其中一场派对上，除迪伦外的每个人居然都身着短袖衬衫，似乎毫不在意英格兰彻骨的寒冬，迪伦则被冻得直哆嗦。在一场名为“英格兰顶级嬉皮士”的派对上，迪伦坐的位置离煤气炉太近，他的裤子差一点儿就被火点着了。他们随着埃弗利兄弟的歌曲跳起了舞，“英国人能单腿原地转圈！”迪伦为他们起劲唱着，但在场的人的表情就像这屋子的温度一样冷。奥黛塔去罗马的时候，迪伦也买张机票飞了过去，跟她一块儿待了几天。苏西那时候已经回到纽约了。迪伦结束第一次英国之旅回国后，我曾询问他对伦敦的印象，结果他说：“兄弟，你一定得去罗马看看，罗马太漂亮了！”在意大利的时候，迪伦创作了《宝贝，那不是我》和《北乡姑娘》，据说《西班牙皮靴》也是那时候写成的。

1964年5月，迪伦重返英国，距上次到英国已有15个月。当月17日，迪伦在伦敦皇家节日音乐厅（Royal Festival Hall）举办了演唱会，这场演出驱散了在他心头萦绕已久的阴霾。鉴于安西娅没买到门票，迪伦强烈建议她去后台。“你到时可一定得来，因为滚石乐队也会在。”迪伦对她说。等待入场的观众排队足足有几千码之长，一直延伸到市政厅，预售的2 700个座位很快就被卖完了。安西娅后来回忆：“那时候我们个个留长发，穿牛仔裤。留着长发的小伙子们背着铺盖卷，女孩背着吉他，紧跟在他们后面，这里的姑娘都爱背吉他。票被一抢而空且没有任何人退票。鲍勃问我的第一个问题就是：‘滚石乐队到了吗？’我说：‘你要想看滚石，外面可有的是。’迪伦感叹道：‘我的天啊，我可从来没见过这阵势！’来自四面八方的迪伦追随者都在那时搭便车赶了过来。”

演唱会大获成功。中间还有个小插曲：迪伦突然找不到吉他的变调夹了，就问台下观众有没有，想借一个。于是台下的人群拼命往前涌，大声喊着：“拿我的拿我的！”“请收下我的吧！”迪伦笑着接过了一个，说道：“到时记着找我要，不然可就归我了。”《泰晤士报》认为迪伦拥有一种“纯粹的个人魅力”，足可媲美卡拉斯（Callas）、塞戈维亚（Segovia）和贝西伯爵（Count Basie）。《伦敦每日画报》在头版头条用醒目的大字写道：“真正的歌手，与嗓音无关。”早在一年多以前，迪伦认识的是一个稳重的英国，而这次他体验到了英国歌迷的狂热，甚至连知识分子和艺术家们都簇拥在门口，表现得像一群追星的小孩。负责宣发的肯尼斯·皮特曾说：“我都有点担心他（迪伦）的人身安全，因为他太瘦小了。我清楚地记得，那天我差不多是‘熊抱’着他从人群中挤了出去，坐上了停靠在路旁的出租车，结果歌迷们又开始拍打车窗。我们好不容易逃离了那里，在路上又遇上了一群拼命拦车的孩子，他们恨不得把迪伦从车里拽出来。迪伦不停地催我：‘我说，哥们儿，能不能赶紧带我离开这里。’我倒觉得这是件特别美好的事情，我相信那些歌迷只是单纯地想触碰他，而绝不会做出不理智的举动。可以看出他们是真的爱迪伦，而且非常渴望把这份爱表达出来。”

迪伦随后应邀在一些节目中亮相，比如英国广播公司电视台的《今晚》（*Tonight*）和广播电台的《周六俱乐部》（*Saturday Club*），以及《哈利路亚电视俱乐部》（*TV Hallelujah Club*）栏目。对于自己在歌迷中的名气或声望，他并不太在意，但正是这不断壮大的歌迷群体，在1965年将他推上超级巨星的宝座。英国歌手兼词曲作者西德尼·卡特（Sidney Carter）曾对我说，迪伦鼓舞了一大部分年轻的英国音乐人。相比于伍迪·伽思礼，诗人迪伦·托马斯对迪伦的影响更为深刻，他那游吟诗人的气质，极富浪漫主义的先知形象，甚至是英年早逝的人生命运，都在方方面面影响着迪伦。人们普遍错误地认为，游吟诗人通常命运悲惨，毕生蜗居在阴暗、狭小的阁楼或洞穴里，实则不然，莎士比亚精于商业运作，丁尼生还被授予桂冠诗人的称号。但是人们对于诗人的看法又不一样，他们觉得诗人应该是25岁以下的年轻人，富有反叛精神，外表英俊，还要在某些方面尽情放纵自己，比如女人、毒品或酒精，这对激发创作灵感大有裨益。迪伦的作品中经常会出现一些关于死亡的隐喻，但真正吸引我的地方，是他对生命意义的彻底肯定，就像布鲁斯音乐的内涵：希望总是潜藏在失落与沮丧之中，它会在不经意间出现。所以，迪伦的生命中从不会缺乏勇气和对生活的热爱，迪伦·托马斯也是如此。琼·贝兹总能使我想起德拉克洛瓦（Delacroix）的经典名作《自由引导人民》（*Woman at the Barricades*）中的女性形象。其实民谣音乐的内涵和画作想表现的精神并无二致，我这可不是在贬低这个伟大作品。无论是19世纪30年代，还是20世纪60年代，这种浪漫主义精神从未熄灭，前有诗人拜伦奔赴希腊，支援希腊人民争取独立的斗争，后有美国民谣歌手驰援南方的民权运动，有人甚至献出了自己年轻的生命。“诗人”一词的含义，每个人的心中有不同的答案。奇怪的一点在于，这世界上或许存在商业化的艺术家，但绝没有商业化的诗人，因为做一名诗人不仅仅需要才华，还要有一个圣洁的灵魂。这对迪伦来说同样是个挑战，但好在他的个性能够与诗人所需的浪漫主义情怀完美契合，他也能像一名诗人那样，聆听自己内心的呼唤。一直以来，诗人们都在努力争取社会大众的认可，即民谣歌手们已经开始实现这一目标了。实际上，在英国的民谣俱乐部里，歌手们已经开始“演唱”诗歌了。另外，个人形象也是需要考虑的因素。我们甚至可以把迪伦比作一名球员或是斗牛士，因为他也在作斗争，只不过他的武器是文字和音符。对于青年人，迪伦代表着一种新型的英雄形象，也传达出一种收获财富和声望的新方式，哪怕一个成绩不及格的学生，将来也可能成为百万富翁。所以这就好比是在西班牙或墨西哥当斗牛士，或者是一名黑人拳击手，凭借着自己的能力、魅力以及力量，（走出贫民窟，改变命运）。[10]

当然，不是所有的拳击手都有风度。民谣界资深记者、乐评人卡尔·达拉斯（Karl Dallas）曾与迪伦在英国不期而遇。迪伦上来就问：“你是向着我的还是反对我的？”达拉斯回答道：“实话实说，我根本就不认识你。”后来回忆到此事，达拉斯说：“他当时很‘彬彬有礼’地把我给打发了。”英国老民谣艺人洛瑞·麦克尤恩（Rory McEwen）有次曾约迪伦一起吃晚餐，结果迪伦那晚竟然带了将近三十号人赴约。他对迪伦可谓是爱憎交加：“我讨厌他的狂妄自大。由于他早年的生活压力大，他的确饱经沧桑。因此，他可以大摇大摆地走进屋子，给人的印象是他从一开始就摆出一副他比你懂得更多的样子，他可能是，但是即使如此他也不该表现出来，这点比较招人烦。迪伦也许是20世纪第一个真正的技术官僚，他懂得转哪一个旋钮。但是英国的突围取得成功之后，他便感到进退两难了，因为（公众的）接受对他来说比拒绝更是个大问题。”

肯尼斯·泰南（Kenneth Tynan）前妻、著名作家和主持人伊莲·邓迪（Elaine Dundy）对迪伦一见钟情，她将迪伦称作天才。迪伦和罗伯特·格雷夫斯在一次聚会上相识，迪伦应格雷夫斯要求上台唱了歌，之后两人相谈甚欢。

皇家节日音乐厅的演唱会结束后，迪伦去了巴黎，在那儿住上几天后，他又和维克多去希腊度了个短假。在雅典城外的小镇维尼里亚，迪伦完成了《鲍勃·迪伦的另一面》大部分的创作。他感觉内心逐渐平静了下来，所以想在希腊再驻留数日，但是他答应别人的事情太多，只好返回纽约，随后又去了伍德斯托克。每次离开英国时，迪伦都发誓再回来（这发生在1978年巡演以前，那一年他彻底改变了想法）。迪伦以前觉得英国人很冷漠，那里的民谣圈子比较小，咄咄逼人的英国媒体也很难对付，但他访英的脚步一直没有中断。1965年那次的回访使迪伦对英国的态度发生了根本的改变。

重返1964年新港音乐节

1963年的新港音乐节几乎成了迪伦一人的独角戏，但是毫不令人奇怪的是，鲍勃发现1964年的音乐节令他感到失落。经过这一年间的反复思索、权衡，迪伦体会到，“领袖”意味着更多的负担；同时他也意识到，以政治为主题的歌曲并不是他音乐事业的全部。也就是说，他不再“写歌给别人听”了，而是开始“为自己写歌”。1963年的迪伦是聚光灯下的绝对焦点，而1964年的他选择了回避。他已准备像西格尔那样离开舞台的中心，但令他惊异的是，有越来越多的人愿意投身时政歌曲的创作，比如民谣歌手菲尔·奥克斯就致力于对政治诉求的摇旗呐喊。在新港音乐节的曲目书中，菲尔曾写道，一股抗议时弊歌曲的热潮已经兴起，作品层出不穷，“假如哪天出了一张叫《猫王为西班牙内战而歌唱》（*Elvis Presley Sings Songs of the Spanish CivilWar*）的专辑，或者披头士出了一张《中印边界冲突歌曲精选》，我丝毫不会感到惊讶”。

在两次音乐节之间的一年里，时政歌曲的地位得到本质性的提升：奥克斯成了大学里的宠儿；汤姆·帕克斯顿，这位追求极致的音乐匠人，也正大受追捧；伦·钱德勒成为一颗冉冉升起的新星；巴菲·圣玛丽（Buffy Sainte Marie）那精明干练的女歌手形象开始被世人熟知，而马尔维纳·雷诺兹依然稳居女元老的宝座；西格尔虽然正在国外巡演，但毋庸置疑，他仍是绝对的领袖。像比利·艾德·惠勒（Billy Edd Wheeler）、帕特·斯盖（Pat Sky）、弗雷德·赫勒曼、彼得·拉法基（Peter LaFarge）和蒂姆·哈丁（Tim Harding）、吉姆·弗里德曼、朱利叶斯·莱斯特（Julius Lester）、谢尔·西尔维斯坦以及鲍勃·吉布森等，也都是抗议歌曲界的新生力量。埃里克·安德森和大卫·科恩（David Cohen）（又名大卫·布鲁）也是两位青年才俊，但一直没能创立自己独特的风格，他们俩几乎是靠模仿迪伦出道的。这两人的作品都谈及了人性的愚昧和制度上的不合理，但他们俩并没有走迪伦早期政治的老路，（相反）他们的理念更主观、更个人化。当时年仅13岁的詹尼丝·伊安也是位后起之秀，不久，她仅凭借一首《社会之子》（*Society's Child*）就在歌坛引起轰动。

在1964年的新港音乐节上，迪伦共出场三次。周五下午，他在时政歌曲工坊演唱了《宝贝，那不是我》和《鼓手曼先生》，这两首新歌没给观众传达什么政治主题，不过看样子他们也没介意。那一晚的演唱会破了新港的观众人数纪录，贝兹邀请迪伦上台，两人合作了一曲《宝贝，那不是我》作为演唱会的压轴表演。台下观众都想听跟政治有关的歌，琼照办了，她带着全场高歌一首《我们必将胜利》。迪伦在周日的晚上单独亮相，他以一首《所有我想做的事》（*All I Really Want to Do*）开场，迪伦智慧的光芒在这首“反爱情”歌曲中重新闪烁起来，好多观众都感到很欣慰。不过，当晚他其余的演出可就难获好评了，而且在台上的时间越长，他的表演就越懈怠。那首《致蕾梦娜》（*To Romona*），他唱得让人昏昏欲睡，我在笔记本上写下心头的疑问：“我们这位美国版的叶夫图申科（Yevtushenko）现在怎么变成埃德加·盖斯特（Edgar Guest）了？”《鼓手曼先生》，他也唱得磕磕巴巴的，含混不清的吐字让歌词中本就朦胧的意象表达大打折扣。给吉他调音的时候，迪伦好几次连站都站不稳了。以往，嗑药很少会影响他的发挥，但那次他显然有些失控了。他以一首《自由的钟声》收尾，返场时，他又叫上琼跟他一起合唱了《上帝在我们一边》。

这场轻率、散漫的演出让很多人惊诧不已，但两个当时在后台的朋友并未感到意外。在上台前，迪伦和来自麻省剑桥镇的托尼·格洛弗和贝齐·西金斯聊了会儿天。托尼注意到，在即将面对15 000多人的大场面时，迪伦显得非常紧张。迪伦却辩解道：“我根本不在乎，我就唱好我的歌就行了，其他都无所谓。”托尼继续跟迪伦开着玩笑，他建议迪伦在台上背对观众，这样就能避免双方不必要的摩擦。实际上在演出的某个时段，迪伦还真的照做了。本场演出，迪伦诚然收获了观众的掌声，但同时也被忧虑与不安所困扰。老约翰·哈蒙德就曾斥责迪伦：“演出这么糟糕，应该打他的屁股。”“作为如此才华横溢的歌手，鲍勃可不该搞砸这次演出。”帕特·克兰西也表示出不满。在返回媒体区的路上，我也向查理·罗斯柴尔德倾诉了自己的失望之情，他试图安慰我，说我该见怪不怪。

那个夜晚发生的事，再次给迪伦上了一课：在台上的每分每秒都必须全力以赴，对于大师级的歌手，评论家的耳朵会格外挑剔，因此绝不能流于平庸。对于迪伦在新港音乐节上的表现，或许没人比那些一直赞美、追捧他的人更感到失望了。无论是新朋还是旧友，都通过面谈或是写文章的方式来给迪伦加油打气。在1964年11月发行的一期《放声歌唱！》上，编辑欧文·西尔伯写了一封《致迪伦的公开信》，表达了他对迪伦的尊崇和敬仰，但也流露出一些隐忧："我看了你在新港的演出，我觉得你有些脱离大众了……成名所带来的负面效应正阻碍着你的进步。这不禁让人想起吉米·迪恩……想到这里，我竟流下了泪水，因为我似乎看到了天才自我毁灭的前兆。其实对于你身上发生的变化，我们也有不可推卸的责任……美国社会的造星机器不断吞噬着天才们的才华，它贪婪的胃口永远不会被满足。"

这封充满真情实感的信让迪伦振作了许多，但他在希宾的一周假期就没这么美好了，似乎他做的每件事都有人大呼不满。迪伦高举标语牌抗议社会的种种不公，可是在明尼阿波利斯他却遭人追打；之后还有人朝他扔石头，说他是"叛徒"。一群老民谣歌手也开始了喋喋不休的说教。难道一个艺人就永远不能听从自己内心，自由搞创作，唱自己想唱的歌，穿自己想穿的衣服？各种自我？就当前而言，答案肯定是"不能"，因为他是社会的公有财产。于是人们都在焦急地等待新专辑《鲍勃·迪伦的另一面》，以便确认迪伦是否真的厌倦了政治。当年12月，曾被迪伦予以赞誉的《小字报》作家保罗·沃尔夫站出来发言，声称这次新港音乐节把奥克斯推上了政治歌曲之王的宝座，而迪伦却选择"放弃抗议歌曲"，他认为迪伦为了"跻身更高层次的艺术舞台”而选择了“叛变”。沃尔夫对比奥克斯与迪伦，认为奥克斯敢于表达真情实感，迪伦总在回避锋芒；奥克斯待人真诚，体恤观众，迪伦却对观众的声音置若罔闻；奥克斯追求崇高的理想，坚守信条，迪伦则孤芳自赏，信奉利己主义。沃尔夫把《鼓手曼先生》视作“一大败笔”，还严厉斥责了《自由的钟声》，认为此曲“完全不知所云”。他所描绘的迪伦就像“孤独的罗兹”一样，是个骗子、伪君子，把他的歌迷玩弄于股掌之上。奥克斯却力挺迪伦：“整个民谣圈其实就像一堂生物课，鲍勃是只珍稀品种的青蛙，‘它’四处跳来跳去，非常活跃，这让西尔伯教授和沃尔夫同学很是恼火，他们想抓住那只青蛙然后把它解剖了……鲍勃·迪伦以为他自己是谁啊？假如我习惯了歌手的某种风格，我可绝对不希望这风格有什么大改动，不然我会很失望的。我的时间非常宝贵，我可不想浪费在转换思维方式上。”奥克斯的这段讽刺言论招致了愤怒：“观众要什么就提供什么，并不是尊重观众的体现。如果观众不明白这一点，那么他们也不配受到尊重。”

西尔伯的信中用了“随从”一词，意思是指那些围在迪伦身边的酒肉朋友。迪伦时不时地会清理自己的交际圈，但他似乎有种魔力，总能吸引一大帮人围过来。比如在1963年5月的布兰代斯民谣音乐节（Brandeis Folk Festival），迪伦宛若一个身着牛仔服的印度王公，被他的一大批歌迷高高托举在空中。1964年春的《生活》杂志刊登了一张照片，照片上的迪伦像是正在冲盖诺·福尔曼和阿尔伯特·马赫尔发着火。马赫尔曾是哈佛广场上的一名激进分子，在1963年还造访过古巴。出于自身浪漫主义激进思想的驱使和对迪伦的崇拜，马赫尔也间或参与了迪伦在1964年的巡演之旅。马赫尔的父亲是约翰·F.马赫尔，绰号“大约翰”，是休斯敦一名富有的实业家。小马赫尔15岁读了卡斯特罗（Castro）的著作，激进主义的种子开始生根发芽，又在1961年的猪湾事件（the Bay of Pigs）的刺激下加速演变。1964年年初，迪伦开始时不时地和马赫尔一起小聚。在迪伦跟苏西分手几个月之后，马赫尔成了苏西的男朋友，两人保持了很长一段时间的恋人关系。

迪伦身边的人中，保罗·克莱顿算是和他关系最亲密的一个，克莱顿的人品也不错，让民谣圈里的卫道士们也挑不出什么刺来。谈到迪伦的这一年，克莱顿说：“表面上迪伦对成名似乎很向往，但他其实并未作好面对大众的心理准备。每当出席公众场合，他心里都怕得要命，尤其是当有人向他提问的时候。我记得有一次迪伦在布朗大学开演唱会，散场时，我、维克多还有纽沃尔什三人排成一条封锁线把迪伦挡在身后，记者举着卡式录音机穷追不舍，问他是否真的把自己看成一名民谣歌手。迪伦最害怕的就是这种情况。他可以滔滔不绝地讲上半个小时的话，在表达个人观点时却小心翼翼，唯恐说错话。他从不会主动摆出完整、确凿的事实，而是让你自己去总结归纳；他总鼓励你去做自主选择，但他缺乏自信的讲话方式又使你想放弃这一机会；他特别爱用嬉皮士的俚语，爱嘟囔，总把‘嘿，哥们儿’挂在嘴边，他用这种方式来掩饰说话时内心的焦虑不安。但是写作时的迪伦就像换了个人，他可以反复删改自己写的东西，但在作演讲时就只愿照本宣科，所以迪伦对自己的讲话技巧一直都不太自信。在面对庞大的人群时，迪伦总是少言寡语，人数只要超过20个，他就感觉不自在了，而这里面他愿意长时间交谈的可能也就五六个。即便跟别人在一起时，他也总是愿意忙自己的事情。”

在格林尼治村，有一群志趣相投的年轻民谣歌手，其中有杰克·艾略特、埃里克·安德森、戴夫·范·容克、大卫·布鲁、菲尔·奥克斯和蒂姆·哈丁等人，他们被《眼睛》（*Eye*）杂志称作“迪伦帮（the Dylan Gang）”。当迪伦陷入身不由己的处境，这些村民都自觉有义务去为他辩护。这些人里，要属奥克斯对迪伦的评论最到位（他曾形容迪伦为“莎士比亚级别”），虽然迪伦的存在总使他相形见绌。在1968年8月的《眼睛》杂志上，作者迈克尔·托马斯（Michael Thomas）分析了迪伦给他在格林尼治村的这群伙伴带来的影响：

在意识到自己存在的同时，迪伦也让他们中每个人都意识到自己的存在，因为他是独一无二的先知，是能够听见鼓手曼先生的歌曲的人。迪伦的今天，是其他人梦寐以求的明天。像奥克斯、帕克斯顿和哈丁这些人都从迪伦那里汲取了正能量，而其他人，比如安德森和布鲁，比如用生命谱写一曲悲壮乐章的理查德·法理尼亚，再比如年少成名的保罗·西蒙，都或多或少被迪伦耀眼的光芒掩盖，但这不是迪伦的错。

新港音乐节的事情刚刚平息，迪伦又陷入另一轮争议之中。作为白人，迪伦每次写布鲁斯风格的歌时，都被谴责为剽窃黑人的艺术成果；迪伦继承了伍迪·伽思礼的说唱布鲁斯传统，却被斥为画虎类犬；迪伦给民谣注入了盎格鲁-爱尔兰民歌的元素，竟反被说成是偷师学艺；迪伦要是写了首政治抗议歌曲，守旧派会大骂他叛徒，倘若是首抒发主观想法的歌，又会被看作自恋的存在主义者。目睹了这一切对迪伦无端的指责谩骂后，格利森评论道：“在美国这样一个拜金主义社会，有一种罪恶是不可饶恕的，那就是在你抵达象征成功的峰顶，转身去唾弃、蔑视那些曾为你指路的人。如果有人这样做了，那么就等着潜伏在地狱中的魔鬼找上门来吧。”

不过，迪伦也拥有大批支持者，他们来自四面八方。1964年3月，当时在民谣圈还不太出名的乡村歌手约翰尼·卡什在《小字报》上替迪伦喊话：“都闭嘴吧！让他继续唱下去！”当年的新港音乐节上，卡什奉献了一场精彩绝伦的演出。在音乐节进入高潮的时段，这位在纳什维尔成名的歌星登台亮相，然后人们发现，他也会唱民谣。卡什是个真正的男子汉，他成长在奥扎克山脚下的一个农场里，他的性格既有坚强如铁的一面，也有柔情似水的一面。卡什出生在大萧条时期，拥有一部分切诺基印第安人血统，他的父亲是位铁路工人。卡什还是个心思细腻的人，音乐天赋极高，他可以在各种音乐形式之间游走自如。那晚演出一结束，卡什就急忙赶到贝兹在维京汽车旅馆的房间，受贝兹的邀请，他和迪伦在那儿录了几首歌。卡什那张饱经风霜、如岩石般棱角分明的脸庞让他看上去像个十足的硬汉，但就是这么一个硬汉，却被迪伦的包容和理解深深感动了。卡什也曾是个乡村乐明星，但后来情绪失调和生活的艰辛差点毁了他的前程。他准备重整旗鼓，再度出发，但内心也充满忐忑，这种忐忑更多是来自于他躁郁的自我毁灭情绪。新港演出的成功，让他信心倍增，而迪伦和贝兹两位民谣圈的青年才俊给予了他足够的关怀，还整晚帮他录歌，这着实让卡什感激不已。为了表示感谢，卡什把自己的一把吉他赠予迪伦。而次日清晨，贝兹也骄傲地向外界宣告：在她的帮助下，卡什已重燃希望，朝着新的胜利继续进发了。

一些敏锐的乐评家也在新港发现了另外一位低调的音乐大师——来自芝加哥的马迪·沃特斯，他向人们展示了布鲁斯音乐的多面性，他的音乐也预兆着迪伦在1965年转向摇滚乐。与卡什相似，沃特斯也曾从事农耕，不同之处在于，马迪是个出生在密西西比的黑人，所以他的经济状况更糟，对成功也更加渴望。马迪原名麦金利·摩根菲尔德，13岁时就开始每周六到炸鱼店演奏单簧口琴，一晚能赚50美分并饱餐一顿。1941年，艾伦·洛麦克斯帮他录制了一张乡村布鲁斯的专辑，然后献给了美国国会图书馆。马迪认识到去北方做音乐才是改变命运的唯一出路。卡什当时去的是孟菲斯，而马迪“孤身一人乘火车北上芝加哥，一个公文包，一套西服和一把吉他就是全部家当了”。在第二次世界大战后的芝加哥，马迪的音乐开始变得粗粝、狂野，且完全采用电声乐器。1954年，马迪录制了一首节奏强劲的节奏布鲁斯歌曲《滚石》，这首歌正是米克·贾格尔（Mick Jagger）的乐队名字、简·温纳（Jann Wenner）的杂志名字以及迪伦那首歌名的灵感来源，还有他在伍德斯托克家中猫咪的名字。所以，《滚石》永远不会过时。

1964年的新港音乐节是个历史性的时刻，但也会湮没在历史的长河之中。只有在迪伦后来给歌曲加入摇滚伴奏乐队，以及再后来去了纳什维尔的时候，种种记忆碎片才又重新拼接起来。一切的一切都在1964年新港音乐节得以荣归故里，特别是当迪伦的音乐超越时政歌曲的范畴，当卡什用歌声叙说乡村音乐的困境，当马迪·沃特斯组建自己的乐队，用以表明如果音乐还存在，它就能够抵御时光的流逝。

伍德斯托克的小村庄

1964年的夏秋两季，迪伦有更多的时间可以住在伍德斯托克了。他在曼哈顿西四街的公寓总是空空荡荡的，所以急切地想把他本就不多的个人物品搬过来。如果不得不住在纽约，迪伦也可随时去阿尔伯特在格拉梅西公园西边（Gramercy Park West）的大公寓或者切尔西旅馆（Chelsea Hotel）留宿。而伍德斯托克在那时就像一座让人得以逃离公众视线和压力的小村庄，迪伦正好在那儿也有一群挚友。阿尔伯特在贝尔斯维尔附近有幢大房子，迪伦在房子里给自己设了个单间，进房间也有专门的通道。而位于廷克街59号的爱思巴苏咖啡馆（Café Espresso），是迪伦在伍德斯托克休闲娱乐的去处。

爱思巴苏咖啡馆有点像乡村版的格林尼治村，有着古朴的棕色外墙，屋内的灯光柔和、舒适，桌子摆放的距离也很讲究，可给聊天的人们足够的私密空间。咖啡馆内还有个开放式的大壁炉，屋外也摆放着桌椅，顾客可以坐在那里，看着街上来往的人。屋里的棋盘和格子桌布显露出法国的风格，这是因为咖啡馆的所有者是来自法国的伯纳德·帕图雷尔（Bernard Paturel），他平易近人的性格也让迪伦每次光临咖啡馆都感到舒适、惬意。伯纳德之前曾在纽约的两家富丽堂皇的餐厅“金牛”和“吕特斯”工作，1961年时搬到了伍德斯托克。历史悠久的伍德斯托克让他想起了位于蓝色海岸的法国文化圣地圣保罗德旺斯，当听闻爱思巴苏咖啡馆要转让时，伯纳德和妻子贷款把它买了下来。“我们一起给它重新装潢，到现在也经营5年了。”咖啡馆承接了一系列现场的娱乐活动，还邀请民谣歌手驻唱，这一套经营思路很正确。民谣音乐在伍德斯托克一带一直都很流行，早期的民谣收集者山姆·埃斯金（Sam Eskin）就是那里的老居民，而班卓琴艺人比利·费尔（Billy Faier）从20世纪50年代末就是伍德斯托克的城镇吉祥物了。伯纳德找来比利和另外一位叫索尼娅·玛尔金（Sonia Malkine）的法国民谣歌手，请他们帮着找些歌手。第一组来酒吧演唱的歌手是个二人组合，成员是丹和迪肯，后来陆续又来了帕克斯顿（他只在那里唱了三天，挣了50美元，解决了吃饭问题）、约翰·韦恩（John Wynnn）、艾德·麦克科迪、加里·戴维斯牧师（Reverend Gary davis）和快乐特劳姆（Happy Traum）等人。伯纳德第一次听到迪伦的名字时，迪伦正是民谣城里炙手可热的歌手，周薪高达200美元，小小的爱思巴苏咖啡馆根本付不起。他第一次见到迪伦本人是在1963年的夏天，而且正好是在他的咖啡馆里，迪伦和琼还有其他一些朋友坐在一桌，摆弄着一台有发条装置的留声机。伯纳德平日里就很擅长修各种东西，他帮着修好了留声机，看着这台老古董以每分钟78转的速度播放着鲍勃和琼所选的一首久远的灵歌。

那时候的伍德斯托克对迪伦而言，更像一处与外界隔绝的庇护所，它还没有变成日后那个嘈杂的“动物园”或“民谣王国”，迪伦常常随心所欲地在街上练歌，路旁的栅栏和长椅是他歇脚的地方。伯纳德后来又一次在咖啡馆见到了鲍勃和琼，那晚鲍勃喝得有点高，温文尔雅的咖啡馆老板便搀扶着他上了楼，走进了一间四壁刷白漆的宽敞屋子，那是伯纳德自己的房间。迪伦已吃饱喝足，便倒头大睡。这间屋子为迪伦提供了格外安静、密闭的环境，距咖啡馆也仅仅一层楼之遥，让迪伦可随时消遣放松、排解寂寞，因此迪伦瞬间就爱上了那里。“基本上他后来就搬到我们这里住了，我也象征性地给了他一把房间钥匙。”伯纳德说：“他不用交房租，我们俩早就达成默契。只要他乐意，随时都可以过来住。”

1964年年初，迪伦忙于在各地演出，回到伍德斯托克时正值夏季。当时他已着手录制《鲍勃·迪伦的另一面》，伍德斯托克这座为他遮风挡雨的庇护所，以及他在那里遇到的可爱的人——伯纳德和玛丽·卢夫妇，都被迪伦恰到好处地写进名为《其他类型的歌》（*Some Other Kind of Songs*）的一首长诗里，以表答谢。而住在贝尔斯维尔的阿尔伯特身边总是被一群人围绕着：他老婆萨莉、制片人琼斯和霍华德·阿尔克（Howard Alk）、彼得·雅罗、约翰·考特（John Court）以及朱迪·科林斯、奥黛塔、伊恩和西尔维亚组合等来访的歌手。阿尔伯特豪宅里的各类休闲设施中，迪伦最喜欢的就是游泳池。迪伦还在车库里存了一辆摩托车，以便他可以随时在屋后的马路上兜风。有时，迪伦也会羡慕格罗斯曼众星捧月的生活，但大多数时间他更愿意独处。虽然阿尔伯特家距爱思巴苏咖啡馆只有三英里，但迪伦还是会经常住在伯纳德那里，他会花上几个钟头跟维克多和伯纳德下棋，或是和伯纳德驾车前往金斯顿的一间环境简陋的台球厅打台球，它建在一家中餐馆上面。

阿尔伯特在贝尔斯维尔的豪宅前立着一块警示牌，上面写着：未提前电话预约者一律视为非法闯入。阿尔伯特在伍德斯托克有三个电话号码，迪伦一个都没有，但迪伦对待到访者同样小心谨慎。1964年夏天，克莱顿经常来访，但后来他渐渐被迪伦疏远。新港音乐节结束后，约翰尼·卡什也曾来看望迪伦。同年，丹尼尔·克莱默（Daniel Kramer）也去过那里，随后的几个月里，他断断续续给迪伦当过几次摄影师。后来克莱默被迪伦辞退，杰瑞·沙茨伯格（Jerry Schatzberg）接过这一职务，但也没能一直干下去。克莱默发现，迪伦在拍照时比较爱动，总是在摆各种姿势，很难镇定下来。他想抓拍一张迪伦写歌或弹吉他时的照片，但遭到迪伦拒绝，因为迪伦在创作的时候必须要有私密的空间，有人在旁边会干扰到他。克莱默也确实给迪伦拍了不少很棒的照片，比如走在乡间小路上的迪伦，坐在爱思巴苏咖啡馆里的迪伦，在阿尔伯特家的门廊前荡秋千的迪伦，甚至是站在高高的树杈上的迪伦。当迪伦看到那张在树上拍的照片时，他表示，下次演唱会他要尝试在树上给大家唱歌。而最完美的一张照片当属荡秋千那张，照片上的迪伦坐在门廊前的秋千上，面露微笑，而照片上的秋千，像极了当年艾科居住的希宾小屋门前的那个。

1964年至1965年这一年里，迪伦在伍德斯托克写了不少新歌。被绿水青山和清幽小巷环抱的迪伦，成功驾驭了他新专辑中那些尖锐、激烈、宣言式的歌曲。如果引用华兹华斯关于大自然与诗歌创作的理论，那么迪伦正是在伍德斯托克静谧和谐的氛围中重新调整了自己的情绪。演唱会和专辑录制任务像两块时刻压在迪伦身上的大石头，他只有在伍德斯托克才能静下来喘口气。如果迪伦当初一直留在纽约的话，他的情绪或许早已失控了。1964年，迪伦两度从伍德斯托克出发，赶赴自己演唱会的现场。

1964年8月8日，琼在森林小丘音乐节（Forrest Hills Music Festival）上为15 000名到场观众露天演唱，她的唱腔依旧那么平滑、舒缓。在演出的后半部分，她索性脱掉了脚上的鞋，并叫迪伦上台一起演唱。可是迪伦前所未有的糟糕状态让我震惊，他在台上摇摇欲坠，两只腿像灌了铅似的。迪伦的嗓音变得异常粗糙，节奏也几乎乱套，而琼的行云流水更突出他的混乱无序。鉴于这种情况，我必须写一点逆耳忠言来警醒他。后来我从琼和她经纪人那里得知，迪伦读了我在《泰晤士报》上的评论后大发雷霆，他不仅用脏话骂了我，还发誓说要找我讨个说法。

再次在台上见到迪伦是在10月31日的纽约音乐厅，正好赶上所谓的万圣节专场。那一天，迪伦奉献出了可能是自己最精彩绝伦的一场表演，近6个月以来，他第一次重新找回舞台上应有的感觉。迪伦重新唱起《时代在变迁》《约翰·伯奇偏执布鲁斯》《大雨将至》《海蒂·卡罗尔寂寞之死》《戴维·莫尔》《梦》和《上帝在我们一边》等阔别已久的老歌，在唱《宝贝，那不是我》时，他和琼配合得天衣无缝，《鼓手曼先生》中的精妙隐喻闪烁在音符之间，《没事，妈妈》中那些讽刺的词句如利箭一般击中人的内心，《伊甸园之门》也被演绎得美妙动人。我在乐评的结尾写下这样一段话："经历了半年的迂回曲折，迪伦似乎终于找回了本属于他的音乐、文学才华，重新行走在光明的道路上。这位年轻的美国音乐桂冠诗人，凭借他对自身才华日趋游刃有余的掌控，以及对深刻议题精准到位的诠释，为观众献上了一场精彩绝伦的演出和一个美妙的夜晚。"[11]

演唱会后，迪伦在第二大道上的一间宴会厅举行了派对，我和几个朋友也参加了。琼和鲍勃手挽手，用温暖的笑容向我问好，他应该早就忘了我8月份写的那篇刻薄的评论，而且他也深知自己已重回巅峰。当晚，人们的杯中都斟满博若莱葡萄酒，迪伦真切希望在场的每个人都喝得尽兴。到场的嘉宾里有诗人艾伦·金斯伯格和格里高利·科尔索，还有爵士乐手奥尔奈特·科尔曼。与其说这是一场名流聚会，倒不如说是一次把朋友聚在一起放松娱乐的机会。

对那些诋毁、诽谤他的人，迪伦在这次纽约音乐厅演唱会的曲目秩序册上用文字予以了回击。在《给杰拉尔丁五花八门生日的建议》这首诗里，迪伦讽刺了那些险些束缚住他，包括阻止他前进的陈规旧俗：

要循规蹈矩地做事，他们这样说着

他们害怕有人不按他们的要求做事

这会让循规蹈矩的他们显得愚蠢

也会让自知做错事的他们内心恐慌……

所以，当有人让你去定义自己

就说自己是个数学家吧

不要说，也不要做

你面前的人无法理解的事情

否则他会觉得

你在炫耀自己的学识

你在嘲笑他的无知

几首迪伦典型的“中期”作品，如《真正第四街》和《给杰拉尔丁的建议》（*Advice for Geraldine*）这样的批判性歌曲，现在听上去像是某个偏执狂写的说唱布鲁斯。然而，这些歌表达了艺术家追求自由的决心。迪伦一向讨厌有权势的大人物，包括为《放声歌唱！》《小字报》《排行榜》和《泰晤士报》撰文，垄断他人品位、话语权的大牌作者。没人能真正确定迪伦歌中所暗指的是谁，还有的人断定迪伦暗指的是他们。其实，迪伦只是不愿屈从、妥协。当迪伦选择“用真相做武器”时，他就是真正爆发了，这时的他不会去过多地考虑后果。1965年10月1日，迪伦与雄鹰乐队（日后的班德乐队）在卡内基音乐厅同台演出，他觉得有必要将上面的那些文字重新印在节目单上。

迪伦其实不愿和评论家们产生正面冲突，因为他在与人面对面交流时，总是尽可能做到彬彬有礼。在森林小丘那场糟糕表演结束后的某晚，我曾到格林尼治村采访过迪伦，他没提我那篇负面评论的事。那晚迪伦有些不爱说话，但还是给我提供了一些消息和建议。经过一些拐弯抹角的铺垫，迪伦向我透露，他马上就要挣到人生的第一笔一百万了。他自己对此都很吃惊，尽管他心里清楚得很：扣除税和团队工资后，能剩下百分之二十就谢天谢地了。谈到我的时候，迪伦问我最近在写什么，我说在做几个专题项目，有的是出于个人兴趣，有的只是“为稻粱谋”。之前，查理·罗斯柴尔德也曾向迪伦讲过我用艺名亚当·巴恩斯（Adam Barnes），帮琳达·梅森（Linda Mason）那张马马虎虎的迪伦歌曲翻唱专辑写内页说明的事。听我说完，迪伦的回应有些尖刻，他说如果我手头真那么拮据，那还不如直接找他借一点儿，而我是无论如何都不会走这一步的。我告诉他，自己正在写一本关于乡村音乐的书，也负责了一些其他的项目。迪伦建议我摒弃那些“为稻粱谋”的写作：“去寻找那些真正让你感受强烈的东西，然后再彻底投入进去。”在煤气灯酒吧时，迪伦对我这样说道。我当时并没有什么感受，后来才意识到，他那晚说的话正是我写这本书的一大原因。那一晚的交谈让我明白：这个我一直悉心保护的年轻人已羽翼丰满，他已拥有足够的力量去自立。

第二天，迪伦回到了伍德斯托克，离开了那群所谓的专业乐评人和格林尼治村的那帮老朋友。这些人代表着一段早已被他甩在身后的岁月。在接下来的数月里，迪伦结交了一些极具社会影响力的新朋友，其中就包括由几个年轻人组成的飞鸟乐队组合以及披头士乐队。

Bob Dylan

Bringing It All Back Home

左边：《席卷而归》专辑封面，1965年3月；1964年7月在伍德斯托克的家中，迪伦表达了此类情感。

右上：喧嚣之后的平静，1965年英国莱彻斯特市举办的新闻发布会现场。

右下：与飞鸟乐队同台演出，1965年洛杉矶。

第八章　“歌手俄耳甫斯”插电了

Orpheus Plugs In

如果听不懂我的歌，那他们一定是漏掉了什么。

如果听不懂色情烟缸、绿色钟表、湿透的座椅、紫色的台灯、充满敌意的雕像、漆黑的木炭等，那么他们也一定是漏掉了什么……一切皆为音乐，不多不少。

——迪伦，1965

迪伦是让流行音乐成熟的最重要力量，没有之一。

——约翰·皮尔，1970

难道就不能没有那些与年龄一样暴力的歌曲？……也许迪伦的描述并非最佳，也许他不够含蓄，但是他使我们感到震撼，这就是我们为什么要有诗人和艺术家的原因吧。

——吉姆·鲁尼，1965

没有人让我换电声吉他……没有，我也没问过任何人，相信我，我谁都没问。

——迪伦，1966

上：“迪伦是开拓者”，《旋律制造者》杂志1965年的标题。

左：指引前进的方向，与芬德·斯特拉拖卡斯特尔1965年1月在录音棚内录制《席卷而归》。

作为穿越时空的“路上学者”，迪伦从未真正放弃过他高中时代的“摇滚乐”，即学生时代通过电台收听的流行音乐。1964年下半年，披头士组合开始走红，但他们依然只是许多新的摇滚乐组合之一。如果不是独唱的话，一个在无伴奏情形下清唱的民歌手已经开始让位于多音轨伴奏的大阵仗，菲边、弗兰基·阿凡龙以及鲍比·威的模仿摇滚时代已经成为历史。感谢1959年威没让迪伦加入他的乐队，迪伦才能自由地探索民歌领域，并从其他摇滚音乐人未曾探索的领域汲取营养。

然而，1964年，沉浸在伍德斯托克幽静之中的迪伦听到了鼓声齐鸣、铙钹的撞击、巨大的芬德尔贝斯的低吼以及电声吉他所发出的焦躁的金属哀鸣；他没有抛弃早先民谣独唱的风格以及伴奏的木吉他和口琴，他依然懂得他的歌词，无论是温柔还是愤怒，都是他的力量所在。他只想把那些歌词置于一个完全不同的背景之中，但是公众与乐评人对1965年他的两张专辑——《席卷而归》与《重返61号公路》的反应显得有些极端。对有些人来说，他是叛徒加机会主义者，对另外一些人来说则是天才和摇滚乐的救世主。

迪伦并非暗中受人指使，是他自己决定重新回到摇滚的正道，并把民谣的叙事风格与社会评论功能融入摇滚乐。那种他给民谣带来了重节拍并使摇滚乐变得“标题党”的指责，完全忽略了他对（摇滚乐）的一个重大贡献：迪伦正在创造一种全新的表达方式，要比他前三年的民谣表现方式复杂得多。由他一手创造的“民谣–摇滚”是美国流行音乐发展史上的转折点。在迪伦的新作问世之前，大多数摇滚艺人（包括披头士等）的歌词总是写得平淡乏味，毫无意义。而当许多民谣的后来者还在下功夫消化理解迪伦的创新时，他已经开始尝试新的创作内容了。

尽管乐评人对此发表的评论汗牛充栋，但大多数人是只知其一不知其二：《席卷而归》与《重返61号公路》的成功之处在于，两张专辑把口授文学、民谣传统与摇滚试验完美地融为一体。那么，1965年迪伦的音乐生涯将会指向何方？我认为他个人发展的路径指向包括三个美学与哲学理念，即对荒诞派艺术、存在主义以及作为意识镜像的梦境与迷幻的探索。

怪诞艺术

在迪伦刻画的戏剧人物当中有着众多的怪诞形象："装扮成罗宾汉的爱因斯坦"[1]与"衣衫褴褛的拿破仑"[2]属于西方文学传统中广为人知的（人物形象），而"琼斯先生""菲尔斯先生""野蛮的玫瑰"以及《歌剧魅影》等意象也都是从中世纪巴黎圣母院的怪兽状滴水嘴派生出来的，还有来自兰波与阿波里耐诗歌中的继子之类的人物，卡夫卡《变形记》中的恶人邻居等。迪伦刻画的"恶人"系列中大多与戈雅、委拉斯凯兹、博施、卡罗特以及法国的超现实主义大师的作品渊源不浅。迪伦拥有柯勒律治同样"塑造想象的功力"——此等功力使他能够构建自己的诗歌意境，而步入他的戏剧世界，我们也会诚惶诚恐。从人生残酷的序列中，他将无数牛鬼蛇神与恶毒的缪斯放大、扭曲、重塑，甚至歪曲，里尔克看见了自己的天使，布莱克与先知以赛亚和伊齐基尔[1]相遇；迪伦给怪人和愚人画像。

我们没必要在地狱中待上一个季节才能与日常生活中的怪诞谋面，打

[1] 源于希伯来语的教名，含义是"上帝将坚强有力（God will strengthen）"。——译者注

开收音机，为阿道夫·艾理希曼与凯利中尉唱一首赞歌吧。[3]怪诞的黑色笑骂很久以前就在各种艺术中有所体现，怪诞攫取人性之时，乃是人类对自然与稳定的传统生活秩序的信仰崩溃之日。之后，当这些妖魔鬼怪逃离阴间——混乱的潜意识——之时，人类便被拱手让给魔鬼、讽刺以及死魂灵的控制了。

直至1964年，迪伦发现那些口号不能改变世界。《随风飘荡》使非洲裔美国人的生活变得更好了吗？它与教堂里吟唱的那些赞美诗有何不同，不过就是给他们鼓劲打气、明确目标罢了？音乐难道能够真正导致变革吗？那个曾经激情四射、大力宣传社会改良，却屡遭漠视的先知现在该做何感想？也许那个先知加歌手害怕自己的歌声没有被听见，也许他变得内向了，变成了希腊神话中的那位先知，只不过他的口号变成了没人能够解开的谜语。黑暗与讽刺挖苦填充了由于危机未能解决而造成的巨大真空，这也许是对付这个疯狂世界的最佳途径了。下面有关怪诞的定义可能也适应超现实主义的美术作品、伦尼·布鲁斯的独白、金斯伯格与弗林盖蒂的《嚎叫》，以及许多迪伦的词曲与诗歌作品。

沃尔夫冈·凯泽尔在他的《艺术与文学中的怪诞》一书中曾经这样写道："意外与惊骇是怪诞的基本构成要素。"

我们感到惊吓，是因为我们的世界已经不再可靠……怪诞把对生命的恐惧而并非对死亡的恐惧灌输给我们……自文艺复兴装饰艺术诞生以来而不断产生的腐朽……身份的丢失、"自然"尺寸和形状的失调、物品分类的停滞、人格的毁灭以及历史秩序的碎片化等。启示录般的怪兽层出不穷……我们是魔鬼附体……侵入我们身体的魔鬼依然不可理喻、不可言说，依然没有人性……我们在异化的世界里迷失了自己，因为它是荒诞的……作为一种艺术的流派，悲剧在无意义以及深层含义的荒诞可能性领域以内开场……但是怪诞的创造者不必要也无法暗示意义的诞生……荒诞派戏剧就是与荒诞为伍的剧种，它会以一种肆无忌惮的方式揭幕……但是他一定要让演员忘乎所以，剥夺他的自由，并让他惧怕自己愚昧地祈求的神灵。尽管黑暗势力可以引发无助与恐惧感，真实的艺术写照会产生秘密的解放……黑暗会被发现，邪恶的势力会被戳穿，不可理喻的力量会遭受挑战……对怪诞阐释的终结版本如下：试图去召唤并征服人世间的各种恶魔。[4]

在寻找能够遏制他所看到的荒诞混乱的艺术结构的过程中，迪伦以自己的方式掌控着自己的世界、自己的创作素材，并成功地获取了某种形式的解放。

存在主义

迪伦现在开始回避政治、社会或道德说教。在他为《小字报》创作的日日夜夜中，他所提供的社会分析浅显易懂：种族歧视不好、贫困非正义、战争邪恶、和平与博爱才是人间正道，兄弟们。（但是）早在1964年，他比大多数激进分子更早地发现，（设置）纠察线的（抗议理念）已不再适用。遵循萨特、加缪以及其他人的哲学思想，他走上了街头存在主义哲学之路，这种观点与其说来自系统的思考，还不如说源自更为情绪化的反应；（尽管如此，）迪伦依然没有放弃早年的犀利或（左翼）的政治倾向；同样，他也没有滔滔不绝地去为萨特或海德格尔背书。但是，如果我们把存在主义哲学从教室的讨论中剥离出来，放在（历史的）高速公路上去，就会发现罗盘的指针直接指向迪伦1965—1966年的全部作品。以下是《读者百科全书》对存在主义的标准定义：

起点是人类的意识与心理过程……人类拥有本我的概念可以解释为幻想……人的自我就是自我感觉的存在；在任何一个假定的时刻，是他迄今为止所塑造的人生的总和。因此，他所开启的“虚无”成为人类自由的起源……人类的大脑无法识别宇宙存在的意义；当他放弃幻想，就会发现自己为人类生存条件的荒诞而感到恐惧……因此，在任何预定的绝对价值体系缺失的状态下，人类必须创造一种道德观。自我诚实也许是存在主义思维的主要普世价值观。所有存在主义哲学著作都在试图描述为实现它（诚实）人类所经历的情感的痛苦……如果每一个人而不只是他个人，都试图践约诚实，诚信的人会以预估结果的方式，判断某一个潜在的行动。尽管选择困难重重，但是他拒绝退出生活，而是参与、积极参与自我共生、与他人共存。[5]

马丁·布伯是按照此传统写作的犹太神秘作家，参考他的作品我们可以看到二者的区别：加缪的“‘荒诞之人’与萨特的‘诚实之人’的相似之处在于，二者都承认人类在面临宇宙沉默时的孤独境遇；二者都拒绝绝望，但都致力于以最大的爱承当痛苦与责任；二者都认为个人行使自由应与所有人行使自由的机遇不可分割，而此机遇要视他们免于贫困、政治压迫，以及其他可以避免的外部局限性而定。”

此外，在死亡与绝望的意识中，迪伦还致力于寻找诚实与真实，尽管这一过程痛苦异常，但是他依然不会放弃。大庭广众之下，迪伦权衡着自己的痛苦与责任，把自己的孤独置于孤独大众的对立面，用自己的想象臆造荒诞，充实自己摇滚荒诞的生命。对于他来说，他们都是“真实的人”。

作为现实镜像的梦幻与幻觉

精神导师—先知—艺术家的现实梦想存在于平庸的时空之中，但是梦境依然反衬了日常的世界。梦境把他与世界分离，使他看似既“难以相处”又充满天赋，艺术家比我们看得更为准确、更为清晰，通过提供他们的远景架构，还可能帮助我们领悟并懂得那些我们浮光掠影、中无成见的现象。对于超现实艺术家来说。梦境、想象，甚至幻觉、自然产生或是化学生成的，都有助于拓展并深化艺术的范围。对于这些艺术家来说，生活是超越现实的，生活也是超越真诚的，这就是超现实主义的美学概念。民间美学坚持认为无论男女都有可能成为潜在的艺术家，存在于每个人心中的艺术家与“神圣的”艺术家共生共存。作为梦想大师的艺术家会为愿景提供架构、模型与色彩，并在某一时刻甘愿与自己的听众分享。最好的艺术如同长明火，温暖我们的想象；如同环球篝火，使人类普世经历变得熠熠生辉。

特别是自20世纪50年代开始，随着大麻的使用变得越来越普及，毒品诱发的梦幻让很多人觉得他们成为了艺术家和预言家。吸毒者们相互咕哝着说：“太爽了，哥们儿！”但是这些人很少是艺术家。一个布莱克或者柯勒律治，一个兰波或者波德莱尔，是能够通过感知的大门反馈（吸毒之后的感受），能够找到恰当的语言、声音与色彩，为“彼岸的世界”提供存在与内容，否则它的存在与内涵将是无法表述的。

无数迪伦的追随者曾经向我保证，不嗑药就无法理解1965年至1966年鲍勃的大部分作品。“迷幻音乐”成为他创作中期三张专辑的别名。听众不必像艺术家那样去同一家药房买“药”，就如同读者没必要为了能够欣赏《伟大的盖茨比》或者《夜色温柔》就和菲茨杰拉德喝等量的杜松子酒和柠檬汁。迪伦当然也会强烈要求他的听众全神贯注（紧随其后），同时也要具备来去自由的能力（不能盲目崇拜、从一而终）。起初，只求关注歌曲字面含义的民谣（铁杆粉丝）还没有作好“去”的思想准备，当他们还在追随西班牙内战期间的英雄之时，迪伦早已跟随自己的“鼓手先生”进入腐朽、异化、超现实以及存在主义的感觉与想象之中了。

《席卷而归》于1965年1月14日至15日在纽约完成录制工作，这并不是一个故意写得“难度较大”的词曲系列。专辑的标题来自一个非常口语化的短句，那是迪伦喷涂在我们言语上的一个文身符号，似乎在提醒披头士乐队和滚石乐队的乐迷们，摇滚乐的缘起是美国，而并非他们依稀记得的英国发明。此外，这个短语还意味着迪伦重返自己深爱的精神家园——节奏布鲁斯。尖锐的社会批判重整旗鼓，但不是为了某一个党派团体（的利益），却是为普罗大众；迪伦认为针对美国青年的欺骗必须予以回击和揶揄；但是那些爱情歌曲把他带回故乡，让他去思考，去寻找自己的身份，去理解何为伊甸园。大约在这个时期，他曾说：“混乱是我的挚友，真理即混乱，也许美丽也是混乱。”但是，在塑造混乱的时候，无论是社会的混乱还是灵魂的混乱，他将自己的“挚友”转换成了艺术的有序发展。

丹尼尔·克莱默的封面摄影如同以象征符号写就的一篇论文。迪伦在抚摸自己的猫咪——名为滚石，在他身后则是里克·冯·施密特、洛特·伦亚以及罗伯特·约翰逊的专辑作品——《印象记》。在他较远的后方是自己的最新专辑，那位迷人的棕发女郎叫萨利·格罗斯曼，阿尔伯特的妻子。左下角是一个核爆防空洞的标志，一本时代杂志，一幅19世纪的画像。壁炉上左边居中是迪伦的"小丑"，那是他用伯纳德·帕特雷尔准备丢弃的彩色玻璃杯给伯纳德做的一幅玻璃拼贴图。专辑的背面是另外一些照片的组合，使我们可以管中窥豹，快速浏览歌手的人生：琼·贝兹随意摆弄着迪伦的口琴，彼得·雅罗在警察面前故作抓耳挠腮状，迪伦似乎登上了"东方快车"，不苟言笑的艾伦·金斯伯格头戴大礼帽和领带，迪伦在录音棚内弹钢琴，电影人芭芭拉·鲁宾给大师做头部按摩，迪伦头戴大礼帽、咧嘴笑着走出《爱丽丝漫游仙境》与粉丝见面。许多人认为《席卷而归》是他演唱生涯的顶峰。虽然几首歌都有摇滚的背景伴奏，但在电子乐队的回声部，主要是通过第二部的原声部产生共鸣。

《地下思乡布鲁斯》：迪伦再次转向电声吉他演唱的第一个信号，1965年年初曾经以单曲发行，并在排行榜上跃升至第39名，显示出狂放不羁的"节奏布鲁斯"传奇大师查克·贝利对他的巨大影响，从查克那儿迪伦借鉴了以下创作方法：简约的布鲁斯和弦结构，使用人声作为重要的乐器，强烈讽刺意味的歌词创作，清新明快的气氛以及流畅的节奏。《地下思乡布鲁斯》源自《疯狂车手的噩梦》与《黑色宝贝》，《黑色宝贝》缘起迪伦为其前一张专辑——《鲍勃·迪伦的另一面》——创作的一首诗歌。歌词的结构在很大程度上归功于所谓的"跳绳韵"，短小精悍，用词言简意赅，布鲁斯与节奏布鲁斯经常使用这种传统形式，每个在街头演唱的美国孩子对此都会了如指掌。伽思礼和“保罗·坎贝尔”（西格尔的曾用名）曾经在《放轻松点》中使用过该手法：

妈妈正在厨房，准备吃饭，

姐姐正在储藏室寻找酵母，

爸爸正在酒窖混制蛇麻草，

弟弟站在窗前，窥视“条子”的一举一动。

迪伦那快速喷火般的韵脚看似无厘头，但是黑色的荒诞充斥了歌中那些看似令人犯晕的连篇废话。“学生争取民主社会”组织[1]派生出来的暴力激进分支“天气预报”派受其蛊惑，借用该歌词命名自己的帮派：“你们无须天气预报员／才能知晓风向。”[6]“不要追随领袖”[7]成为反对威权主义的基本信条。迪伦还对正统教育进行了尖锐的批判：“上二十年的学／他们就只让你上班撞钟了事。”[8]如同以快进速度观赏一部默片时代的闹剧，《地下思乡布鲁斯》用歌词呈现了警察、政府官员以及地区法官等诸多形象，最后是《黑色宝贝》的生平故事，那是一种悲哀、毫无意义的生活，是失败之前的一次跳跃，迪伦的叙事手法运用娴熟自如。[9]

《她是我的》：迪伦也许是第一位创作“反爱情歌曲”的歌手。过去

[1]“学生争取民主社会”组织：20世纪60年代美国新左派运动中的一个分支，主要参与民权与后来的反越战示威等活动，“天气预报”派是后期分裂出来的一个崇尚暴力，以推翻资本主义制度为目的的恐怖组织，其命名缘起迪伦《席卷而归》中的歌词。——译者注

的流行音乐只是唱些幼稚可笑的爱情歌曲，迪伦使这个流派日益成熟，他毫不犹豫地反击那些让歌中“主人公”受伤、失望或感到困惑的女性，嘲讽总是他的制胜法宝。如果这首歌曲不是针对琼·贝兹的，那么一定是某位迪伦曾经赠予一枚埃及戒指的无名女艺术家了。从技术上讲，歌词是用非常对称的布鲁斯形式写成，韵脚工整，每一行的长度相等。“她走路从不跌跌撞撞／她根本不会跌倒”[10]，（在此我们）可以在第三节中感受到传统民间布鲁斯的回响，“我在此人生地不熟”。迪伦的第一节孕育了日后他的那部影片《不堪回首》的标题，本身那个标题就是约翰·李·胡克尔的布鲁斯作品。歌词配以柔美、温暖的曲调来表述尖酸刻薄，文风轻松喜庆，舒缓与微微摇摆的节奏听上去很有华尔兹的优雅。混音拉近了与迪伦的现场物理距离，电声吉他与口琴的相互衬托令这首苦涩的“反爱情”歌曲听来似有甜美之感。

《玛吉的农场》：1961年迪伦曾经高唱《乡村的艰难时期》，那是一首有关佃农生活艰辛、饱受地主剥削的农村抗议歌曲。我追根溯源到1950年西格尔曾经唱过的《彭妮的农场》。西格尔歌中的人——乔治·彭妮——是个极为吝啬的地主，在“彭妮的农场”度过了“艰难时期”之后，迪伦逐渐将他们的歌词和曲调完全写成了《玛吉的农场》，迪伦很早就知道传统抗议素材不应（将艺术创作）限制在只写那些“重口味、庄严肃穆的”歌曲，但是可以把社会批评以多种隐蔽的方式“包藏”在歌曲的字里行间，就如同他在《地下思乡布鲁斯》中邪恶的浪笑，以及严肃的社会批评。这首“反工作歌曲”强烈谴责所有毫无意义的劳作，并以此向主流社会的趋同价值观吹响了独立的号角，他的声音以小号外加单簧管伴奏下的冷酷超越了那个以简单的节奏布鲁斯结构演奏的伴奏乐队。我们可能会嘲笑主人公的苦难与困境，直至我们意识到我们所有的人都在某个人的农场上给别人卖命。1978年后，这首歌在英国被多个乐队翻唱，讽刺玛吉·撒切尔的保守党政府。后来此歌曲的标题还被改编用作《闲暇》（*Time Out*）杂志的一个卡通系列。

《爱情减去零／无限量》：虽然说迪伦的反爱情歌曲变得越来越尖酸刻薄，他依然梦想得到一个忠贞的女人，情商高并足以躲开所有神经兮兮、视爱情如竞赛游戏的陷阱。歌曲的标题源自赌博术语，暗示所有的爱情都是一场赌博。

我的情人守口如瓶，
胸无大志也无暴力倾向，
她不必说自己忠贞不渝，
但她是真实的，冰清玉洁、激情似火。[11]

在此，迪伦运用了全新的诗歌创造力。克里斯托·弗理克斯很高兴地发现迪伦把理想与暴力相互连接。杰克·麦克唐娜把迪伦与鲍里斯·帕斯捷尔纳克联系在一起，二人都对“沉没与神秘二位教母”着迷。（此外，）他还发现迪伦的另一个关注点，“自我觉醒，即通过与世隔绝而达到自我孤独，一个既浪漫又与生死相关的主题”。《爱情减零／无限量》的曲调如此静谧安神，以至于那个黑色斗篷、图穷匕见，以及夜半摇晃的桥梁等不祥的映像，都无法搅动爱所散发出的温馨与平静。

《逃犯布鲁斯》：许多原始的R&B节奏与和弦结构都来自贝利《孟菲斯》的郊外。利用传统R&B的话语语境，迪伦对某些布鲁斯词曲进行了无情的讽刺与挖苦。为此，他再次被那跌跌撞撞的臆想所吸引，手中吉他的和弦在荒诞的潟湖中滑过一片哀婉的土地。第二行，坏人的神话：杰西·詹姆斯在往墙上悬挂一幅图片的时候被所谓的朋友罗伯特·福特开枪杀害。第四行，又一首R&B曲风的开始：迪伦没有使用那些魔咒般的象征，相反，他给自己装了一颗黑色的牙齿并披上了漆黑的阴影，在这一行的结尾写了一对叠句，突出体现了他对新闻媒体的态度："别问我无中生有的问题，／我只会告诉你真相。"[12]这首歌曲摇滚味十足，每一行结束的时候都有一个短暂的间歇。（保罗·威廉姆斯用《逃犯布鲁斯》做了他写的一本有关摇滚乐的书名，还有一部1977年拍摄的乡村音乐的片子也用它做了片头，该影片由彼得·方达主演。）

《重新上路》：进入怪诞，预示着未来更多荒诞形象的出现。戴着拿破仑面具的老爹，头戴圆顶礼帽的牛奶商，喜欢与人争辩的邮差与男管家，袜子里的青蛙——仅仅是在变幻不定的农场上静静地度过一天。一首简洁、明快的摇滚词曲架构，并以此为基础亮出几处口琴的间歇性伴奏。但是，从音乐工程角度讲，使用有力的节奏以及反向重复乐段覆盖其他声部，跟早期很多摇摆乐作品一样略显累赘。

《鲍勃·迪伦的115个梦》：自打迪伦写下第一首有关梦境的歌曲以来，他已经写了113首类似的歌曲，现在他轻松跳过这113个梦境，给大家献上了第115个。在录音棚内，他总是感觉非常紧张，但是紧张的孪生兄弟是轻松快乐地大笑，它随时都坐在其左右。当乐队在第一场次错过了进点，（自嘲式的）大笑则是最自然也是最有感染力的反应，不过迪伦与制作人汤姆·威尔逊决定继续保留那个疏漏。迪伦喜欢那种信口开河、冗长杂乱的故事，甚至把它们当作自由表达、针砭时弊的脑洞大开。不过此次的怪诞梦境与发现美国有关：那位著名的捕鲸者莫比·狄克现在装扮成“阿拉伯船长”，他发现美国就是一个混乱的捕鲸场。他再次使用了“跳切”这种起伏不定、颇具喜剧色彩的电影剪接方式：基思通·科普斯（警察的谐音）被人追打也在追打人，小步舞曲式的节奏与流畅的音乐使这部“短片”犹如脱缰的野马，一个场景叠加另一场景。然而在迪伦的梦境变得黑暗之前，他虽然认为生命荒唐可笑，但却不是阴森恐怖。他的耳朵一直在寻找一种韵律，既接地气，也可以令人不快，当然也能令人捧腹。

《席卷而归》轻率无礼的开头让我们大吃一惊，因为我们还没有准备好倾听他在第二面上的摇滚转向。这四首歌早已成为迪伦永久性的经典曲目。如果有时间让我阐释他的才华，我会把这张专辑第二面的23分钟全部放完。即使是每首歌曲的长度也开创了历史的先河：迪伦打破了流行歌曲的陈规陋习，即每张专辑的单曲时长不得超过3分钟。他开启了20世纪60年代后期广为人知的“长曲”专辑。

《鼓手曼先生》：一首经久不衰的摇滚诗词，阐释了艺术家对超验的求索。迪伦的主要关注是情感——它的本质以及是否需要屈服于情感，还是以幽默和坚毅抵制情感。《鼓手曼先生》最初由朱迪·科林斯与飞鸟乐队唱红，迪伦让我们与那首歌曲难以寻得的核心离得更近。1968年，迪伦告诉《放声歌唱！》的记者：“有件事我一直想做，但是那绝对不是个好主意。我想自己重写《鼓手曼先生》，这是我唯一想要‘另起炉灶的一首歌曲’。但是过了一阵子，我觉得挺烦的，于是我就把那事放下了，我也不打算写了。”

根据1971年11月11号的《纽约星期日消息》的报道，艾尔·阿龙诺维茨回忆说，迪伦的那首歌是在他位于新泽西伯克利高地的家中写的：

鲍勃一定是熬夜到第二天天明，在乌烟瘴气的包围下不停地敲打键盘敲出来的。那会儿他刚和苏西分手……对于他来说，那是向孤独迈出的一大步……我发现满满一纸篓揉皱的纸团，上面都是失败的尝试。我把它拿到侧门准备倒进垃圾箱，这时我突然感到一丝好奇……于是又把那些揉皱的草稿纸拿回来，展平了，我才真正看到了那些疯狂的跳行，我暗自微笑，看着那些从未写就的跳行，然后把那些草稿纸都放到一个文件夹里，现在就放在我家的什么地方呢。

《鼓手曼先生》大胆定义，但也呈现出歧义所有的特性。迪伦（在歌中问道）是什么样的体验、路径、全新的大门能够带领我们进入幸福与圆满的境界。广为人们所接受的解析是迪伦在歌中探讨了毒品的作用。（理查德·戈德斯坦当时正计划给自己的书起名，那是一本有关毒品侵蚀校园的书，原想借用迪伦的歌名做书名，结果约翰·库尔特，格罗斯曼的合伙人，请求或者说要求出版商改书名。）毒品的比喻案例是可以让人信服的：超验、自由、逃避，与第二行直接指代嗑药产生的效果和赤裸的感官刺激，以及第四行（把吸食毒品产生的幻觉）写成“我思想的烟圈”。[13]托马斯·德·昆西的《一个英国鸦片吸食者的忏悔录》把鸦片比作“黑暗的偶像”，这个典故来自拉丁语“黑暗之母”的翻译。迪伦是否可能读过德·昆西的小说，是不是因为读了小说而受到了极大的启发？特别是受到“黑暗之母”这个词发音的启发，进而将曲名称为《鼓手曼先生》？

但是这首歌不过是指向一种普通的经验而已，他并非为写毒品而写毒品。迪伦深谙黑人灵歌，因而能够确认鼓手曼作为宗教拯救的象征，正是这个风铃鼓手给教堂里的信众带来一种“令人愉悦的噪音”。任何一个宗教救世军的路边剧团都要使用铃鼓广传自己的福音，风铃鼓手可以轻而易举地成为音乐与诗歌的化身，或者成年人的睡魔，一个能把我们带离日常的招摇，“远远地避开那疯狂的悲痛给我们造成的扭曲，”[14]并希望我们能够“将今日忘至明天”[15]。加布里埃·古德柴尔德曾经建议把迪伦与叶芝相比，因为对叶芝来说，舞蹈也是一种超脱的意象：鼓手曼是真龙天子，或者是海边翩翩起舞的少年。在叶芝的《拜占庭》一诗中，诗人跟随一个超人的形象直至发现自己，午夜时分，“在舞蹈中死亡，／迷蒙的痛苦，／一股痛苦的烈焰，但却无法烧焦一只衣袖”。[16]迪伦的想象变成“冻结的”运动、“宝石星空下”的一支舞蹈。

在一次讨论中，迪伦使用了一个巨大的铃鼓作为直接灵感的来源，并引用费里尼的影片《大路》与音乐家布鲁斯·朗荷恩的作品：“在那首歌里，毒品从来就没有起到太多作用。”那首歌的魔力部分来自于大量的铃鼓鼓手意象。我认为《鼓手曼先生》就是鲍勃自己，“为自己而唱，带上我的随从，将我置于他舞蹈的魔力之下”，而诱惑他自己感官的那个幽灵是指迪伦对许多人所产生的影响。听他的歌曲，我们真正会跟随他走遍天涯海角，万死不辞，他让我忘记今日，明天他将再为我献上一曲。

《伊甸园之门》：寻求拯救。最终，人们将面对天堂与地狱的许诺或恐惧。在《俄耳甫斯的视像》一书中，格温多林·贝斯写道：“荷马与维吉尔[1]认为睡梦与清醒之间存在一道障碍……二人对此两种不同的视像经历还是区别对待的。在著名的象牙之门与牛角之门的影像中，他们分别代表了两种截然不同的诗歌境界……通过这个（牛角之）门户进入死亡的境遇，从而获得真理，而通过'闪光的象牙'之门，人类只会得到虚假的梦幻。因此，古代智者认为梦能够同时承载真理和谬误。"17加布里埃·古德柴尔德："他讲的不是伊甸园，而是伊甸园的反面……他讲的是今世，一个有关毁灭、野蛮、虚伪的承诺、先知、皮条客以及虚假的安全感。唯一的安慰是'伊甸园之门里无关紧要'。一切都是浮云，最终的结果就是遗忘。如果遗忘是唯一的希求，这个世界就悲惨无比了。"18"伊甸园"巨大的讽刺意味在于所谓天堂绝非我们的信仰所及。在迪伦手中，信仰来世、无忧无虑才是终极迷思，因为它能带领我们超越生命之丑恶。当我们身处彼岸，我们已是长眠，还有什么能比长眠更加让人安歇的呢？

第二段：那座金属、机械化的城市掩盖了婴儿的哭声，窒息了对伊甸园肃穆的向往。第三段：野蛮的士兵与耳聋的猎手期待着神秘的舟船之旅。第四段：阿拉丁的魔法与远离尘世纷争的僧侣许诺给我们一个天堂，没人可以嘲笑，直到我们抵达伊甸园。第五段描写了若干马克思主义者在厢房里窃窃私语，等待国王与领袖的权力交接，此时他们的听众早已决定远离政治思想斗争，因为他们知道伊甸园本无国王。第六段找到了骑摩托车的嬉皮士和他的死敌——身穿灰色法兰绒制服的商人精神侏儒，二者同样惊世骇俗，同样关注罪孽，但是在死亡或者伊甸园中罪孽是不存在的。历史隐含在愤世嫉

[1] 维吉尔：古罗马诗人，公元前70—前19年。——译者注

俗的第七段中，但是它并没有教会我们多少历史，因为布莱克式的“经验的王国”[19]已在风中腐烂；这一拨穷人在为另一拨人的所有而争斗，而权贵们还在滔滔不绝，（然而）在伊甸园中，一切都是浮云；（人们变得）更加郁闷，因为“朋友与其他陌生人”[20]徒劳地想改变他们的命运。（但是）伊甸园中的一切皆为徒劳。最后，即使是在自己情人的梦中也不会寻得半点意义或真相，除非在伊甸园、在睡梦中以及在死亡中，否则将没有真相。

1793年，布莱克[1]发表了多幅插图，题为《天堂之门》，1818年他又重新调整了插图模具，增补了一篇题为《天堂钥匙》的正文。这些插图通过描述不同阶段灵魂的欲望与生的焦虑，追溯了人类从生到死的历程。对于布莱克而言，坟墓不是死亡的终点，相反，却是灵魂的奥秘所在，《圣经》、斯宾塞、莎士比亚、米尔顿与斯韦登伯格[2]对此都有呼应。《伊甸园之门》是布莱克的“天真之歌”与“经验之歌”的呼应。柯勒律治曾说，理解诗歌的最佳途径是让读者“似懂非懂，而绝非透彻理解”。把“带有船帆上刻有文身的大船”[21]比作奔向死亡的工具——早已成为经久不衰的比喻。偏坐在金牛鞍上的僧侣们回想起希伯来人曾经崇拜金牛，直到后来摩西宣布《十戒》禁止拜物。

《没事，妈妈（我只是在流血）》：歌名不过是对“大男孩”亚瑟·克留达普那首《没啥了不起的，妈妈》的调侃，这首歌后来成为猫王普雷斯利的第一首单曲。我曾经和鲍勃提起过两首歌名的相似之处，他则尖刻

[1] 威廉·布莱克（William Blake，1757—1827年）：英国第一位重要的浪漫主义诗人。——译者注

[2] 斯韦登伯格（1688—1772年）：瑞典科学家，神秘主义者和宗教哲学家。——译者注

地回答道："没错，他们都是同类的东西。"《没事，妈妈》是一首终极的抗议歌曲，拆解了无数迷思，抨击了众多社会丑恶现象。

我个人认为《没事，妈妈》的哀伤多于愤怒。迪伦似乎同时在和一代父母以及即将成为父母的一代人交谈。事实上，是和所有人对话。让我们看看自从《时代的变迁》问世后他两年间的创作历程，抄录一段歌词你就会发现他的所谓"正"能量骤然跌落，一股邪恶的力量在驱赶他前行，似乎感觉来日无多，因而必须一吐为快。比尔·金在他的论文《鲍勃·迪伦：混迹市场的艺术家》中曾经这样写道：如同凯斯特勒的《中午的黑暗》针对共产主义一样，（迪伦的）这首歌"针对的是资本主义制度"。同样，歌曲的背景又是变幻不定的，但是痛苦的考验（正午到来之前的黑暗）[22]会将一切遮蔽。然后便是对死亡、绝望发起的总攻："他不是忙着求生，就是忙着等死。"[23]也许此处最大的歧义是不断更换的视角：难道歌手是在说自己？还是在描述听众的困境？此外，歌中还有几处拼写错误与不准确的用词，甚至（原稿的）一页丢失。收集在《鲍勃·迪伦歌曲集》（的这首歌曲）还省略了第四、第五段，以及45行歌词。请注意，他在日后发表的《写作与绘画作品集》中所做的修改。

有人批评迪伦已不再关注社会问题，而《没事，妈妈》证明此种批评是不真实的。他把自己对社会的批判提升到一个新的高度，即：使人类的生存条件变得更具有争议性。有一段歌词非常精彩，迪伦准确预测了还有三年即将成为现实的"性解放革命"。（为此，）他曾大力鞭挞希宾那帮"老妇人判官们"[24]，他知道人们竭尽全力维系的稳定与安全其实也无法抵御死亡。他的攻击对象不断扩大，已经开始包括广告、宣传、污言秽语、虚伪的诸神以及目标。虽说他很愤怒，但是他也能接受谎言与潜在的不满作为生活的一部分，并将愤怒的哼哼唧唧转化成人们熟视无睹的悲伤。毫无疑问，他认为生活中的瑕疵无善恶之分，与金斯伯格的那首《嚎叫》非常形似，几乎就是一首口述诗歌的典范。事实上，此曲旋律优美，节奏感极强的低音贝斯犹如重锤砸下一颗巨大的钢钉。几个不断重复的短句加强了戏剧效果，构建了巨大的张力。

《一切都已结束，蓝色宝贝》：这是一首在几个层面上的告别——与所有女友的告别，是跟左派的告别，或者与自己青春幻想的告别。也是迪伦与自己的对话，他是个孤儿，不断告诫自己："忘掉你遗忘的死者，他们不会尾随你而行。"[25]这并非墓志铭，因为人可以"擦着另一根火柴，重新开始"。[26]看看第二段：（带上你从巧合中收集到的一切。）[27]根据《易经》[28]的前言，荣格进一步拓展了自己的共时性理论将时空中事件的偶然性赋予比偶然性更多的含义，也就是说存在于客观事件本身以及观察者主观（心灵）状态之间的一种特殊的相互依存。《一切都已结束，蓝色宝贝》是一首有关痛苦的歌曲，属于《血的踪迹》专辑发表之前迪伦作品中的上乘之作。迪伦的演唱风格充分体现了人生惨痛的经历，进而转换为深深的无奈。在《自转》专辑中，迪伦坦承此曲与吉恩·文森特的《蓝色宝贝》相互关联。

唱片封套上的内容简介以与他的散文诗集《狼蛛》相似的风格开始，包括那神经兮兮的碎片化的意念、各种名单与一些毫不相干的内容的并列等。第二部分则充满了名言警句：告别完美主义、对白宫政客的庸俗化的厌恶、对混乱的接受、对恐怖的描述以及他自己的发现："经验告诉我们，沉默最能让人们感到恐怖。"[29]尽管他在玩格言的游戏，但是他已经作好准备，并宣布“一首诗就是一个裸体人……有人说我是个诗人”[30]。他也几乎准备宣布自己即将成为一个诗人，但似乎时机还不成熟。

《重返61号公路》

《重返61号公路》于1965年8月出品。迪伦一直保持着前行的动力，因为在此之前《像一块滚石》已于同年6月作为单曲提前出炉了，并雄踞排行榜榜首长达数周之久。尽管有此骄人的成绩，迪伦与自己的第二位音乐制作人汤姆·威尔逊还是分道扬镳了。作为一种临时的安排，他给自己物色了一个理想的同类，鲍勃·约翰斯通。约翰斯通是个腼腆、说话柔声细语的纳什维尔猫星人，1965年年初加入哥伦比亚唱片公司，在此之前做过两年的独立制作人，并在两年后成为哥伦比亚唱片公司负责乡村音乐开发的总监。他也为凯施、西蒙与茄凡克尔、路易斯·阿姆斯特朗、勃德兹、艾瑞莎·弗兰克林、帕蒂·佩奇、弗莱特·斯卦戈思、西戈尔以及伦纳德·科恩等大腕做过制作人。虽说曾经写过十来首金曲，其中多首还是由猫王普雷斯利演唱的，约翰斯通依然认为制作人应该只是配角，应该尽可能给予艺术家最大限度的创作自由。“迪伦就是上帝，我不会对迪伦指手画脚，除非他问我，否则我不会发表对他作品的意见。”约翰斯通如是说。

据约翰斯通说，迪伦会营造出非常好的录音氛围：“如果到了感觉不对劲的时候，我们就散伙，然后第二天下午或晚上再回来。迪伦总能最终搞定自己的歌曲，无论与谁合作。”至于纽约或纳什维尔的音乐家们：“大家都知道与他们合作的是全世界最棒的艺术家，迪伦也没谦让。迪伦不是个追随者，他是个领袖，而且不断变换领导风格。当迪伦改唱乡村音乐风格的时候，其他人则跟风而上。以变化应对万变，使迪伦永远保持自己并超越自己，如果想找个推音轨、按钮的，他直接找个工程师就可以了。”约翰斯通说。他描述了一个典型（迪伦）进棚录音的程序：“鲍勃会突然给我打电话，说他有一组全新的歌曲，马上就要（进棚）录音。通常情况下，录音棚早已被订出去了，但是对我来说，再找一组录音师，无论人数多少，此外腾出录音棚也不是啥难事。大家对迪伦尊敬有加，至于录音工程师也是迪伦以前听说过，并希望与之合作的那些人。与迪伦合作，几乎每一个环节都是现场同期声，只有极少部分是后期补录，这样做主要是图快，几个来回就能录完。迪伦太不可思议了，谁跟他合作都觉得很牛，他是好朋友，因此我也希望把他的事儿做圆满了。我可以花上一个星期做混音；假如他认为什么地方不对，我就会从头再来一遍。排序也都是他管，他是老板，但是我们精诚合作。迪伦是个完美主义者，不做到最好绝不罢休。迪伦总是很投入，同我合作过的其他艺术家大不一样。其实我不是制作人，我只是尽最大的努力帮他，让他在收工的时候面带微笑地离开。鲍勃是自己的音乐自己做主。”

《重返61号公路》的合声部要比《席卷而归》的更加清晰，更加突出了个体伴奏乐器以及较高的人声。又是一张克莱默拍摄的照片成为该专辑的封面。虽说迪伦是站在门里摆出的姿势，他的摩托车、T恤衫与带有暗花的丝绸衬衣让他再次上路，身后的三张抓拍显示迪伦正在录音的瞬间。

《像一块滚石》：以其规模和贯穿六分钟时长的巨大张力，被誉为史上最伟大的摇滚单曲。首先，歌中主人公看似不怀好意，他似乎很享受地看着一个曾经生活在蜜罐里的人惨遭抛弃，流浪在一个残酷的世界里。迪伦对待不劳而获者如同秋风扫落叶，但是此句与下一段却表明他悲伤的无奈，由此他变得柔声细语：“我曾经告诉过你。”一天深夜，我让迪伦跟我说说这首歌：“为什么大家都在说‘像一块滚石，’以及‘迪伦，你就这点本事，老是在千方百计挤对别人？’我从来就不会在我的歌里挤对谁，老兄。说我挤对人是他们的说法。《像一块滚石》，老兄，结构上我就是乱喷，开始大约有20页，但是后来就只剩下六页了。大家都知道如何作词作曲，我是在钢琴上先把它敲出来，然后把它灌制成唱片，这时再把那些跟我一起录制唱片的人叫上，我会告诉他们如何演奏这段曲子，假如他们不想照我说的去演奏，那就让他们另请高明。当我写下这段歌词：‘你上的是最好的学校，对吧，孤独小姐，/但是你知道那不过是自欺欺人的自我陶醉吧。’[31]原来根本不是写学校，那是他们故意给我扣的帽子，他们对学校的说法跟我完全不同，其实我说的话跟他们都不一样，我说的意思完全不同！最好的学校，我的意思是，也许就是外边的那块沼泽地。‘这里的学校’可以指任何事情，这首歌也绝不只是关于上学读书那点儿事。”

他可能用“学校”象征一种生活方式，而当你与原来十分依赖的生活方式突然决裂的时候，他看到的是每个人都深深地陷入了恐惧之中。对有些人来说，这个经历是一种解脱，而对另外一些人来说，它带来的是惊恐万状与孤立无援。歌中被他责骂的那位“女同学”可能曾经就是个宅女或宅男，害怕走出自己的安乐窝，无依无靠地进入生活的主流，没有父母的指教、社会的关爱，或是精神上的寄托。写在纸上的文字似乎要比演唱时发出的声音更加冷酷无情。这是一首看似歌颂离经叛道生活方式的作品，但是到后来却对那些摆脱中产阶级环境的“辍学”者表示出极大的同情。《像一块滚石》是关于失去纯真，以及人生经历的险恶。迷思、道具与陈旧信仰的消失，揭示了一个冷酷的现实。

从曲调上讲，此歌凝练优美，如行云流水，很少有录音棚预录排练过的痕迹，就是一组音乐家从起步到结束的绝美和弦，迪伦说那首歌一次就录完了。管风琴琴手埃尔·库珀表现突出，连音音调余音缭绕，细如盘丝，可谓大放光彩。由于麦克·布鲁姆费尔德的精彩吉他伴奏，甚至一些陈词滥调听起来也有很多独到之处，时间计算得更是非常老到；伴奏的鼓点字字珠玑，“敲”到了好处。迪伦的声音似乎急迫地预示了歌曲的节奏，基本和弦顺序简单明了、耳熟能详，使迪伦强大而饱满的声音完全融入一个庞大的音乐架构之中。在《后台通行证》一书中，埃尔·库珀叙述了他是如何即兴演奏了那段让迪伦以及其他乐手心花怒放的器乐合奏部分。20年后，迪伦回忆说写那首歌只花了一天的时间。萨拉·朗兹（迪伦即将迎娶的未婚妻）和他当时同住伍德斯托克的一间木板屋内，正是在这间小木屋里迪伦写出了这首旷世名作。“跟你说吧，不过是一蹴而就罢了。”[32]

《墓碑布鲁斯》：一个查克·贝瑞式样的全速冲刺的快节奏歌曲。歌词中的基本和弦顺序是C、C7与F调，然后再次回到C调，而在中间的八个小节中，F调与C调交替变换。这是一首有关怪诞的歌曲，但是歌中的不协调与其说让我们感到恐惧，还不如说让我们感到愉快。出场的卡司人数众多：床上的孩子、城市大佬、保罗·里维尔的战马、女罗宾汉贝拉·斯塔尔、淫妇杰泽贝尔、开膛手杰克，以及施洗者约翰等，无穷无尽。对越南战争的暗指从头到尾十分明显，特别是歌曲的标题以及第三、第四段歌词中，我看到林登·约翰逊被比作非利士人之王。另一个在叠句部分的“跳绳韵脚”将漫不经心与委屈怨言混为一谈，由多个松散的片段组成。一个荒诞衔接另一个荒诞，有时是《圣经》，有时是历史故事，甚至还有音乐典故。蓝调歌手玛・蕾妮与贝多芬竟然被大型铜管乐队的大号手们所排练的军队进行曲所超越。一个大胆的影像提醒我们，迪伦对语言的掌控是空前绝后的：“纯真的肉体附在骨骼上的几何形状／让伽利略的数学书遭到抛弃。”[33]

从音乐角度讲，《墓碑布鲁斯》节奏舒缓流畅，如同小马轻快地慢跑。滑奏夸张的延迟间歇虽说原始，但是时间的长短把控得非常到位，令人肃然起敬。在一个间歇处，“哇哇器”上的脚踏板改变了拉长的吉他演奏的时长。此曲的演奏可谓行云流水，成形于弹指一挥间，摇摇摆摆，命若琴弦，余音缭绕。1965年7月19号录制完毕，《正街第四号》与《哭笑不得》也在同一天录制完成。创作灵感来源是一位警察谈论死亡，迪伦称其为《喷气机驾驶员》，首次在《传记》中推出，也是《墓碑布鲁斯》的原始版本。

《哭笑不得》：一个带有讽刺意味的标题，来自传统布鲁斯形式，根植于20世纪40年代流行于圣路易斯或堪萨斯城的一首洗牌的伴奏声。鲍比・格雷格慵懒的刷鼓使节奏变得松散，而总是强调弱拍。此处没有展示技术花活儿的余地，因为那样会彻底剥夺一首怀旧老歌的乡愁；不同寻常的口琴伴奏为混杂的乐调平添了粗粝的质感。唱法也是典型的布鲁斯风格，并不断重复“海洋”与“老板”等表达方式，为本来低调的布鲁斯增加了那么一点点戏剧的助推效果。

《来自别克6档》：歌名使我们想起查克・贝利如何用自己的歌词描写赛车的场面，即把赛车视为自由、地位、逃避以及性的象征。用C调谱曲的这首布鲁斯给人的感觉是非常老朽，甚至超过了贝利，主吉他的演奏听起来有点像罗伯特・约翰逊、查理・帕顿或比格・乔・威廉姆斯的插电即兴演奏。除去偶尔的破格外，歌词都是用传统的对句写成，也算是献给大地母亲一个朴实的致敬吧。

《瘦人民谣》：琼斯先生是迪伦塑造的最伟大的人物原型之一：一个俗气的小市民，一个两眼一抹黑的旁观者，一个从来问不出任何问题的痴人。虽说合理减免了税负却还虔诚地为社会支付各种税费，花钱看戏却还觉得没劲，受过超好的教育，有教养，但是却呆头呆脑，不识大体。我曾经就琼斯先生逼问迪伦："琼斯先生很像是个弱不禁风的人，属于富裕的中产阶层。不是那种吃喝不愁意义上的中产阶层，但是有家有业，知道自己总是有家可归。朋友愿意收留琼斯先生，并不是因为大家喜欢他，而是因为他们必须那样做，因为当时的规矩就是这么定的。他有自己的生活环境与自己的小圈子，他可以轻而易举地隐藏自己的孤独，以至于他自己都无法承认自己的孤独。突然，琼斯先生被锁在一间屋子里，他迷迷糊糊地走进去，天知道，我们都会如此愚蠢！让琼斯先生与一个侏儒、呆子和裸体男人站在一个三面围墙的屋子里绝非如此荒诞不经，也绝非不可想象。再加上一个声音……一个来自梦中的声音，我只是个会说话的声音，无论何时我唱有关他人的歌曲，且如果那些歌曲是梦到的，很像我的声音来自他们的梦境。琼斯先生很强大，因为他言语不多，但却易动感情，你喜欢吗？"

我们都会认识许多这样的琼斯先生，他们就是两耳不闻窗外事。对于迪伦来说，这个琼斯先生到底指谁呢？一个叫杰弗里·琼斯的《时代》杂志记者曾经在1975年《滚石》杂志上撰文说那一定是他本人。我愿意指名道姓，其实这人就是皮特·西格尔，就是那个被迪伦"过电"弄得完全不知所措的西格尔；或者是汤姆·威尔逊，那个对迪伦录音概念不明白却觉得厉害的制作人；还有那个叫霍勒斯·贾德森的《时代》杂志记者，迪伦曾经在《不堪回首》（那部纪录片）中责骂过他；霍华德·艾尔克，琼斯·艾尔克的丈夫，两人都是摄制组成员。琼斯先生无疑是个多面体，在迪伦的轮番拷问下，承认自己“有罪”。还有其他理论轻描淡写地说：琼斯先生说的是李罗伊·琼斯，那个激进的黑人作家；琼斯先生是用于指代海洛因吸食者的黑话；琼斯是琼的男性化改写；琼斯先生是奥维尔《动物庄园》中的农夫。当我迟迟不能理解迪伦摇滚乐创作含义的时候，有人也说我是琼斯先生，但是我有好几年不是瘦子的身躯了。从音乐的角度讲，此曲听上去庄重无比，乐器伴奏极佳，为作品注入一种内在的艺术凝聚力。据说，作家约瑟夫·海勒《出了毛病》的书名就来自此曲。

《可能是简女王》：一个恶作剧似的歌名，几乎可以随意阐释它的含义。有人认为迪伦依旧在与琼·贝兹较劲，用简这个名字几乎就是在暗指琼。歌曲的出处是一首写于16世纪初期的经典民谣，即《童谣170首》之一。该童谣用英语和苏格兰语写成，完成于简·西摩尔[1]生下爱德华王子之后不久，贝兹曾经演唱过一首几乎是同名的歌曲《女王简之死》。米克·贾格尔的女王简与迪伦的简女王有何关联？由于“玛丽·简”是大麻的预言代名词，因而有人也认为此歌是暗指毒品。歌词尖锐地讽刺挖苦了那种一本正经、中规中矩、循规蹈矩，虽说充满欢乐但却毫无意义的家庭生活。从音乐创作角度讲，此曲似乎乏善可陈。整个乐队的演奏显得浑浊不堪，电声吉他如果不是走了调儿，肯定也是不十分协调。对我来说，这是一首不起

[1] 简·西摩尔：英格兰国王亨利八世的第三任妻子。——译者注

眼的作品，无太多的新意，不过是一种潜在的悔恨情感的流露。

《重访61号公路》：因为美国61号公路从德卢斯横穿明尼阿波利斯，然后再穿过威斯康星州直奔密西西比州的布鲁斯故乡。对于迪伦来说，这是一条尤为有用的公路，可以让他随意搭车南下北上。这条公路把美国大多数的异类、南方黑人与那个位于北段，但是同样被异化的歌手连接起来。这是一首明快的布鲁斯歌曲，混乱的背景配乐中还有被放大的警车的嘶鸣。乐队的伴奏不紧不慢，鼓手为其控制了节奏，（虽说）瓶颈吉他的演奏为歌曲增色不少，但是钢琴部分几乎就是异常克制了。歌词以《圣经》故事开始，但是很少有那种“神圣的布鲁斯”，完全不同于比罗德·巴克利或比尔·考斯比的布鲁斯创作。如果上帝在公路北端附近与亚伯闲聊，那个“儿子”的人物就是迪伦本人。亚伯本可以在他离家出走之时“杀子”，将其除掉。随着众多人物的出现，如佐治亚·山姆、可怜的霍华德（一个民间高手）、手指王麦克、路易国王以及关于第七个儿子的神秘魔术的一派胡言，歌曲的荒诞效果不断发酵。最后，猛戳一位演唱会的“赞助者”：问他如何协助发动另一场世界大战，此人回答说他会尽力认为，有一股令人不安的战争的暗流在涌动。

《恰同汤姆的布鲁斯》：到达荒凉街区之前，歌手参观了一个边境小镇的贫民窟。在肮脏污秽的华雷斯，我们的反英雄跌跌撞撞、蹒跚于疾病、绝望、妓女以及圣人之中。“如果你在雨中的华雷斯迷了路，并且是在复活节期间”[34]，这样的意境可在马尔科姆·劳里那即将喷发的火山脚下点燃梦魇；悲伤的异国情调支撑了丑陋的场景，叮当作响的钢琴伴奏也增添了下等酒馆的色彩。一个男人“缓步向下”，受制于地吸引力、消极情绪、酗酒、疾病、悔恨交加、多重记忆，直到最后那令人惊讶的对句：他已找到返回纽约的途径，暗示那里的情况也许会大有改善。突出风景的美艳，留白处有意使用了渐淡的（画法）。莫格街是一条宽广之大道还是噩梦之陋巷？在那里回响着阿兰·坡的凶杀与自杀情节。

一位名叫大卫·M.莫纳汉的哈利法克斯学者曾经撰文说，这些内容全部在暗指T.S.艾略特的那首《J.艾尔弗雷德·普鲁弗洛克的情歌》，那是艾略特关于现代人类异化的几乎最为权威的描述。莫纳汉发现迪伦在“号召现代人以回望过去的方法寻求精神价值”。

《荒凉街区》：大雨过后，你的家园会是何种样子？迪伦在此给我们作了描述。两首歌都带有启示录式的前瞻性，并伴随雷鸣般的预言效果：除非我们放弃物质享乐主义，这就是我们的未来。迪伦清晰地表达了摇滚版的当代启示录。《荒凉街区》与艾略特的《荒原》，以及金斯伯格的《嚎叫》并驾齐驱，成为启示录最为有力的音乐表达。但是，尤金·斯特尔兹格坚持认为“艾略特的悲观绝望是含蓄的，而迪伦则是充满张力的反叛”。歌中的布景如同梦幻般的风景画，迪伦的描述更是将荒诞、无序以及梦幻强有力地结合起来。《荒凉街区》也是一场荒诞的狂欢节，我们神话历史中的英雄好汉与奸佞小人并驾齐驱，摩肩擦背。他们虽说可笑，但是（他们的丑行）令我们错愕。在此之前的两年中，作者一直在质疑我们的社会，现如今他找到了答案，但却对此不以为然。所有的一切都荒诞不经、黑白颠倒，迷途不知返；万事皆沦为可笑之物，而唯一的真理则躺卧于荒凉街区。尽管出场的人物卡司怪诞不经，但他们也是人肉之身。为了保证自己的神秘面目，他们改头换面、隐姓埋名，如同立体派艺术运用阴影遮掩物体的技法。检查灰姑娘、好心的撒马利亚人、欧菲利亚、爱因斯坦与“龌龊”医生的旅行文件没有任何意义。跟着滴水兽前行，来到荒凉街区，路上迪伦突然怒斥现代流水作业线：那些出自卓别林《摩登时代》中疯狂的人类机器人。然后，几乎是作为一种旁白，迪伦大力鞭挞简单无脑的政治作秀：如果你乘坐的是泰坦尼克号，站在哪一边有什么区别吗？讽刺与挖苦是“荒凉街区”的街灯，它们能够驱赶令人绝望的重重黑暗，这是临刑前的幽默，大屠杀的开始。

缓慢的音乐矩阵彰显了作品中的《圣经》人名图谱，不断地重复，如同《旧约》中的吟诵，更加突出了那一警示。如同大师级别的浪漫吉他伴奏使那些重复的人名显得稍微委婉，但是歌手不断地重复，直至能够达到升华的目的，而不是减轻它的内涵。世界的这番图景与社会阔步奔向进步完全背道而驰。诗学视野的一个诅咒便是把世界看得一清二楚，以至于“本是如此”与“本该如此”之间的细微差别也能（被他）明察秋毫。

《我本该告诉你实情》[35]

迪伦把记者发布会当成演戏。粉丝们曾经珍惜的那几场发布会其实令人发指。如果记者知识储备丰富并富有同情心，他就会透露很多实情。如果他不喜欢某些问题，他的回答就会拐弯抹角或者荒唐可笑。鲍勃懂得一个道理，通过限制提问，他可以最终保证自己游刃有余。他也明白故弄玄虚更能激起记者们的好奇心。即使是被对方盯死，依然能够有效地回避对方尖锐的提问。如同他的音乐创作，看似漫不经心或者即兴地表达，其实是经过深思熟虑的。他明白一个句子听起来如何，印出后的白纸黑字又看起来如何。1965年盛夏过后，《纽约邮报》的诺拉·埃夫龙与苏珊·埃德米斯顿与他进行了一次长时间的采访，获益颇多，但是他们也吃了不少哑巴亏。

《纽约邮报》（以下简称NYP）：有些美国民歌手，比如说卡罗琳·海斯特说你现在所做的一切，全新的风格，“民谣摇滚”是在让他们解放了。

迪伦：卡罗琳真的那么说过？你告诉她既然现在解放了，就让她随时来见我。

NYP：谁是琼斯先生？

迪伦：他是个真人，你肯定认识他……有天晚上我还看到他进了屋子，不过他看起来长得有点像骆驼，接下来他把自己的眼睛放进了口袋里……就这些了，这是真事儿。

NYD：谁是简女王？

迪伦：简女王是个男的。

1965年冬天，我为《卡弗利尔》杂志对他做了一次采访，当时我惊讶于他对（采访过程的）掌控：“我的主业就是写歌和唱歌，我不会挖沟，也不会接电线，不会做木匠活儿。我现在已经混娱乐圈了，我没在民谣音乐圈里混，就这么回事。大家都这么混：从罗斯科·霍尔库姆、让·理齐、小孤儿安妮、迪克·特雷西，一直到约翰逊总统，全都如此。”迪伦看起来已经是没得说了，但是他依然不失敏锐。“别告诉我现在说的一切都不见报，一个演员永远要录音，一直录下去。”当我问到希尔伯特发表在《放声歌唱！》的那封措辞严厉的公开信时，迪伦就会闪烁其词了：“他的信没问题，如果他感觉爽了，就由他去吧。大家总是在给我写信。”他对哪一样更感兴趣：降低饮酒年龄还是把毒品合法化？“你说吧，我都能让它们合法。我不给任何人立规矩。”他一边说一边吃完了自己的沙拉，然后又开始吃我的。他是不是太在意自己的身体健康了？“如果明天我死了，地球还会照转不误。肯尼迪死了吧，埃德加·阿兰·坡死了吧，地球不是还照样转吗？马克思死了，温斯顿·丘吉尔也死了，约翰逊（总统）早晚也会死，可时钟会照走不误。”

在记者发布会上，他会经常遭到误解，以至于他会流露出明显的不满。1965年12月3号，（迪伦）与旧金山公共广播电台（KQED）做了一次专访：

KQED：你觉得自己主要是个歌手还是个诗人？

迪伦：啊，我觉得自己更像个歌舞伎。

KQED：乔希·邓森暗示你把自己出卖给商业利益集团了。

迪伦：我一点也不感到有罪。

KQED：如果你真把自己给卖了，你想把自己卖给哪家公司？

迪伦：女士服装公司。[36]

KQED：你最新的专辑主题是什么？

迪伦：……啥都有，各种各样的东西，老鼠、热气球……

KQED：你如何给民谣定义？

迪伦：大规模生产，符合宪法的重放。

KQED：谁是琼斯先生？

迪伦：琼斯先生？我不会告诉你他的名字，别人会起诉我的。

KQED：（琼斯先生）是干什么的？靠什么养家糊口？

迪伦：他是个球瓶员，但是他也穿吊裤带。

KQED：你个人对于世界未来的希望是什么？你希望改变什么？

迪伦：我对未来不抱任何希望，我只希望多几双靴子，能够换着穿。

几周之后，在洛杉矶的一次记者采访会上，迪伦气得差点背过气去。

Q：可否请您告诉我，在今天的民谣圈子里有多少人算是抗议歌手？

迪伦：我不明白，你能再问一遍吗？

Q：有多少人跟你一样也在同一个音乐领域内艰苦努力，有多少抗议歌手？就是说，有多少歌手利用音乐抗议你我今天共同生活的这个社会？

迪伦：多少？136个吧。（大笑）要么是136个，要么是132个。

Q：抗议这个词对你意味着什么？

迪伦：它的意思是在你不想唱的时候还必须唱，就是说违反你的意愿去唱。

Q：你唱抗议歌曲吗？

迪伦：不唱。

Q：你唱什么？

迪伦：我把所有的情歌都唱了。

Q：你改过自己的名字是吗？如果是，你曾用过什么名字？

迪伦：库恩聂兹维奇。我改名为的是避免八竿子打不着的亲戚来找我要音乐会的门票，或其他什么来着，库恩聂兹维奇，就这么着了。

Q：你的名字是什么或者你姓什么？

迪伦：刚才那个就是我的名字（哄堂大笑，大家鼓掌）。我真不想告诉你我姓什么。

Q：鲍勃，为什么当今的歌手普遍嗑药？

迪伦：我不知道，你是歌手吗？

Q：你本人嗑药吗？

迪伦：我甚至不知道"药"长什么模样，我从未见过毒品，我看见也认不出那是毒品。

Q：鲍勃，你写歌的时候用什么技巧吗？或者是你不把它称之为技巧？

迪伦：我就坐下来，接着歌就写出来了。

Q：你为什么总是在敷衍我们，敷衍所有的人？

迪伦：我只是在试图回答你的问题，尽量让你们满意。

Q：我敢肯定别人一定会问你一千遍了，如你想通过你的音乐说点什么。有一首歌我总是听不懂。

迪伦：好吧，你也别生气了，我也不会回答你的任何问题。如果你听不懂，你就没有必要再想它了，因为那说的不是你。

Q：写歌的时候你是有所指的吗？或者你只是在娱乐大众？

迪伦：我只是个娱乐大众的歌手，仅此而已。

Q：你真的认为你写歌、唱歌就那么重要？

迪伦：（威胁地）听着，你要让我不高兴了。

Q：或者你要这么做是因为你成功了？你真的找着感觉了？

迪伦：什么感觉？跟我说说你说的那些感觉。

Q：比如说那些基本的感情，痛苦、悔恨、爱……

迪伦：我根本没有（你说的）那些感情。

Q：当你进行创作的时候是否有那些感情？

迪伦：我没必要跟你解释我的感情！我不是在这儿受审！

Q：你看上去、听上去都显得很累，还病得不轻。你平时的状态就是这样吗？

迪伦：我觉得你是在侮辱我。我不想听这种话。

Q：你来加州访问的原因是什么？

迪伦：啊，我来这儿想找几只蠢驴。我在拍一部有关耶稣的电影。

Q：在哪里拍？

迪伦：回东海岸拍。

Q：你父母上次见你的时候是否给你提出过特殊的忠告？他们是否说“再见”或者“祝你走运”之类的话？

迪伦：没有。你父母会跟你说这种话？

Q：小时候你就想写歌并成为歌手吗？

迪伦：没有，我想当电影院的引座员，那是我一生的追求。当个引座员，不过就我而言，我还是没当成。

Q：为什么当下的孩子们都愿意听你的歌？

迪伦：我真的不知道，几天前我听到的一件事让我特别感动……那时我们正在圣何塞举办音乐会，会场外有一个15岁的小姑娘接受采访……问她为什么来听音乐会……她熟悉所有诗人的作品，比如说威廉·布莱克，而且她知道他的作品，她对很多不同的事情都了如指掌，而大多数人通常在那个年龄段的时候根本一无所知。所以，也许她属于新人类，属于全新的一类15

岁少年。我也的确了解到今天一个22岁大学生的脑子里会有更多的自由，这一点我知道是真的。

1965年3月，鲍勃在伍德斯托克，心情轻松愉快。莫拉·戴维斯佯装成一份高中报纸的记者，《骑士》刊登了采访，背景是一张迪伦的大幅照片，他系了一条艳黄色外加棕色格子的羊毛领带。以下为采访的亮点：

戴维斯：迪伦先生，我来自布法罗统一高中，同学们都想知道，对于你来说世界上什么东西最重要？

迪伦：啊，我的天！他们真想知道吗？我想说就是我现在系的这条领带（最重要）。

戴维斯：为什么是这条领带？

迪伦：好吧，约翰逊总统过去常常系这样的领带——在他当总统之前。这是一个普通人的标志，而我就是一个普通人。所以，我系这样的领带就是要和普通人为伍。

戴维斯：你写歌的时候系着这条领带吗？

迪伦：写歌的时候？不系，通常情况下我是在干了一件好事之后才系上这条领带。为了自我感觉良好，我就会系上这条领带，而一旦系上这条领带我就会感觉如沐春风——通常我的确会有那么点感觉。

1965年9月，一位胆大包天的洛杉矶记者也向迪伦提出了同样的问题，“好吧，我有个猴子扳手系列，我觉得那事对我来说最重要。”为什么他能吸引青少年（粉丝）？“我从不记得自己曾经经历过青少年时代，我说不出为什么他们喜欢我，世道不一样了。”然后迪伦（突然）变得暴躁起来：“抗议这事都老掉牙了，抗议还有什么用吗？能阻止什么事吗？又有谁会去听你的？大家认为会有用，但是歌曲不会拯救世界。”

那个月，迪伦飞到多伦多与雄鹰乐队排练。《多伦多之星》（*Toronto Star*）报的图书专栏作家罗伯特·富勒之后写道，见迪伦“比安排和教皇做一次私人聊天还要难”。几个月后，玛格丽特·斯蒂恩在多伦多采访了这位流行音乐的教皇，就迪伦的摇滚风格与他做了一次深度采访，标题为：不是你，鲍勃·迪伦！肯定不是！绝不可能是那个青年人的民谣偶像商业化了，那位几乎从不接受采访的明星告诉《星报周刊》记者自己是如何误入歧途的。迪伦真的“出卖了自己？”他回答：“人们把它说成摇滚乐不难，贬低它同样不难。摇滚乐是简单的12小节布鲁斯风格的延续，而我的新歌不是。很久以前我就演唱摇滚乐，甚至在我演唱旧式民谣之前，10年前，当时我还是个小孩子，看在上帝的分上……那时的音乐工业跟现在完全不同……现在的摇滚乐歌手……让那些老年人看上去都跟有病似的……就是锡盘巷的那些老保守！我了解那儿的内幕，一群胖子嘴里叼着雪茄，手里拿着金唱片，到处卖歌，卖歌手，卖形象。我从不跟他们沾边……歌手们10年前还都是小孩子，但是老家伙们掌控一切；现在不同了，现在主事的都是年轻人了——经理人、唱片公司的老板，都是20来岁的小伙子……为什么呀，兄弟，有了我这样的经历，我可能永远也走不出这间屋子，一直写，写到天荒地老也写不出啥名堂……不，我不是失望过度，也不是虚妄无度。我写民权和抗议歌曲的时候其他人都没写，现在什么人都写。但是我发现这事儿有点不对。那些成天鼓吹这些事儿——这些各式运动的团体是要把我裹挟到他们的运动里去，让我给他们做音乐代言人——而在这些团体内部，各路总裁、副总裁以及秘书，他们玩的就是政治。在他们狭隘的政治空间里，他们和那些煽动仇恨的团体没啥两样。我甚至不会有粉丝俱乐部，因为必须现有一个总裁，还有一个什么团体之类的机构。他们认为你聚集的人越多，你的影响越大。也许如此，但是人多了也会使你的运动掺水。我不相信人多势众那一套，我的理念是干事情各自为政为好。”

1965年11月27日，迪伦接受了《芝加哥每日新闻》的采访，记者问他是否信仰宗教和哲学：“哲学不会给我任何启发，宗教也不会给我任何启示，什么都不会给我。”《易经》是唯一“绝对真实的”，它“包罗万象……除了是一本值得信赖的杰作之外，它也是一本非常精彩的诗集”。

纳特·亨托夫《花花公子》那个著名采访的第一稿由于删减太多，迪伦大为不快，在第二节中迪伦极尽讽刺、挖苦之能事，他跟我说：“我看了校对稿然后说：‘你他妈是从哪里找到这些词的？’亨托夫告诉我《花花公子》的那位仁兄又加了许多字，就是想让采访更好看……他们是大错特错了，一帮蠢货，简直就像格鲁吉亚沿岸老百姓所说的方言土语。扎雀的屁话，完全的傻帽废话，认识我或听我说过话的人都不会相信那是我说的愚蠢至极的话。全部都是断章取义。我说：‘这篇文章你们不能发，老兄。’然后我立马给律师以及阿尔伯特打了电话。给律师打了电话之后，他们害怕了。所以他们给我打了电话，我说：‘能找个人重写吗？’我回答了所有的问题，兄弟，我的回答一团糟，我本该回答得更好。”（但是）亨托夫与大多数读者却认为迪伦的回答非常棒。在《齐默尔曼布鲁斯专刊》（第6期）的一篇专访中，亨托夫告诉布莱恩·斯迪巴尔，他觉得《花花公子》的编辑“把自己的话放到他（迪伦）的嘴里，（还妄想）蒙混过关”。亨托夫直入主题，迪伦则即兴发挥，略显笨拙地完成了采访，最终得以全文转载。

《花花公子》：为什么不再写和唱抗议歌曲了？

迪伦：……抗议歌曲，大家都知道，挺没劲的……我要做的是把市政厅租下来，然后再把30个西联童子军的照片印在钞票上，我的意思是，那样我们就可以传递点什么信息了。

《花花公子》：去年你告诉一位采访者说，“我已经做了自己想做的一切”，如果这是真的话，你对未来的期待是什么？

迪伦：拯救。简单地说就是拯救。

《花花公子》：还有别的吗？

迪伦：祈祷。我还想办一份烹饪杂志，而且我一直想做一个拳击教练。

《花花公子》：你是否也曾经有过那种典型的孩童梦想——长大当总统？

迪伦：没有，我小的时候，哈里·杜鲁门是总统，谁想做哈里·杜鲁门那种人？

《花花公子》：好吧，如果我们假设你是总统，你会在执政期间的第1 000天内做成什么大事？

迪伦：……我要做的第一件事也许是把白宫搬走……迈克乔治·邦迪必须改名，麦克纳马拉将军也必须佩戴一顶浣熊毛皮帽和一副墨镜。我会立刻重写《星条旗永不落》，小学生必须背诵《荒凉街区》的歌词，而不是

《美丽的亚美利坚》……[37]

拉尔夫·格利森于1966年为《壁垒》杂志撰写了一篇调子伤感的封面故事，文中他与迪伦讨论了他那些复杂的歌曲作品："那些歌对我来说根本算不上复杂，都非常简单明了……没什么难以理解的，我不会写那些我自己都摸不到、看不见的东西。他们都是真实人物的写照，我敢肯定你一定会隔三岔五地和他们邂逅。"迪伦仍然尊重民谣的复合性与含蓄表达方式，因为"二者都基于'迷思'与《圣经》，灾荒与饥饿以及所有类似的素材，都是神话的一部分，在其他歌曲中也有所触及——成长与人类内心的红玫瑰和与人共枕的裸体猫咪，还有从后背长出的那些丈八长矛与七年如此、八年如彼的时光荏苒的故事，都是些人类触及不到的幻象"。迪伦试图去解释自己的变化："我刚刚经历过歌曲创作的高峰，直到我无法再像过去一样创作，过去可谓一蹴而就，但那是不对的……可现在我只写我知道的事情……这样也许就会顺利，但是我还是不能确切知道在写什么，但是我一开始就知道不同层次的意义所在。《像一块滚石》是我最满意的作品。《像一块滚石》是从英国回来以后写的，我把它简化了，但是基本的意思都在。英国回来之后我必须停下来，必须停下来，可是当我正在写歌的时候，我觉得必须有支乐队伴奏，平时我总是边写边唱，甚至像散文，而且我也是这么听的。"

英国的无疾而终

迪伦1965年春季的英国之行是个转折点。虽然八场音乐会的观众人次仅仅为五万，但是4—6月的巡回演出却使他由一个民谣明星华丽转身，一举成为国际流行音乐界的超级巨星。当时，大多数流行音乐的喧嚣都起源于英国，迪伦轰动效应的冲击波又重新回闪至美国。第一个线索：三月，7 000张定于五月份皇家阿尔伯特音乐厅的演出门票两小时内瞬间售罄。

如果有单一的外部因素导致迪伦在英国取得重大突破，那就是披头士乐队的公开代言，他们的支持和拥戴创造了奇迹。正如迪伦有言在先，假如“纽约是他的再生之地”，那么英国肯定是他的转世之地。在此之前，即1965年年初他在东西海岸不停地巡回演出，他拼命地写、录音，二月份又在克莱恩-WABC-TV电视脱口秀节目中露面，获得满堂彩。他为自己铺垫了一张明星大床，现在他可以在上边撒欢了。1965年3月，当迪伦在纽黑文与圣莫尼卡演出的时候，只有些本地的零星乐评，而英国则把他视作要人并用全国发行的纸媒进行大幅报道。在英国这样一个岛国，迪伦的到访简直就是轰动，英国的流行报刊与全国发行的大报简直就是在狂欢，各类报道令人瞠目结舌、目不暇接，可谓出神入化。迪伦的名字也是模仿造词的对象，迪伦热一词应运而生，雷·科尔曼在1965年1月9号《旋律制造者》杂志上发表的一篇文章也许是迪伦热的开始，文章的标题是：披头士乐队说——迪伦给我们指路。该报道以及配有列侬、哈里森以及迪伦的照片被加印在哥伦比亚唱片公司出品的单曲《地下思乡布鲁斯》唱片封套上，背面是单曲《他是我的》。上面（部分文字）写道：“两位披头士乐队的歌手特意为迪伦站台，哈里森有他全部的LP大碟，经常播放，列侬也对他敬佩有加。”列侬：“第一次听迪伦的歌曲，你会认为自己是第一个发现他的人，但是很多人在我们之前就发现他了……我认为鲍勃·迪伦音乐的（影响力）在这个国家会稳步增长，但是我看不出他会成为一个新的热点。”哈里森：“我喜欢他的态度，他的衣着打扮，他的无所顾忌，他演唱的方式以及演奏不协和音的方法，以及他对世界的嘲讽。”

科尔曼日后成为《迪斯科与音乐回响》的编辑，在此之前他曾经是《旋律制造者》杂志[38]的记者，在给我的一封信中，他说道：“1965年是迪伦征服英国的元年，那一年《随风飘荡》与《时代的变迁》成为大学生与流行粉丝们的最爱。迪伦已经从一个名不见经传的民谣歌手变成世界流行乐坛的偶像。对于迪伦来说，这一过程充满艰辛与危险。（当）我与其他几百名粉丝前往机场迎接迪伦到来时，他被这一切搞得困惑不解。在他巡演的七座城市，迪伦面对的是怪异而危险的听众，一半是慕名而来，另一半是流行偶像崇拜。迪伦绝不屈服于‘畅销唱片排行榜’名次升迁的（评比），他的场子他做主，要求现场绝对静音，即使是那些吵闹的粉丝也被他的话以及演出的货真价实给镇住了。鲍勃一直表现出一种可爱的谦虚，他在舞台上踱步，不带任何‘大牌明星’的架子，毫无我们在流行音乐界通常能够看到的那种大腕儿气场。”在莱斯特市举行的那场演出异常成功，来自社会各界的听众一致认为：看他的现场表演要比听他的录音更加令人兴奋，也更加重要。他们手里紧握《席卷而归》的大碟，一个学生说道：“让我们感到兴奋的是他唱自己的歌词如同它们是有意义的，大家经常会看到许多艺术家的演出像僵尸，他们演出就像专门为了收钱来的，仅此而已。”

早在4月26日（迪伦）抵达英国之前，媒体的热炒就已经开始了。3月19日的《伦敦晚间新闻》与翌日的《每日梗概》都宣称迪伦在阿尔伯特音乐厅的演出门票卖得“像金粉尘”一样，可谓一票难求。《每日镜报》在美国做了一个前期报道，众多的流行周刊则就（迪伦的）背景展开全面报道，除此之外，曼弗雷德·曼恩与（英国）“动物乐队”的褒奖也有助于建立公众的期待。当迪伦的飞机降落在伦敦机场的时候，200多名粉丝冒着倾盆大雨早已守候多时，有些人还戴着（迪伦当年的灯芯绒）“帽子”的仿制品，给予他的是披头士式的礼遇——“轻扯”他的头发，“轻拉”他的衣角，几乎就是把他抬进了机场的会议大厅。警察为他开道才挤过乱哄哄的人群，迪伦看上去受了点惊吓，他说：“这事以前从来没发生过！不过也没什么——他们也没伤着我，只不过是给我理了个发，我已经准备好去喝大酒了。”（与此同时，）迪伦回过头来看了看自己团队的其他几位成员——贝兹、格罗斯曼夫妇，以及《不堪回首》的摄制组成员——表现如何。迪伦手里拿着一个大号的灯泡，那是一盏恶作剧用的戴奥真尼斯（希腊的哲学家，公元前412—前323）台灯。有人问他：“你这是什么意思？”迪伦回答道：“（要想）保持头脑清醒，就必须手里经常拿一个灯泡。”他回避了有关贝兹、披头士乐队以及多诺万[1]的提问，却主动询问克莉丝汀·基勒，当时英国政坛一桩丑闻的中心人物。

麦克·赫斯特为英国广播公司录制了一个10分钟的采访，他后来告诉我：“他来（英国）之前就是一个活生生的神话，媒体界的许多人都等着揭开这个神话之谜。开始的时候他含糊其词，当我开始问及他的音乐作品时，他才开始敞开心扉，几乎就是在采访我了。”迪伦在萨沃伊酒店接受记者采访，有时是单独采访，有时是在大会议厅接受集体采访。有一段采访文字如

[1] 多诺万：全名Donovan Leitch，出生于1946年的英国民谣歌手，曲风特点是带有浓重的蓝调风格。1965年出道，直至20世纪90年代一直活跃在英国民谣乐坛。——译者注

下：“（蓬乱的）头发让人浑身不舒服……大号的衬衫几乎使莱斯特广场的霓虹灯黯淡无光。”另一个采访者写道：“他看起来像一个营养不良的凤头鹦鹉。”“迪伦几乎让所有人都恼怒不止……他手拿一枝红玫瑰在鼻子底下闻来闻去的，有人听到他自言自语：‘僵硬、冷酷、僵尸一般’。”《旗帜晚报》的莫琳·克利夫这样写道。（克利夫是当时披头士乐队的座上宾，她曾抱怨说：“我真拿他没办法，怎样才能让他开口说话？他只回答是或不是，身子不停地左摇右摆，就跟他在手淫一样。”）

迪伦有很多话要对她说：“我不想给人留下自己是大明星的印象，因为我不认为自己是个明星……我……看到过各种热你来我往，而且我也不认为自己能掀起一阵什么热。用不了几年的时间，我就会重回起点，一个无名小卒……我所感兴趣的就是给那些愿意听我唱歌的人演唱……看上去我在这儿比在家的知名度更高……成功带来的唯一区别是现在我感到必须把每一张专辑做得更好……我讨厌原子弹，讨厌我们的政府，我真心希望政府里有人留胡子，就为了与众不同。”

迪伦主动把自己那副沉甸甸的绿色墨镜给一个《每日邮报》的记者戴上，迪伦说：“像鲍勃·迪伦那样看世界……我孤独在此，三年前我曾经在此流落街头。两年后，我就会销声匿迹，你就会跟别人去聊了。”为什么他住在萨沃伊酒店？那个酒店最底层的小员工都要穿燕尾夹克制服。迪伦呵斥道：“我不能去住窝棚吧。”格罗斯曼赶紧把那位《每日邮报》的记者拉到另一间屋子里，说：“我们来这儿不是为了销售橡皮娃娃的，对吧？我们也不是专门给记者表演的……鲍勃不是普通人，他是流行音乐界的重量级歌手，也是美国文化中的重要代表人物。”贝兹坐在那里唱着《萨利，绕着玫瑰走》。鲍勃与琼一同站在阳台上为《镜报》拍照，一个记者想知道为什么迪伦听起来像一个75岁的老人，而且总是非常愤怒。迪伦：“我憎恨邪恶，这就是为什么我唱的歌曲都与种族歧视和自由有关，我替那些能够自由行事的人们宣传。在我早期推出的专辑中我故意唱得愤怒，那是因为当时我也很穷，每天只有两美分度日。现在我愤怒是因为我富有了……我唱歌说实话不是在传播悲观失望……我猜想听我唱歌就如同看书读报，我既要娱乐也要真理。”

歌手马汀·卡西告诉我：“每次我们去拜访他，我们只能有一半时间和他交流，他在萨沃伊酒店的房间总是高朋满座，可鲍勃却变得越来越冷漠、离群。他要应酬三教九流，太多的人。他越出名，就越想躲在酒店里。”多萝西·卡西又补充道：“透过一扇高大的窗户可以看到外边的石栏杆，彭尼贝克站在角落里拿着摄影机拍摄，大家都在边吃边聊，突然鲍勃从隔壁洗手间的窗户‘走’了进来，他绷着脸一言不发，踩着椅子、沙发和其他什么家具，一溜烟地‘蹿’出门外，（奇怪的是竟然）没有人注意到他。”

巡演结束后，迪伦与《迪斯科周报》的劳丽·亨肖产生了冲突。《迪斯科周报》：很明显，你现在赚了很多钱。“让我都给花了，”迪伦答道，“我有六辆凯迪拉克、四所大房子，在乔治亚州我还有一个农庄。”亨肖依然不依不饶，迪伦变得很焦躁。“听着，我是真的不在乎你们的报纸怎么写我，听我唱歌的人也根本不需要你们的报纸。”《新音乐快车》报竟鲁莽地给迪伦寄了他们的所谓“生命线”问卷：第一次出席重要的公共场合，欧·亨利广场商店的衣帽间。其他畅销迪斯科舞曲：“我把爱人遗忘在旧金山，但是她在洪都拉斯重新现身，我们前往香港旅行，在雷诺小住，但是却又把她丢在俄克拉荷马。”最近推出的单曲：《女王驾到》专辑。私人经理：道格·琼斯。音乐总监：比格·道格。最爱吃的食物：土耳其马文（一种来自内布拉斯加州的茄子）。最喜欢的服装：诺斯警卫制服。最喜欢的乐队或乐器演奏者：活泼的孩子（墨西哥式宽边帽）。最喜欢的作曲家：土包子布朗与西德尼·斯基。最佳组合乐队：传奇钟表。其他喜欢之物：没有方向盘的卡车，法国电话，任何一种中间包了炖李子的食物。其他不喜欢之物：毛发很重的消防员，大脚趾甲，玻璃莫波耳叉子，长着耳朵的鸟。最刺激的冒险经历：让诺曼·梅勒把我的生日蛋糕踩碎。音乐品位：花生酱那一类的。

个人志向：做个女服务生。职业抱负：做空姐。《犹太人编年史》的一位记者问他："你是犹太人吗？"他答道："不，我不是，但是我的几个最好的朋友是。"迪伦缓和了语气："你最好去采访一下铁托·伯恩斯，这次巡演的经纪人，因为我知道他是犹太人。"

伯恩斯能参加巡演感到非常高兴，他感觉有三个因素帮助迪伦在英国大获成功：最初吸引民谣观众、巡演，以及哥伦比亚唱片公司在英国的分支，即CBS唱片公司已经开始在英国推广他的专辑唱片。针对迪伦七场演出门票在一个多小时内售罄一事，伯恩斯："我们从没有机会买到门票的观众那里收到威胁电话和信件。"我请阿尔伯特帮我摆脱困境。我说我不想被公众五马分尸，但是他和鲍勃有可能。我让阿尔伯特又加演了一场，五月九号。那些票也在一小时零一刻后全部卖光，然而仍然有几千人没买到票不肯离去。我去了趟谢菲尔德市，以前从未看过迪伦演出，因此我就进去看了一眼，听了几首歌。我在里边待了两个小时，因为我被“镇”住了。我不是什么知识分子，而且我也只听懂了一半，但是歌曲的魔力依然让我着迷。1964年在节日大厅的那次演出我觉得他没赚钱，但是1965年的演出他赚大发了。1966年春季的下一次巡演中，他本可以使自己的门票翻倍，但是他拒绝加价，他告诉我保持票价不动，就是一英镑的门票。

“披头士与滚石的成员都来皇家阿尔伯特音乐厅（看迪伦的演出），我们早早就给他们留了包厢的票，他们踩点儿到，演出还没结束就先行离开了。所有的要人都在！玛丽安·菲斯福尔打电话要了8张票，她母亲是男爵夫人。几乎所有的明星都来了！我们私下预留了大约150个座位，因为我们知道肯定会有要人来观看演出。后来报上的名字竟然有……哈伍德伯爵——太了不起了！”

4月30号在谢菲尔德的第一场演出：“我们乘坐的奥斯丁公主牌轿车车队浩浩荡荡，跟皇家礼宾车队都有一拼了。”负责英国路演的经理弗雷德·佩里告诉我。谢菲尔德市政厅礼堂是一个环形礼堂，许多无座票的观众都坐到舞台上了。佩里：“我做了30场英国巡演，但是绝对没看过如此阵仗！这里的观众就跟要去教堂做礼拜似的。在他们心目中，迪伦是个传奇，你可以在他们的脸上看到那种敬畏之情。”《新音乐快车报》报道了谢菲尔德市政厅里如此敬畏的寂静，以至于迪伦凝视着黑暗，说：“这也太静了吧，你们都（躲）在哪里？”《卫报》：“观众……释放的是宗教狂热……迪伦的第二次巡演，他们的摇滚救世主……时代在变迁……是一个诗人而不是流行歌手的声音充斥了大厅。这才是终极的迪伦，用他的嗓子唱出的歌词音效动人，（假如）去掉人声，付诸文字，他们就是绝美的诗词。”

5月1日，迪伦回归故里，来到利物浦，披头士乐队的故乡。“如果（巡演）对迪伦有什么负面的反应，那就应该发生在利物浦，”佩里说，“他们静静地走进音乐厅，落座如同他们来到教堂。”阿德尔菲酒店是萨沃伊在利物浦的翻版，吃饭还要打领带，迪伦走进餐厅时穿的却是一件黑色套头毛衣，领带则系到了腰上，“挂在腰间就如同（苏格兰男子穿）褶裥短裙时系于腰带上的毛皮袋，”佩里说。当班经理措手不及，但他们还是给他提供了早餐。第二天早晨，几百号粉丝就聚集在酒店门口。

等到莱斯特时，《旋律制造者》杂志称迪伦为“当今最重要的民谣歌手了”，并宣布“迪伦热已经席卷这个国家了”。《每日工人报》报道了歌手的“巨大吸引力……那种能够震慑观众的强大力量，以及他完美地掌控时间的能力”。音乐会经理把观众的反应称为“自披头士乐队以来最为隆重的一次”。这次演出吸引了3 000多名观众，其中300多名女性观众试图拦截迪伦的座驾——迪伦则假装向她们挥舞一根橡木棍（以示驱散）。休息两天之后，迪伦在伯明翰市政厅重新开唱。有人花5英镑的高价购买原价不到1英镑的门票，《伯明翰邮报》：“这个小伙子拥有诗人的力量，他能让我们睁开双眼，让我们思考这渺小的新世界。”

5月6号，纽卡斯尔市政厅演出之前，当地警长夫人身穿狐狸皮草大衣，带着孩子们嚷嚷着冲进了（迪伦的）化妆间。[39]开始错把两个巡演的管理员当作迪伦，高声宣读了欢迎词后才发现不对，最后她终于找到了迪伦，接着便是一顿“猛喷”，语调清脆嘹亮：“他们是我的三个儿子，他们认为你非常了不起，他们把考试的作业都丢在家里，把一切都放下了就是要看你的演出。我认为你非常了不起，你一定是自己写歌，对吧，有时候？我认为你真是青年人的好榜样。”纽沃尔什把迪伦的一个口琴赠送给她，她乐得跟鸟似的，忙不迭地说着再见，并对自己的随从们大声说：“哎呀，他太有魅力了。”罗宾汉征服了一个警长夫人。尽管话筒有六分钟不那么好使，但是纽卡斯尔的演出也取得了圆满成功。5月7号，曼彻斯特自由贸易大厅：相同的曲目单、相同的观众反馈。他们只有40分钟的时间去机场赶飞机，对此佩里感到痛苦万分，他告诉（巡演团队）：“不要带上任何一个从格拉斯哥搭便车来的歌迷，他来这儿就是要他的一缕头发。”

皇家阿尔伯特音乐厅两场演出与在外地的演出获得了同样的成功。《旋律制造者》杂志的麦克斯·琼斯说：“如同一个丢失了自己座驾的神秘吟游诗人，”迪伦以“他那古怪但却引人入胜的歌曲”悄悄地把我们征服了。莫里斯·罗森鲍姆在《每日电讯报》和《晨报》中写道：“还有更好的歌手，更好的吉他手，更好的口琴演奏家以及更好的诗人，但是绝没有另外一个23岁的年轻人，至少没在表面看来他以力量、独创或者似火的激情完全做到了三合一……这个满头乱发的年轻美国人在一个画面越来越多、文字越来越少的时代，在一个情绪化的噪声大于（内在）含义的时代，取得了令世人震惊的辉煌胜利。”

迪伦还要为英国广播公司电视台录制一场演出，做录音，继续在《不堪回首》担任主演，会见志同道合的音乐家们，坐下来画像，还要完成《旋律制造者》杂志的深度采访：

让我接受沉默不语的观众挺难的，我唱的啥、说的啥都是经过深思熟虑的，可他们坐在那儿一声不吭……让我感觉有点不自在……人的成长方式不同，对吧？……在英国他们早已准备好了，年轻人……在那儿，如果你待错了地方，留长头发是有可能被杀了的……说了不合适的话是有可能被杀了的……我认为英国人更开明。别挤对我说我的歌曲是有目的的，我的歌就是我和自己聊天……除了我自己，我不对任何人负责。如果大家喜欢我，可以；如果不喜欢，也许我就会去干点别的。歌曲只是我看到的图片——一瞥就能看到的事情——人生，也许……对吧，我的每首歌就会写得更好。以前这个想法老让我不舒服，但是现在没这事了，哪的事儿都没有十全十美的，所以我不应该苛求自己完美。

巡演让鲍勃有机会见自己的老朋友，也结交新朋友，包括“和平使者”乐队的成员，保罗·琼斯。迪伦巡演期间，“和平使者”乐队录制的《上帝在我们一边》荣登英国的排行榜。“迪伦对英国流行乐坛的影响前无古人，后无来者，”日后琼斯告诉我，“你甚至可以看看披头士乐队，看看他们是如何受到迪伦影响的。”迪伦跟“动物”乐队成员的关系也不错，包括著名的主唱埃里克·博尔顿，歌手、钢琴伴奏与风琴手艾伦·普赖斯。1964年，“动物”乐队用迪伦的版本翻唱了《旭日之家》，使其登上不列颠排行榜，成为名曲。1965年年初，当时“动物”乐队正在美国巡演，迪伦把“动物”乐队和美国本土乐坛的女子三重唱组合“超级女神”以及“鱼壶”乐队等，叫到一起切磋，而当时的“超级女神”乐队正在哈莱姆的阿波罗剧场演出，当时我也在场。作为格林尼治村的老民谣粉，（看到迪伦的影响之大，）让我也吃惊不小。（但是，）在流行音乐史《城市之声》一书中，作者查理·吉尔伯特认为，“动物”乐队灌制的第一张唱片用的是迪伦演唱的

《宝贝，让我陪你走下去》的版本。

列侬曾在一天深夜亲自前往萨沃伊酒店拜访迪伦，他认为那些批评迪伦住在如此豪华酒店的人是傻瓜。列侬问道：“住萨沃伊酒店有什么错？难道住阁楼会让他的批评显得更有理？他们说作为一个民谣歌手你必须是个穷人，而且还要活得像个穷人，简直就是胡说八道！特别是当你看到他经常批评的那些人，特别是政客，他们也许要比我们富上几倍。假如你能够像迪伦那样有很多话要说（抨击时弊），假如你想让人们听到，你就必须不断提升自己，并让自己也出名，这样人们才会听你说话。赚钱多跟（抨击时弊）没啥关系，但是如果他同时也赚了钱，那是他走运（那也无可挑剔）。”当他发现迪伦（因没穿正装）不能在萨沃伊酒店吃饭的时候，列侬当即邀请他去自己在萨里韦布里奇的家中吃晚餐。列侬：“我们听了几张唱片，还聊了一会儿。他是个有趣的家伙，脑子里很有主意。我们交换了地址，说好相互交流创作的灵感，但是我们从没有过交流。他说把东西寄给我了，但是又把地址写错了，因此我什么也没收到。也许这就是我们关系好的原因吧——我们俩都不是那种做事有条理的人。”

鲍勃告诉我：“我给约翰寄了几张照片——就是我们钉在车顶上的那两张照片，但是他没收到。我把约翰的地址写错了，现在我找着他的地址了，假如我想起什么，马上就给他寄过去。我还记着约翰呢，他是个作家、歌手和披头士乐队成员。一般来说，我很少惦记那些只有一面之交的人，但是他不同，我惦记他。不像许多人，他从不较真儿，我就喜欢这一点。”根据鲍勃所言，列侬是个“十足的大胆披头士，一个不善言谈的大猫，但是他绝顶聪明”。

在1965年至1966年迪伦的两次英伦之行中间，他跟我介绍了他对列侬的拜访：“我仔细看了看他住的地方，那是幢拥有22间屋子的大房子，伙计，你知道从英国回来后我干什么了？我买了一幢拥有31间屋子的大房子，你能想象得到吗？我的老天爷！我从英国一回来就买了那幢大房子，（没想到）它竟成了一场噩梦。”（在《传记》笔记中，迪伦说他与约翰曾试图用录音机合作写一首歌。）[40]

许多记者试图挑拨迪伦与多诺万之间的关系，多诺万来自格拉斯哥，是英国本土自成一派的吟游歌手。他录制的第一张民谣专辑——《捕捉风的倾诉》即是以迪伦的风格演唱的。一旦知道了多诺万，迪伦便在几场音乐会上拿他开涮，甚至还把自己《第三次世界大战说唱布鲁斯》中的歌词改成“我打开录音机——听到的却是多诺万”。不过迪伦还是十分仔细地听了《捕捉风的倾诉》那张专辑，据说有以下评论：“是一张不错的专辑，我不太在乎他的那些 de-de-de-de-de-de的部分，但是我确实喜欢听他说‘不确定’那个字的发音。对吧，美国也有一个家伙跟他发音几乎完全一样，跟你说吧，有人在模仿他。当一个记者问是否曾经受到过多诺万的影响，鲍勃反问道：谁是多诺万？直到昨天我才听人说起他。咱们把他挂到墙上跟他聊天吧。”在（迪伦）萨沃伊酒店（的房间里），多诺万为大师（迪伦）演唱了几首歌，他的经理不让记者听：“我们不需要替身，是学生在求见祖师爷呢。”

对于在英国的CBS唱片公司，迪伦的巡演来得正是时候。他们的第一首单曲，《时代的变迁》刚刚于1965年3月问世，卖得大好。同样在巡演期间推出的《地下思乡布鲁斯》，由于它的摇滚（电吉他）节奏以及披头士乐队的力挺，更是大卖特卖。《麦琪的农场》在巡演结束的时候再次以单曲推出。CBS唱片公司的产品推销经理斯坦·韦斯特之后告诉我："1965年期间，从3月份到12月份，迪伦的专辑销售状况远远好于任何一位在我们产品目录上的歌手。"韦斯特认为，是海上盗版无线电台帮了大忙，这些漂泊在海上的无线广播船在1965年大行其道，招揽了无数广告，同时对英国广播公司的国营电台垄断构成了巨大的挑战。《地下思乡布鲁斯》和《像一块滚石》曾雄踞盗版电台的排行榜榜首，还超过了飞鸟乐队（翻唱迪伦）的《鼓手曼先生》。

受到迪伦在英国（成功）突围的鼓励——哥伦比亚唱片公司开始向美国本土隆重推销所谓"哈蒙德的笨汉"，即四张进入前20名的大碟与雄踞榜首的专辑《席卷而归》。哥伦比亚唱片公司宣布在美国进行一场大型促销活动，"宣传口号——迪伦'携摇滚荣归故里'成为此次宣发活动的主题"。此外，哥伦比亚唱片公司还策划出另外一条商业广告短语："没有人比迪伦唱得更像迪伦，"一个八英寸模切纸板做的迪伦木偶与一个制作精良的宣传资料袋，内装一幅由菲利克斯·托波尔斯基亲手绘制的迪伦素描画，这幅素描画还是在位于牧羊人丛林（Shepherd's Bush）的英国广播公司电视台录音棚内绘制的，该画在后来的全国宣发活动中广为散发。

5月12日，鲍勃前往位于新邦德街上的李维斯录音棚录制一张专辑，此专辑成为日后盗版的母带。汤姆·威尔逊[41]跟《唱片之镜》（*Record Mirror*）的记者詹姆斯·克莱格打招呼："今天晚上我们录点儿实验性的东西，"他说，挥手指向一架钢琴和两把风琴，"鲍比想录点儿新内容，也许我们可以把它做成一个专辑，也许做不成，都难说。"这时，阿尔伯特和萨利、民谣歌手纳迪娅·科塔斯与西德尼·卡特、埃里克·克莱普顿、保罗·琼斯、约翰·麦克维、休·佛林特、布鲁斯歌手约翰·玛亚尔以及三位女伴唱歌手走进了录音棚。迪伦为哥伦比亚唱片公司销售委员会录制了一首名叫《如果你必须走》的宣发主题曲，以及据说一首名为《求助》的单曲。调试麦克的时候，迪伦用南方口音说了几句话："大家好，兄弟们，很高兴来到迈阿密，真希望能和各位父老乡亲们在一起，但是我现在有点忙不过来，总之，愿上帝保佑各位，谢谢你们买我的唱片。"

贝兹当天晚上也"在"，但是奇怪的是没在舞台上看到她。她（曾经和迪伦一同）在机场，在萨沃伊酒店的记者会上，以及后来几场外地的演出。在去（英国）中部和利物浦的路上，琼单独坐一辆车，她没在迪伦的电视演出中露面，后来我问鲍勃为什么还要带她来。"是她自己要来的，兄弟，我不欠她的，相反，我还要倒找钱给她。在美国的时候我就告诉她，她不能和我同台演出，出发前我就跟她说了，于是她就装出一副很可怜的样子。兄弟，她现在的所作所为跟我以前一样，她喜欢看，她是在偷着学艺。不过我的音乐没她的份儿，她和我不是一个路数，嘿，当然我也不对她的路子，但是她不适合参与我的音乐和演出。这很愚蠢，不该把任何人加到我的演出中来，观众会误解的。"

在葡萄牙度过一个短暂的假期后（他在《萨拉》一曲中提到过此次旅行），迪伦于5月下旬重返英国为英国广播公司录制歌曲，（但是）录音工作耽误了几个星期，原因是迪伦受到病毒感染，因此在帕丁顿的圣玛利医院住了几天的院。据理查德·法理尼亚说，琼曾经来探视过，但是萨拉在病房里，并告诉她迪伦不想见任何人。贝兹从未在英国演出过，因此迫切希望能够在此积累点人气，期望迪伦也能知恩必报，让她在巡演中与其同台飙歌也是情理之中的事情。她没能得到这样的回报，看得出来她受了不小的刺激，在《不堪回首》一片中她那“告别的一吻”也算是她退出（巡演）的线索吧。琼后来说：“我想他会像我当初对待他一样吧，会把我介绍一下，他太伤人了，我非常难过。”她承认自己本该在第一场演唱会后就退出，但是内心深处她感到必须留下来。6月8号，迪伦来到电视台录音棚，脸色苍白，显得非常疲倦，直到6月24号完成了两个半小时的部分节目的录制工作。

尽管迪伦在英国大获全胜，民歌保守派们还是不依不饶。对于以尤恩·麦科尔与佩吉·西格尔为领袖的正统派们来说，成功意味着妥协。1965年9月，麦科尔在《旋律制作人》的一次采访中预测说：“我们会去买很多迪伦的唱片——他脚踩两条船，一只在民谣，另一只在流行音乐……对我来说迪伦是我们社会中十足的反艺术家，他和（主流的）一切对着干——这是他最擅长的一招儿，他是那种最不想改变世界的人。……我认为他的那些诗歌没啥价值，不过是东拼西凑与可怕的陈词滥调。……迪伦的歌曲是接受，而不是要改变这个世界。”[42]

《不堪回首》

在1965年英国巡演期间，（彭尼贝克）手持摄影机集中拍摄迪伦，素材时长多达20多个小时，影片中的迪伦有大段的即兴对话，同时他也主演了自己的第一部长片。片名《不堪回首》暗指对约翰·奥斯本20世纪50年代的著名剧作《愤怒的回顾》曲解；（此外，）片名还使人联想到“洛特的妻子”的《圣经》典故。该片于1967年上映，业界对其褒贬不一，毁誉参半，一直到1975年始终在一些特立独行的艺术与大学影院展映。影片把迪伦的巡演拍得风风火火却又极度混乱，（其中包括迪伦的）台前幕后、潇洒与尴尬、逃避粉丝与舌战记者等场面，不一而足。1982年该片得以重新发行上映，并在位于伦敦的当代艺术学院以故事片的（礼遇向公众展映）。[43]

迪伦对此片的反应也是时好时坏。看过粗剪的样片后，他告诉我："是那种纪实类的片子，会是一部很精彩的片子，无论剪完以后怎么看。（唐）·彭尼贝克（影片的摄影与导演）是最棒的。"之后，迪伦却因影片把他描绘成一个坐立不安，（画家）甚至无法为其画像的鲁莽之人，与彭尼贝克和格罗斯曼起了争执。在其后的几年里，那部片子一直让他耿耿于怀，不过后来他还是改变了看法。1971年年底，迪伦告诉我："经过这么几年后，我逐渐又开始喜欢上这部片子了。"难道他是在说那个曾经"不愿回首"往事的人现在又愿意回首他生命中的一部分了？"不，我的意思是别朝你身后看，"迪伦在开玩笑。《不堪回首》包括六七个现场演出，迪伦、贝兹与多诺万私下飙歌，与人争执，记者采访，以及真实电影中大量的混乱与写实镜头。

《不堪回首》由格罗斯曼与约翰·克尔特，以及里柯克彭尼贝克公司制作，该制作公司由彭尼贝克与另一位摄影师理查德·里柯克合伙组建。"《不堪回首》有着十分特殊的生命周期，其原因在于迪伦是一个非凡之人，"彭尼贝克1971年告诉我，"很多人无法理喻的是这个'堕落的长发嬉皮士'并非凡夫俗子，但是奇怪的是他还能保持人生的平衡。人们想了解他，但是又做不到。他的全部兴趣就是他的魅力，那种神秘感。要拍一部音乐电影，最担心的是人物的现场表演状态，你必须用手持摄影机，那是最基本的。如果不能随时随地自由移动摄影机的话，你就无法成为一部音乐作品的组成部分。拍电影的主意来自他的妻子萨拉。她跟我合作有一年多，主要负责我们与《时代—生活》杂志之间的沟通联络事宜。1965年2月或是3月份的一天，阿尔伯特走进来：‘您想跟鲍勃合作干点事吗？’我说当然想。阿尔伯特给我大约4 000美元的启动资金，然后我们去找鲍勃·埃尔茨舒勒（哥伦比亚唱片公司的新闻与公共事务副总裁），我们的想法是为哥伦比亚唱片公司提供些胶片素材，给他的报价是半部影片5 000美元，但是哥伦比亚唱片公司拒绝了我们的报价，而我既想拍又不想给迪伦增加负担。我拍了大约25 000尺的素材，几乎每天要拍两卷半长的胶片，由我负责再找地儿把胶片保存好。我在这儿拍一首歌曲，然后在那里再拍另一首。1965—1966年的冬天我们开始剪辑，耗时两周或三周的样子，我发现一点胶片都没有浪费。”

（针对影片的放映发行）我和格罗斯曼发生了较大的争执，他要去大学里放映，而我则要求进那些质量较高的艺术影院放映。跟迪伦的想法类似，我认为这个片子应该是属于一票难求的那种，但是进院线要有很多前期投入，而阿尔伯特介绍的几家好莱坞大制片公司根本看不懂这部片子。我们找到艺术影院工会，他们下辖四十多个影厅，对发行也感兴趣。起初，我们从不把它叫作纪录片，我们认为它是一部娱乐片，（1967年5月）我们最先在旧金山开画，坦率地说，原因是我们怕在纽约首映效果不佳，所以我们采取了“农村包围城市”的做法，我们先在纽约以外的（艺术影院）工会下属的院线先放映，四个月后我们才把它带到东34街的影厅（放映），受到评论家和听众的一致好评。

“迪伦最大的长项是他问而不答，以前我从没想到要在影片中提供什么信息，迪伦问我是否可以把酒店房间吵架的那场戏剪掉，他不想说那就是他的生活方式。我明白他的意思，但是觉得还有其他更重要的考量。‘我思故我在。’多么恰当的表述！这就是那个存在主义哲学的基本概念，迪伦是最佳实践者，与诺尔曼·梅勒不同，梅勒是作家；因此吵架那场戏是不能剪掉的。当鲍勃第一次在北好莱坞看到片子的时候，他震惊了，并说需要做大改。第二次看片的时候，他手里竟然还拿了笔记本，（然而）看完后竟说‘不用改了’。他们这些人（包括肯尼迪、梅勒与迪伦），共10个人没有台词，因为他们绝对忍受不了书面剧本的形式感。关键的问题是摄影师必须亲自做剪辑师。”据彭尼贝克说，影片的制作费，包括剪辑、音乐版权，以及将16毫米胶片转成35毫米的费用大概是4万美金，而影片的票房收入高达100多万美元，三分之一由制片方拿走，里柯克、彭尼贝克与迪伦分享剩下的10万美元。对《不堪回首》的影评大多集中在迪伦身上，拉尔夫·格利森认为“该片针对的主要问题是艺术家如何与观众沟通交流的问题，以及旧世界如何与新青年的沟通交流问题，反之亦然。迪伦看上去是在咆哮、咒骂、笑笑唱唱、光彩照人，甚至阴郁沉闷，但是他依然是天才，而且他的诚实使影片显得更加难能可贵”。《新闻周刊》杂志的乔·摩根施特恩说：“彭尼贝克的摄影机镜头与其他私闯迪伦生活的报道同出一辙……他所表达的事实真相是：一个天才的歌手不知道自己的歌曲源于何处，但是他十分勇敢，也很有智慧，没让它对自己干扰太多。”《生活》杂志的影评人认为，影片的故事情节引人入胜，但是他也抱怨说：“影片的故事不完整，我们没看到也没感觉到迪伦内心世界的变化，发生在他身上的事情、他周边发生的事情，以及他的反应（如何，我们都没看到）……迪伦精于保护自己的个人隐私和情感生活，在这部电影中我们同样也没看到他任何内心的一面。”《纽约时报》的理查德·戈德斯坦认为，它表明迪伦已经“感觉到身处名利的边缘，就像宾馆客房的女服务员（突然）穿上一件崭新的貂皮大衣”。对于我们这一代人来说，这位歌手、词曲作者是我们心目中的莎士比亚和茱蒂·嘉兰。我们听他的话，但是他那明目张胆的神秘“浪人”故事——无论是多么的真诚——都会激起人们对神谕之星那锐利一瞥的渴求……彭尼贝克的摄影机镜头太心甘情愿地扮演了直接电影的角色……假如没有节目单，人们是无法把杂耍表演同真实区别开来的……与新闻主义相似，影片提出了相同的问题……随着小说技巧的不断完善，（事件的）真实性也被加强了，但是（我们）如何把事实与形式区别开来？戈德斯坦还引用了格罗斯曼作为制片人的角色，声称影片“最多就是一部花钱买的肖像画。那是一部艺术作品，但依然是谄媚之作”。

有些广告，甚至贝兰亭图书公司出版的这部影片的平装（台词）本也印有以下爆炸性的评论：“我看过的最糟糕的影片。重复、枯燥，（叙事风格）如同小孩子的活动室一样规规矩矩。”（《堪萨斯星报》）“应该把它埋了……一部廉价，有些内容还很肮脏的电影，如果还算得上是一部片子的话……当然，对那些还洗脸刷牙的电影观众来说绝对不是。它属于‘地下的’，应该就地埋了。如同以前处理淫秽作品一样，应该一把火烧了，呸！”（《克利夫兰老实人报》）“枯燥乏味，就连邻家被宠坏的淘气鬼也要嗤之以鼻的下流的家庭电影。”（《亚特兰大日报》）[44]

迪伦在1966年的巡演中与彭尼贝克合作，为美国广播公司电视台

（ABC-TV）[45]拍摄了一部鲜为人知的纪录片《吞食的文件》（*Eat the Document*）。虽然他也经常收到剧本，但是他一直没能发现另一个“适合自己的”本子，直到山姆·佩金帕导演的《帕特·加勒特与比利小子》的编剧专门为他量身定制了部分剧本。跟随迪伦拍片的两位电影助理分别是哈罗德·利文撒尔——艾伦·阿尔金的经理人，以及阿尔洛·伽思礼——影片《爱丽丝餐馆》的主演，利文撒尔曾经担任此片的副制片人。1969年，利文撒尔安排阿尔金与迪伦见了一面，但是据利文撒尔说，“鲍勃没那个意思”。到了1971年年初，利文撒尔说如果迪伦想出演任何一部电影，他就会“拿起电话并立马找到200万美元”的拍摄费。

有那么一阵子，由于马龙·白兰度的影响，迪伦似乎有意进军影视界了。1965年9月他与白兰度见了面，之后迪伦对我说：“我和马龙·白兰度一起待了很久，在加州，还有他来这儿的时候，我们聊了四五个小时，他来纽约听音乐会，还给我打了电话。马龙·白兰度是我的朋友。我真的把他当作知心朋友。我爱他。不知道为什么媒体和公众要跟他过不去，好在白兰度还是挺过来了。”早在1964年，当时白兰度正在考虑一个叫《法戈》的剧本，片中还给他弟弟保留了一个角色。代理人本·夏皮罗认为白兰度应该和迪伦见个面。1965年9月，迪伦在好莱坞露天音乐厅的演唱会结束后，本安排了一个有300人参加的中等规模的晚会，好莱坞各界名流齐聚一堂，包括柏杰斯·梅雷迪思、丹尼斯·霍珀、约翰·巴里摩尔、让·皮埃尔·凹蒙特、詹姆斯·寇波恩等参加了晚会，但是那个电影项目却没有谈成。

1967年，纪录片《新港音乐节》首映。其片长95分钟，由默里·勒纳担任制片与导演，影片素材来自1963年至1966年在新港民谣音乐节期间拍摄的多场演出片段。迪伦是50名演唱者之一，他唱了《鼓手曼先生》与《麦琪的农场》两首歌。[46]1965年，有人猜测“迪伦可能会出演百老汇的下季”。那场演出也没成。此外，迪伦欲出演《麦田守望者》等片子的消息也都不了了之。1963年，有人甚至谎称迪伦可能会与海莉·米尔斯合演由勒·派茵编剧的《达菲鸭》。1965年6月，艾伦·金斯伯格告诉伦敦的《每日邮报》，说他正在给迪伦写一个电影剧本：“我们希望去全世界取景，包括俄罗斯。”迪伦经常开玩笑说他要么正在和金斯伯格合写一个本子，要么他正在给金斯伯格写。1966年，据说迪伦与保罗·西尔斯，一个芝加哥的作家兼喜剧演员就好莱坞的一个片子举行过洽谈。1970年，有报道说迪伦正在给百老汇版的《登龙一梦》担任作曲，但是他日后否认有此事。

迪伦一直想导演一部伍迪·伽思礼的传记电影，但是1975年哈罗德·利文撒尔告诉迪伦他不能拍，原因是刚刚和哈尔·艾什比签约。鲍勃几乎是在同一时间宣布了他的全国巡演计划，即“滚雷讽刺剧巡演”，许多大咖明星都参加了这次巡演，（借此机会）他组建了自己的拍摄团队，其结果是迪伦拍摄了一部最为大胆，但也令人费解的影片——《雷纳多和克拉拉》。如同以前一样，迪伦自己的地盘自己做主。

《让卡赞·埃米回来！》

在1965年7月的新港音乐节上，迪伦成为另一场戏剧性事件的主角。他一共演唱了三首歌曲，都是用摇滚乐做伴奏的，他的演出掀起了一场轩然大波。1965年的新港音乐节一开始就吉凶难测。贝兹又在夸耀自己的最新接班人多诺万。在下午的一个介绍会上，民谣正统派洛马克斯与阿尔伯特·格罗斯曼的矛盾公开化了，起因是格罗斯曼不满洛马克斯介绍自己未来的客户的方式，乐队的名字是“保罗·巴特费尔德布鲁斯乐队”。不善言辞的洛马克斯主持这次介绍会，对本单元推出的黑人布鲁斯歌手大加赞扬。但却对保罗·巴特费尔德乐队出言不逊，大意是：“让我们看看芝加哥的这帮小子是否知道什么是布鲁斯吧。”巴特费尔德乐队演出结束后受到观众长时间的喝彩，格罗斯曼借机责怪洛马克斯自命不凡的开场白，两人开始大肆诋毁对方，接下来民谣巨匠与民谣商业大咖居然动了粗，满地打滚地厮打在一起，众人（急忙）将两位巨人分开。尽管两人的混战有个人原因，但是追根溯源，还是音乐理念不同，洛马克斯认为摇滚乐缘起黑人音乐，这一概念在民谣圈里早已是根深蒂固了。

自打星期天晚上开始，迪伦似乎也面临某些巨大的压力。跟往常一样，他很少跟别人讲自己的计划，喜欢玩味给周遭带来的冲击，以及极富戏剧性的离经叛道行为。但是他却没有预料到事与愿违的结果。自一月开始，他的两张摇滚乐单曲外加一张专辑销路大好。在新港音乐节，今年的巴特费尔德乐队与钱伯斯乐队，与前年的穆迪·沃特斯等蓝调歌手都证明电声乐器和节奏感强烈的演唱风格并非禁忌。对于迪伦来说，“（音乐节应该包含）所有的音乐形式，一个都不能少”。

在1965年新港音乐节的曲目单上，我曾经呼吁包容那些与民谣有关的流行以及乡村音乐乐种：“民谣赖以生存的中产阶级学院派听众只是乐坛的一部分，但是我们还应该照顾那些高中生、辍学者，以及工人阶级子弟的品位、兴趣与社会态度。”我无意说服那些数量庞大的民谣粉丝，强迫他们把收音机调频的旋钮调到披头士乐队或者其他英国摇滚乐队，以及节奏与布鲁斯等节目，但是我也不希望他们有这样的感觉：只有他们的传统音乐才包含了所谓“健康的”因素，或者唯一“真实的”现实。

让迪伦感到更加难堪的是，西格尔宣布星期天晚上的最后主题是：今日民谣音乐家传递给新一代关于我们世界的讯息。不幸的是，这个主题与迪伦自己演唱作品的设想完全不符。他星期天的演出夹在卡赞·埃米与“海洋之岛”两个非常传统的演唱曲目之间。卡赞·埃米的最精彩表演是《稻草中的火鸡》。迪伦必须在被分配到的时段内演出，他和自己的草台班子乐队竟然没有时间做音响设备检查。

有关这个草台班子乐队的组建，坊间传说甚多。阿尔·库珀的伴奏功底给鲍勃留下了深刻的印象，音乐节期间，库珀闲着没事到处闲逛，阿尔伯特说迪伦正在找他，并给了他几张“后台通行证”（日后“后台通行证”成为他1977年出版的回忆录的书名）。迪伦告诉库珀他要把“滚石巡演”的音效带到舞台上，为此还邀请三位巴特费尔德乐队的成员加盟：吉他手麦克·布鲁姆斯菲尔德、鼓手山姆·雷以及贝斯手杰罗姆·阿诺德。在新港的一次聚会中，由于钢琴手巴里·戈德伯格的加盟，迪伦完成了乐队的组建，并在附近的一所大厦内与这个草台班子乐队进行了（首次）合练，直至第二天凌晨。他们对自己的计划严格保密，一直等到登台演出的时候也没人知晓，迪伦身穿一件斗牛士囚犯橙色衬衫，外穿黑色皮夹克，手拿电吉他登台。乐队以摇滚风格开唱《麦琪的农场》，从那一瞬间开始，新港音乐节的听众们便惊恐万状。至于观众如何反应则取决于你当天在哪里了，但是在我周围，我听到了巨大的反对声浪。但是当乐队唱完《农场》后，还是听到了微弱的鼓掌声，当然还有更大的阵阵嘘声。有人大叫：“让卡赞·埃米回来！”麦克风与扩音器几乎全部失灵，音效极差，声音大小也不匀称。即使是对最有热情的摇滚粉丝来说，那场演出也是难以服人的。当迪伦率领自己的乐队开始演唱《像一块滚石》的时候，观众的喊声变得越来越刺儿：“请唱民谣！叛徒！这是民谣音乐节！让这个乐队滚下台！”当迪伦开始演唱《哭笑不得》的时候，掌声变得稀疏了，起哄的声音更大了。迪伦和他的伴奏乐队消失在台下后，有很长一段时间台下鸦雀无声，彼得·雅罗催促迪伦重新登台，并把自己的木吉他借给他。鲍勃独自回到台上，却发现自己拿错了口琴。“你们到底想把我怎样？”他向雅罗问道。有人大喊让他演唱《鼓手曼先生》，迪伦回答说：“好吧，我给你们唱。”那首老歌起到了缓解现场气氛的效果，人们热烈鼓掌。然后迪伦演唱了《一切都已结束，蓝色宝贝》，歌词呈现出全新的含义，似乎他在与新港告别，告别那些民谣正统派。他离开舞台，彻底击败了那些不愿接受他摇滚风格的观众之敌意。

后台跟前台几乎一样热闹非凡，皮特·西格尔一听到扩音器里传来的声音，他的脸色就变得青紫，他不停地踢腿蹬地，并胡乱挥舞着自己的手臂。（一位音乐节的官员后来说：“我从未见过皮特流露出任何暴力倾向，除了在那一刻。他是被迪伦气炸了！”）据当时的一位组委会成员说，大概西格尔是太生气了，以至于他竟威胁要把整个舞台的电线都拔了，冷静的同事告诫他说断电会使会场陷入一片漆黑，更会导致真正的骚乱。

在当天晚上的一个晚会上，钱伯斯兄弟乐队演奏了几首摇滚舞曲，新港被笼罩在一种迪斯科舞曲的气氛之中。我问音乐节的技术制作人乔治·维恩，为什么他不喜欢民谣摇滚，他反驳说：“你们这帮人都被（追求商业化的）录音工业给洗脑了。”远处的角落里，迪伦闷闷不乐地坐在贝齐·西金斯的膝盖上，贝齐是波士顿剑桥小镇“47号俱乐部”的歌手。他看上去像受了惊吓，浑身在颤抖并且极度失望。

1965年7月25日那个星期天晚上，民谣正统派在新港的愤怒大爆发使人不禁想起音乐史上的另一场令人错愕的事件。1913年5月29日，斯特拉文斯基的《春之祭》在香榭丽舍剧院举行首演，巴黎的观众被斯特拉文斯基的先锋派作曲以及尼金斯基的舞蹈设计撕成两派。当舞台的大幕拉开，芭蕾舞成员出场的时候，一场风暴旋即爆发。斯特拉文斯基跺着脚走回后台，卡尔·范·韦克滕后来写道，许多愤怒的听众认为斯特拉文斯基的作品“是企图将作为艺术的音乐毁灭”。喧嚣声如此之大，乐队的伴奏已经无法听到。嘘声、喝倒彩，以及咝咝声打断了音乐和舞蹈，走廊里的观众已经开始叫医生了，还不止一个、两个，甚至还叫了牙医！后台也是一片混乱。著名编舞大师狄亚格列夫认为唯一能够制止噪声的方法就是拉闸灭灯。他不断命令电工们把剧场的灯光熄灭，然后再点亮。在舞台一侧的边厢里，尼金斯基站在椅子上，斯特拉文斯基站在他身后，“挥舞着自己的拳头打着节拍，像舵手一样对着舞蹈演员们喊着数字”。最后，乐队、演员、制作方的领导们以及观众全部筋疲力尽。（然而）不到一年之后，皮埃尔·蒙都在巴黎指挥乐队演奏了同一首曲子，他和斯特拉文斯基获得满堂彩。

当歌手与观众离开1965年新港音乐节后，原来亲如手足的集体出现了明显的裂痕。迪伦再次发布了自己的美学独立宣言。之后，波士顿音乐家吉姆·鲁尼在《放声歌唱！》的一篇文章中语气温和地写道：“这令正统的保守派十分不安……鲍勃已不再是新的伍迪·伽思礼……他现在所走的道路是那些……大萧条时代……到处游荡的人们所不熟悉的。他乘坐飞机……飞越崇山峻岭、沟壑峡谷，他结识的人都是同路人，大家都强烈地意识到内心与外界的暴力倾向。”皮特·西格尔所钟爱的人是鲍勃如此憎恨的“暴徒……他们似乎在那个晚上第一次懂得，在过去一年多的时间里迪伦要说的是什么，即：他不属于他们或者其他什么人的——而且他们不喜欢自己听到的（摇滚乐）因而（对迪伦）嘘声不断……难道不该有人创作不像我们时代这样如此暴力的歌曲？（难道）民谣就必须是关于高山、峡谷，与兄弟姐妹之爱吗？难道我们只允许绝望存在于蓝调布鲁斯吗？……”整个音乐节上唯一提出这个质疑的就是鲍勃·迪伦。也许他的表达方式不是最好的……也许他不含蓄，也许他让我们受了惊吓，但这也是我们拥有诗人和艺术家的原因所在。

音乐节结束后的一周里，我在纽约与迪伦见过两次，他似乎仍然对自己激起的敌意感到震惊和痛心，当时人们冲他大喊“让那个电吉他手滚开！”但是他拒绝与他们对骂。关于他在新港音乐节期间引入摇滚乐以及后来的众说纷纭，迪伦一遍又一遍地说：“我是诚实的，我是诚实的。”

此页：电声乐器掀起的风暴——1965年新港民谣音乐节期间的一个下午，迪伦准备排练。

右边：在录音棚内，1965年1月录制《席卷而归》；穿插录制《重返61号公路》，1965年夏天。

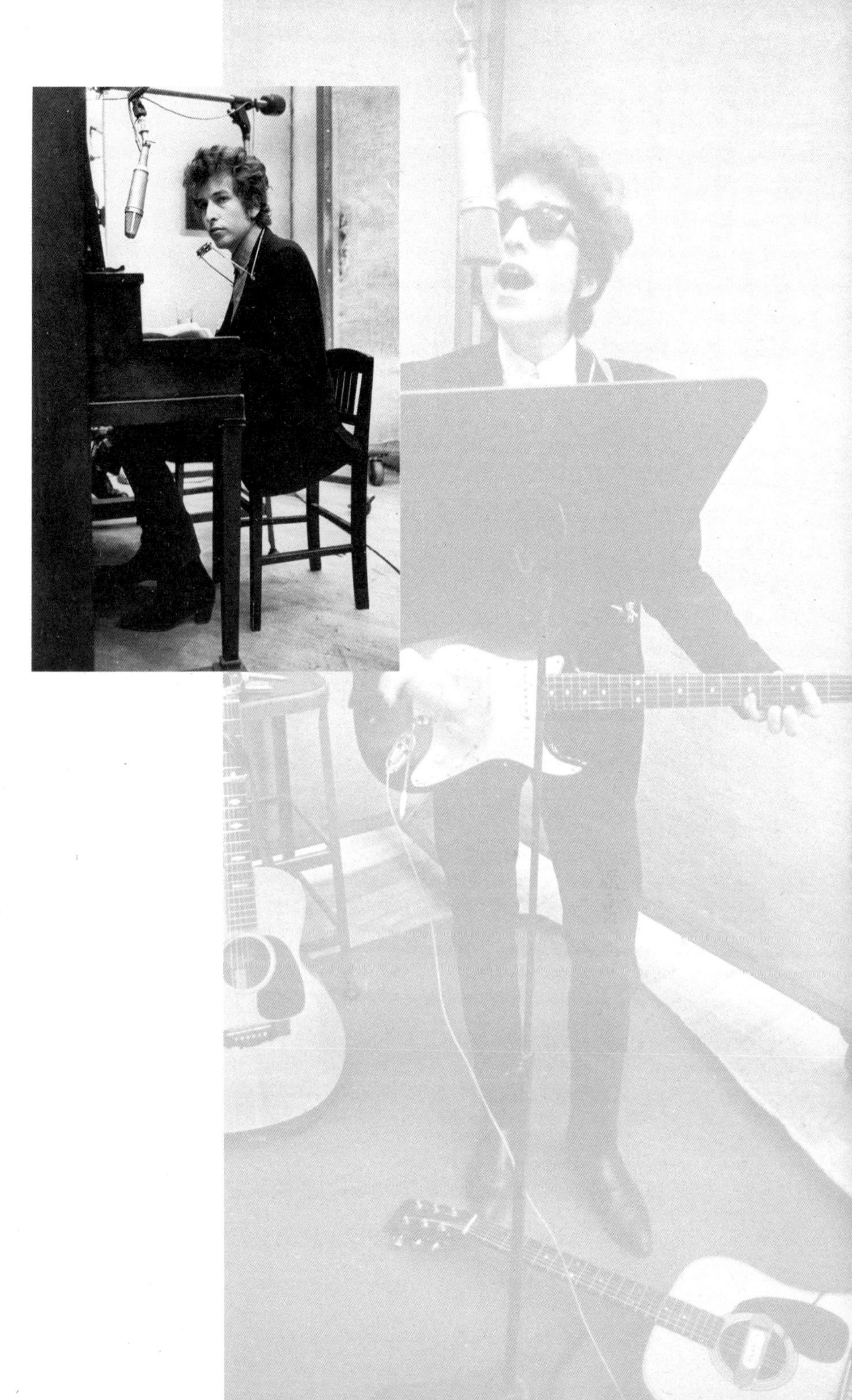

第九章　角斗场内

Inside the Coliseum

上帝，我很高兴我并非自我。

——迪伦，有感于有关自己的一篇新闻报道，1965

如果你生活在公众好奇的放大镜下，对于某些人来说，你的每一个诚实的行为都有可能变成某种英雄壮举；同理，对于另外一些人来说，你的每一个缺点也会被视作大逆不道，甚至你的诚实行为也会遭人怀疑……读者会非常霸道、自以为是：一旦因为某种原因而喜欢某个诗人，便会希望这种喜爱经久不衰，甚至永远持续下去。他们把诗人性格的变化，进而他诗歌创作风格的变化解释为对原则的逃避，而不是正常的创作发展所需。

——叶甫图申科[1]

诗人将生活中的悲惨保留下来，并写入自己的作品，那就是他作品如此美好的原因所在，但是他的生活会无比悲惨。

——托尔斯泰

上：1966年，英国，在前往伯明翰的演出途中，正在阅读有关他自己的报道。

针对迪伦的鼓噪并未终止于纽波特，而是间歇性地持续到迪伦1965年10月在美国举办的几场音乐会上，并于1966年春季晚些时候的世界巡演中再次爆发。始于1965年7月的那一年对迪伦来说充满了巨大的压力。一方面，流行音乐界把他敬若神明；另一方面，他又遭到众多民谣死党的抛弃，那些人曾经将他视作偶像。迪伦时而被人效仿，时而被人谴责却又备受瞩目，谴责与责骂、庆幸与庆祝（纠缠不清）。其实他最渴望的就是写作与演唱："啊，我在角斗场中与狮子缠斗消磨时间 / 浪费了多少 / 时光。"这段歌词是发自其内心的焦虑。[2]

迪伦睡眠不多，饮食也不规律，依靠他称之为"大量的药物"维持着生命。随着公众压力的增加，他开始计划结婚了。同时，有关他改唱摇滚乐的争议在国际上也变得甚嚣尘上。歌唱家兼演员的西奥多·比科尔对新港民谣音乐节当时的混乱有如此评论："迪伦犯了策略性的错误，他应该在开始的时候先唱民谣，然后再唱摇滚乐。他不屑与他人沟通，甚至不与观众交流。遇上这样的起哄，一个名气较小的歌手早就该放弃表演了。"

在1965年8月28日皇后区森林小丘演唱会之前，关于新港民谣音乐节的鼓噪，迪伦一直三缄其口。查理·罗斯柴尔德曾致电《纽约时报》，说迪伦将主动接受采访。根据我个人的笔录，他曾说："我根本不在乎纽波特的那点破事儿，因为我心里知道我要干什么。如果他们还有点想象力，他们就该明白我在干什么。如果他们听不懂我的歌，那他们一定是漏掉了什么。我会在森林小丘的演唱会上来点儿摇滚乐，在纽波特那会儿，无论是谁负责音响他肯定没感觉我唱了什么。这次我一定要唱三到四首新歌。舞台上时间过得飞快，我必须想的是我不该唱什么，而不是该唱什么。我觉得非常没劲，在以后的15年中我都不能再唱《上帝在我们一边》了。”说到民谣与摇滚的对立：“它们都是音乐，没啥两样，我会尽量唱好，但是我只能管住自己。”

那年夏天，在森林小丘的现场，只有迪伦、西纳特拉和史翠珊（Streisand）的音乐会才能卖出15 000个座位。也就是说，一晚上的演出卖出75 000美元的票房。在迪伦当天的音乐会上，作为暖场乐队的主唱，大名鼎鼎的默理K2乐队（Murray the K2）的DJ默理·考夫曼（Murray Kaufman）唱道：“它既不叫摇滚，也不叫民谣，它的新名叫迪伦，迪伦代表当下的一切。”粉丝们急切地等待着，格罗斯曼在后台却大发雷霆：“谁让默理上台的？我要把你们都告上法庭。”

迪伦以几首民谣曲目开唱，其中包括《她是我的》《洛梦娜》《伊甸园之门》与《爱情减去零》等。听众反应良好，给予的掌声非常热烈，迪伦也没太出格。《荒凉街区》的开始令人惊艳，听众们抓住了每一个荒诞的意象，然后便是《一切都已结束，蓝色宝贝》与《鼓手曼先生》。间歇之后，迪伦与电吉他手罗比·罗伯逊（Robbie Robertson）、电声钢琴与风琴手阿尔·库珀、贝斯手哈维·布鲁克斯（Harvey Brooks），以及鼓手莱文·海尔姆（Levon Helm）再次亮相。乐队以及歌手们超高分贝的嗓门儿使现场气氛骤然紧张起来，每首歌唱完后都会有人起哄并大声高喊：“我们要原来的迪伦！”唱完《麦琪的农场》更有人大喊：“叛徒！”还有人大叫：“林戈（Ringo）在哪儿？”“请你们唱民谣！”在音乐与观众不协调的鼓噪之中，有人大声叫骂了一句：“傻逼！”迪伦回应道：“啊，说啥呢！”有些听众开始扔水果，几个年轻的摇滚歌手被紧急拉出场外，一个恶作剧者跳上舞台把阿尔·库珀从椅子上推倒在地。迪伦告诉乐队继续演奏《瘦人布鲁斯》的前奏，五分钟后他的权宜之计似乎奏效了，《宝贝，那不是我》的无声伴奏招致很少的嘘声，等到迪伦开唱《像一块滚石》的时候，观众则开始跟唱了，当然此时的《像一块滚石》早已荣登排行榜多时了。事实证明，1965年新港民谣音乐节以及刚刚诞生的民谣摇滚的批评家们是错误的：在森林小丘演唱会上，民谣摇滚的音量适中，曲目选择接地气，表现手法令人信服，出现的问题不在歌手而是在听众。

《村声》杂志给予森林小丘演唱会头版头条的报道："摩登派、摇滚歌手为了一个新的音乐流派大打出手。"《综艺》（*Variety*）杂志："对于年轻的粉丝而言，尽管他们几乎已经作好应付（迪伦演唱风格）发生剧变的准备，但是迪伦的节奏还是太快了。"音乐会开始前，我在《纽约时报》发了篇报道，标题是：流行歌手与歌词作者共同奔跑在鲍勃·迪伦的大道上。之后，我又写了篇应景的乐评，题为："迪伦征服喧嚣的听众。"这篇乐评发表后收到海量读者来信，有赞成的也有反对的，数量之大比我7年间所写过的所有乐评的总数还多。

不久东部起哄反对的浪潮便终止了。在10月1日卡内基音乐大厅的演出过程中，他竟然听到观众对其新作的喝彩声。巡演的间歇期间，他曾经在洛杉矶小住了三个星期，因为在洛杉矶的演出中没有受到现场观众的非议而倍感鼓舞。"洛杉矶的演出没人骚扰，我都有点不适应了，"他告诉我。在卡内基的那次一票难求的演出中，迪伦的伴奏乐队是莱文与雄鹰。在他演唱完《像一块滚石》之后，十几位观众尖叫着冲向舞台。"我不知道你们的感觉竟是那样的，"迪伦不冷不热地说。在观众提出加演的请求之前，他低声咕哝着说："没想到你们喜欢我的新歌。"一位乐评人把这次音乐会与"保卫迪伦的大集会"相提并论。《村声》杂志的杰克·纽菲尔德根据自己的观察，发文写道："一个全新的文化传统正在形成……高雅文化的对立面……西摩尔·克里姆曾经将其称之为'街道文化'。查理·帕克尔（Charlie Parker）、艾伦·金斯伯格、莱尼·布鲁斯与威廉·伯勒斯都为它的问世作出了自己的贡献。迪伦将充满象征的诗歌与全新的民谣流派二合一，也为此乐种的发展贡献不小。"

民谣进入摇滚

民谣摇滚乐很快成为一种音乐业态与潮流，与此同时也演变成为一场嘈杂的争论。其也是迪伦华丽转身而导致的一场大规模艺术转型，严格来说，那是他艺术发展的必然路径，也是流行音乐突飞猛进的必然逻辑。在拒绝承担政治领袖责任之后，迪伦成为音乐发展趋势的领头羊。正如我们所看到的，他的第一张专辑就曾显现民谣摇滚的潜质，第二张专辑则含有四首电声摇滚歌曲，而早在1962年他的一首单曲就曾经使用过电声乐队伴奏。即使是在无乐队伴奏的第四张专辑上也隐约显露出摇滚乐的节奏与动力。至于抗议民谣，迪伦也为他的风格定下了基调。索尼与雪儿（Sonny and Cher）以及《毁灭前夕》（*Eve of Destruction*）的作者P.F.斯隆（P F Sloan）都是在效仿两年前的迪伦。作为热门乐种，民谣摇滚在1965年年底就已经开始走下坡路了，但是由此而派生出来的多种新的流派却依然如日中天。

民谣摇滚深深根植于布鲁斯与乡村民谣，二者强烈的社会背景、强大的传播功能以及抗议、针砭时弊等特质都是其成功的主要原因。爵士乐也曾经是离经叛道的一种表现方式。早在20世纪50年代，查克·贝利就曾唱出了民谣摇滚乐的曲调，约翰尼·卡什、艾迪·冠齐朗（Eddie Cochran）在他的《夏日布鲁斯》（*Summertime Blues*），以及菲尔·思贝克特、杰瑞·雷伯和迈克·斯托勒[1]、曼与维尔（Mann and Weil）等人还唱出了乡村摇滚乐的故事；特里尼洛佩兹在1963年和1964年就曾唱出了民歌金曲《铁锤之歌》（*The Hammer Song*）和《柠檬树》（*Lemon Tree*）的摇滚版。当然，格什温（Gershwins）、罗杰斯与哈特（Rogers and Hart）以及科尔·波特（Cole Porter）也都藏"诗"于流行民谣。音乐剧早已是有言在先了。

从1963年开始，美国的抗议活动大多与民权有关，在英国则体现在"禁止使用核弹"的大型群众示威活动中。1964年秋，发生在加州大学伯克利分校的大规模学生示威活动开启了一个全新的政治异见时代，而发端于加利福尼亚大学伯克利分校的"言论自由运动"预示了1973年遍布全球各大城市，包括巴黎、布拉格、雅典与曼谷的学生暴动。美国大学生们怀疑的不仅是教育的形式与本质，而且还有对教师不信任以及对教材内容的偏见与歧视，甚至读书学习与日常生活的关系等。学生抗议的对象还包括美国"军事—工业综合体"出资赞助的校内科研活动。有些"战争狂人"也装模作样地头戴学位帽，身穿学术袍。学生开始攻击那些被迪伦称之为"混进教师队伍的杂种狗"。在这样的环境下，民谣摇滚的发展可谓势如破竹。

在海外，美国则卷入了一场更为旷日持久的灾难，即印度支那战争，

[1] 迈克·斯托勒：美国著名词曲作者，1962年到1969年，两人搭档创作了大约180首歌曲，其中大部分作品由披头士演唱并成为经典。——译者注

进而导致更大规模的社会动荡。总统林登·约翰逊命令大规模增兵（越南），扩大征兵范围，带领美国一步步陷入了“大泥沼”[3]般的战争泥潭，《大泥沼》是皮特·西格尔曾经创作的一首力作。美国青年在毫不知情的情况下，被榨干了体力、才气、鲜血与生命。和平运动影响了无数人的生活，甚至超越了民权运动对人们的影响，民谣摇滚所包含并释放的愤怒与针砭时弊的巨大能量使民谣摇滚不再是简单的二体融合。历史学家西奥多·罗斯扎克（Theodore Roszak）在他的专著《一种反主流文化的形成》（*The Making of A Counter Culture*）中曾经写道：“通过关注海报……舞蹈——特别是流行音乐，人们可以更加深入地了解……青年人，是它们把13到30岁的人群串联在一起。”稍早几年，迪伦就是所谓那一代人的代言人了，虽然他只为一小撮激进分子代言。现如今，民谣摇滚拥有更多的听众，他可以真正做他们的代言人。

飞鸟乐队曾在1965年录制过迪伦的《鼓手曼先生》，这首歌曾经是那十年最成功的单曲，迪伦曾经因此曲在摇滚圈内名声大振，后来还进入乡村音乐排行榜。他对飞鸟乐队的评价如下：“他们做的是跨界的事，而且非常在行，如果再开放一些，他们还会做出更加神奇的东西。”飞鸟乐队早期的宣传是由比利·詹姆斯打理的，他们也曾经多次翻唱迪伦的歌曲，后来名气大了，就带上迪伦一同演出。[4]

飞鸟乐队的主唱是12弦吉他手吉姆（后改名为罗杰）·麦奎恩（Roger McGunin），他曾经是乍得·米歇尔三重唱（Chad Mitchell Trio）、莱姆莱特尔斯（Limeliters）以及巴比·达林（Bobby Darin）等乐队的成员。麦奎恩认为1964年的民歌“变得越来越商业化，都用赛璐玢玻璃纸包装的，我只想做点别的”。1964年夏天，麦奎恩在洛杉矶的楚巴多尔与吉恩·克拉克相见，并组建了一支乐队。大卫·克罗斯比后来加入进来，排练时管自己叫“喷气赛特”。“喷气赛特”的首张专辑叫作《普莱佛莱特》，收录了《鼓手曼先生》，二人的演唱技艺欠佳，歌曲并未走红。经理人吉姆·迪克森邀请克莉斯·希尔曼加入，后又有鼓手麦克·克拉克入围组成完整的乐队。麦奎恩说：“我看到与迪伦的差距，也理解披头士乐队成员之间相互依赖的理念。那也是我们的目标。”那的确也是他们的目标所在，为了避免听起来娘娘腔，他们没有使用“小鸟儿”这个单词，而是用了它的谐音字。1965年1月与哥伦比亚唱片公司签约之后，飞鸟乐队重新录制了《鼓手曼先生》。制作人是特睿·梅尔切尔，多丽丝·戴的儿子。

他们是如何拿到这首歌的还不是很清楚，最大的可能性是迪克森在迪伦正式推出大碟之前就已经获得了一个小样，也许是作为他第四张专辑的弃用片段送给迪克森的，杰克·艾略特作为歌手也在其中参与了录制。[5]希尔曼声称是“迪克森选择了那首歌，我们当时并不真的喜欢或者干脆就没听懂，但是他硬把那首歌强塞给我们，直到我们真正明白了它的价值”。麦奎恩在洛杉矶见到迪伦时，“我们就给他听了我们演唱的版本”。迪伦说：“哇，哥们儿，都可以把它当成舞曲了！”麦奎恩形容迪伦的表情是“极大的震惊。我们还唱了他的另外几首歌，他听后竟然都不觉得是自己的歌了。当时大家都和他套近乎，但他是大咖级导师，我们都还是学徒罢了。他对我的影响始于我开始翻唱他的歌曲，不过不久之后他也像早期一样开始翻唱自己的作品，因此我们就不能再翻唱了，因为他自己做了以前我们做的事。我有种感觉，他似乎觉得自己把钱都赚了，心里很内疚。他曾说：‘仁兄，我不知道你们什么时候才能赚到100万，但是我想帮帮你们。’接着我们又探讨了有关宇宙的哲学问题，都是些高大上的问题，然后我们又回到一些鸡毛蒜皮的小事上来，猜字谜，玩文字游戏，我还真挺想他的。”

关于第二次录制《鼓手曼先生》的一个小小讽刺是，飞鸟乐队只有核心成员麦奎恩真正参与了录制工作，其他人都没能参与，因此那个家喻户晓的贝斯前奏是由拉里·耐切尔（Larry Knechtel）完成的，鼓手则是由哈尔布莱恩担任，第二吉他手是莱昂·罗素。飞鸟乐队只是在后期为歌曲加上了关键的和声。在哥伦比亚唱片公司给他们出的第一张专辑上还有迪伦的另外三首歌曲。作为单曲的《鼓手曼先生》于1965年3月出炉，当时飞鸟乐队正在洛杉矶的塞罗斯夜总会（Ciro’s）演出。洛杉矶娱乐圈内的各路英豪，包括迪伦等人悉数到场。塞罗斯夜总会的SRO是美国嬉皮士非主流文化的一个全新的开端，好莱坞也随之舞动了！哥伦比亚唱片公司通过媒体宣发使迪伦这首单曲“迅速”登上了排行榜，但实际情况是三个月后才登上美国的排行榜，四个月后荣登英国榜首，成为继英国本土乐队披头士乐队出道以来第一支登上流行乐坛榜首的美国乐队。6月，他们推出了迪伦的另一首单曲《所有我想做的事情》。但是美国的“索尼与雪儿组合”翻唱的那一版却拔了头筹，使飞鸟乐队黯然失色。麦奎恩说最令他失望的是“迪伦走到我跟前说，‘哥们儿，他们把你们打败了’——好像一瞬间就对我失去了信心。他简直是崩溃了——他的作品被肢解，而我们，他的歌曲的捍卫者与保护者，只能看着‘索尼与雪儿组合’赚大钱！”

飞鸟乐队再次回到哥伦比亚唱片公司的录音棚，他们试着去翻唱（迪伦的）《蓝色宝贝》与《时代在变迁》，但是就是感觉不对。最后，他们决定翻唱西格尔的《转！转！转！》（*Turn! Turn! Turn!*），经过80多次的反复录制后作为单曲发表，五周之后便拔得头筹。麦奎恩曾经把飞鸟乐队描述为“一本电子杂志”。当他们的曲风由民谣摇滚转向迷幻摇滚、雷鬼摇滚与乡村摇滚的时候，他们都会选择借船出海，即翻唱迪伦的歌曲。1971年，麦奎恩曾向《声音》（*Sounds*）杂志的彭尼·瓦伦蒂诺透露：“我从来就没有把迪伦视作偶像，我一直把他当作同辈人……但是迪伦总是比我先走出一两步……我认为让他对我失去好感的原因是那首《逍遥骑士民谣》（*Ballad of Easy Rider*）的作品。当我给那部他也参与拍摄的电影写插曲的时候，他的名字理所应当地出现在最初的演职员名单上。结果是他竟然怒了，给我打电话说：‘快把我的名字拿下来，我早就告诉过你不要把我的名字加上，我每天都帮别人，你这儿我也就是给你写了几行字罢了——没啥大不了的。’的确，他此话不假，我们并未因为那首歌有过多的交集。”到了1973年，克罗斯比和希尔曼（Hillman）还有其他几个人纷纷加入了70年代的一些大牌摇滚乐队。一天，飞鸟乐队的元老、创始人麦奎恩正在录制一首独唱单曲，突然迪伦推门而入，为了重续友情，迪伦屈尊给主唱吹口琴伴奏，那首歌叫作《我是如此焦躁不安》（*I'm So Restless*），收录在《罗杰·麦奎恩》专辑上的那首。1975年，麦奎恩参加了迪伦的“滚雷讽刺剧巡演”。

回到1965年。很快，美国流行音乐界便将迪伦奉为年度潮流的风向标，并称之为：自披头士乐队（入侵美国）以来的“最大事件”。《综艺》杂志1965年9月8号刊文题为：“鲍勃·迪伦——一个独自开创民谣摇滚类型的音乐大咖？”的确，此时此刻八首迪伦的歌曲作品已经打入排行榜前四十名，其中一半的曲目由他本人亲自录制。《综艺》杂志敏锐地捕捉到音乐界争先恐后（翻唱迪伦作品的）紧迫感："本周，迪诺（Dino）、德丝与比利（Desi and Billy）急着推出了自己版本的《自由的钟声》，索尼与雪儿组合也将《随风飘荡》那首歌搞定，并且雪儿还将迪伦的另外三首作品包含在自己的下一张专辑中。……大卫·罗斯会在她的下一张专辑中加入迪伦的几首歌曲……而利物浦五人乐队……也正在翻唱迪伦的一首曲子……我们真是需要一台电脑来跟踪（这一切了）。"

（但是）能够最佳体现1965年中期民谣摇滚抗议主题的热门金曲却是那首由P.F.斯龙（P F Sloan）作词，前"新克里斯蒂吟游诗人乐队"成员巴里·麦克圭尔（Barry McGuire）录制的《毁灭前夕》（*Eve of Destruction*）。《毁灭前夕》列举了种种社会不平等现象，并警告如不寻求改变，核战浩劫将不可避免。尽管《毁灭前夕》的旋律一般，所表达的反战思想也颇为幼稚，绝非迪伦的《地下思乡布鲁斯》的对手，但却能力克群雄，不仅长驱直入主流电台的排行榜，而且还能独占鳌头拿得头牌。当时，文艺作品审查制度刚刚开始肆虐，包括ABC广播系统的许多家电台无端将《毁灭前夕》列入黑名单。社会学家R.瑟奇·德尼索夫在《流行音乐杂志》专刊上发文指出，该首歌曲的进行曲特质与西班牙内战期间的许多歌曲非常相似，特别是与当时的纳粹小调极为相似。也许是"对《毁灭前夕》的指责来自方方面面，德尼索夫发现只有14%的受访大学生听懂了歌曲的意思，而45%的人只听懂了部分"。《毁灭前夕》遭到来自左右派势力的攻击，左翼的《放声歌唱！》杂志声称抗议主题的泛滥不过是哗众取宠罢了。一个三流的右翼组织《代言人》（*Spokesmen*）竟然还录制了一首歌"回应"，歌名为《崛起的黎明》。《崛起的黎明》对社会阴暗面视而不见，只看到美好与希望。

许多迪伦原创歌曲成为1965年夏天的民谣摇滚金曲。《宝贝，那不是我》成为“海龟乐队”进入排行榜的入门专用曲。索尼与雪儿两人都试图亦步亦趋地模仿迪伦，一举手一投足都是他们模仿的对象。他们的《我得到你了，宝贝》大获成功。当因为奇装异服而被要求离开就餐的餐厅之后，他们竟然磨出了一首准民谣摇滚抗议歌曲——《嘲笑我吧》，很快那首歌曲竟然一天卖出了三位数字。15岁的百老汇歌手詹尼斯·伊安，也曾经写出一首《社会之子》，为不同种族之间的恋爱辩护。许多大的品牌公司拒绝为其制作专辑，最终由维尔福/民俗唱片公司为其录制出品，即使如此，各大广播电台一直禁播此歌。[6]其他民间抗议歌曲也以民谣摇滚的形式重返艺术舞台：布菲·圣玛丽的《宇宙战士》（*Universal Soldier*）、菲尔·奥克斯的《唯有财富》（*There But for Fortune*）。以及多诺万的几首曲子都是如此应运而生的。直到西蒙和加芬克尔二人合唱组合以优美的和声重新翻唱《寂静之声》（*Sound of Silence*）之后，他们才从默默无闻而再次进入事业的高峰。[7]还有一些流行歌曲创作者过去曾致力于将重大题材写入摇滚歌词，如今借此东风得以重新浮出水面。巴里·曼与辛西娅·维尔（Barry Mann and Cynthia Weil）创作的那首《我们必须逃离此地》（*We Gotta Get Out of this Place*）的民谣摇滚，强烈谴责黑人贫民窟生活，最后由埃里克·博尔顿（Eric Burdon）与动物乐队（The Animals）录制并大获成功。

有时候，迪伦因首创民谣摇滚而获得的殊荣超过任何人。《生活》杂志的一项调查曾以“鲍比·迪伦的孩子们”（The Children of Bobby Dylan）为标题，但是迪伦本人是否愿与P.F.斯隆、巴里·麦克圭尔建立任何关系这一说就值得怀疑，更不用说做他们的父亲了。到1966年，美国《展望周刊》

（*Look*）将迪伦称之为“民谣摇滚乐的鼓手曼先生”，并把他视作“无以匹敌的青少年——大学生群体的绝对大咖，他们跪拜的偶像，以铃鼓伴奏用歌声记述历史的歌者，他的意义重大，超越了那佯装和谐，粉饰太平的所谓‘美国梦’”。迪伦告诉《展望周刊》：“我说话从来不很高大上，什么美呀爱国什么的，事情该什么样就什么样，我从不主张预设规则归治现实。”

很快，像菲尔·奥克斯、埃里克·安德森、大卫·布鲁、汉密尔顿·坎普，以及朱迪·科林斯等大批民歌手都开始加入电声伴奏乐器。在英国，多诺万也开始尝试利用民谣摇滚抨击时弊。“和平使者”乐队在英国一家电视台叫作“预备、站稳、快跑”的节目中演唱《上帝在我们一边》。截至1965年9月，麦克圭尔的《毁灭前夕》与多诺万的《宇宙战士》双双登上英国排行榜。到了10月，至少有十几首抗议歌曲荣登排行榜，“冬青树乐队”（The Hollies）的《陪葬者》大唱人口膨胀，最后氢弹爆炸集体同归于尽；乔纳森·金（Jonathan King）的《本周佳音不断》是为“无名飞机驾驶员”乐队写的一首歌，歌词与狂扔核弹有关，内容极其荒诞；12月，英国的抗议摇滚已风光不再，保罗·麦卡尼特曾在《旋律制造者》杂志的采访中说：“现在的歌词都傻乎乎的，对吗？抗议歌曲让我太关注歌词，我不想这么做。”

民谣摇滚一直被误读为百分之百的政治歌曲，其实不然。西格尔的《转！转！转！》取自《传道书》（*Ecclesiastes*），难道那也是“政治抗议”歌曲？

默里·K更喜欢把民谣摇滚称之为“态度歌曲”。虽说民谣摇滚的抗议势头早在1966年年初就开始走下坡路，但是表明作者“态度”的音乐创作却从未终止。1965年前，许多人误认为流行音乐与摇滚乐唱的不外乎那些鸡毛蒜皮的小事，谈不上弱智，也说不上反智。此等浮皮潦草的指责阻碍了对流行音乐的正确理解，即：流行音乐也是社会自由表达的一种形式。民谣摇滚的“热潮”冷却之后，换来的是流行音乐的一个整体水平的大提升。这一点，是该给迪伦记一大功的。

异端走向什么教条？

是什么迫使迪伦向那些曾经将他视若神明的听众开战？是他们心中普遍存在的傲慢与偏见？从1965年中期开始，许多人便把他看作异教徒，一个变节者。（但是，迪伦）是一个脱离了什么正统教派的异教徒呢？一个背弃了何种教义的变节者呢？简单回顾一下民谣正统学派打着民谣纯洁质朴的旗号，对迪伦群起而攻之的嘴脸，就能使我们看清那些人是多么的“敝帚自珍”了。民谣原教旨主义的主要设计师曾经是那些学院派的民谣研究学者以及收藏家，他们坚信所谓“民间传说是野史，难登大雅之堂”，这些民谣研究者把口口相传的音乐作品，其中包括传说、故事、艺术与设计作品等，视作巨大的民间知识、工艺与艺术的宝库，内容丰富但却孕育于物质匮乏之中。可以理解，上述学者会不断谴责大众文化的肤浅，而且每当大众文化试图改编或“修饰”民间（艺术）原料的时候，都会招致无端的诋毁。大多数民谣研究学者简直无法想象大众商业文化会给民谣带来的潜在受益。民谣死硬派的决定论者维护起精英观点，他们要求小而精，背景音乐音量越小越好，不做商业宣传、设计与筹划等。当他们与那些可怜的文盲一样盲目崇拜传统艺术所创造的奇迹之时，他们也选择对民间艺术成分融入大众文化的潜在受益视而不见。

上述观点的幕后主要推手是艾伦·洛麦克斯，当然他也并非自吹自擂。1959年，他为卡内基音乐厅制作了一份节目单，在插页说明中他强调传统艺术家的重要性，但是也敏锐地意识到在蓝草与福音音乐中的最新发展。虽说蓝草音乐使过时的管弦乐队更加现代化，但还是赢得了洛麦克斯的首肯。他认为黑人音乐可以经受任何风吹雨打，但是他也给白人摇滚与城市民谣的阐释权画了红线。仰仗其巨大的人格魅力和渊博的学识，洛麦克斯的观点得以广泛传播。

在英国，两名领军的民谣音乐理论家分别是劳埃德与伊万·麦科尔，二人创意无限，属于那种“能说会唱”的学者型理论家。对于麦科尔来说，通俗化意味着将民谣与无产阶级挂钩，而他又看不起中产阶级、城市歌手与词曲作者，虽说他本人也是他们当中的一员。从1950年起，《放声歌唱！》的主编欧文·希尔伯（Irvin Silber）便给民谣的发展制订了“正确的路线”，而当时的民谣还算是小众艺术。然而在这些大咖的鼓噪下，民谣美学强烈谴责商业化以及大众文化，并坚称民谣必须反映左翼、人道主义的观点，任何偏离“艺术作为社会与阶级斗争的武器”这一信仰的做法，就意味着把自己出卖给商业利益。难怪迪伦天马行空的自由探索成了背信弃义的变节行为。

1964年11月，《放声歌唱！》发表了希尔伯的《致鲍勃·迪伦的公开信》，信中他言辞尖锐：“我在纽波特看到你是如何脱离了人民群众……你出了名，一些身外之物会挡你路的。”迪伦为此大发雷霆：（为什么）又一个“父亲”跳出来公开告诉他如何行事、写词、唱歌。希尔伯为什么不打个电话或写张便条？希尔伯就是想利用他多卖自己的杂志罢了。迪伦告诉格罗斯曼不要再把他的歌给《放声歌唱！》发表。除了《给杰拉尔丁的忠告》（*Advice for Geraldine*）以外，他不再做任何直接回复。1965年9月，歌手麦科尔再次利用《放声歌唱！》发文重责迪伦：“传统歌曲与民谣都是由那些才华横溢的艺术家们，依照历史悠久的业内规范创作而成。……而现在一波当代美国歌曲都是由那些既不愿意也不能按照行规创作的野路子作者所写，或许他们是煞费苦心地要毁掉这个行规。‘但是鲍比·迪伦又是在干什么呢？’各个年龄段的青少年义愤填膺地谴责他……一个年轻的庸才。只有那些完全丧失批判能力，整天对着流行音乐乳头获取营养的听众，才会喜欢上这么个不入流的傻瓜。‘但是他写的那些诗歌怎么算？’那算什么诗歌？就他那些抗议歌曲不过是文盲练字罢了，或者说一个四年级小学生胡诌出来的打油诗吧？……迪伦……凸显了当代美国词曲写作的歪风邪气，是一场试图以新闻写作代替艺术创作的大跃进，它以无聊的伤感和尖锐的自怜代替文艺创作的激情。”

1965年11月，伊西·杨在《放声歌唱！》自己的专栏中写道：“迪伦已经成为他个人游戏中的一颗棋子……并完全成为音乐工业中的‘四十大热门金曲排行榜的俘虏’……排行榜让他写摇滚他就写摇滚……”1966年1月，《放声歌唱！》对迪伦的敌对情绪达到了甚嚣尘上的地步。汤姆·帕克斯顿在自己的专栏中对迪伦更是大加鞭笞，他的标题是“民谣的败类”：“（他的歌）根本不是民谣，假如迪伦没有领导、扶持、支持这个流派，别人做梦也不会把摇滚乐与民谣混淆在一起。”乔什·邓森（Josh Dunson）抱怨说："黑人音乐中的分分秒秒都有社会抗争和勇气，而民谣摇滚听上两个小时也听不出个所以然。"

虽然我对像巴里·麦克圭尔与"海龟（the Turtles）"这样的表演艺术家有成见，但是我还是向如此的教条主义者宣战了。1966年1月30号，我在《纽约时报》星期日刊上向《放声歌唱！》打了一个"右勾拳"，我写了两个段落予以反击，该文的发表可谓一石激起千层浪，有人借机向我发动恶毒的个人攻击，言辞刻薄不说，有人甚至要求《纽约时报》开除我，并指控我与大企业音乐利益集团相互勾结、狼狈为奸。我也指责《放声歌唱！》"心胸狭隘、令人讨厌"，同时反对艺术的实验性，反对先锋艺术。他使我想起"苏联文化机关谴责叶甫图申科散布异端邪说，并对他戳戳点点，令其回归正统"。西尔伯愤怒地回应了我的挑战，但是我的编辑以付费的方式邀请纳特·亨托夫（Nat Hentoff）和《放声歌唱！》的前执行编审保罗·纳尔逊加入我们的激辩。亨托夫与纳尔逊和我对民谣摇滚都持坚定的支持态度，很快西尔伯落荒而逃，此后不久，民谣圈子里便流传出一大堆来自各方的信件。总之，要么有人支持我对民谣摇滚所体现出的正能量，要么有人躲在"西尔伯—邓森—杨"这个三人帮的背后（继续大肆恶意攻击民谣摇滚乐）。

迪伦尽量回避类似的正面冲突，偶尔也说自己根本不在乎此事。但是他还是感觉受到了伤害，而且令人好奇的是他似乎无法"解释自己的无能"。但是他的痛苦很快由于赢得了大量的听众得以缓和，在《小字报》上，戈登·弗里森希望参与纷争的各方不要彼此恶语相向。《放声歌唱！》的新执行总编艾德·巴道（Ed Badeaux）发文说西尔伯的观点只代表他个人，不是编辑部所有的成员都和他观点一致。西格尔未能参与此次纷争，但是双方的战线在很长一段时间内还是颇为明确的。等到民谣摇滚热退却之后，迪伦推出了专辑《约翰·韦斯利·哈丁》，令大家颇为惊讶，为此那些民谣原教旨人士也收敛了许多。在英国，虽说起初反对民谣摇滚的浪潮高涨，但是民谣摇滚的发展势不可当，（涌现出的乐队）更是非常富有想象力，诸如“难以置信的弦乐队（Incredible String Band）”“钢眼斯潘（Steeleye Span）”“费尔波特协定（Fairport Convention）”“埃尔比恩乡村乐队（Albion Country Band）”“JSD乐队（JSD Band）”以及“狮鹫（Gryphon）”等分别来自英格兰、苏格兰以及爱尔兰，他们把传统民谣的素材与现代理念完美结合。最后，1968年9月28日，西尔伯在美国左翼周刊《守护者》（*Guardian*）发表雄文一篇[8]：

我们当中的许多人无法完全理解美国政治中的驱动力，因而感觉被一个诗人抛弃了，而长期以来我们一直认为这位诗人非常在乎我们的感受。但是迪伦抛弃的绝非是我们，而是一个过时的价值体系，因为它早已不能承担理解美国的重任。“这是你的土地，”迪伦曾经在1965年告诉我们。但是，我们当中那些听着伽思礼和西格尔歌曲长大……浮皮潦草地继承了基于列宁主义与理性化斯大林主义的“马克思主义”者们，还没有准备好接受迪伦声明的革命理念。因为如果我们接受了他的革命理念……我们就必须采取行动！只要诊断出是水痘或腮腺炎，我们就能想出使用何种新药，从而医治我们社会的弊病。但是，诗人告诉我们的社会已经病入膏肓。

好吧，我们的确学了不少。而且对我们其中的一些老家伙来说，这个学习过程是痛苦的，因为这个过程意味着推翻了许多我们原有的基本假设……迪伦是我们的诗人，但不是我们的领袖，诗人的力量在于触摸我们的灵魂……如果他不能做到这一点，那也许是我们的失败，而不是他的失败。迪伦是政治化了，还是反政治或是不分政治与否，或者是非政治的？这个问题听着就很愚蠢。假如有人倾听并在“解放周”以及林肯公园里举行的“自由选举周”期间内在费耶韦瑟工艺会馆播放迪伦的歌曲，那么他就是有的放矢了。但是问题依然存在：为什么迪伦还能成为SDS这一代激进分子的情感代言人呢？

帕克斯顿也承认自己对迪伦的批评过于苛刻。据我所知，杨从未悔悟，麦科尔选择不再对迪伦说三道四。

班德乐队

自打希宾开始，迪伦就梦想着能有属于自己的乐队。早在进棚录制第二张专辑的时候，迪伦就想着组建自己的乐队了。从1961年到1964年之间，他喜欢独自一人的即兴演出。但是要组队演出可谓耗时费力。1965年年初的一个晚上，我和迪伦、纽沃尔什三人去“村门”看保罗·巴特费尔德·布鲁斯乐队的演出，以前我曾在煤气灯酒吧看过他们的演出，并建议鲍勃也去看看，巴特费尔德曾经与芝加哥所有的布鲁斯大咖合作过。迪伦听得十分入神，当晚巴特费尔德领着乐队演奏“节奏与布鲁斯”，气势恢宏，音效非常震撼。“他听起来像索尼·波伊·威廉姆森三世或者利特尔·沃尔特二世（LittleWalter the Second），”我说，同时我们也在听他的口琴伴奏。“根本不是，”迪伦回答说，“他就是巴特费尔德一世啊。”几个星期过后，格罗斯曼就把巴特费尔德签下来了。迪伦最初的想法是与巴特费尔德还有他那技艺精湛的吉他手迈克·布鲁姆费尔德合作，但是由于相互之间缺乏吸引力和未来发展方向不同，最终迪伦还是没有雇用他们。

1965年夏天，鲍勃最终在一个居住在加拿大的乐队中找到了满意的伴奏成员，该乐队名为“雄鹰”，后简称“大笨贼”，最终定名为“班德乐队”。迪伦与班德乐队的合作，用《时代》周刊的话来说，是“摇滚乐历史上具有决定意义的一刻”。此等流行歌星和伴奏乐队之间的关系日后发展成为一种最为持久的合作关系。他们的和谐关系始于音乐理念，沉浸在蓝调、乡村音乐、节奏与布鲁斯、摇摆乐以及新派摇滚乐，雄鹰乐队给迪伦带来了友爱，这是他与其他音乐家合作时最为珍惜的东西。“雄鹰”早已翱翔在演出的路上了，经济状况勉强，但是他们比迪伦出道还早，并坚持进行“路演”。在那个风起云涌的年代里，他们的成熟与稳健是迪伦求之不得的。

很显然，兄弟友情关系不需要很大的牺牲。如果迪伦言行离谱，“雄鹰”们也不会任人宰割。1965年至1966年，当他们加入迪伦的环球巡演时，他还是一如既往地演唱自己的歌曲，节目单上接近一半的曲目都由他独唱。但是，等到巡演结束的时候，雄鹰乐队已形成了鲜明的演唱风格，而不仅仅是迪伦所期待的那种（附属性的）伴奏乐队。令人钦佩的是，一个明星没有伴奏乐队，或相反，就会失去自我的领域，他们成功地保留了自己（独立）的身份。艺术与商业化的成功让他们释放了自己都不曾意识到的创造力。

对于罗比·罗伯逊、莱沃恩·赫尔姆、瑞克·丹寇、理查德·曼纽尔（Richard Manuel）以及加斯·哈德森（Garth Hudson）来说，从早年跟随多伦多不修边幅的罗尼·霍金斯（Ronnie Hawkins）合作过渡到与迪伦共事简直就是一个质的飞跃。作为雄鹰乐队，他们忍受了只有年轻音乐家可能为之向往的苦活儿：夜场演出，演奏迪斯科舞曲，光顾声名狼藉的下等酒馆，星期六晚上在酒气熏天的体育馆内为那些喧嚣胡闹的人群敲打出重金属般的粗糙节拍。1965年，当雄鹰乐队离开“霍金斯”的时候，他们基本上还是布鲁斯演奏音乐家。迪伦的世界巡演貌似是令人羡慕的美差，但是民谣死硬分子们却依旧不依不饶，不断鼓噪反对迪伦使用电声乐器，他那“五个邪恶的信使”[1]也没能躲过此劫，他们因为演奏刺耳嘶鸣的电声音乐，突出重金属摇滚那种穿透力也遭到丑化。

直到他们自己的第一张专辑《来自大平克的音乐》（*Music from the Big Pink*）出版之后，公众才得以真正听到（此时已经改名，称自己为）班德乐队的那些极具个性的作品。该专辑与当时流行的迷幻摇滚浪潮大相径庭，可谓逆历史潮流而动，因为他们演奏的音量永远是在人类听觉可以接受的范围内，舞台台风非常低调，几乎都有点不太自信了。《来自大平克的音乐》专辑将摇滚带入宁静，其中作品充满了“乡村音乐”的朴实甜美，犹如清风拂面，并带有虔诚的宗教音色，似乎是一种深深根植于我们潜意识之中对过去的怀念，即唤醒我们对位于宁静山谷中教堂的回想。《来自大平克的音乐》与迪伦的《约翰·韦斯利·哈丁》同步发行，两张专辑几乎同时出现在1968

[1]“五个邪恶的信使”：暗指雄鹰乐队的五个成员。——译者注

年最佳专辑的排行榜上，他们的发行为美国流行乐坛带来了巨大的正能量。迪伦在乡村音乐中找到了心灵的慰藉、伤痛的愈合，可谓浴火重生，而班德乐队紧跟迪伦，亦步亦趋，包括美学理念等，逐步进入了一个相同的“富裕牧场”，即那个可医治心灵创伤的理想王国。

据报道，小约翰·哈蒙德是在1964年的多伦多的一次演出中“发现”雄鹰乐队的。哈蒙德请求三位成员为他1965年制作的一部名为《路漫漫兮》（*So Many Roads*）的专辑做伴奏，参加这次伴奏的音乐家有吉他手吉米·R.罗伯逊（Jamie R Robertson），鼓手马克·莱文·赫尔姆（Mark Levon Helm），风琴手埃里克·哈德逊（Eric Hudson）、C.D.马塞尔怀特（C D Musselwhite）、布鲁姆菲尔德与吉米·路易斯（Jimmy Lewis）等人。哈蒙德对雄鹰乐队作品的热情不断扩散。玛丽·马丁（Mary Martin）是格罗斯曼的执行秘书，她是在返回多伦多老家探亲的途中看到雄鹰乐队演出的，认为他们的演出精妙绝伦。玛丽·马丁不是凡人，后来就是她把词曲作者伦纳德·科恩带出加拿大，这一点可能比哈蒙德还要早很多。

我们的见面“不难”，迪伦曾说，但是对于那些漫长的即兴演唱与排练、讨论与相互试探，甚至是“掏心窝子”的谈话，以决定双方是否有共同的语言，他却只字未提。罗比·罗伯逊也只是模糊地描述了当时几次重要的会面：“咱们这么说吧，他没给我们打电话，我们也没给他打。我只记住了这么多。我们以前就有他的一张专辑，大家都很爱听，但是也不像人们所想的那样一下子就把我们搞定了。而我们也不知道他日后会那么的强硬，跟他认识的时候，我们不过是一帮沿街乞讨的粗人，是他教会我们如何坐飞机旅行，跟大人物打交道。”罗伯逊早先还说过：“我想我们当时是在大西洋城演出，当时并不知道他是谁，也不知道他早已是大名鼎鼎。我觉得根本不会在一起玩音乐，后来我们一起即兴演唱，交情越来越好，相互之间的影响都很大。”赫尔姆记着有人曾经给雄鹰乐队打了一个电话，当时他们正在新泽西州的索姆尔斯波音特（Somers Point）演出。电话是迪伦打来的，他问：“你们想在好莱坞演出吗？”赫尔姆说他从未听说过迪伦这个人，接着他又问还有谁一起演出。“就我们，”迪伦对着目瞪口呆的赫尔姆说。[10]

迪伦和罗伯逊特别亲近，特别是两人面对面站在台上演出的时候，这一点明眼人都看在心里，二人的歌声共同编织成友谊的纽带。“他是我见过的‘数学’吉他奇才，唯一不让我反胃的那种，唱起歌来声如足球后卫的大吼。”尽管听起来荒唐，但是迪伦对罗比的这句赞美之词后来被广泛引用，意思是说，罗比演奏技巧上没问题，就如同他的演唱技巧一样没得挑。如同迪伦，罗伯逊也是北方人，加拿大多伦多人。两人的童年都是靠听来自东方、南方的音乐电台打发时光，克服少年成长的孤独。两人同样过着孤独、充满梦想的青年时代，两人也同样喜欢作曲和写作，也都喜欢年长的那种音乐家。15岁的时候，罗比给当时巡演的罗尼·霍金斯做乐队设备管理员，雄鹰乐队的弗雷德·卡特（Fred Carter）辅导罗比贝斯，后来又教他吉他，在1960年左右，罗伯逊成为主音吉他手。

不久，莱文·赫尔姆加入乐队，当时他刚从阿肯色州的韦斯特海伦娜的一所高中辍学，霍金斯也把韦斯特海伦娜叫作故乡。12岁之前，赫尔姆一直利用暑假在棉花地里给人当小工，高中时自己组建了一支乐队，叫作“丛林灌木开拓者（Jungle Bush Beaters）”：“摆脱那辆臭气熏天的拖拉机，逃离105度高温的唯一办法就是挎上自己的吉他。”很快，他改学打鼓，并在一次县里的比赛中获得大奖，那次获奖比赛时的贝斯手是他的妹妹。

雄鹰乐队的风琴手是加斯·哈德森，父亲曾是第一次世界大战时的战斗机驾驶员，复员后成为农场巡视员。加斯受过正规音乐教育，曾就读于西安大略大学，在自家周围做了好几台管风琴，小小年纪手脚并用竟能演奏巴赫的曲子，并在一个叔叔的葬礼上演奏过风琴。12岁时哈德森在一支乡村乐队演奏手风琴，后来在底特律组建了自己的摇滚乐队。

低音吉他手里克·丹柯（Rick Danko）来自加拿大的烟草种植区。父亲曾是伐木工人，里克12岁前家里没通过电，十几岁就成了一支摇滚乐队的固定成员。他的音乐教育非常接地气，都是跟纳什维尔乡村音乐会（Grand Ole Opry）的广播习得。丹柯5岁时便学会了曼陀林[1]，作为蹒跚学步的幼童，他和家中的三个哥哥每周都会在家庭音乐会上献艺，成为乐队最早励志献身音乐的“小鹰”。

理查德·曼纽尔来自安大略省的斯特拉福德（Stratford），早年也受到纳什维尔乡村音乐电台的影响。当赫尔姆决定不参加迪伦的第一次世界巡演之后，桑迪·康尼阔夫（Sandy Konikoff）则代替他成为美国巡演部分的鼓手，以前给约翰尼·瑞弗斯（Johnny Rivers）做鼓手的米奇·琼斯（Mickey Jones）填补了海外巡演鼓手位置的空白。鲍比·格雷格（Bobby Gregg）也在赫尔姆不在的情况下为“雄鹰—迪伦”组合打过架子鼓。

舞台演出的时候，班德乐队则是个一丝不苟的摇滚组合，能把他人夸张的演出风格降至最低点。加斯经常摇得像一头快乐的狗熊，丹柯则是抡圆

[1] 曼陀林：一种类似琵琶的乐器。——译者注

腮帮子演奏曼陀林，而罗比常常在舞台上胜似闲庭漫步，貌似追随着什么伟大的理想。四个人还可以轮番领唱，哈德森经常是随大流，跟随大家合唱。他们一边伴奏，一边演唱，全程下来他们竟要演奏17种乐器，可谓“八仙过海、各显神通”——运用各自的技能演奏伴奏音乐，但他们从不哗众取宠、博取廉价的掌声：即在含蓄与风格多样化中寻求艺术的尽善尽美，而不是只图一时痛快的瑕疵。从吉他演奏技巧的角度来说，罗伯逊是个完美主义者，迪伦主要还是个重视表现的艺术家，通常情况下他只是把乐器当作手段，而并非目的。从演唱的角度讲，罗比很快受到迪伦那变化多端，即“九头蛇演唱风格（hydra-headed singing）”的强烈吸引，也就是说，那种火急火燎、痛苦万分、勾肩搭背式的亲密、稀奇古怪的亢奋和令人胆寒的直率以及诚实的傲骨。

1965年，罗伯逊与赫尔姆在森林小丘参加了迪伦的巡演，其后迪伦就与乐队签约让他们参加自己的世界巡演。巡演结束后，班德乐队便跟随迪伦隐遁乡下，并在伍德斯托克附近的索格蒂斯之外买了一座叫大平克的豪宅，目的是要集中精力思考自己的新目标。不过班德乐队也学着迪伦的样子对新闻界使性子。1968年，罗比被派去阻止“国会录音公司（Capitol Records）”发起的“薄利多销”宣传计划，该宣传计划旨在助推班德乐队的专辑——《来自大平克的音乐》。借此，“国会录音公司”想要掀起一场声势浩大的“大粉红色遐想运动”，与此同时，制作一场为迪伦专辑封面彩绘的征名大赛，内容是一幅绘有五位音乐家演奏原始民谣的水彩画。

迪伦单独邀请罗伯逊参与专辑《无数金发女郎》的演奏，关于那次合作的首次公开记录显示那是在1967年，即迪伦与班德乐队在伍德斯托克演唱的《地下室录音带》。班德乐队于1968年1月20日在迪伦“向伍迪·伽思礼致敬”的两场演出中为其伴奏，那场演出是在卡内基音乐厅举办的。1969年7月14日，迪伦突然驾到，在伊利诺伊州爱德华兹维尔的密西西比河音乐节上与他们再次同台。此次演出中，迪伦化名埃尔墨·约翰逊，一共唱了三首歌曲，其中包括那首古老的乡村小曲《松树里》（*In The Pine*），之后他和班德乐队应观众邀请重返舞台，以巴迪·霍利的《躲闪与滑行》结束了那次演出。几周后，1969年8月31日，迪伦与班德乐队再次同台演出，是在英国的怀特岛，那次音乐节的观众人数巨多，场地布置非常不人性化，且管理混乱，让他们遭了大罪。1971年新年，迪伦再次突然冒出来，没和任何人打招呼便直接与班德乐队登台亮相，那次演出是班德乐队的一次大场面，地点设在纽约曼哈顿的音乐学院。有了补充的圆号等乐器，班德开始录制《摇滚时代》（*Rock of Ages*）这张双专辑。[11]迪伦与班德乐队最著名、最持久以及最令人瞩目的合作标志是1974年巡回演出。那一年，他们还同时推出了《星球浪潮》（*Planet Waves*）专辑，该专辑是几位合作者首次通过商业操作推出的专辑。此外，巡演的直接产出则是双面大碟，即《洪水将至》。1976年11月25日，迪伦参加了“最后的华尔兹”的演出，这是班德乐队的公众告别音乐会，举办地点是在旧金山的温特兰德。

班德乐队录制了多首迪伦的歌曲，其中四首由班德乐队首次向美国听众发布：即《我终将解脱》（*I Shall be Released*）、《愤怒的眼泪》（*Tears of Rage*）、《风火轮》《*This Wheel Is One Fire*》，以及《我绘制的杰作》，以上四首分别出自《来自大平克的音乐》与《合谋》（1971）两张专辑。《我终将解脱》随《来自大平克的音乐》首发，1971年10月，迪伦与“快乐梦乡”重新灌制了这首歌，后收入《伟大的金曲：第二卷》。与《约翰·韦斯利·哈丁》一样，该专辑带有强烈的宗教色彩。虚幻的神秘主义再次成为迪伦的主题：那个精神与肉体上的囚徒一直在思考围城与解脱。歌词流畅平淡，使用了大量《圣经》词汇，语义饱满，字里行间充斥了对最终解脱的希冀：或许迪伦是在诉说自己的与世隔绝，或许是在倾诉自己早年深陷与他人的感情纠葛。《地下室录音带》上的《解脱》把《无数金发女郎》与《约翰·韦斯利·哈丁》串联起来，但是等到班德乐队录制的这首歌曲问世之时，他们的版本更是达到了荒诞无稽的效果，键盘手的演奏暗示了对原作阐释的一种怪异取向。

《愤怒的眼泪》同样取材于欧美经典文学的宝库，理查德·曼纽尔担任作曲。《愤怒的眼泪》描写了一位绝望的父亲祈求孩子的爱戴，人物关系与莎士比亚的《李尔王》十分相似。而此时的迪伦早已为人“父”了，因此也可以理解为斯坦贝克《伊甸园之东》式的寓言，即对《圣经》中该隐与亚伯父子故事的重述。

《风火轮》同样收入了《地下室录音带》中，最先由英国歌手茱莉·德累斯科尔（Julie Driscoll）与布莱恩·奥格尔（Brian Auger）录制。班德乐队分别在自己的专辑《来自大平克的音乐》与《摇滚时代》（*Rock of Ages*）中演唱了此曲，丹柯担任作曲，歌曲名称取自《圣经》中的先知伊齐基尔（Ezekiel）的幻想，用黑人灵歌《伊齐基尔看到了风火轮》（*Ezekiel Saw the Wheel*）的叙事方式进行了详细的描述。把人类生活比作命运之轮的意象最早出现在乔叟等中世纪文学大家的作品中，莎士比亚就曾经把李尔王命运的不济比作“被‘束缚’在火轮上”。迪伦那个影子般的叙事者是一个荣归故里的旅行者，他把一个模糊的个人体验讲述得如同一个可怕的预兆，未来会天崩地裂，因为那神秘的风火轮还在滚滚向前。（难道）一次摩托车事故就能造成个人的毁灭？（然而）在他的《写作与绘画作品集》中，迪伦却用轻松活泼的素描将那个黑暗的风火轮变成了一个可供人们取乐的游戏。《风火轮》中包含了迪伦最为模糊的文字作品，但它张弛有力，牢固地建立在一种高低起伏、高潮迭起的状态之中。有时歌词的“音色”甚至要比其字面意义更加重要。

但是，这张专辑中也有一首意义最为清晰的作品，那就是《我绘制的杰作》，迪伦经常在“滚雷讽刺剧巡演”中演唱这首歌。班德乐队在他们的第四张专辑上完美地录制了这首作品。其中那个手风琴效应是通过电子乐器，即在黑管上演奏出来的效果。在字面上看，虽说迪伦的文字显得忧郁，但录制的曲目（和他本人的那个由里昂・拉塞尔制作的版本）通篇带有强烈的讽刺意味。在《我绘制的杰作》中，故事的叙述者给自己讲述了古老文明中无数具有纪念碑意义的大事，但是他本人则是一个年轻文化的产物。迈克尔・格雷（Michael Grey）在他的专著《歌舞人生：鲍勃・迪伦的艺术创造》（*Song and Dance Man: The Art of Bob Dylan*）中用《我绘制的杰作》作为一个有力的案例，证明歌中的叙事者就是F.斯各特・菲茨杰拉德《夜色温柔》（*Tender Is the Night*）中的迪克・戴沃尔的延续。格雷发现小说中含有无数“碎片式的图片”，最著名的篇章便是发生在罗马的那个场景，即戴沃与罗斯玛丽的婚外情破裂，他看着罗马与它的神话随之破灭。格雷将足迹与西班牙旋梯直接与那部小说链接起来。当戴沃身处罗马的时候，“他逐渐认识到他可能从不会去写那部自己势在必得的杰作。迪伦的标题句似乎也有类似令人着迷的双重优势，即‘把英语中表示时间过程的连接词与绝不这样的副词作为通假字使用。’”

此歌是《写作与绘画作品集》收录的最后一首。也许是作为离别的序言，叙述者毫无顾忌地冷嘲热讽，以便不让我们误以为这是一出无聊的通俗剧。1963年年初，迪伦亲临罗马一游，并不虚此行，回到格林尼治村后重新燃起拼搏的希望。一天晚上，他告诉吉尔·特纳和我：如果他赚了大钱，一定会让我们坐飞机去意大利。“我们喝红葡萄酒，白天黑夜地喝，直到喝爆了为止，”他说。在此，（罗马）角斗场的主题一般是用来比喻明星生活与拼搏的公开竞技场。在经过几个“贡多拉”与“可口可乐”的巧妙押韵之后，歌中叙事者便动身前往比利时。“买报人在吃糖果／却被大个子警察拘留”[12]两句歌词表达了（迪伦）横眉冷对（暴力工具）的敌视态度。该曲轻松地将直言不讳的声明与含蓄委婉的指摘混录成篇，给人留下了难忘的记忆。

诚然，迪伦与班德乐队关系密切，但是奇怪的是：在1965年至1974年间，双方只合作推出了两张专辑。几位合作者之间似乎达成共识，即相互之间的若即若离可以给双方留有自由活动的空间，以便与其他歌手互通有无，当然偶尔他们也会继续给迪伦做伴奏乐队。1965年，他们就曾有过几次合作：班德乐队为迪伦的单曲《请您爬出窗口？》担任伴奏乐队。总之，在《地下室录音带》与1974年环球巡演之前，迪伦与班德乐队在世界巡演（1965—1966年）的过程中曾经度过了合作的“蜜月期”。

《无数金发女郎》压力山大

世界巡演（1965—1966年）对迪伦来说就是一场生与死的舞蹈，因为它的舞美设计要迎合无数人的视觉体验，音响效果要满足无数人的听觉体验。

一切都落在迪伦的头上，如同泰山压顶：每周三场甚至四场的演出，听众渴望新的专辑，追随者们渴望新的方向，商人则要求他写出更多的作品赚更多的钱，没有人停下来想想迪伦个人为此而付出的巨大代价。从头年的秋天到第二年的春天，他马不停蹄地在美国国内进行巡演，同时还要不断创作新的作品。通常的情况是：在演出的间歇，他会在更衣室中草草地写下（新歌）的创意；当班德乐队的成员在洛克希德北极星包机上进入梦乡的时候，迪伦还在为一首新歌谱曲，而此时早已是第二天凌晨时分；当后座的人们聊天时，迪伦则在转瞬即逝的风景中看到了未来；在烟雾缭绕的汽车旅馆房间里，他能在吉他的拨弦中找出一个重复乐段、一个精辟的短句。

虽说《无数金发女郎》直到1966年5月才得以出版，但是写作素材已经酝酿了一年有余。虽说有些创意是在演出的高潮期间“喷涌”而出的，但多数作品还是经过数月的打磨才得以出笼的。这一切都是高压的结果，但迪伦的艺术创造力似乎在截止日到来之前“越战越强”，每每都会有一流的演出水准并能将第一张双碟专辑内容有机地融合起来。但是，与日俱增的压力（给他造成的后果）愈加明显，他会经常疲惫不堪，看似喜怒不形于色，其实内心却是充满焦虑与不安。当我跟约翰·库尔特说我正准备写一本迪伦传记的时候，他不无讥讽地回答说：“你最好抓紧时间写了。”

所有这一切都加速了《无数金发女郎》的成功，该专辑很快成为迪伦作品的里程碑，并以此完成了他的第一个摇滚周期，这个周期曾经以《席卷而归》开始。迪伦之前的作品都不曾要求在录音棚里录制如此之长的时间，前期录音是在1965年圣诞节之前开始的，其后断断续续贯穿了整个冬天。真正的录音是在哥伦比亚唱片公司的纽约录音棚内进行的，一场11个小时的录制“颗粒无收”，直到整个录音制作团队于1966年2月全部搬到纳什维尔才有所收获。纳什维尔录音棚号称“流行音乐的梅奥医疗诊所（the Mayo Clinic of pop）”，长期以来对音乐人具有疗伤的奇效，甚至像佩里·科莫、罗斯玛丽·克鲁尼与波尔·艾夫斯等都因在此工作而摆脱了心烦意乱。作为田纳西州的首府，纳什维尔非常有人情味，真正高水平的伴奏者可能会很快被“收编入伙”。参加《美女》录制工作的有维恩·默思、查理·迈考衣、肯尼斯·巴特雷、哈尔古斯·罗宾逊、杰利·肯尼迪、乔·萨沃斯、阿尔·库珀、比尔·艾肯斯、亨利·斯特勒齐与罗比·罗伯逊等。迪伦去纳什维尔寻求的是解脱，此外他的制作人鲍勃·约翰斯通也常年在那里办公。

阿尔·库珀说约翰斯通对纳什维尔伴奏音乐家的信任说服了迪伦将录制团队迁往南方。有那么一阵子，约翰斯通想把《雨中的女人》（*Rainy Day Women*）用救世军的风格演绎出来，但是他立刻明白他缺少一个铜管乐器演奏家。4：30，迈考伊打了一个电话，半个小时后，一个叫库珀的长号手骂骂咧咧地迈进了录音棚，他一口气录了三场，一小时后带着刚刚录好的金曲就回家了。虽说库珀被当地的几个流氓胖揍了一顿，但是他在纳什维尔也算找到了感觉。（值得一提的是，替他们倒烟灰缸的年轻保洁员名叫克里斯·克里斯托弗森。）与平时一样，迪伦在录音棚内不停地写着并改写他带在身边的歌曲的初稿，在写《约翰娜》《眼神哀伤的低地女子》的时候，迪伦伏在酒店房间的钢琴上弹奏了大约5个小时，偶尔库珀也会走进房间，就着迪伦已经完成的部分拨弄几下琴弦，然后再教乐队的其他成员做出相应的改动。

该专辑的“声音”尤其独特，后来迪伦也试图在《合法街道》（***Street Legal***）那张专辑上再现这个特殊的声音，他把它叫作“那根细弱、狂野的像水银似的声音”。《无数金发女郎》以玩笑开场，以赞美诗结束；在此中间，机智与“陷阱”的主题交替呼应，而这些陷阱则是环境、爱情、社会，以及未能实现的希望造成的。“我们完全被困在这里了，虽说我们拼命要否认它的存在。”[13]这句话完整地解释了歌手的观点。“我们看到空空的笼子已经开始受到腐蚀。”[14]给我们带来了希望，迪伦深深“陷入”了移动的深洞，而“深洞之中”则是迪伦心态的最好写照。也许他对自己的努力做了最好的总结，这些努力会使他依旧坚强、冷静，尽管在《承诺我的时间》（***Pledging My Time***）中他已经是意气消沉了：

我头痛如中毒，
但是感觉还好。
我会保证把我的时间给你，
希望你也能够释然。[15]

更多的是令人错愕的消沉，以及保持冷静的决心，保证时间与努力的决心。劳伦斯·弗林盖蒂形容迪伦的作品是“高于超现实主义”，此等说法非常适合《无数金发女郎》。穿过黑影重重与弥漫的烟雾，我们感到他那末日的囚禁，同时他保证继续生活、去爱与歌唱。这依旧是一场生命的保卫战。

《无数金发女郎》将众多音乐流派进行了创意嫁接，（我们听到、看到的是）一个全新的、布鲁斯似的摇滚表现形态，与诗人兰波相似的有关断裂、混乱、空虚、迷失的诗篇，以及身陷于“那间令人窒息的房间，/我几乎不能呼吸了”[16]，他唱道。文字可以非常直白，但也可以具有无限的音乐价值。正如华莱士·弗利对兰波的评价，在此我们也可以借鉴：“执着地将文字赋予声音和颜色的关照。”弗利坚持认为，如果某一类现代诗人“必须拥有黑夜”，那么《无数金发女郎》这张专辑则是位于拂晓的迪伦。“当你们正试图保持安静的时候，难道不正像那可以捣鬼的黑夜？”[17]他这样问道。

《雨天的女人　第12与35号》：该首歌曲曾蹿升至排行榜第二名，以20世纪60年代的代沟为讽刺对象。迪伦似乎在玩弄着各种标题、混杂的各种杂音的合唱，包括傻傻的嬉笑、疯狂的配器，以及许多有关酗酒与毒品的隐喻等，迪伦这次算是玩得任性了。《雨天的女人》是一首有关纯粹喜悦大爆发的歌曲，他的幽默引发了有关“嗑药歌曲”的争议，争议之大，迪伦甚至宣布：“我从未也绝不再写‘嗑药歌曲’了。”

《雨天的女人》遭到美国与英国音乐电台的共同抵制，1966年7月1号的《时代》杂志声称：“如果使用的是变化多样、语义双关的青少年行话，‘喝醉’并不意味着喝醉，而是‘嗑药’玩嗨了……任何人都知道‘雨天的女人’是指大麻香烟。”

前副总统斯皮罗·阿格纽（Spiro Agnew）就曾大肆攻击摇滚“嗑药”歌曲，指责摇滚乐正把美国青年拖入海洛因的深渊，他甚至还指名道姓，将雷・查尔斯（Ray Charles）演唱多年的《让我们喝个酩酊大醉》列入了攻击对象。《让我们喝个酩酊大醉》由瓦拉利・辛普森（Valerie Simpson）与尼古拉斯・阿什佛德（Nicholas Ashford）两位著名词曲作者所作。对此，瓦拉利・辛普森回应道："真是太愚蠢了，不是吗？""那是老早以前写的一首歌，明摆着是写杜松子酒的，跟毒品不沾边儿。"菲尔・思贝克特（给我们讲述了那首歌创作的原委，）当时他正跟迪伦在洛杉矶的弗雷德・C.道布斯（Fred C Dobbs）咖啡厅聚聊，突然听到留声机播放雷・查尔斯的《酩酊大醉》，思贝克特后来跟我说，"听到一首如此自由、公开（说唱杯中之物）的歌曲，我们二人都被'惊着了'，几个月后，迪伦便录制了《雨天的女人》"。曲调堪比那些在邦克・约翰逊大道上演奏的古老爵士乐进行曲，阴郁的长号和发出铜管乐器声的大鼓使人们联想到新奥尔良。众人在演唱中发出的喊叫与开怀大笑表达了抛弃，以及因为音乐、生活、混乱与观众的不明事理而"陶醉"，甚至嗑药玩嗨的状态。当然，在此轻松、愉快的表面之下也是暗流涌动：那一年，迪伦也曾遭人"拍砖"。

《承诺我的时间》：一首缓慢的布鲁斯，节奏强劲而有力，显现出浓重的芝加哥流派的影响，口琴在乐手的唇边上下翻飞，第三与第五小节后的延长间歇更是营造了某种气氛。歌词与即兴演唱的布鲁斯非常接近，不同的是迪伦的歌词更加复杂、世故。情绪上的连贯性抑制了措辞上的凌乱不堪。迪伦出了摩托车车祸之后，最后一句歌词似乎很有先见之明：一个人如果出了那种事故还会那么"幸运"吗？

《乔安娜的幻象》：迪伦的一部主要作品，歌词长达五大段以及包含一个终曲，其叙事结构宏大，创造了一个梦魇、魔幻与恍惚的氛围。复杂的前奏带入感极强，使我们进入了一首长达7分半钟的摇滚作品。忧伤的口琴演奏打破了哀怨的沉默；隆隆的架子鼓声与若隐若现的管风琴声则似乎带有些弦外之音，但是风琴始终保持着令人难忘的感觉。歌曲演唱是一流的，遣词造句非常到位，节奏重心安排得如此谨慎，犹如心跳般的规律，甚至有些装腔作势。电吉他的加入使得演唱更加稳重与寓意深刻，各种浮光掠影的意象如同来自大脑的零碎芯片被抛洒并顺流而下，不论时间还是建筑物都不能阻止这股洪流，非连续的幻象就如同一个旋转的摄像头记录着碎片化的意识。在此，作者营造的氛围几乎令人难以忍受：令人作呕且悲伤不堪，直到由多个快速排列、韵脚整齐的第四节，气氛才再次变得活泼起来，这几个韵脚相似的字词包括：冻僵、打喷嚏、哎呀以及膝盖等。我们再次回到那些众多的荒诞意象：沿街叫卖的小贩、伯爵夫人、夜间站台的小姐、迷路的孩子，以及蒙娜丽莎等。

比尔·金在题为《市场中的艺术家》的博士论文中将《乔安娜的幻象》称为“迪伦最令人难忘、最为复杂的爱情歌曲，也是他最好的诗歌作品”。他的一个重要发现是作者“不断试图超越物质世界，以到达理想的王国，那里乔安娜虚幻的影像也会变成现实。那绝不会成为现实，但是人生没有追求将一文不值：这是《幻象》的核心悖论，与济慈在《希腊古瓮颂》（*Ode on a Grecian Urn*）中探讨的悖论相似”。歌曲最后的两行歌词语义模糊，但济慈特有的“骨骼—钥匙”的意象使金备受启发：他认为“骨骼—钥匙”的意象暗示了死亡与能开启每一扇大门的钥匙。

《我们中的一个（迟早）会知道》：从《乔安娜的幻象》的朦胧到这个几乎平凡直白的文字对话。这是个活跃的煽动家，他以4/4小节的韵律快速地唠叨着，就像大本钟吃了安非他命一样亢奋。一方面，这是一个男人向一个女孩倾诉的故事，即倾诉者告诉对方男女之间肌肤相亲是如何难以为继。他也许是在与民谣界对话，讲述一个可能激发他性欲的情人。歌曲曲调抓人且动力十足：钢琴的和弦为全曲定了调子。

《我要你》：曾经有谣言说这首歌名是要做专辑的名称，只有迪伦知道为什么最终没有用它。他本可以用它在此冲顶流行榜首，但是最终却只达到第20名。有人做了一个逆向的研究，即四个小节结束时的“叠句”听起来几乎就让人抓狂，如果写成短小且容易记住的节奏，很容易就会成为冲顶的金曲了，但是他们却被那些中规中矩的隐喻所抵消，充斥了雄壮的进行曲似的歌词。那个充满了内疚的殡葬者与酒壮怂人胆的政客增加了内在的绝望感。（比尔·金还发现了一个“对‘真爱’神话的反驳”，一首关于“想要和从未得到”的反爱情歌。）

《孟菲斯布鲁斯》：迪伦定不下来如何处理这首“冗长的布鲁斯”作品。一方面，这首歌的折页上曾经把标题印成了“与‘人’一起困于莫比尔城内”（原文在此突然停下，冠词后应该接名词，但是为何没有，原因不详）；另一方面，《写作与绘画作品集》却把它写成《再次与“孟菲斯布鲁斯”一起困于莫比尔城内》（*Stuck Inside of Mobile With the Memphis Blues Again*）。在布鲁斯与乡村歌曲的创作中，有一个经常出现的主题，即对离别故土的悲叹。无论歌中的想象力多么的疯狂，此处完整的标题与其所传递的有关美国分崩离析的尖锐信息，为这九段歌词画上了完美坚实的句号。歌曲的唱法是布鲁斯式的高音演唱、哼唱与慢吞吞的、有气无力的慢唱。伴奏乐队也非常给力，提升了歌曲的前行动力，冗长的歌曲中众多大咖级人物可谓一路高歌猛进，他们包括：衣衫褴褛的拾荒者、花花公子般的莎士比亚，以及一群“霓虹灯下的疯子”。如果《荒凉街区》已经成为主要街道，那么《孟菲斯布鲁斯》早已成为美国国家日益支离破碎、孤立无援的写照了。

《豹皮药丸盒帽子》：一个关于无谓的放肆而经久不衰的笑话。帽子可以指代任何时尚或语言的流行趋势。迪伦十分尖锐地表明人的品位是如何可以受到外界的操纵的。

《如同一个女人》：尽管该作品曲调优美，赢得了听众经久不衰的兴致，但是它表达的“女性观”却备受争议。在一篇题为《摇滚乐贬低女性吗？》的文章中，玛丽恩·米德（Marion Meade）指出：“迪伦把女性的天然品质归纳为贪婪、虚伪、哭天抹泪与歇斯底里，没有人比迪伦更会编写出如此之全的性别歧视词语大全了。”米德的文章发表于1971年3月14日的《纽约时报》上。的确，歌曲的标题是男性的陈词滥调，女性有理由对此义愤填膺。我认为迪伦不过是就事论事，讽刺、挖苦一下罢了。

比尔·金称其为迪伦“有关人际关系失败的最佳诗歌作品，原因是社会的迷思创造了类似的错误观念”。迪伦也许是在变相批评那些具有性别歧视观点的男性，甚至还有某个女人，或者那些让他们失望的女性。罗贝塔·佛莱克（Roberta Flack）录制了一个截然不同的版本，可谓脱胎换骨，使其完全转变成一首对女性受害充满同情的挽歌。为此她采用了一种主动阐释的范式，同时也改变了歌词的所谓“视角”。也许她试图在原版作品的基础上写出一首“应答”。如果在《无数金发女郎》专辑中所包含的意象中重新审视《如同一个女人》，我们会发现大雨、痛苦，乃至饥渴也是反复出现的暗指，但是换个语境它也可以是一种懊悔的自责。难道他后来越加温柔的演唱方法是在告诉我们那首歌是被误读了？对那些说他满嘴性别歧视加诽谤的人，我建议他们去听听佛莱克的版本，（因为她的版本）要么是重新解读，要么是一种反驳。该曲后来被用作（反越战）影片《还乡》（*Coming Home*）的插曲。

《很可能我们要分道扬镳》：节奏明朗的蓝调即兴之作，具有强大的冲击力，整体建构在统一的曲调范式之上，但是架子鼓的伴奏部分如同军乐队的演奏。在整个1974年巡演过程中，迪伦赋予了这首歌以全新的生命力，最后成为《洪水》（*Flood*）的主打歌曲。《很可能我们要分道扬镳》成为他最具感染力的主打歌曲。尽管歌词显得平淡无奇，但仍不失为一段用词简洁的悲伤爱情对话。

《临时像阿喀琉斯一样》：这首歌使人联想到那烟雾缭绕、演奏着蓝调爵士乐的新奥尔良小酒馆，还有从妓院里传出的钢琴演奏伴奏以及田纳西·威廉斯书中描绘的那种夏季的慵懒。采用的典型的布鲁斯唱法，如同牛蛙的呱呱叫喊显得粗糙，每小节的结尾最后一行都有重音高唱。阿喀琉斯正在为故事讲述者失去的女人站岗放哨，为什么用具有致命弱点的希腊神话人物命名他的保镖？又为什么是“临时”的保镖？整首歌词可能来自一句脱口而出的妙语：“我很无能，如同富人的孩子。”[18]

《甜美的玛利亚》：快节奏的蓝调即兴演唱，纯孟菲斯风格的那种，外加舞台上有效使用的几件道具：一个破败的阳台、黄色的铁轨[19]、吹着小号的男人、汽船的船长等。歌中的叙述者给自己留下的时间已经不多了，但是他依然对和玛利亚在一起度过的时光感到愤愤不平。严格来说，迪伦用的老式布鲁斯唱法，很感人，如同歌中那个跟随迪伦的波斯醉鬼。六匹白色的骏马来自黑人歌手“盲人柠檬·杰弗逊”[1]布鲁斯歌曲中的意象。那句反抗非正义法律的歌词成为迪伦广为引用的名言警句：“要做法外之人，你必须诚实在先。”[20]这首歌引人注目，调性明亮，风琴演奏作为前奏气势恢宏。第一与第三次合唱之后的插曲延长了即兴重复段，伴奏乐队班德乐队的和声紧凑，并有连续的架子鼓伴奏。第四次合唱之后那尖声的口琴独奏才得以喘息片刻。

《大约第四回》：约翰·列侬认为这首歌是对披头士乐队的《挪威森林》的模仿，迪伦曾经在伦敦为他们演唱过这首歌，列侬后来承认自己非常偏执，说他不喜欢这首歌，但是不久又改口说那是一首“了不起”的作品。迪伦的声音听起来疲惫不堪，如同一位布鲁斯老人。吉他手重复弹奏着舒缓、浪漫的墨西哥旋律。我曾经问起过拉丁音乐对他的影响：“我一生追随德州—墨西哥式的民间音乐，以及一种名为康戈西罗[2]的音乐之间的一种流行歌曲。”我年轻时在墨西哥待过一段时间。《宝贝布鲁斯》与《汤姆·“拇指”布鲁斯》都可以追溯到那段时间。歌词犹如失去控制的幻想，几乎与轻柔的曲调完全不相协调。

《显然四个信徒》：也许是这个专辑收录的最好听的节奏布鲁斯歌

---

[1] 盲人柠檬·杰弗逊（Blind Lemon Jefferson）：20世纪20年代美国著名黑人布鲁斯与福音歌唱家、词曲作者，“得克萨斯布鲁斯之父”。——译者注

[2] 康戈西罗：墨西哥的一种波普民谣，介乎于牧场工人民谣（ranchero）与“流浪音乐（mariachi）”，起源于18世纪墨西哥西部，以浪漫歌谣著称，被认为是最早、最正宗的墨西哥音乐艺术流派，现已成为联合国教科文组织认定的世界非物质文化遗产。——作者注

曲，绝对本真的酒吧钢琴乐伴奏。查理·麦考伊的口琴演奏一路高歌猛进，整首布鲁斯的行进却如同老牛拉破车，由那些直接来自街边的“婆婆妈妈”一样的歌手演唱。在第三和第五段歌词中，我们看到了精心构造的人物形象，虽说他们也根植于节奏布鲁斯的传统。如同黑蛇一样，歌中的“黑狗”是性的暗示，布鲁斯的标配。

《眼神哀伤的低地女子》：迪伦在巡演中的即兴演奏，同时他在准备随时录制这首歌曲。鲍勃告诉我，他认为“这是我写过的最好的”一首歌。凌晨3点钟（迪伦）就开始即兴演唱（排练），当时我正坐在迪伦与罗比·罗伯逊中间，我们都住在丹佛的一家汽车旅店（见第十章），该首歌曲对我们的影响可见一斑。《无数金发女郎》是这张专辑的压轴之作，也是民谣传统与现代诗歌创作的完美结合。歌曲的标题不断出现在连复的五个段落中，独具特色，其原因在于苏格兰—英格兰歌谣经常指代低地地区。保罗·纳尔逊曾经把这个令人难忘的女性形象称为“女性作为艺术品、宗教人物以及永恒的威严和奇迹的对象”。

这位超脱尘世的女子正苦于物质世界的侵扰。她是精神的化身，但也有肉体的真身；神秘但却实实在在；高贵但也令人悲悯。她的痛苦似乎难以忍受，但她散发出内在的力量，那是一种重生的能力。这是迪伦最为浪漫的一刻，“鲍勃从来没有给任何人写歌，”鲍勃·纽沃尔什曾经跟我说。“他写的歌都是跟许多人有关，但有些歌跟什么人都没关系。”即使你不认识它的原型，也可以欣赏这位“眼神忧郁的女子”。但是这首歌曾经是献给前妻萨拉·雪莉·H.郎丝（Sara Shirley H Lowndes）的婚礼纪念歌曲，萨拉于1965年11月22日通过一个私密的仪式与迪伦正式结婚。只有几个亲密的同事，包括格罗斯曼和迪伦的一个名叫索尔·（皮特）·普莱尔的律师在场，迪伦结婚的消息被封存得几近完好，直到《旋律制造者》杂志11月25日的一个报道提到此消息。1966年2月9日，诺拉·艾弗伦在《纽约邮报》上首次公开报道了此消息：嘘！鲍勃·迪伦结婚了。（这对夫妇于1977年6月28日离婚。）

迪伦决意不让萨拉暴露于歌迷的窥探之下，但是通过自己创作的许多歌曲他还是透露了萨拉的身世。尽管迪伦全力保护着妻子和五个孩子的隐私，但是在他的作品中萨拉常常是一个突出的形象。与此截然相反的是，列侬与麦卡特尼经常会把各自的婚姻向公众爆料，小野洋子与琳达·伊斯特曼由于嫁给名人自己也成了名人。但是迪伦把家庭生活与艺术创作视为隐私，捂着、盖着，视为天机一般。即使是到1975年他创作了《萨拉》之后，也只是用比喻的方法暗示公众她是个“像麦当娜那样的女人”，她的睿智、平静与温暖改变了他的一生。直到《萨拉》问世，他还从来没有专门为她写歌，从来没有明确说起她，现如今迪伦却能以歌曲袒露心扉，公开表白自己的爱与痛苦。

《眼神哀伤的低地女子》中透露了许多细节，足以揭开萨拉的神秘面纱。她满头乌黑秀发，面容棱角分明，身材娇小，体态优雅。（与歌名相反，）她的眼神看上去并非忧伤，迪伦对萨拉最为赞赏的是“她是个非常内敛之人，不喜欢抛头露面，也不喜欢众星捧月的大场面”。他赞赏妻子内心的强大，特别是她那静谧与哲人般的镇定自若，还有独立与自主的人格。总之，这首歌给我们讲述了一个全面立体的萨拉：她神秘而令人琢磨不透；一半是孩子，一半是女人；她时而深不可测，时而孤芳自赏；有同情心，但也胆小怕事；既害怕自己的过去，也充满了生机。在伍德斯托克居住的时候，尽管人们对她尊敬有加，但她那不冷不热的彬彬有礼，似乎在提醒大家："请不要越界。"

林恩·马斯格雷夫是位记者，当年也住在伍德斯托克，曾经告诉我这么个段子："约翰尼·赫勒尔德和我当时正在散步，这时鲍勃开着他们家那辆蓝色小面包车跟了上来，萨拉和鲍勃以及她的小女儿都坐在前排副驾驶的座位上，纽沃尔什坐在后边。萨拉的小女儿转过头来问我说：'你住在哪里？'我说我没法指给她看，因为我们已经开过了我住的那所房子。然后她又指着约翰尼问道：'你跟他一起住吗？'我说是的，这时萨拉转过头来，眼里充满欢乐，是那种由衷的快乐。我认为把萨拉描述为'垃圾天使'[21]是再清晰不过的了，说她是'大地母亲'就有些过了，但是她的确带着那么股大地的气息。她很坚强且信心满满，即使不是那种坚不可摧型的，至少也是比较接近的。这也是能够坚持住在伍德斯托克所必备的素质，即嫁给迪伦并绝不抛头露面。我觉得她也从不怨天尤人，我的印象是她很坚强，那句'她惜话如金'[22]绝对是她的真实写照。"

鲍勃与萨拉第一次共同外出露面是在1968年1月，那是在卡内基音乐大厅举行的一场活动，目的是向伍迪·伽思礼致敬。萨拉独自一人，非常害羞地到处走走停停，大部分时间里只跟自己认识的伍德斯托克人为伍。她看上去端庄贤惠，但是在一群崇拜自己丈夫的粉丝中却略显不自在。我和她简单聊了几句，并注意到她那深邃的眼神和娇好的面容，以及超凡脱俗的强大气场。朋友们都说她为人极为热情，对自己小圈子里的姐妹非常仗义。她从不显山露水，在鲍勃看来非常体面与大度。她有着吉普赛人的气质，外表看起来比她的实际年龄要成熟得多，深谙魔幻、民俗与传统方面的知识。

很明显，迪伦感觉到自己对萨拉的介绍有点过了，因为1968年曾经有位叫理查德·戈德斯坦的作者，他希望能够在自己的《摇滚诗词》（*The Poetry of Rock*）一书中引用迪伦歌词用以（描写萨拉），迪伦大为惊觉，于是禁止他使用第三段歌词。但是为时已晚，那段歌词已经白纸黑字，印在专辑的封套简介中了，后来又被收录到《写作与绘画作品集》中。戈德斯坦说："《眼神哀伤的低地女子》是迪伦最为谦逊的一首歌曲，显示出极为微小的自我意识，也是摇滚乐中最为动人的爱情歌曲。即使它有各种缺陷和弱点，也能表现女主人公所面临的矛盾现实，即这位眼神哀怨的女士可能内心如此强大，甚至可以预见她的弱点。她既天真无邪，却又如此堕落……他那眼神哀怨的女子可以是任何人的女友，这也是此曲的主旨，即一首有关大众情人的爱情歌曲。"

这种连续的比喻似乎可以成功地将歌中的主体以丰富的语言表现出来。为此，迪伦将高层次的比喻手法以及文学典故植入了摇滚乐的词曲创作。因此，"眼神哀伤的女子"已成为迪伦那令人难以捉摸的创作灵感来源，与莎士比亚笔下的黑夫人有异曲同工之妙。有那么一段时间，萨拉与鲍勃共同建立了一种全新的生活，也许他们用的是"骷髅钥匙"打开了另一道房门，直到1973年他们的婚姻还是牢不可破的。在《眼神哀伤的低地女子》之后的词曲创作中，迪伦再创了一位高度浪漫的理想女性的化身，在日后的很长一段时间里，萨拉就成了那个理想女性的化身。

1966年的《无数金发女郎》通常被认为是迪伦最为流畅、极富诗意与实验性的一个创作阶段，这个创作的（黄金）阶段于1974年告一段落。他和其他歌手携手将摇滚乐变成一种具有宽广视野的全新艺术形式。迪伦的华丽转型带动了一批新的乐评人的成长。其中一位便是保罗·威廉姆斯，他创办了一份叫作《爬行报》（*Crawdaddy*）的报纸。这是一份油印且十分粗糙的小报，后集成一册出版，收集了他撰写得最好的一些文章，书名取自迪伦的歌名，即《逃犯布鲁斯》。《滚石》与《村声》等另类报纸杂志对于大众文化的报道反映了公众对摇滚乐的广泛接受，有些粉丝创办的杂志后来甚至成为文学或社会学等学术性刊物。艾伦·威利斯（Ellen Willis）于1968年成为《纽约客》的摇滚乐评人，他关于迪伦的乐评文章充满真知灼见。《东村他者》曾经这样引用诗人弗兰克·奥哈拉（Frank O' Hara）对《眼神哀伤的低地女子》的评论："如此甜美的兰波式的词曲创作风格。"此外，迪伦还使奥哈拉联想到年轻时代的奥登，"因为二人都具备公共诗人的特性。即使迪伦的作品是以歌曲的形式表现的，从本质上讲也是以诗歌的形式呈现的"。

戈德斯坦当时被认为是美国最前卫的嬉皮摇滚乐评人，1966年9月他曾在《村声》杂志上写道：《无数金发女郎》这部专辑既不神秘也不拒人千里，但却是迪伦"最为通俗易懂的作品……专辑上的所有作品都与女性有关"。在《无数金发女郎》的开本序言中，保罗·纳尔逊称这张专辑为一本"具有马戏团风格的书，它甚至可以挑战毕加索"[23]。专辑标题对他来说甚至暗示了"我们从迪伦那幻觉与妄想音乐作品中所期待的单一性与二元性，即作为探索者的流浪汉和作为快乐受害者的小丑"。乔恩·兰多（Jon Landau）在《爬行报》发文，认为他的演唱是迄今为止"所记录过的最为辉煌的摇滚演出"。在《星期六评论》（1970年5月30号刊）的封面故事中，斯蒂芬·戈德堡发现迪伦的诗歌天才"已经达到了顶峰"，认为在《乔安娜的幻象》与《孟菲斯布鲁斯》两首作品中找到了迪伦的神秘体验："神秘的体验必须让位给一种充满神秘主义和慈悲的生活，否则那种神秘的体验将会被扭曲成逃避现实的借口。"

《无数金发女郎》发行之初，老一代的流行音乐乐评人还在重新调整自己的视野，而新一代摇滚乐评人正在实现所谓文学、艺术与摇滚乐的完美融合。有些演唱家，如伦纳德·科恩与理查德·法理尼亚还在不断努力成为歌手型的词曲作者。1966年4月，就在法理尼亚去世前的几个星期，我对他进行了一次采访："当代音乐最让我感到不安的是人们要求每隔四五年就来一场变化。我认为所有人都希望他能够与时俱进。"为什么大家都说迪伦很是高深莫测？"令人费解的是，答案是：他是个实实在在的人。他的所说所做跟他的为人一样，他的言行一致，这也许是由于他总是白纸一张，而且又非常开明的缘故吧。虽然他因为矫情而备受打击，但他还是尝试了很多东西。他非常有人情味，我认为他不愿，也不屑与人同流、人云亦云。关于迪伦我最有把握的是他很脆弱，但是，我无法了解他脑子里在想什么，迪伦最擅长的特殊魔力让他坐拥2 000万铁粉，而这个事实本身就是个矛盾并且使人感觉他是可望而不可即的。在他的音乐中，人们被某种东西所打动，然而他们似乎并不清楚是什么东西令他们为之感动。而那些永垂青史的诗篇一般来说也都是如此：莎士比亚的诗句就是如此，读者甚至没有必要懂得哪些字句将会打动你的心灵，因为即使听众能够表现出他们的洞察力，但是其后也会感到极其困惑不解。我们听到的使我们最终认识到那就是我们自己的写照，然后我们便会继续追问作者，因为他可以提供更多有关我们是谁的解析。琼·贝兹则以我们可以接受的方式重新阐释了他人的作品，如同一个母亲，她生出的新生儿为我们产出了一个全新的含义，而迪伦则像一个父亲，为新生儿的诞生去播种。如果海明威给我们带来的是英雄人物的肉身，他的存在与外表令我们着迷，那么迪伦带给我们的是‘英雄人物的大脑’，他大脑中的精华吸引并迫使我们对其产生浓厚的兴趣。但是他的言行与歌词内容并不简单易懂，人世间有谁敢站直了说自己头脑简单呢？”

艰苦跋涉迎接未来的震荡

在纽波特与森林小丘之后开启新一轮的巡演是需要勇气的，但是迪伦想要“告诉听众这些天来我们都在做什么”。他是这样描述自己当时的心态的：“好像明天不存在了，每次醒来，无论是什么姿势，都感觉只是今天而已。”（截至1965年）听众当中的许多政治挂帅之人都是冲着政治口号来的，而不是什么全新的（摇滚）音乐节拍。时代真是不同了：1965年10月15日，大约10万人聚集在华盛顿，抗议越南战争的升级。他们当中的一半是学生。在密歇根州的安阿伯，38人因在征兵中心举行抗议静坐活动遭到逮捕；在威斯康星大学，50名学生游行至特鲁瓦克斯空军基地，并试图逮捕基地指挥官，其罪名是“大规模屠杀平民和种族灭绝的同谋”，未果。在同年11月举行的反越战教学抗议活动中，（抗议者）向年轻的学子们分发了纽扣徽章与海报表达了对战争的愤怒：要人间大爱，不要生灵涂炭！权利回归人民！不要信任30岁以上的任何人。在过去的三年里，迪伦一直为校园学生抗议越南战争、当权者的虚伪以及种族歧视谱写了大量抗议歌曲，但是现在他决定改弦易辙，他说自己不是“教师、牧羊犬以及灵活的拯救者”。他自己也在寻找“拯救之道”。

尽管迪伦粉丝群中的少数派能够接受他所谓救赎的信号，但是也仅仅局限于民谣歌手的小圈子。大多数人听他的歌曲只是为了寻求空洞的口号，即为了获取“政治权利与方向”“某种意义上的救赎”以及“给我点毒品，让我嗨一把”。他们渴望的是一种可以类比视觉艺术中波普的经历，如参观博物馆、阅读漫画书、看电视、参加时尚大趴等。在这个领域，波普更强调娱乐、反叛、傻气，以及盛行于一个躁动不安、实验成性的社会中的时髦快乐原则。波普艺术缘起第一次世界大战后的达达派[1]。苏珊·桑塔格（Susan Sontag）曾经在她的那篇名扬四海的论文《坎普札记》（*Notes on Camp*）中发现，波普“是大众风格的胜利，对非自然爱的胜利，矫情以及夸张的胜利”。琐事是坎普，老电影则是流行的怀旧。安迪·沃霍尔是迪伦的铁粉，在他看来，波普艺术是我们“观赏万物中美丽”的一种途径。沃霍尔曾在格林尼治村中开了家名为“不可避免的塑料”的摇滚俱乐部，他还赞助了一个朋克摇滚乐队，即大名鼎鼎的“地下丝绒（Velvet Underground）”乐队。

对那些高度政治化的青年乐迷来说，大多数摇滚乐作品（即那些被戴维·冯·朗克称之为“新的麻痹”）代表的是对越南战争之前那段美好时光的向往。迪伦《无数金发女郎》的那张专辑所展示的远景与新波普艺术一脉相承。虽说波普艺术品大多一文不值，人们看过之后便可弃之不用，比如

[1] 达达派：或称达达主义，是一场兴起于第一次世界大战时期的苏黎世，波及视觉艺术、文学（主要是诗歌）、戏剧和美术设计等领域的文艺运动，是20世纪西方文艺发展历程中的一个重要流派，是颠覆、摧毁旧有欧洲社会和文化秩序的产物。达达主义持续的时间不长，但波及范围广，对20世纪的现代主义文艺流派都有影响。——译者注

说卡纳比街[1]。销售的服饰、漫画书等诸如此类的廉价波普艺术品就是如此。同理，沃霍尔的作品可以成为昔日的经典，但是迪伦的摇滚艺术作品却能经久不衰。尽管如此，迪伦1965年至1966年的世界巡演之旅却并非一帆风顺，因为他面临的是毒品泛滥、蝙蝠侠横行、反战教学抗议以及尖叫抗议等失序的外部环境。迪伦后来跟我讲述："我连续巡演的几年，节奏非常快，我都是一气呵成，没有其他的串场，那样的不间断演出实在是很辛苦，很多不健康的状况接连不断地出现。我只是去那里演唱那些歌曲，大家都很开心，我明知道还可能有别的事可以做，因为（巡演）不是我的选择，我是被别人强迫的——是别人把我推进去然后再抬出来。"

第一站演出的地点是好莱坞的玫瑰碗，时间是1965年9月3号。早前的一场新闻发布会成了一场猫捉老鼠的游戏，持续了一个多小时。《洛杉矶时报》（*Los Angeles Times*）的查尔斯·卓别林认为迪伦是"故作神秘、难以捉摸，（回答记者问题如同）无乐器伴奏的清唱并背诵自己的全部歌词"。有一位名不见经传的记者问为什么他不像"弗兰基·莱恩那样随叫随到"，迪伦回答道："我还是别随叫随到的好，我既不是布道的牧师，也不是旅行推销员。我只做我该做的，有那么一阵子我特别在乎别人是否能够理解我，现在根本用不着了。"后来他又跟我解释："我这人不好相处，因为我犯不着别人告诉我说我行。我知道我不作假。如果为了错误的原因我做错了什么，我就会感觉非常尴尬。"在洛杉矶的这次采访中，迪伦如此刻薄，以至

[1] 卡纳比街：一个英国的品牌，源自英国的嘉奈芘街（Carnaby Street）。嘉奈芘街（Carnaby Street）位于伦敦的苏豪区（Soho），靠近著名的牛津街（Oxford St.）和摄政街（Regent St.）。——译者注

于比利·詹姆斯都怀疑这样的采访是否还有必要进行下去。

1965年秋的演出行程安排：9月23日，奥斯丁；24日，达拉斯。10月1日，卡内基音乐大厅；2日，纽瓦克；9日，亚特兰大；22日，伍斯特；24日，底特律；19、31日，波士顿；30日，哈特福德。音乐会演出在11月再次恢复：11月12日，克利夫兰；14、15日，多伦多；19日，哥伦布；21日，雪城。迪伦与乐队在芝加哥的阿里皇冠剧场于11月26、27日进行了两场演出，28日又在华盛顿特区演出。从12月3日开始，他们又扑向加利福尼亚。

使用十三座双引擎的洛克希德北极星包机将迪伦和雄鹰乐队接送至各个演出地点绝非易事。鲍比·纽沃尔什与维克多·梅穆德斯轮流作乐队的经理人。当纽沃尔什随队飞行的时候，维克多或比尔·艾维斯就会担任雄鹰乐队的演出设备管理员。两个搬家公司与卡车司机将设备装入八个巨大的集装箱内，日夜兼程地赶往下一站演出地点，然后再安装价值3万美元的音响设备。《综艺》杂志偶尔也会公开一下迪伦巡演的收入所得，并称迪伦为“今日演出界最火爆的现象之一”。波士顿的那场演出一票难求，票房收入达到12 000美元。据报道，在多伦多梅赛音乐厅（Massey Hall）连续两天的演出中，即11月14日和15日两场，他的演出总收入高达17 278美元，迪伦的所得占全部收入的70%。在雪城的收入似乎不令人振奋：11月21日，能容纳6 600座位的演出场地只有3 486人，演出收入只有12 500美元。演出期间与当地音乐家工会还发生了小矛盾，工会要求至少15名本地音乐家同台演唱。

秋天刚一开始，巡演的后半部分就麻烦不断：大多数的室内演出场地音响设备都不理想，而体育场内的音响比剧场和音乐厅的音响更差。每场演出结束后，迪伦就会问：“音响怎样？我不是问我唱得是否好听，而是场地的音响如何？比如你坐的地方能听清楚吗？”从纽波特（即新港民歌艺术节）到阿尔伯特音乐厅，每次音乐会都会遇到走音的困扰。假如音响给力，就会有更多的乐迷更加喜欢民谣摇滚了。

《纽约先驱论坛报》（*New York Herald Tribune*）曾经发表过一篇重要的报道，作者威廉·本德尔（William Bender）称迪伦为“也许是这个国家迄今产生的最伟大的城市职业民谣作曲家”。与此报道相关的是分布在六个版面的图片，宣传说是丹尼尔·克莱默的“摄影组合作品”，（实际上，文字稿是迪伦的好友阿尔·阿洛诺维茨写的，迪伦后来又进行了改写。）这篇报道完全捕捉到当时摇滚乐的痴迷：音乐家们趋之若鹜，追星族们来来往往。那情景就如同发生在格罗斯曼的格拉梅西公园大宅的一幕，迪伦正在播放一张名为《诱惑》（*Temptations*）的大碟。与此同时，罗比·罗伯逊则在演奏竖琴。滚石乐队的布莱恩·琼斯驾驶着劳斯莱斯，所有人都跌跌撞撞地奔向一家酒吧而去，迪伦也在场，他说：“谁都可以在这面墙上写字……但是没人会说你是诗人。”这时，走进一个膀大腰圆的妇人，身后跟着几个水手，以及司机纽沃尔什。一个水手跳上桌子，那几个爱开玩笑的人去了一家地下电影院，可又没什么电影可看。“但是一群被涂成绿色的歌手……正忙着即兴表演一个准备了三个月的仪式。”然后又看到一个弹球游戏，还有一家算命先生，外加迪斯科舞厅和一个大教堂。最后再回到那幢“借来的大宅”，迪伦若有所思地说：“我认为……白兰度应该扮演W.C.菲尔兹……沃伦·贝蒂（Warren Beatty）应该扮演……约翰尼·维斯穆勒（Johnny Weissmuller）……我打算扮演维克多·马秋尔（Victor Mature）。”

这一幕绝非天方夜谭，1965年圣诞节之前，我曾目睹一场几乎同样荒诞的晚会。保罗与贝蒂·斯图基举办了一次正装晚会，地点是在他们位于格林尼治村贝尔福德街上的一幢漂亮的老房子里。没想到那些平时衣冠不整的邋遢鬼一下子竟变成了帅哥俊男，格罗斯曼看起来像一个企鹅领班侍者，扶持着各位前来参加在冰山酒吧举办的成年礼。他的助手，查理·罗斯柴尔德竟在浴缸里睡着了，而在吟游诗人的画廊里一个室内三重奏乐队演奏了波开里尼[1]、科雷利和维瓦尔第[2]等艺术家最伟大的作品。

正当晚会接近尾声的时候，一大帮街头流浪汉突然不请自到。这帮不速之客的首领竟然是迪伦，他上身穿着绒面夹克，下身穿着仔裤。看到自己精心策划的场子遭人“打砸”，贝蒂·斯图基内吓得目瞪口呆。她站在我身边，眼睁睁看着“布鲁斯项目（Blues Project）”乐队的汤米·弗兰德斯一次又一次地“骚扰”晚会的客人与那个三重奏乐队的成员。“快来见见女主人，”我一边说，一边对着贝蒂挥手，而他们则怒目而视，面面相觑。迪伦与阿尔伯特展开了一场激烈的讨论，他们把他团团围住，使得这位经理不得不旋转360度，倾听自己的客户（即签约歌手们）与他争论。

大约在凌晨3点钟的时候，迪伦再次集合队伍，率领包括大卫（布卢）·科恩、菲尔·奥克斯、我的女友丽兹·纽曼和我，准备出发到下一站。我们一齐挤进迪伦租用的那辆加长的豪华轿车，开车的司机是个中年人，身穿统一的制服，他名叫莫里斯，看上去非常轻松，如同影片《宾虚》

[1] 波开里尼（1743—1805年）：意大利作曲家，因其室内音乐和大提琴协奏曲闻名。——译者注

[2] 维瓦尔第（1675—1741年）：意大利著名巴洛克风格的作曲家兼小提琴家。——译者注

（*Ben Hur*）中驾驶战车的御者。迪伦指挥他开到一家24小时营业的俱乐部，这间俱乐部的名字是克里克（Clique），位于东49街158号。迪伦带着我们来到一张桌子前，此时的酒吧突然变得鸦雀无声，此后便会有陌生人前来问问题，还有拿着菜单索要签名的，以及替自己远在堪萨斯州的亲戚向其问候的，那儿的人竟把他当作琼斯先生了。凯西·佩里（Kathy Perry）是迪伦以前在“村”里的朋友，偶遇迪伦她竟（激动地）跳了起来，可迪伦累得有点烦了，以为她是追星族就直接把她给打发了。鲍勃说想看看我给他写传记的授权书，这主意听上去不错，“只要不离谱”，他一遍又一遍地说着，他问的问题都很扎人：“你跟他们签的是哪一类合同啊？你能控制自己的文字吗？他们会胡删乱改你的文字吗？他们会造假吗？”我向他保证可以。“我会帮你写的，”迪伦说，他说他会在本周内再跟我谈细节性的问题。迪伦疲惫不堪地和自己的“随从们”坐在一起，他告诉我自己很讨厌类似的新闻报道：“我非常讨厌在杂志上看到人们说：‘迪伦和他的随从们来这儿了！我一辈子也没有过什么随从，随从这个字眼很缺德。它贬低那些替你工作的人，此外它也会因为你有朋友而对你不忿。’”

相比之下，科恩算是个新朋友了，其后他又因出演《雷纳多和克拉拉》[1]获得多项殊荣。与迪伦抬举科恩相反，科恩却在贬低菲尔·奥克斯，即使奥克斯对迪伦崇拜有加。早在两个星期前，迪伦就曾为科恩和奥克斯演唱了他的单曲《爬出你的窗户》。大卫非常喜欢这首歌，但是菲尔说迪

---

［1］《雷纳多和克拉拉》：1978年出品，迪伦自编自导的一部长达4个小时的超现实影片，该片是基于迪伦的《滚雷》巡回演出而拍摄的一部半自传性的影片。——译者注

伦的那首歌火不起来，那天晚上迪伦当街把豪车停下，逼着奥克斯从车里爬了出去，还说："你根本就不是民歌手，你不过就是个记者罢了。"奥克斯脸皮厚，冒险又重新爬上车，等着挨骂。大卫则在一边观战，此时的迪伦开始攻击菲尔写的那些政治性很强的抗议歌曲："告诉你吧，你完全错了，早已今非昔比了，现在的形势比人强。"迪伦对他的作品了如指掌，这让大家吃惊不小，奥克斯只能是打碎了牙往肚子里咽，都忍了。当迪伦暂时离开的时候，我问他怎么能如此忍气吞声，奥克斯说："老兄，假如是迪伦在跟你说话，那你就必须洗耳恭听。"大卫早早就撤了，也许是担心日后挨骂的就是他了。迪伦回到桌前，又接着胡侃："你为什么不去说单口相声？"他问菲尔。迪伦看着很不开心，他看上去脸色苍白，白得吓人，而且不想回切尔西酒店的房间。当我们打车回家的时候，丽兹说："老天爷啊，他看上去是要死的节奏。"

我们这些老朋友也不知道迪伦在前几周的巡演中做了什么，他放出话来说奥斯丁不好玩，或者说海边倒是个不错的地方，但是我们却从中感到他每天的紧张情绪。我们整天坐在格林尼治村不出屋，根本不知道得克萨斯州对于迪伦来说是个什么样的地方，奥斯丁的音乐会现场有来自美国军团的引座员，他们头戴俊俏的军帽，潇洒地在场内走来走去，完全是《战争狂人》的缩影！奥斯丁演唱会开始之前举行的新闻发布会吸引了几位想扮演地区检察官的记者：

问：你如何看待你自己？你如何给自己归类？

（迪伦）答：我愿意把自己归类为空中飞人。

问：以前你说过自己唱歌是被迫的，现在为什么唱？

答：我是被迫的。

问：你的嗓音，现在还很温柔……但是在你的一些专辑中，总有那么点儿刺耳的鼻音。

答：我刚起来。

问：你想达到什么目的，是想改变世界吗？你是想把理想主义强加给公众吗？

答：能告诉我我的理想是什么？

问：我不太了解。你仅仅是为了唱歌而唱歌吗？

答：不是，是因为有更深层次的原因。

问：谁是你最喜爱的歌手？我不是说民歌手，我指的是各类歌手。

答：僧侣拉斯普金、夏尔·戴高乐，还有斯特普尔演唱组合。

问：你信仰上帝吗？你是基督徒吗？

答：首先，上帝是个女的，这一点我们都知道。至于我信不信教，你看着办吧。

在旧金山公共广播电台12月3日的采访中，迪伦与记者唇枪舌剑，互不相让：

问：你阅读哪些诗人的作品？

答：兰波、W.C.菲尔兹、在马戏团的空中飞人家庭、斯莫基·罗宾逊、金斯伯格与查利·瑞克（Charlie Rich）等人的作品。

问：很多人研究你的歌词，你觉得他们如何？

答：我热烈地拥抱他们。

问：对于我们这些已过了而立之年的人，可否给你自己贴个标签并告诉我们你的作用是什么？

答：我给自己的标签就是“未过而立之年”，我的作用就是原地不动，能待多久待多久。

问：你听舞曲吗？

答：没有，我不听那种音乐。

问：就是那种音乐。

答：那我还有什么能说的呢？你一定比我更了解那种音乐。你听了多久了？

在1965年至1966年间，拉尔夫·格利森也认为迪伦看上去已经是离死不远了：“我非常替他担心，我猜他一定是痛不欲生，我很想问问他是什么原因，我很惊讶他还在工作，因为我想他会精神崩溃的。此外，我还以为他得了严重腹痛或脑瘤什么的。”迪伦在北加州的那几场演唱会再次出现了一票难求的状况，但是观众根本不了解迪伦当时的精神状态。演出时间分别定在12月3、4日，地点是伯克利社区剧场，下一场的演出时间也是在星期六，地点是旧金山的美索尼克礼堂（Masonic Auditorium），紧接着第二天晚上在圣何塞的民政大礼堂（San José Civic Auditorium）。后又在美索尼克礼堂加演了一场，时间是12月5日，星期日。

票务代理玛丽·安·坡勒尔（Mary Ann Pollar）与格罗斯曼合作安排售

票等事宜，她还策划了三次大型聚会。格利森主持了KQED电视台的新闻发布会，并参加了加州的所有活动。格利森告诉我：“有一天晚上我们在旧金山百老汇大街上遛弯儿，迪伦一直在抱怨他无法上街行走。于是我们安排晚些时候见面，我们在哪儿见？是去他那个方向？（后来）定在旧金山夜生活中心的迈克台球厅见，就在百老汇大街离恩里科很近的地方。台球厅里见面！我觉得这个主意太棒了！并且他坚持要坐在窗前！就是那种能够看到街道全景的地方！不到十分钟那儿就聚了一大群围观的粉丝，他又不得不离开。他看上去非常疲倦，非常不开心。”

在伯克利举办的第一场音乐会上，格利森如此回忆说，“前排就座的就有拉里·弗林盖蒂、金斯伯格、肯·凯西（美国小说家）（Ken Kesey），以及地狱天使（Hell's Angels）的两个成员。在第二周，出席音乐会的地狱天使成员增至12人。艾伦非常欣赏天使摩托帮的骑手们。从某种意义上讲，他认为是他创造了这个飞车党。”是什么让迪伦与“垮掉派”诗人取得了共鸣？“是拉里把他介绍给了艾伦，或者是在艾伦朗诵了自己的诗作《卡迪什》之后收到了鲍勃的一封信，迪伦不断提到兰波，而不是金斯伯格，即使鲍勃给人的印象是他能把金斯伯格所有的诗词倒背如流。麦克尔·麦克鲁尔（Michael McClure）是位诗人兼剧作家，作品包括《胡子》等，一天他与迪伦在梅松尼克的化妆间聚聊，麦克鲁尔一直在追问迪伦是如何写出一首金曲，然后就成了一个百万富翁的。迪伦故伎重演，这位旅居旧金山的诗人领教了迪伦的无厘头回答后竟大惊失色。我觉得拉里在那个周末真是悲剧了，一个受到惊吓而痛苦不堪的人。那个芦柴棒小子拿着把电吉他在那儿干什么呢？我的意思是，‘我当时已经是个著名诗人了，而这个小年轻在这个场子里就能聚上3 400个听众。’从此以后，拉里一直在跟自己唠叨个不停。其他人则是蜂拥而至，围绕其周围左右。是艾伦让迪伦与披头士乐队名声大噪，迪伦与艾伦很早以前就开始讨论他的大作《荒凉街区》，迪伦坐在角落里，而那些蓄着大胡子的‘地狱天使’们则席地而坐，他们身穿标志性的皮夹克，上边挂满了各式奖章，如同古代即将对敌人发动攻击的部落山民。很明显，迪伦与他们话不投机，不断地重复着那么几句话：‘坐着舒服吗？占了好座了吗？’不过当迪伦跷起二郎腿并开始抽烟的时候，那就是他紧张心情的晴雨表。他是个实力派明星，身边总是被几个门神守护着，即格罗斯曼和纽沃尔什，但是唯一能够让他信赖的是罗比。迪伦的所作所为也是学习使用权利的过程，他的琐碎的、短暂的、表面的反应被转化成难以执行的，但却是千真万确、有关生与死的命令，这一点就是冲着格罗斯曼去的。无论阿尔伯特是个什么样的人，迪伦对他都十分重要。什么事都行，就是不能惹怒了他的‘拿破仑’。”

为什么拉尔夫经常把迪伦和迈尔斯·戴维斯作比较？“两人都是属矮脚鸡[1]的，骄傲、自大，表面上对谁都不信任，让他信任个什么人比登天还难；多愁善感，充满了各种善良的本能，但是他们从不会承认。如果你向迪伦或迈尔斯提问，我敢担保你不会得到答案。与迈尔斯建立良好关系的唯一途径就是让他一个人独处，就如同要赢得一个曾经遭到虐待的小狗的信任，耐心是唯一取胜的法宝。你得证明自己与众不同，但是你还不能自证清白，你还必须面临不断的考验。也有可能随时演砸了，一步走错，

[1] 矮脚鸡：指矮而好斗。——译者注

就会……”

在毒品与音乐家的关系上，格利森说：“迪伦是那种光芒万丈、魅力无穷的人物，（但是）假如一组医护人员分分秒秒地观察他，然后写出一份鉴定报告说他五音不全，没人会信的。我总能遇上一些人，他们告诉我迪伦首次涉毒的时候曾经和他在一起，他得花上17年的功夫才能证明那些人所说的话属实。”

截至伯克利演唱会开始的时候，名为《真正第四街》的单曲已经打入排行榜前七。格利森以此在《三藩纪事报》上发文：“迪伦的乐队的出场（使人们感到）就如同发现了金矿……十几位大学老师分散坐在观众中。还有几位看上去似乎被此次演唱会完全征服了……但是观众还是原地不动……他们坚决不想回家，看来的确是发生大事了。”纽沃尔什的四张油画高高挂在了伯克利的舞台上，这也是摇滚的初级阶段，那些画作不断提升摇滚乐的视觉存在感。格利森认为每一幅画作都是“迪伦自我形象的升华，或者对我来说不过是喝了两杯牛奶以及赫尔希酒吧几杯啤酒下肚之后的产物罢了”。

如果资深的记者只是拿牛奶与巧克力给自己“粉饰”，在场的许多听众就直接奔着“药品”去了。当时的一些摇滚音乐会其实就是在给未来的伍德斯托克类的毒品聚会打前站了，但是要想从迪伦这儿获取有关毒品的答案，唯一的途径就是别问什么问题。通常情况下，他要么拐弯抹角，要么只字不提。虽说迪伦是让我玩“嗨”的第一人，但是我还是要坦白地说我对其他化学药品一无所知，而且唯恐避之不及。迪伦曾经表达过类似的看法，即他知道其中的利弊，无论在法律还是医药方面都能将此事掌控在手。

1965年秋季，迪伦曾经多次前往洛杉矶，结识了音乐制作人兼歌手菲尔·思贝克特。格利森说：“从某种意义上说，是迪伦首先找思贝克特帮忙，他们两个在事业上有很多交集。鲍勃所寻找的救助是‘告诉我如何生活’。”的确，鲍勃曾经告诉我说：“突然一夜成名后，我环顾四周，想看看还有哪些人跟我一样，他看到的其中之一便是菲尔·思贝克特。他年轻有为，白手起家，靠自己打拼成名。”然而，想见思贝克特也不是件容易的事，当时他正忙于拍摄《山高海深》（*River Deep, Mountain High*），拍摄不顺利让他痛苦不堪，为此我曾在他日落大道的办公室等了将近一个小时，后来我实在等不及了便第三次委婉地催促他的秘书，她消失在办公室门后，而后从那扇巨大的门后传来一阵尖声怒吼：“告诉那个狗娘养的，就说我不在！”那个秘书出来后脸色苍白。我替她撒了个谎说：“我明白了。”于是，我向比利·詹姆斯投诉，他打了几个电话，并告诉我两天后去金星录音棚找他。在录音棚里，思贝克特眼观六路、耳听八方，简直是个奇才，他一个人统领17位音乐家同时工作。当时就有歌手蒂娜·特纳（Tina Turner）站在自己的小棚里，头戴耳机等着他发话。她和自己的伴唱乐队正在录制一首单曲，录制工作已经进行了三个星期，每到一个录制环节结束之后，大家都会倾听制作人的反馈。思贝克特是一个完美主义者，他随便开个玩笑就能让歌手轻松地表演，三架钢琴与三把吉他帮助他建了三堵“音墙”，一次完整的录音听起来已经是近乎完美，但思贝克特突然叫停，并问其中一个吉他手是否他的吉他跑了调。令人吃惊的是，那位吉他手的确发现一根琴弦稍微偏离了中心。

录音结束后，这位结实、身材矮小的制作人，带着猫科动物的笑脸、顽皮的眼睛，以及一副比你时髦百倍的神态说道：“我可以和你做一次半真半假的访谈，像平常一样，我会跟你东拉西扯，就像现在的披头士乐队和迪伦一样。但是，请你看着我，为什么还哭着喊着做这个采访？”我们开车去了好莱坞一家中档餐厅，司机坐在桌旁，不吃饭，等着主人吆喝，晚饭吃到一半就被打发走了。后来思贝克特又开车带我去他家，那是一座隐藏在好莱坞小丘马路后的豪宅，门口是一道重重的大铁门。在接下来的六个小时里，他断断续续地和我谈到了迪伦以及流行乐坛的生活经历。很明显，这座充实的豪宅里住着一个灵魂如此空虚的年轻人。（迪伦刚刚在加州的一个记者发布会上说："我走到哪里都很空虚。"）思贝克特后来跟我说，"正义兄弟"是他精心呵护多年的演唱小组，结果却离他而去，让他伤透了心。思贝克特说："词曲创作就如同诗歌创作，但是现如今唯一能把歌词写成诗歌的人就属鲍勃·迪伦了，披头士乐队应该每天听五个小时迪伦的歌曲，学学人家是怎么写的。迪伦从不跟人家竞争什么，他也不在乎和谁争。能把诗歌读出来不算什么，难的是把诗歌唱出来。迪伦是一个记者和哲学家。一个独一无二的天才，最犀利，最警醒，也是当今最有真知灼见的才子。他的天才就在于他能洞穿真理和谎言。假如他能够找到一个懂得如何给他担任音乐制作的人该多好。"他愿意给迪伦做制作人吗？思贝克特的双眼闪闪发亮，表示同意。"一定还有他没接触过的渠道。我知道他肯定经历过这样的时期，就是那种似乎全世界都和他过不去的情形。迪伦的全部形象都是由外人臆造的，他变成了披头士，但是他真的不是，他们给了他一个角色，但是他不接受，他只是按照自己的本心行事。"

"迪伦不欠任何人的，三年前当他开始写歌的时候，他就能够自食其力了。他们囚禁了苏格拉底，上一次耶稣公开露面他出了什么事？两三年前，他们说迪伦是个社会运动的积极分子，是个抗议歌手，沦为政治的工具。迪伦正在经历我几年前所经历的一切。他紧张，他难受，都情有可原。我认为迪伦和贝兹所唱的《上帝在我们一边》太精彩了。真正的美国人是那些来自西北的煤矿工人，他们才是真正的爱国者（摇旗呐喊者）。他们用那首歌向他们曾经相信的一切开战。然而，让我吃惊的是在他每一场演唱会的门前竟没有愤怒的纠察队。迪伦演唱了一首无神论的歌曲，而在这个上帝无所不在的国家，每一毛钱的背面我们都能看到‘我们信奉上帝’这样的说法。”

当天晚上，好莱坞性感的姑娘们也来助战，他们东看西看，叽叽喳喳地笑着，他们和思贝克特眉来眼去。钢琴上摆放着一尊瓦格纳的半身像。每一间陈设富丽堂皇的房间里都有一部电话座机，但是没有拨号的键盘。思贝克特以刺耳的音量播放一首歌曲的母带。不久他找来一个司机，开着他那辆豪华轿车去一个位于洛杉矶科里纳路上的夜总会，看艾克和蒂娜·特纳。他真是精力充沛！人们不禁会问蒂娜第二天还能去他的录音棚上班吗？他（开车）把我放在一个朋友家。思贝克特坐在豪华轿车的后座上，再次被柔和的奢华与浓重的孤独感包围了。[24]

1965年12月的一个晚上，迪伦、纽沃尔什和苏西·罗托洛坐在鱼壶酒吧的后边，与芭芭拉·鲁宾（Barbara Rubin）导演共进晚餐。当时的苏西与鲍勃老友重逢，迪伦喋喋不休地对“文学建制派”大肆攻击：“诗歌中心的那几只猫竟然让我给他们站台，几年前他们干什么去了？现在来搭我的车，但是我根本不在乎。”此时，一个身穿黑色皮夹克、举止温柔的男人也在酒吧里，他就是安迪·沃霍尔。他害羞地向迪伦挥手致意，迪伦也挥手回敬（他的致意），但他无意邀请沃霍尔共饮。下一个崇拜者是简·克里默（Jan Cremer），一位荷兰职业嬉皮作家，他写了一本小册子，名为《我！简·克里默》（*I, Jan Cremer*）想作为给迪伦的见面礼。克里默凑到桌前，但却遭到纽沃尔什的“阻击”，这位不速之客悻悻离去。

一位身穿黑皮夹克，那种摩托党样式的，即貌似但无神似的地狱天使凑过来想跟鲍勃拍张照片，我猜想他一定是在给鲍勃看他女朋友的照片或者孩子的照片。迪伦对每一张照片都赞不绝口，而当我说要看看那些照片的时候，迪伦却给了我一大堆那个家伙的摩托车的照片。迪伦的谈话几乎没有顺序。他接着又开始大骂麦克尔·麦克鲁尔："我给了他一把竖琴，并跟他说他应该给自己的诗歌谱上曲。"然后迪伦开始表扬金斯伯格："如果你们还想读点真正伟大的文学作品的话，就读一读他的《卡迪什》吧，兄弟。"他早已看过一本伍迪·伽思礼的作品集，就是我编辑的那本《生而为赢》。"我非常喜欢那本书，"迪伦说，"但是那也只是为了特定时间特定地点而写的。"我告诉鲍勃说玛丽·特拉弗斯认为迪伦已经蜕变为"另一个诺曼·梅勒了"。"我从来不看诺曼·梅勒的书，"迪伦呵斥道。（梅勒曾经有言在先："如果迪伦是个诗人，我就是个篮球运动员。"之后，**1975**年他还曾经和《滚石》杂志的记者说："迪伦可能是我们时代最伟大的抒情诗人。跟许多抒情诗人一样，他不一定读自己的歌词。"）迪伦喜欢朱迪·科林斯翻唱的他的那首名为《我将继续据它为我所有》（*I'll Keep It with Mine*）的单曲吗？是的，喜欢。但是当我问他那首歌是否说的是萨拉和她的孩子时，迪伦听后大为恼火地说："你根本不了解那首歌的指向！"纽沃尔什横空插了一句："这首歌是写给尼可（Nico）的，哥们儿，是献给尼可的！"迪伦这时也平静了下来。［尼可是"地下丝绒"乐队的当家花旦，（但是）迪伦和她曾经有过情感上的交集一说经不起推敲。］我告诉迪伦说我一月份马上要去英国，准备着手就英国方面的内容开始写作他的传记，于是他随便给我写了个条子，让我带给马丁·卡西和他妻子，告诉他们可以和我完全敞开心扉地聊："这个人是我的老朋友，他现在是记者。"然后他和苏西告别，我们则跟他又去了东村参加一个家庭派对。迪伦上身穿了一件带有时尚腰带的棕色麂皮绒大衣。我们打了一辆出租车，下车的时候，看那架势谁也不想掏钱付车费，所以我左掏右掏，找了点现金付了。"我身上从不带现金，"迪伦说，"从不。"

不久，他又开始上路巡演。**2**月**5**日，在白色平原韦斯特切斯特县演出中心；6日，在罗切斯特礼堂。然后，一路下去横扫孟菲斯、里士满（Richmond）与诺福克（Norfolk）。韦斯特切斯特县的演出吸引了5 000名观众到场，与平时一样，媒体反响不一。《伊斯特切斯特高中老鹰报》（*Eastchester High School Eaglet*）说迪伦看上去就像是个“悲伤的木偶……他看着似睡非睡，半死不活的”。2月10日，针对孟菲斯的演出，《孟菲斯商业诉求报》（*Memphis Commercial-Appeal*）的记者小格兰威尔·阿里森（Granville Allison Jr.）向我报告说：“那一大群听众啊，都是年轻人，都很守规矩，没有胡闹的。爱丽丝礼堂共有5 778个座位，到场的听众有2 995人。一场重要的篮球赛无疑分流了一部分听众。有一百多人都是25岁上下的年轻人。虽说孟菲斯共有60万人口，其中35%是黑人，而且孟菲斯的公共场所禁止种族隔离，但是我还是看不到有黑人孩子（来听音乐会）。场地的音响设备更是差劲，10句歌词里听不懂一句，但是观众似乎并不在意。”

里士满，2月11日；诺福克，2月12日；纽黑文、渥太华、蒙特利尔在2月20日，两场在费城音乐学院的音乐会；然后是2月26日长岛的西汉普斯泰德的演出。《新闻日刊》（*Newsday*）发现迪伦“穿了一套紧身的棕色格子套装，其灵感来自利物浦的W.C.菲尔兹……面对5 100名听众，几乎全是青少年，而面对这一疏离社会的反叛群体，社会评价家们似乎早已无言以对，更没有人会对此感到奇怪。……现如今，迪伦已经没有什么可以反叛的了，除非他成心和自己的裁缝过不去。”

2月24日以及25日，我连着听了两场费城的演唱会，一位场地引座员客气地警告一位业余摄影师远离舞台：“艺术家演出时不喜欢闪光灯。”那个家伙不满地反讽道：“什么艺术家呀？”演出非常聚人气，我随机对一些听众做了简单的采访，三位来自康登天主教高中的同学说他们最喜爱的诗人是迪伦·托马斯与弗林盖蒂。萨斯克汉那大学的本科同学们对“迪伦与众不同的各种搞怪”赞不绝口，“我相信他选择的自由，他就是跟我这么说的，我不在乎是否是他一个人自言自语，还是插了电以后的胡言乱语。”3月3日到达迈阿密海滩的时候，煤气灯俱乐部的山姆·胡德（Sam Hood）正在安排会展大厅的演出。《迈阿密每日太阳报》采访了一个女孩：“我认为迪伦是词曲创作中的田纳西·威廉姆斯（Tennessee Williams）。”另外一个女孩说：“我姐姐说他是救世主耶稣，而我认为他是一个伟大的诗人。”迈阿密演唱会上来了一位不速之客，即演员安东尼·奎恩（Anthony Quinn），他因为在最近的一部影片中饰演爱斯基摩人而名声大噪。没人问他是什么原因让这位“万能的奎恩”走出了自己的冰雪小屋（igloo）。

重返美国的中部

我于1966年3月11日加入迪伦在神路易斯的巡演。在他下榻的市中心假日酒店入住后，我就直奔演唱会地点吉尔市立礼堂而去。礼堂条件不错，音响效果更好，适合开办这样刺激的演唱会以及倾听观众起立欢呼的巨大声响。迪伦穿着自己的“兔子外衣”，那是一件介于黑色与棕色、带犬牙花纹的时髦上装，据迪伦说那是罗比在多伦多的裁缝给他定做的。他被歌迷近来“邮递的东西所感动，太精彩了！我没能阅读那些来信，更不用说回复了。来自各地的听众，他们都在谈论我的歌曲和专辑。分享他们的问题和他们的想法，以及他们是如何陷入困境并欲脱身的故事”。一个圣路易斯大学的本科学生告诉我：“如果我是迪伦，我就会躲几年不露面，比如说躲到太平洋的一个小岛上去。对他的批评愚蠢透顶且数不胜数，他应该走开，这样人们会更加想念他。”

回到假日酒店，我问鲍勃我是否给他一种有人在追随他的感觉。“很高兴你能来，你是怎么赶到这儿来的？我不太愿意坐飞机，我是不得不飞才坐飞机来的，我在想是不是要买一架道格拉阿斯DC-3型客机。”他说他想让我在第二天晚上也跟他一起飞，因为今晚飞机满员了。

1966年3月12日，内布拉斯家林肯市。在大平原的中心，迪伦来到了美国中部的主场。林肯市12万人，98%是白人，经济主要是以面粉厂、奶油、肉包装、保险公司、粮食和牲畜市场、砖瓦厂等加工制造业为主。文化中心：内布拉斯州立大学，有2万名学生。除篮球赛事以外的最大新闻是：约翰逊总统说越南战争的支出低于预期。在拉雷多，蒂莫西·利里（Timothy Leary）因贩运大麻被判处30年监禁。没有迪伦的任何新闻，但是潘兴纪念礼堂的经理仍然非常高兴：“有这么多家媒体报道他的事迹，这孩子真是太神奇了。不过请你们注意，林肯市对迪伦的报道不多，但是全国各地的报纸都铺天盖地了。”

至此，迪伦开始给演出现场的观众立规矩了：演出现场不允许拍照，不能录音。为此，我也不得不把我的那部马兰士的设备放在音乐厅经理的办公室里。迪伦后来告诉我，人们现在公开卖售他演唱会的私录卡带。而让我印象深刻的是，演唱会现场规矩太多才是后来非法私录现场的缘起。这时观众鱼贯入场，准备倾听迪伦的摇滚演唱。迪伦把自己那把黑白两色、琴身结实的吉他插上电源，和罗比说了会儿悄悄话，转过身背朝着观众，大家屏住呼吸，目不转睛地看着他。迪伦的脚趾向里像鸽子一样缓步走台，他长发披肩，垂到衣领处，裤子的裤线笔直，几乎无可挑剔。当他带领身后的乐队开始演唱的时候，他把双腿分开，分开的距离之大让我都开始怀疑他会做劈叉了。（演出结束后观众）再次起立鼓掌。回到酒店，我发现一个名叫维克多的人留了张字条，说他要给迪伦的房间打电话。紧接着他们叫我马上下楼，20多个孩子等在外边的走廊里，罗比和迪伦躺在一张双人床上，乐队的其他成员则懒洋洋地躺在屋子里。迪伦说：“鲍勃，这儿你的年纪最大，也许他们会听你的，请你转告那帮孩子，我不能见他们，我实在太累了。”我把他的话转告给了孩子们。一半人走了，剩下的一半就是不走。迪伦、罗比和我，我们三人一起闲聊，迪伦跟我们解释为什么要禁止将录音机带入演出会场的原因：“你们简直无法相信都出了什么事，甚至在我录制这首歌曲之前，就有人开始在演出现场把我的歌曲转录到磁带上了！他们复制那些磁带，而且还抄袭我的歌词！”鲍勃还谈到我的那本书：“假如那是一本体面的书，我会和你时时跟进的，我讨厌他们把我当孩子看待。我讨厌他们把我定位在一个小巧的鸽子洞，把我当成一个变态的摇滚之星。”维克多过来告诉鲍勃飞机上还有空位，于是我飞奔着回去收拾行李了。

两辆即将开往机场的轿车停在酒店门口。我们一部分人决定走下楼，迪伦和其他人则乘坐电梯。大堂里聚集了50多个歌迷，我们几个急忙冲着那两辆轿车跑去，我们跑得飞快，几个粉丝甚至说“他来了！他来了！”我们像刚刚抢劫了银行的歹徒一样快步离开了。维克多面露微笑，这时汽车的轮胎在路肩上发出了刺耳的摩擦声。“你们跑得不赖，”迪伦说，“但是有的时候你们怎么跑也找不到车。”

1966年在巴黎，公众对迪伦的好奇，与此同时，小报记者在不断骚扰迪伦。

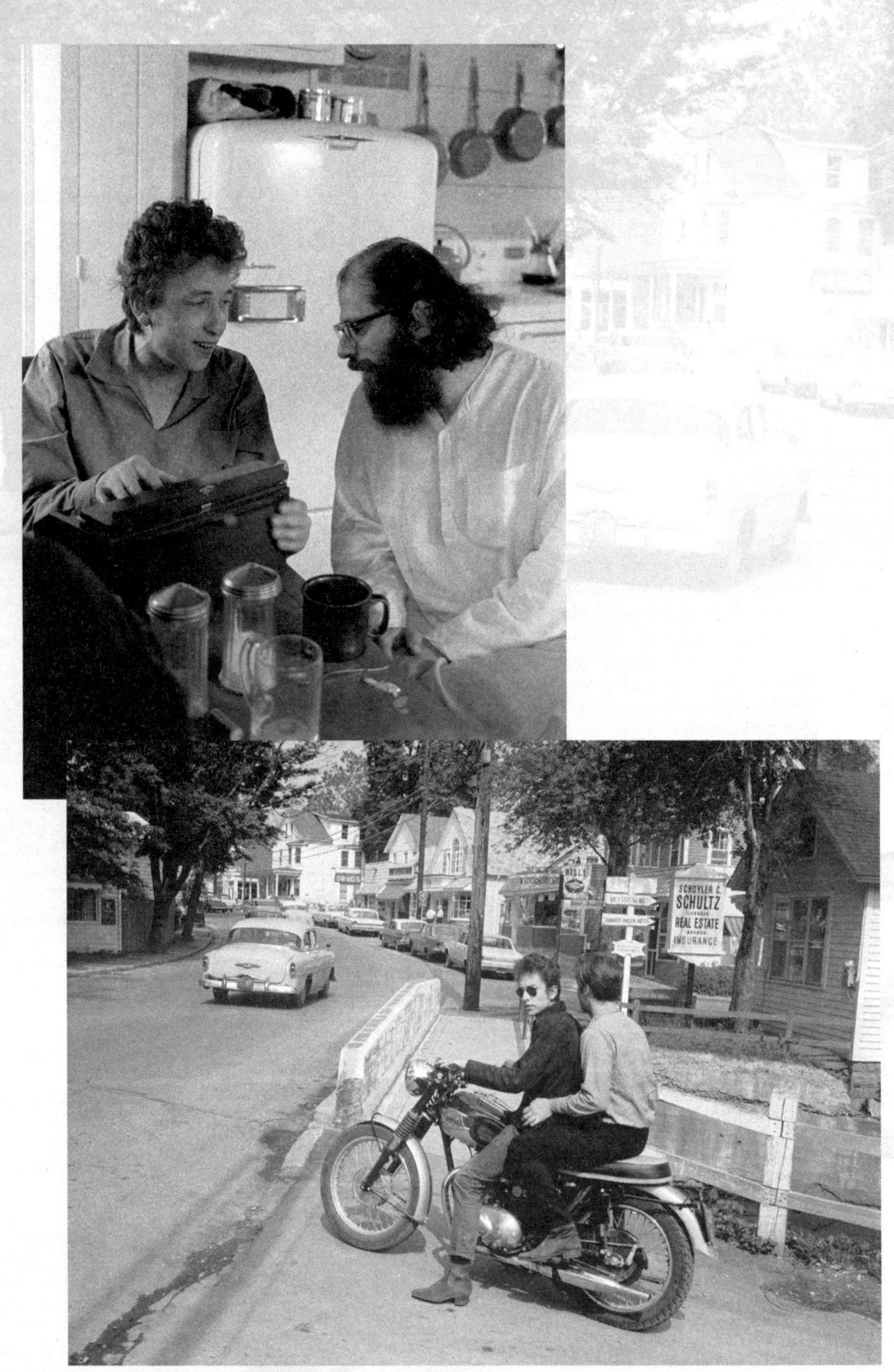
DRUGS
SCHUYLER C.
SCHULTZ
REAL ESTATE
INSURANCE

左上：1964年7月，迪伦与艾伦·金斯伯格在伍德斯托克，迪伦说："我认识两个圣人，艾伦·金斯伯格是其中之一。"

左下：1966年7月，迪伦与约翰·塞巴斯蒂安骑着那辆不吉利的特莱姆芙牌摩托车，即将上伍德斯托克的主路。

右上：1966年，《无数金发女郎》的专辑封套。

第十章　踏上公路的一只脚

One Foot on The Highway

我有那种去死的冲动，甚至是自戕的欲望，我了解我自己。如果歌曲源于梦境，那么我的歌曲则直接来自他们的梦境。

——迪伦，1966

叛徒犹大！

——1966年，赫克勒在曼彻斯特自由贸易大厅。[1]

1966年，在巴黎奥利匹亚体育场举行的25岁生日纪念音乐会，背景是美国的星条旗，“迪伦众多生涯结束的开始”。

那是1966年3月中旬的一个周六夜晚，午夜刚刚降临，林肯机场与四周的田野在漆黑的夜色中融为一体。迪伦、雄鹰乐队的五名成员、两位巡演助理以及一名访客乘坐两辆轿车向机场方向奔驰。我们到达之时，跑道的灯光已闪烁起来，塔台调度员进入紧张的工作状态，几名机械工围着迪伦的私人座驾——一架双引擎的洛克希德北极星——正忙着起飞前的准备工作，正驾驶与副驾驶也进行着飞行前的安全检查。迪伦的下一站是丹佛，此后他将返回纽约处理一些录音室的工作，随即又将陆续抵达西北太平洋沿岸、夏威夷、澳大利亚、斯堪的纳维亚、爱尔兰、英格兰和法国，最终返回美国。从这段旅行开始，迪伦众多的乐坛生涯就将步入尾声了。

迪伦走进那间昏暗的餐厅，他拿起一个塑料杯，从咖啡机中接了杯浑浊的咖啡，然后站立到窗前。迪伦身边站了一位机械工，他的双眼正凝视着面前的浓浓夜色。“在那里工作一定很孤独吧。”迪伦问机械工。两人目光并未接触，而是双双望向窗外的停机坪。“确实如此，”机械工答道，“但这是我的工作，我得尽职尽责。”“我了解那种感受，我真的了解。”迪伦说道。此时，两人的视线均向远处延伸，穿越了面前那片高草地。不久，迪伦走上了停机坪。在此之前，他刚刚躲过了50多名歌迷在酒店大堂的围追堵截，而此刻又有六名歌迷簇拥在飞机旁边。“演唱会棒极了。”一名歌迷说道。“我们真心喜欢这次演唱会，鲍勃。”又有一位发表了看法。“你什么时候会再来这里？”迪伦说自己并不清楚，但随后又补了句：“非常感谢，这次演出能让你们满意，我感到很欣慰。”

迪伦匆匆地为几个歌迷签了名。这时，有个17岁左右的羞涩少年走上前来，他戴着眼镜，身着整洁的白衬衫和领带。“迪伦先生，”他的声音显得很紧张，“我也对诗歌很感兴趣。”“哦，是吗？”迪伦回答。“是的，先生。”男孩说道。“不知道您能否在什么时候抽出几分钟的时间，读一下我写的诗。”“当然，”迪伦回应道。这个年轻人递给了迪伦一个大信封，塞得鼓鼓的，像个橄榄球。“里面都是诗吗？”迪伦问道。男孩自豪地回答：“是的，自从开始研究您的歌曲，我创作的灵感更丰富了。”“好的，”迪伦说，“谢谢你，晚上我会读的。信封上写的是你的地址吗？我会写信告诉你我的感想。”男孩喜上眉梢：“那太棒了。真心希望你会喜欢这些诗的。”

在机舱内，乐队成员都打起盹来，他们的身躯瘫软地倚靠在座椅上。鲍勃可能比所有人都更需要休息，但他现在显得精力充沛，想好好利用起飞前的这几分钟时间。谈到文学时，迪伦说：“兰波？我现在可读不了他的作品了，我更愿意读我想读的东西。卡迪什赞美诗是最好的读物，相比之下，其他的一切都不值一提。另外，我从来就没喜欢过庞德和艾略特。莎士比亚也不过是为完成任务而写作，他并不是个神秘主义者，只是个伟大的个体。不过，我很喜欢读莎士比亚，他有着精妙绝伦的才华和智慧，能给予人无尽的美好享受。”谈到自己的新作品：“其实从来就没有过什么改变，没有任何一件乐器能改变人性中爱与死亡的主题。我的音乐是独一无二的，而所谓的民谣音乐根本不值一提，我从来没录过任何民谣歌曲。在我看来，民谣音乐就是珍妮·罗伯逊（Jeannie Robertson）或多克·博格斯（Dock Boggs）那帮人的歌曲，我把它称作历史/传统音乐。现在，我想自己写歌了。实际上，在《席卷而归》问世之前，写歌对我来说只是个副业，那时的我只是个表演者。后来我意识到，必须要自己写歌。我从不乞求别人的赞美，因为我深知自己是优秀的，这是事实。要是能召集一群文学界的人和一群诗歌界的人，一起来为我的唱片出谋划策，那一定很不错。”他还谈到了民权运动：“看看南方现在的情形吧，黑人正取得节节胜利。但这其中有什么新鲜的吗？权力，依然是唯一的准则。不久的将来，那些富有的黑人会掌控一切。校园只是一个开端，但如果我是个黑人孩子，我其实并不清楚自己是否愿意跟白人学生同处一所校园。”迪伦滔滔不绝。“这些都是无用的废话，唯有死亡才是一切的主题，而我畏惧死亡，不愿目睹自己生命的陨落。但是如果强迫我去做违背信仰的事情，我宁愿立刻驾车驶向悬崖。我必须克服身上的压力……我曾在圣路易斯机场看见过查克·贝里。当你孤零零一人时，可以去听巴迪·霍利的歌，但什么时候能听查克·贝里的歌呢？一定得是驰骋在高速公路上的时候。”

巡演经纪人比尔·阿维斯（Bill Avis）和维克多·梅穆德斯[2]检查了每名乘客的座椅安全带。迪伦和我面对面坐着，在他的一条腿上面放了个包裹，里面是他写的那本《狼蛛》的校样，是出版商刚寄来以征求他的批准的。另一条腿上面放的就是刚才那名歌迷的信封，我觉得今晚迪伦估计不会读了。我一边鼓捣着我的磁带录音机，一边咒骂着轰隆的引擎声。我举着麦克风，离迪伦大概有一英尺的距离，他的双眼眯成一条缝，显然已是身心俱疲了。但迪伦告诉我，即便没有我的采访，他也不会睡觉，毕竟他还有太多的事务要去处理。

“我必须服用大量的药物才能勉强跟上这种节奏，”迪伦说道。“真的太艰苦了，兄弟。这种巡演简直快把我折磨死了，从10月份开始就一直如此。我快被逼疯了，此前从未有过这种感觉，这种感觉太荒唐了，它让我如此难过。以后我一定要缩减行程，比如明年，巡演会只缩减到一或两个月。但是今年我们必须要辛苦一点，因为我要让所有人都了解到我们正在做的事情。”迪伦呷了一口茶，口中徐徐吐出一缕香烟的雾气，袅袅地飘升到头顶上方。他整理了一下衬衫的领口，继续说道：“荒谬的一点是，人们通常无所事事，却会对自身的虚无感到愤懑，因此强迫其他人陪他们一起陷入这种无底洞，至死方休。这就是困惑之所在，而我早已不受其困扰。这一点我曾告诉过你很多次，不知你是否把这当成戏谑之言，或是敷衍之词。实际上我根本不在乎外界对我的评价，真的不在乎。我也不在乎别人对我的看法或想法，这些东西于我毫无价值。”

“对我而言，在舞台上唱歌现在已成了一种享受，可从前并非如此，那时我的演唱太过于空洞苍白，一些行尸走肉般的政客会过来看我演唱，一边拍着手一边说：‘喔，太棒了，我想跟他见一面，一起喝杯鸡尾酒，没准我还会带上我的儿子约瑟夫，他刚才也使劲鼓掌来着。你喜欢这样的安排吗，约瑟夫？’果不其然，约瑟夫答道：‘喔，当然啦，爸爸，我很喜欢——哇哦，棒极了！’然后他们会问：‘我能带上伊莎贝拉吗？’之后你就会发现，五六个拿着可乐和姜汁汽水的少男少女会过来玩耍，某个政客会拦住你的去路，他故作亲昵地把手伸进你的衣服兜里，使劲地摇晃着你的上身，口中尽是溢美之词。我绝不会再在后台接见任何人了，甚至是专程过来赞美我的都不行，因为我不需要别人的赞美，我对此毫不在乎。”

迪伦言语中的韵律和思维中的活力让他整个人都精神焕发，他的眼睛也变得更加澄澈。迪伦继续说道：“你不能问关于我的睡眠习惯或是私生活的问题，也别探听我对自己当前所做事情的看法。除此之外，相信我们会相处得很融洽，你问任何问题我都会毫不避讳地回答。谈到这本书，有一件事我们现在必须弄清楚。要知道，现在已到了捋清这本书的内涵、意义的阶段，我会跟阿尔伯特说明这一点，我也会给你尽可能充裕的时间来处理。对于那些在我看来有价值的话题，我的回答一定会直截了当、直击重点。不过，我担心你会轻易地背弃约定，甚至为所欲为。兄弟，倘若你那样做的话，我是绝不会原谅你的。另外，这本书不能写成传记，因为我还没死呢。它必须得是一部无时间性的作品，明白吧？”

“没人真正了解我。人们都了解些什么？无外乎是我父亲的名字叫齐默曼，我母亲来自一个中产阶级家庭这些呗？我当然不会四处逢人便说这是虚假的，也不会掩盖我从前做过的事情。我不会背弃诺言，否认自己的言论或先前的所作所为，也不会逃避任何责任。我早已放弃告诫别人他们对某种事物、对这个世界或是对我的看法是错误的，我已不在乎。你也一样，可以随心所欲地写下任何文字。”

“可是你没有权力去编辑这本书，对吗？是不是他们来负责编辑，而你的合同里没有这一项？如果你没这个权力，那可就要出问题了。要知道，不管你写了什么，不管你的文字多么客观公正，他们都会添加自己的语言来歪曲事实。那么现在，你不必在封面上写那句‘已获鲍勃·迪伦本人认可’了，我亲自来写。我要写上四行字，然后签上我的名字，大概就是这样：‘鲍勃·谢尔顿自五年前起就在《纽约时报》上写关于我的文章，他是个好人，我欣赏他。这本书由他所写，正因如此，此书绝非廉价、庸俗之类——如果内布拉斯加州和怀俄明州也能买得到的话。’”回味着这段滑稽的宣传词，迪伦自己也露出笑容。

“其实我没有任何怕被曝光的东西，对于那些数不胜数的琐碎小事，比如改名字什么的，总有人觉得可以大书特书，但我自己根本不会在乎。唯一会招惹到我的是那种类似‘你长粉刺了’或者‘你坐在地上时把内裤弄脏了’的闲话，你明白吧？这种言论确实会困扰到我。我这里强调的是这些垃圾话的受众，而并非在讨论音乐领域的事情。很显然，总有人会喜欢读这些东西，他们读完还会评论两句：‘哇，简直难以置信’或者‘这跟我有什么关系’。但是你也清楚，这些东西确实能满足一部分人的胃口。”

迪伦不住地扭动着上身，显然他已逐渐进入状态了。引发他谈话兴致的既有因被某些事物困扰而产生的烦闷情绪，也有对观众日益贪婪的胃口的愤慨。迪伦似乎想要为自己作些解释，但这对于他来说太反常了，因为以往很难有人能真正理解他的意思。这次他尝试着换了一种方式：“在我看来，我所做的所有事情都可称为写作，其余的词汇都显得廉价、低级。然而，我其实比任何一个人都更不把写作当回事，写作丝毫不能助我升入天堂，也无法帮我远离炼狱般的折磨；既不能延续我的寿命，也无法给我带来快乐。”

“那么你觉得什么能带给你快乐呢？”我问道。“我本来就是快乐的，这你知道。能够接触各种各样的新鲜事物，我就已经很快乐了，我不需要刻意地追求快乐。快乐一词实际上很肤浅，而且某些人追求快乐的方式非常非常势利。这么说吧，我可不是那种心情一低落就割掉自己一只耳朵的人，我会选择自杀。一旦事情变糟，我会举起枪朝自己脑袋上开一枪。我绝对不会拿刀割自己耳朵，我会开枪的，兄弟。我可以随心所欲地思考死亡的事情，这没有什么可畏惧的，死亡并不算什么神圣的事情，我目睹过太多的死亡了。”于是我又问：“那么生活是神圣的吗？”“也不是，”迪伦回答。“看看那些如鬼魂般出没却左右着社会风气的事物吧，譬如某些思想，或是人类与太阳系做的太空游戏，它们并不真实存在，却吸引着你。此外，再想想那一出出来源于政治、经济或是战争的闹剧。”

关于迪伦的人生主旋律——他内心的消极、绝望与外在的憧憬、希冀进行的一场旷日持久的较量，这不过是另外一种诠释方式。“或许你不了解，哥们儿，我现在做每件事情都不费吹灰之力，一切尽在我的掌握之中。现在我任何事情都能赚钱，但我不想要那种钱。就我当前拥有的全部财富来说，我还算不上是百万富翁，但实际也很接近了。明年我就能成为百万富翁了，但那对我来说毫无意义，因为一年后你很可能又沦落至不名一文，这就是当百万富翁的全部意义。你要明白，我从不在任何事情上反悔。坚持做自己想做的事情并且永不后悔，的确很难，但我真正热爱我所做的事情，而且还能从中挣到钱。嘿，兄弟，我唱的可都是真情实感，而且我一贯如此。这就是我所做的一切，我根本不在乎别人说了些什么。无论外界是褒是贬，都在我心里掀不起一丝波澜。有些人写的东西可能会对我产生影响，但无论内容是支持我的还是反对我的，我都一概不读。总之，我从不会读任何评价我的文字，因为我丝毫不感兴趣。”

“我挣的这些钱，我自己都是看不见、摸不着的。当我意识到这一点时，我环顾四周，想了解一下我的那群经纪人是怎么处理这笔钱的。首先，我很享受私人司机的服务。上次从英国回来时，我虽然没有直接买下一名私人司机，但我毫不犹豫地租下了一个。所以我需要钱，我需要花钱请人为我工作，二者相辅相成。话又说回来，如果我没有钱，就能像个透明人一样走在街上，不用担心外界注视的目光。但是现在，钱对我来说又是不可或缺的，因为我只有花钱才能享受到那种透明人的感觉，这就是我需要钱的唯一原因，而不是为了买衣服或其他什么东西。”说到这里，迪伦的怒火又逐渐燃烧起来。“我从心底厌恶把钱给那些阿谀奉承的马屁精，哪怕明天我的牙齿全掉光了，他们都不会去给我买一套假牙的。还有一大群人是可以得到我的钱的，那可都是我辛苦挣来的钱，我也是真心实意地想给他们。相反，我最憎恨那帮抽着帝帕里罗香烟（Tiparillo cigarettes）的小个子，他们整天把兜翻到外面，戴个眼镜，梦想着成为第二个格劳乔・马克斯（Groucho Marx）却无时无刻不从我身上捞着大把油水。这种货色太多了，而且都存在于音乐行业。”

“唉，现实中你往往不是被赞助商欺骗，就是被票房欺骗，反正总有人会为难你，甚至是唱片公司的数据都有可能是假的，或者说他们的数据就没准过，无论基于什么样的原因。总之，没人会真诚待你，因为他们不愿让真相浮出水面。你知道吗，如果我给卡罗琳・赫斯特的专辑写首歌，那么在某种程度上我将比自写自唱赚更多的钱，他们就曾给我提供过这样的合同。真是荒唐透顶！”

消极、失望的情绪逐渐褪去，迪伦又拾起了自己独有的那套语不惊人死不休的态度。“我知道自己不会被外界广泛认可，但我希望被认可，比如被那群……他们穿着……或者是那些撰写乐评、书评和影评的人士……我很想被这些人认可，我没理由不这样想。但恐怕我无法做到披头士乐队那样，得到人们的认可。”但是披头士乐队所获得的那种程度的认可，是否是迪伦内心所期望的呢？“不不不，我可没那样说过。我的意思是，披头士乐队做到了那一点，明白吗？纵览各音乐领域，无论是斯特拉文斯基，在五点俱乐部演出利奥波德·杰克二世（Leopold Jake the Second），还是黑人穆斯林组合，没人能获得比肩披头士乐队的认可度，而且基于披头士乐队取得的成就，你也不得不认可他们，毕竟他们演唱过《米歇尔》（*Michelle*）或是《昨天》（*Yesterday*）那样的歌曲，那些歌都很流畅、自如。”

我向迪伦透露，琼·贝兹准备在下一张个人专辑中收录她演绎的《昨天》，迪伦回应道：“是啊，总有人做这样的事情，对着那群追时髦的小孩大声宣告‘我热爱披头士’，然后再唱首《昨天》或者《米歇尔》。唉，天呐，无论你唱这两首中的哪一首，都是一种逃避的行径啊，真的，哥们儿。如果你走进国会图书馆，会发现太多太多比这两首优秀的歌曲。你再去逛逛锡盘巷，那儿有数以百万计的像《昨天》或《米歇尔》这样的歌。”

我提到，与迪伦作品风格相似的歌曲可并不多。“很难讲我是否乐意看到这一点，因为它将来很容易就变成另一种情况，那就是除我自己外，再也没有人会唱我的歌。如果那样的话，我等于就把自己搞失业了，天呐，到时我不得不每年给自己录一万张专辑，因为不会再有其他人录制我写的歌了。”此外，迪伦是否因其勇于打破规则的个性而影响了年轻人呢？“这跟打破规则没关系，你还不明白吗？我并没有打破规则，因为没有规则可供打破。在我看来，根本就不存在什么规则。”

迪伦的讲话方式让人想起了兰尼·布鲁斯。他像是在演奏着歌曲中的即兴重复段，只不过用的是语言，而非吉他的琴弦，言语如音符般从他口中自然流泻而出。他时而投入交谈之中，时而游离在外，活像一位爵士乐手，在乐曲旋律线的内外游刃有余。他言语中的每个词汇“皆为音乐，恰到好处”，是文字组成的音乐，是用面颊演奏的音乐，也是对话性的音乐及象征性的音乐。此时的迪伦已完全苏醒过来，他正用语言演奏着一曲乐章。从色彩谈到诗歌，迪伦做着即兴的创作：“我的生活由各种色彩组成，它并不是非黑即白的。不管是身上穿的衣服，还是其他的事物，都时刻为我的生活带来色彩。基于之前提到的原因，我目前的生活变成了火一般的红色，你明白吗？但有时，它也会变成沉郁的黑色。”

“你必须成功，我所指的‘成功’，并不意味着要成为一名民谣—摇滚巨星。成功，就是找到你自己的人生方向。每个人都应有自己的人生方向，无论它在何方。有人认为，人生必然要经历地狱般的苦痛折磨，还有人觉得人生就是一场悲剧，但我不赞同这种人生态度。持此观点的人，必然思想简单、狭隘，他们是在为自己的失败找借口。每个人应找到自己的人生方向。不过，人虽有生老病死，这世界却从未因此停止运转。这不禁让人想起拿破仑，但即便如此，我们仍要不断前行。我们还会想起哈勃·马克斯（Harpo Marx），的确，世界不停转动，从未有须臾停歇。这是个令人伤感的事实，约翰·肯尼迪也印证了这一点，对吧？”

那么人与人的差别是否在于这一生所做事情的不同呢？我又抛出了问题。“人们根本无所作为，你还看不出来吗？难道真有人做出过什么了不起的事情吗？如果你知道这样的人，请报上他的名字。”我提了萧伯纳。“萧伯纳，”迪伦缓缓地重复了一遍，“他有帮助过谁吗？”“他帮许多人学会了思考，”我回答。随即我又补充道：“而你帮助许多人学会了思考和聆听。”“是吗？”迪伦又说道，“我可不这么认为，真的。有人这样想真是很可笑，因为我绝不是那种到处夸耀自己所作所为的人。我一度曾读了不少关于我的文字作品，那大概是三四年前的事情了。而现在我根本不会去读了，所以我一点都不了解外界是怎么评价我的。不过，确实有很多人喜欢我，这一点我是知道的。”

飞机攀升至8英里高空，正在跨越大平原地区。迪伦轻轻晃着双腿，像是摇曳着的天平，膝头分别放着《狼蛛》的校本和那名内布拉斯加少年的诗集。他的两腿不由自主地交替着上下晃动，似是在不停权衡着两份作品的文学价值。对于自己这本《狼蛛》，迪伦是否有信心赢得主流文学界，比如那些严肃诗人们的认可呢？“首先，”他兴致勃勃地说，“你必须要搞清楚自己是否是为那些诗人或文学界人士而写作……”迪伦骤然停止。“在我看来，诗人不是个自封的称号，那些自称诗人的人，往往做不了诗人。他们的眼界局限于自己祖先的那些风流韵事，自己掌握了点儿错误的历史知识就开始沾沾自喜，可他们总觉得自己的境界比我描述的这个要高。每当有人称我为诗人时，我都会这样回应：‘哇，真棒啊，听别人叫自己诗人的感觉可真棒啊。’但是，这一称号并不能带给我任何好处，我就直言不讳地告诉你，它根本无法带给我喜悦。”

“的确，我肯定愿意用诗人来形容自己，也愿意把自己看作一名诗人，但是我不能这样做，因为有太多蠢货也称自己为诗人。”那么到底谁能称得上是诗人呢？艾伦·金斯伯格吗？“他当然是，”迪伦断然回应。“成为诗人，并不意味着你一定要把作品写在纸上，你还不明白我的意思？一个刚从汽车旅馆走出来的卡车司机也可能是个诗人，因为他有着诗人的谈吐。那么，还有什么是一名诗人所必须具备的呢？”迪伦的声音逐渐变得微弱，到句尾已含混不清，这是因为他的口舌已跟不上他思维运转的速度。“诗人、老者、死亡、腐朽，人们喜爱罗伯特·弗洛斯特诗歌中这些关于树木和树枝的描写，但这并非我想说的。艾伦·金斯伯格是我唯一了解的文学家，我对其余的文学家都没有对金斯伯格那般的敬仰。如果其余人也想得到同等的敬仰，他们就必须把自己的作品唱出来。我有多少称自己为'抗议歌手'的理由，就有多少拒绝称自己为诗人的理由。那些自称为诗人的人也会把我纳入他们的行列，但与他们为伍只会让我感到厌恶。逢人便称自己是诗人是一种愚弄人的手段，我不想那样做，不愿成为那类人。而这样的人可不少，比如卡尔·桑德堡、T. S. 艾略特、斯蒂芬·斯彭德或鲁佩特·布鲁克（Rupert Brooke）。他们的名字我随便就能叫上来好几个——艾德娜·圣文森特·米莱（Edna St Vincent Millay）、罗伯特·路易斯·史蒂文森（Robert Louis Stevensen）、埃德加·爱伦·坡以及罗伯特·洛威尔。"

"我认识两位圣人，"迪伦继续说道，"只有两位。其中一位便是艾伦·金斯伯格，而另一位，我想不出更好的称呼，姑且称她为'萨拉'吧。我称他们为圣人，是因他们的伟大能够跨越时效性和实用性的局限。我其实有很多欣赏的人，也有很多喜爱的人，但我肯定不会把他们看作诗人。"此刻，另有两位为迪伦所敬仰的文学家的名字闪现在他的脑海："威廉·伯勒斯也称得上是诗人，我喜爱他所有的旧作。让·热内（Jean Genet）的旧作也很棒，但我现在谈论的是本国的文学家。热内的那些学术报告可就无聊透顶了，读它们简直是浪费时间。但是如果从那些我觉得配得上诗人称号的文学家里挑选的话，艾伦的作品无疑是最优秀的，当然，我说的是他那本《卡迪什》，而不是《嚎叫》。"

"艾伦不需要把《卡迪什》唱出来，你明白这意思吧，老兄？他只需写出文字就好了。艾伦是我心中的唯一一位真正的诗人，我甚至无法向你描绘我对他的感受，因为所有的语言描述都显得太空泛。他是我唯一敬重的文学家，而且他只专注于写作。的确，除此之外，他不用刻意做任何事情，因为他是艾伦·金斯伯格，他就是如此神圣，他是我认识的两位圣人之一。”那迪伦又是如何评价那位萨拉圣人呢？“我不想在此书中谈论她，不想让她触及此类事物。我也不想称她为‘女孩’。在此我只稍稍提一下她，如果算的话。因为我实在想不出其他的名字了——我知道听上去毫无新意，但我能想出来的名字都差不多是‘麦当娜’这种。”

我察觉到迪伦或许忘了我还在用录音机录音这回事，因为他突然问我：“你录全了吗？带子还剩多少？还在录吗？”我告诉他剩下的带子还够录几个小时，他便继续说道：“爱与性是每个人都渴求的东西。当你的生活陷入窘境，或是受尽轻视与冷落时，倘若枕畔仍无人为伴，那么你的性情就会变得暴戾、乖僻。性的意义为何如此重要，这我无力解释，但我明白，男人与女人来到这世上并不是为了做爱，这不是人类生存的目的。我坚信，上帝创造女人的旨意，绝非是让她们成为男人宣泄欲望的对象。真相绝非如此。爱与性和性别无关，而是属于任何两个契合的灵魂，是否是一对男女都无所谓，既可以是两个男人，也可以是两个女人。你无法否认这样的事情，兄弟。你可以假装这些事情不存在，也可以对其嘲弄、讥讽，但我深知，这样做是不合适的。”

如万花筒般丰富多彩的个人独白正以全速推进，多年来在对待出版物上的小心谨慎在此刻竟化为一股推动力，促使迪伦滔滔不绝地讲着。音乐不可避免地成为首要话题，尽管迪伦在登机之前曾告诉我：“音乐只占据我个人生活的百分之二十。”但不可否认，音乐依然是他的专长、工作及娱乐方式，依然是他生命中无法割舍的一种冲动。

“我希望你能在这本书里解读我的歌，”迪伦说道，“此前还没有人做过这件事。”“比如，”我脱口而出，“你心中的琼斯先生是谁？”“呃，”鲍勃回避了我的问题，“我不会告诉你具体方式，我想告诉你的内容，自然会告诉你。其实，我可以透露给你琼斯先生在我人生中扮演的角色，但是每个人都有自己心中那位琼斯先生，所以他并不是唯一的。因此你就能够理解，我是无法叫出琼斯先生的名字的，但我知道他就在那里——”随即，迪伦把话题转向了《瘦人民谣》（*Ballad of a Thin Man*）和《像一块滚石》两首歌曲。时值凌晨两点，迪伦仍滔滔不绝，但在整个采访过程中，迪伦此刻的话语对我触动最深：“琼斯先生的孤独很容易被掩盖，因为他自己并未体会到这份孤独，即使是被独自锁在屋内。让琼斯先生与侏儒、书呆子和裸体人同处一室，这并不是什么特别荒谬或有想象力的设计。此外还有声音，进入他梦境的声音，而我只负责发出声音。每当我唱到某个人或者某首来源于梦境的歌，我都感觉自己的声音是从他们的梦境中飘出。”对于迪伦这种剖析自己作品与听众关系的方式，我深感诧异。迪伦却并未停歇讲话，当即又对几则关于教育与职业的谣言进行了抨击。

“其实我根本不想讨论大学，我对大学教育没有丝毫的崇敬之感，那只是虚掷光阴。我也曾徜徉大学校园，但那只是一种逃避手段，既是对生活的逃避，也是对人生历练的逃避。不少人选择做了律师，但恕我冒昧地说，所有那些优秀的律师，都经历过一段错误的求学生涯。他们在学校时就如怪胎一般，为取得成功更是历尽艰难。许多律师习惯于用金钱价值来衡量人，他们会做罪恶的交易。医生、律师，以及诸如此类职业的人，都是为了金钱而投身其中，有的甚至是为了报复，因为他们曾为此付出大量时间和心血，此时便要夺回所失去的一切。我尚可理解他们这种做法，但毋庸置疑，一定存在着其他的解决办法。我认识一些清白的人，他们因不堪重负而诉诸法律，也站在正义的一边，但当他们请求律师帮他们讨回公道时，被诉政党的辩护律师竟然和他们请的律师在私下达成了交易……你能明白我说的话吧？这种事情随时都会发生，老兄。然而人们还是对律师这一职业大加尊崇，我真是疑惑不解。我自己也雇了律师，但我从来不见他们，因为这些人只要觅得牟利的良机，立即就会扑身而上。”

迪伦想不想谈谈琼·贝兹？我很想知道，对于娱乐圈当时最负盛名的一对伴侣，身为当事人的迪伦想不想透露一下自己的态度？这样的话题会不会惹得他大发雷霆？“你是说我和琼吗？”鲍勃问道。“我会告诉你我的想法，我也希望你能在书中作出解释，如果你能写得清楚明白的话。这么说吧，琼曾帮助我成长，正因她的扶持我才有了今天，但我不觉得自己亏欠她什么，我只是替她感到惋惜。我想对此作出解释，并且希望你能在书中收录我的话，因为我绝无半句戏言。我知道，我其实不必替她惋惜，因为她不愿看到我或任何人这样做，但正因如此，我才更感到难过。我为她感到难过，是因为她找不到可依靠和寻求帮助的角落，身边也没有真诚待她的人。她和那些在街边狂乱地弹着乐器的流浪汉并无太多交集，她不是那类人。要知道，她成长于一个非常和善、温良的家庭，所以她的情感比较脆弱且容易受伤。我曾和她一起住过，喜欢她的房子。你能把这些写进书里吗，老兄？如果你不能，那我们现在纯粹就是浪费时间了。我的意思是，你是想写一本成熟的作品，还是仅仅为了浪费读者的时间？”我赶紧做了保证，打消了他的疑虑。

迪伦表露出一种怪异的反叛神情，像是在特意展示自身并不光鲜和反英雄式的一面，又似乎在诱使我将注意力聚焦在他那消极的思想和自我毁灭的倾向上面。结合过往经历，我认为迪伦其实是在恳求外界的一种理解：在那些雷鸣般的掌声背后，实则隐藏着巨大的辛酸痛苦。迪伦又谈到了早年间的经历，那时我们还一起在格林尼治村里漫无边际地闲逛。“苏西搬出去以后，我变得非常压抑和焦虑，真的如此。”但是他告诉我，他已经从那段精神抑郁的时光中走了出来。

“我可以做任何事情，只要它不会成为一种桎梏或羁绊。我曾经历过这样的事情，也见识过一些类似的人，要知道，人的精神之所以会变得焦虑、抑郁，往往都是因其他某些人而引起。而这些人本身就是垃圾，同时他们还会消磨你的生命，腐蚀你的意志，绝对如此。”我不愿逼迫迪伦指名道姓，但我直言，他的话语让我想起了萨特的《禁闭》（*No Exit*）中的那句“他人即是地狱”。迪伦打趣道：“是谁说的都无所谓啦，兄弟。我不了解萨特，我只知道他长了对斗鸡眼。一般来说，长斗鸡眼的人心眼都不坏。”随即，迪伦说出了一句尘封在他心底的话：“我想过死亡，也有自杀的念头，我自己心里很清楚。”

随后，我问迪伦是否愿意把这一切绝望的情绪在唱片中描写出来，他说道：“我说了一些自己的坏话，而且从没对这些话作过解释，但我会作出解释的。我也希望你能好好利用我说过的这些话，比如把它们写进书中，只要把上下文语境补全就好了。没人真正了解我所处的状态，很多人觉得我在吸食海洛因，但要是那样想的话就太天真了，因为我所做的事情太多了。嘿，我既然坐在这里，就不会对你撒谎，让你绞尽脑汁地琢磨我所做的事。我确实会做很多事情，只要它们对我有帮助，而且我深知自己不会依赖它们来找寻自我，就是这样。兄弟，事实本就是如此。”

我一直以来都在细细回味迪伦那晚在煤气灯酒吧给予我的忠告，他叮嘱我“一定要写那些真正对自己意义重大的东西”。那时我根本无法想象，我将来写出的作品，竟恰恰是关于这个给我忠告的人。迪伦接着对我说：“放心兄弟，你怎样写都不会伤害到我的，只要所写内容句句属实即可。我绝不是在开玩笑，我不会感到些许的伤痛。罗伯特，我希望你写出一本诚挚真实的书，而不是胡乱拼凑一些空穴来风的内容。要知道，我是真心地信任你，我今天之所以坐在这里，正是因为我深知你是我希望与之合作的人。我也曾与许多人有过类似交流，但我后来发现，他们中的不少人还只是个孩子，也就22岁上下，他们虽然了解我，也会写作，但终有代沟是无法逾越的，他们难以理解，也不能用文字予以表达。因此我不愿与他们共事，我给自己披上了一件保护的外衣。但是，我真切希望与你合作。”

我们的谈话主题又转到了民谣歌曲“运动”上面。我们两人的言辞都流露出愤愤不平之情，因为对于迪伦用电吉他将民谣和摇滚糅合的做法，当时民谣圈所持的态度实在是充满了恶意。“此前没人提醒我要用电吉他，”迪伦强调道，“我也从未问过任何人，请相信我。对了，我是从第二张专辑开始用上电吉他的，你要不要在书里阐明一下？”那张专辑是出版于1963年5月的《放任自流的鲍勃·迪伦》，根据迪伦的提示，那里面“一共有四首电吉他演奏的歌曲，但他们后来把这四首删掉了，因为不是我本人写的。不过哥伦比亚唱片公司还留着这四首歌，他们正积极对其进行润色、加工。”在披头士乐队享誉美国以及1965年的“民谣摇滚”热潮前夕，迪伦极力地向世人宣示，他并不是一个可任意被外界定义、分类的歌手。“我痛恨人们给我贴的种种标签，因为这些标签非常肤浅，而且荒谬透顶。我心里自然清楚，这些东西绝非我自己的真实形象。目前，我已找回自己原有的状态，这种状态独一无二，且不用刻意追求。我当前所做的事情，正是为了将来的发展而作的必要准备。”

我们将探讨范围延伸至整个音乐界，也聊到了迪伦当初是如何爱上的民谣，而从此刻起，迪伦的态度也变得愈发强硬而坚决。这期间，我几乎无须问任何问题，因为迪伦又开启了他的长篇独白。“我本不爱谈论这些，因为我不想看到事实被歪曲，但当我到了纽约之后，我理解了很多东西，因为在那里我见到了庞大数量的歌迷。我不愿从他们中间牟利，也不想留在那里，因为那违背了我的本心。很多次，我都挥霍了歌迷的厚爱，我也时常选择与他们对抗。他们认为我与他们是一路人，但我自知无法与他们为伍。同样，无论我有任何想法浮上心头，我都会直言不讳地告诉他们。然而，我对任何形式的团体都没有丝毫的敬意，而纽约充斥着各种各样的团体。我只对人怀有尊敬之情，比如伍迪（伽思礼），他用浪漫的方式激发了我的创作灵感——他不惜牺牲自己的时间来帮助我，所用的方式也是别具一格。伍迪总是比其他人更优秀一些，也更睿智一些，因为他来自于乡村。我们见了面，也进行交流。我热爱伍迪，我多么希望他今天也在这里。”迪伦提到了人们关于伍迪音乐风格的一些通常的疑问，于是我便问他，是否感觉伍迪的作品太过于单调。迪伦当即予以否认：“不，绝对不单调。根本原因在于，我能从他的作品中读出他创作的初衷，我甚至可以想象出他坐在桌前伏案写作的场景，那定是一幅安静平和的景象。我可绝不是在说他的坏话，因此你尽可把我说的话写进书里，兄弟。我绝不会否认伍迪对我的强烈吸引力和深远影响。他对我的影响并非体现在音调变化或是唱腔中，真正吸引我的，是聆听他的歌声时的感受，我能听出他内心的孤寂和迷茫。而这正是我热爱他的原因。”

迪伦强调，尽管他正处于自己民谣事业的顶峰时期，但他仍保留着对摇滚的热爱。“苏西·罗托洛可以向你证实这一点，因为没人比她更清楚，我在1961年至1962年间演唱过猫王所有的专辑。苏西是我那时唯一的伴侣，她会告诉你，究竟有多少个夜晚我彻夜不眠地写歌，然后把写好的给她看，问她：‘这首写得怎么样？’苏西的父母和工会有来往，她本人也早在我之前就投身于这场追求平等与自由的运动。因此，我会把我的歌放给她听，她也非常喜欢这些歌。苏西是个才华横溢的女孩，但她总是有些怯懦。”

我们又聊到了《放声歌唱！》杂志，这本杂志曾大力吹捧过迪伦，后来又转而与迪伦作对。为了维护经历风格转型的迪伦，我那时曾与该杂志社进行激烈争吵。然而，迪伦认为争吵、辩论完全是在浪费时间，他告诫我：“你难道还不明白？如果你头脑聪明的话，你就只管大步前进就好，不要在原地停留驻足。所有人都会死去，我所言的死，并非字面意思，而是指走向腐朽和疯狂。如果我有能力帮助他们，我希望让他们能活得明白，但我深知，我无法让每个人都活得明白，因为他们执着于当下朝九晚五的枯燥生活，却沉溺于对不切实际的生活的幻想。我可不想过那样的生活。《放声歌唱！》杂志是个庞大的团体，他们控制了许多资源，比如大量的资金。

此外，他们还建立了一套自己的机制。毫无疑问，鲍勃，他们赚着大笔的钱。在这个团体中我唯一心存敬佩的人就是莫·阿希（Moe Asch），他年纪虽长，却时尚新潮。只有他意识到，生活不应太过严肃，也不要像小丑一样被戏耍，他深知，我们身处的这个世界可不是个马戏团。然而，其他人显然并不清楚这一点，他们只痴迷于权力，虚假、廉价的权力，他们就是一群蠢货，我从不会在他们的请愿书上签字。你琢磨一下，兄弟。这些人行将腐朽，一定要远离他们。兄弟，我就这么告诉你，千万不要与他们为伍。你不需刻意诋毁他们，只要远离就好。”

迪伦望了一眼那个内布拉斯加歌迷送给他的诗歌包裹，他今晚应该不会再读了。我告诉迪伦，当他向那个机场机械工描绘窗外孤寂的景色时，我被深深地感动。“嗯，我挺喜欢那个人，”迪伦回答道。“他挺可怜的，他现在在内布拉斯加那边忙些什么呢？我真的很好奇，很想知道。其实，寂寞无处不在，如果你无法接受它，或是不能与之为伴，那么你的存在对于这个世界便是一种妨碍，也会给其他人带来负面影响，因为你是如此格格不入。但人们有一点是共同的，那就是没人最终能逃离死亡的结局。”

“我知道，现在有人会嫉妒我，嫉妒我所取得的成就，正如我从前嫉妒那些前辈一样。我理解那种感觉，但其实那是种没有信仰以及不热爱自己的表现。这不是什么佛教的陈词滥调，我并非在强迫你热爱自己，然后赞美一切，我的目的只是告诫人们不要墨守成规，而是跳出程式的桎梏。我不希望自己被外界关注，我甚至常有放弃事业的打算，这一点很多人都了解，真的。实际上，在我从英国回来后，我就已经尝试放弃了，现在我也随时有类似的打算。”迪伦透露，他已经搬离伍德斯托克有段时间了。“很早以前我就搬出去了，大概是（1965年）夏末，我搬到了纽约。我在那里住不下去了，因为从前的私密空间已荡然无存，美好的时光一去不返。从今往后，我绝不会再向任何人透露我的住址了，因为人们都争先恐后地恨不得把我解剖。以后，我不会再带人去乡下了，因为乡下的生活很寂寞，如果你不喜欢独处，或是害怕空虚无聊，你很快就会因不堪忍受而坐巴士返回城里的。而我乐于独处，毫不在乎身旁是否有伴，也不觉得与人交流是什么必需的事情，但其他人可就很难做到这一点了。”

自从迪伦着手寻找新的“可供独处”的地点，各路房地产中介和搬家公司可忙得热火朝天了。迪伦问我道：“兄弟，你知道我从英国回来后做了点什么吗？我买了栋31居室的大房子，你能想象得出来吗？不过，那房子后来成了我的一个噩梦。我曾在那儿写出了《重访61号公路》，但是后来我再也无法在那里搞创作了，因为事情后来变得有些难堪，像是被施了诅咒，而我束手无策。当我想写新作品时，我无法回到那里，因为——你闻过分娩时的气味吗？那屋子里就有，简直让我无法忍受，气味挥之不去。我曾努力去适应，去坚持，但最终还是失败了。现在那处房产已挂牌出售，我又搬回了阿尔伯特的家。”

我们简要地聊了聊披头士乐队，迪伦与他们初次见面是在纽约的德蒙尼科酒店，适值他们1964年的巡演期间。不过迪伦向我透露，他感觉自己与马龙·白兰度的关系要更为亲密，远胜过他与披头士乐队的任何一名成员。“我希望你也有机会与白兰度见一面，他简直无与伦比，可媒体界的人士总对他不太友善。”

在本次巡演之旅中，我发觉迪伦和他的经纪人之间出现了许多嫌隙。

“阿尔伯特有时会劝说我做一些事情。有时我们俩能默契地达成共识，而有时这种共识则是在我的命令下达成的。他坚持己见的情况只有一次，其余时间里，我都会命令他住口。”我觉得大众需要意识到，经纪人应该是明星的雇员，而非雇主，可迪伦对我这种看法予以了回击。迪伦坚定地站到了格罗斯曼一旁，就好比男人虽时常抱怨自己的妻子，却绝不允许外人批评她。“你要是以为阿尔伯特是在为我干活，那可就理解错了。凡是贬低阿尔伯特的人，大抵都是些吹毛求疵的评论家。我记得萨拉曾对我说过一句话，不知你是否听过，她说在地狱里面，有一个特殊角落是专门为评论家们准备的。你听过没有？这个角落早在但丁的时代就有了，甚至早于炼狱之火和黑死病瘟疫。你想想这件事就会觉得奇怪，要知道，一个来自公元前，跨越了几个世纪的魔鬼，可不愿意碰到一群多嘴多舌的人。这就是事实所在。”

对于迪伦这种波动很大的情绪，我其实早就习惯了。只有在事情发生后，我才能搞清到底是什么因素让他兴奋或是压抑。本次旅途中，我仔细观察了迪伦的情绪变化，我认为根源在于他性格的那种既深邃又弥漫的悲观主义色彩。于是，我决定迎面对抗他的压抑情绪。然而在数日后，迪伦指出了我对他个人情绪的误解，且回以嗤之以鼻的态度。“我根本就不是悲观主义者，”迪伦说道。“我只是想把自己的想法用最简洁、明晰的方式传达出来。假如我是悲观主义者的话，我根本不会跟你交谈，而是会躲在角落里。但有一件事我从未做过，也永远不会去做，那就是将我的个人情绪强加到别人头上。总之，我到底为什么要坐下来和某个人谈上几个钟头，结果让人家觉得我是个悲观主义者呢？所以说，这简直是一种侮辱！”

“我告诉你问题的所在吧。我从未停歇前行的步伐，这让人们很是头疼，因为他们声称我已死去。尽管这样做很愚蠢，他们还是执着于宣告我的死讯。就在去年，事情一度变得荒唐。那段时间，所有人都在录制我的歌，而我其实可以很轻易地再写一大批作品，然后他们又会录制。他们总是这样欣然接受。”迪伦如此评价1965年的那场民谣摇滚热潮。

迪伦这种矛盾的双重性格曾让每个与他亲近的人感到困惑不解，有时甚至连他自己也难以理喻。1976年年底，迪伦归因于他自己的双子座性格，“它迫使我屡走极端，让我无法找寻中间的平衡状态。我总是在两个极端徘徊，且从未在一处作过多停留。我时而愉悦，时而沮丧，时而昂扬，时而颓唐，时而内敛，时而张扬，时而如豪气凌云，时而又似地上蝼蚁。”这种情况持续已久，至少在10年前的那次飞机上的交谈中，他的情绪就曾波动剧烈。当我透露自己希望采访菲尔·斯佩克特的意愿时，迪伦回答：“好啊，当然可以，快去见他啊。”随即他又态度转变，说起了斯佩克特曾惹他恼怒的往事，但最后还是叮嘱我：“替我转告他，每当我想起他时，我都发自内心地珍重我们之间的这份情谊。”迪伦的矛盾性格还表现在他与媒体、评论家、时尚达人和意见领袖的关系上。实际上，迪伦颇为厌恶这群人，还经常戏弄他们，尽管有时他的注意力也会被这些人吸引。迪伦接着说道：“这么说吧，杂志、评论家、《新闻周刊》、《时代周刊》、《形象》（*Look*）以及《生活》（*Life*）——所有这些东西都是毫无意义的，在我看来，它们根本无法改变人们的思想。如果有人喜欢某种事物，其他人就会思索，想搞清楚为什么这种事物会受到追捧。而我实际想说的是，喜欢就是喜欢，没有什么多余理由，既然他们喜欢，他们就会投入其中。情况就是这样，就这么简单，注定发生的事，必然会发生。由此来说，‘喜欢’和‘不喜欢’这两个词毕竟还不够贴切。”

在迪伦这段精妙的评析之后，我们关于媒体的讨论也告一段落。我试图把话题转移到他的兴趣所在，比如黑人歌手。“兄弟，你去问问艾瑞莎·富兰克林，听听她是怎么评价我的吧，”迪伦说道，“或者问问史泰波合唱团，你怎么不找马维斯·斯特普尔斯聊聊呢？我倒是很好奇她会说些什么。普维斯和罗巴克他们俩也行。你还记得那晚玛哈莉亚·杰克逊（Mahalia Jackson）一行人乘着三辆豪车从防空洞里钻出来的场景吗（1962年纽约兰德尔岛举办德福音音乐节）？从防空洞里出来时，她身边还跟着她那个该死的女仆，那女仆负责拎着她修长的裙尾，还帮她开了车门。她的气质可真是优雅尊贵啊。”

“许多人觉得如今的音乐人没有获得公正的待遇，的确如此，我们可以看到，很多音乐天才只混迹于地下酒吧。但仔细一想，我们现在听到的太多唱片其实都是对前人作品的模仿。他们心中都有一个模仿的对象，于是便在自己作品里堂而皇之地照搬别人的东西。说到待遇，你当然无须付给他们一百万美元并赠送一处郊区豪宅及高尔夫球场。这正是我要说的事情，我们并不是在谈论收入平等或是温饱问题。”

为什么迪伦对民权运动越来越没信心了呢？要知道，他曾经可是在民权运动上倾注了无数心血，也为此创作了大量作品。“不，不，我并不是对民权运动失望，希望你们不要误解我的意思。我只是不想看到，人们被教唆着把快乐建立在优越感上，真的，这简直糟透了。‘黑鬼’一词要是从我口中说出来，一定显得蠢到家了。黑鬼到底是什么意思，我真不知道。黑鬼是指黑人吗？需要有多黑？是指那些和12个孩子挤在一间两居室的破屋子里住的人吗？可是好多白人也住在这样的环境里啊，他们也是黑鬼吗？是有非洲血统的人就是黑鬼吗？可好多白人也有非洲血统。那么是指埃塞俄比亚的那种吗？当然不是，怎么会是那群信仰古老宗教、穿着睡衣的怪人呢！总之，我从来都不反对黑人为争取权利的斗争，从来都不。”

迪伦猛然回忆起他当初在纽约结识的那群黑人朋友，其中有梅尔和莉莉安·贝利（Mel and Lillian Bailey），他们把迪伦当成儿子和弟弟一样照顾；还有吉姆·福尔曼，他曾经是学生非暴力协调委员会的领袖。迪伦回顾往昔，忆起他在佐治亚州的阿尔巴尼的岁月，那时他曾与另外几名黑人青年结交、共事，其中就包括柏妮丝·约翰逊和科德尔·里根。“把他们的名字写进书里吧，我非常喜欢科德尔，他是个疯狂的家伙，对事业有着旁人无可比拟的虔诚与狂热。这么说吧，他看上去挺凶悍的，但他在音乐上的强大控制力让人敬佩得五体投地。他还是个诚信可靠的人，无论走到哪里，他都值得信赖。你知道，我平时与人交往的机会并不多，这就是为什么我希望你能在书中记述那些与我感情深厚的老友，并把我对他们的赞美之言悉数录入。罗伯特，你要知道，我拒绝了所有人，只给了你机会，我将我的所思所想全部告诉给了你。我之所以愿意与你合作，只因为我信任你，而我相信我的选择永远是正确的。我会把我想在书中说的全告诉你，但我不会妨碍干涉你的写作，我也不想从中分得什么收益。”

我已领教迪伦的这种变幻莫测、让人捉摸不定的性格，于是我想进一步探究一下，对于身边的人、音乐创作以及过往的作品，他的态度又是怎样变化的呢？我问道：“在录制完工之时，你往往是满腔热忱、兴致昂扬的，但过几个月后你的态度就180度大转弯，把先前的工作批得一文不值。你总是如此，至少在过去经常这样。”“不，不是这样，”迪伦当即反驳。“近期的专辑我都喜欢。比如《席卷而归》，我就非常喜欢，《重访61号公路》和《无数金发女郎》也同样深得我心。说起我的第四张专辑《鲍勃·迪伦的另一面》，好吧，我可能在录制的时候不够投入，所以有些地方没达到我最初的预期，因为整个录制工作进展得太快了，可谓一气呵成。但我尤为喜爱这张专辑蕴含的思想内涵。说到不喜欢的，那就是第一张专辑了。你知道，第一张专辑里其实有不少有特色的内容，我至今还在用，比如口琴演奏，或者是《永远悲伤的人》，这首歌的结构安排我很满意。再比如《死亡将至》，这首歌至今都是优秀且不过时的作品。但是整体而言，这张专辑未能达到我的标准，你明白吧。它里面的歌曲质量有高有低，故难称完美。”

有人曾说，迪伦作品最大的批评家就是他本人。对此迪伦自己是怎么理解的呢？“没错，我对自己的作品批评得最狠！但这是你说的，可不是我的原话。我自认为我做的许多事情都无可挑剔，尤其是在专辑上做的三处创新。我说这话，并不是要把自己捧得像上帝似的，我只是了解我的实力，我在这一行有足够的资历。《重访61号公路》这个名字是我自己起的，但很多人不理解它的意思。实际上，给歌曲起名也需要进行一番斗争，就好比我爬上一个高高的梯子，各种各样的词汇在我身旁乱舞，等到最后一个词站出来投降：‘好吧，他想起什么名字，就让他起什么名字。’我方才罢休。为专辑选歌的过程也是一场谈判，但我选的每首歌都是有意义的，都经过了我的斟酌和推敲。我也信心十足，确信自己的选择是正确的。”

在本次巡演中，尽管工程师理查德·阿尔德森出色地完成了设备装配的任务，但扩音设备的漏洞还是频繁困扰着迪伦。音响设备的老毛病一直让他们头疼不已，尤其是在体育馆这样的场所演出时。迪伦说：“今年我之所以要做这次巡演，就是为了让所有人都了解到我们正在做的事情。然而事与愿违，我们花了很长时间才意识到，无论我们的初衷多么美好，但如果观众听不到，一切都是枉然。有一群忠实的歌迷，他们一直在背后默默地支持着我们，而我们必须要对他们表示敬意和感谢。可是现在，你也听到了，这世界上绝对找不出比这更糟糕的音响系统了。”迪伦也仔细询问了我的意见，他想听听我是如何评价这套音响在不同场合的效果的。他说他希望在卡内基音乐厅作为本次巡演的最后一站，我半开玩笑地建议他把地点选在大都会歌剧院，因为那里的音响效果很出色。结果迪伦捧腹大笑，随即又表情严肃地问我：“那儿能装下多少观众啊？”

我们又谈到了迪伦写过的一些自述性文字作品，比如创作于1962年的那首回忆录式的散文诗《我的盗梦瞬间》。迪伦又淋漓尽致地展现他难以捉摸的矛盾性格：“我不是不承认，但诗里面写的真不是我，你可别理解错了。诗的作者另有其人，而且我也不再是五年前的我。这完全是张冠李戴，就拿我们俩举例，我们完全是两个不同的个体。”迪伦一边讲，一边指向旁边一名熟睡中的乐队成员。“我就是这么想的，罗伯特，我也乐意回答你的问题。我并不是抵赖、否认，只是那人真的不是我。别人都认为那是我，他们总是这样。”我又问：“那我要是想引用你以前写过或说过的话，也可以这样予以说明吗？”迪伦回答：“当然可以，但不要断章取义，以前有人总是歪曲我的意思，去胳膊少腿的。”“谁写的？”我问。“我自己脑袋干的，”迪伦回答。“我记得整个过程。我记得最初写的草稿，还记得用了哪些文字，我相信这些文字有朝一日能成为小说的。我记得我写作的原因和动力，以及各种让我愉悦抑或烦恼的事物。我现在感觉自己很幸运，因为我还有创作的能力，但过往的六个月里，我可就没那么幸运了。那时我真的很沮丧，因为我们录制了十次，却没能录成一首歌。”他指的是《无数金发女郎》那张专辑的录制。那么是什么原因导致进度缓慢呢？“跟乐队有直接关系，我当初也确实没预料到，一般我也不爱考虑这些事。这倒谈不上是什么过错，因为我知道以后也会出现类似状况，如果我现在回纳什维尔演出，那里肯定没人能胜任类似工作，那我也只好在坏事发生前坐飞机离开了。情况就是这样，所以你不能把过错推给谁，我也没有权利去怪罪任何人。我并不感到自责，我只是非常沮丧。”

我冒着风险问了迪伦一个好莱坞巨星的专属问题——你平时怎么花自己的钱？我屏住呼吸，等待着暴风骤雨的来临。“替我叮嘱他们，”迪伦做了人生中第一次也是最后一次财产公开，“叮嘱他们看好自己的钱包。”我俩同时捧腹大笑。随后，我又询问了他对未来的规划。“我无法谈论未来，”迪伦缓缓地讲着，“过去，我都是缄口不提的，现在会稍微谈一点儿，但绝不会过多地谈及。目前可以确定的是我要拍一部电影，那绝对会是一部佳作。此外，就是这本书了，它将会由麦克米伦出版公司出版。”迪伦一边说着，一边用手指轻轻敲击着膝头的信封。“媒体已经开始大事宣传这本书了，每个人对它都很是期待。”迪伦继续说着，目光审慎地扫视着那个写有《狼蛛》的信封。“每次我读报的时候，都会看到有关这本书的报道。所以我觉得我过早地把书名泄露出去了，真不应该这样，我现在想换个名字。你知道，我从不喜欢太显而易见的事物，任何事物一旦显而易见，那么都是一种倒退。而人不应该倒退，因为你永远无法知晓身后隐藏着什么。你能看见的只有前方的道路，身后只是一片黑暗。”

飞机的颠簸渐渐消退，尽管我们正在高速降落中。丹佛的地势非常高，所以当我们从空中看到地面的瞬间都讶异不已，这架西行的飞机马上就要落地了。雄鹰乐队的成员都开始起身，揉着惺忪的睡眼以振奋精神。他们瞥见迪伦时都惊呆了，因为迪伦一直未睡，仍然在侃侃而谈。鲍勃过去跟维克多和比尔讨论起了飞机降落时的飞行方向，随后又找到罗比·罗伯森，问他在入住汽车旅馆后是否能先工作几个小时，罗比点了点头。飞机平稳落地，迪伦的个人演说却还未结束。他瞥了一眼那个内布拉斯加歌迷给他的诗集包裹，坦言自己只好等回头有空时再读了。他低头注视着两个包裹，目光来回地流转，说道：“我很能体会那个男孩的心情。一个小镇出身的男孩，梦想在有朝一日成为作家，我当然了解那种感受。”

飞机降落得安稳舒缓，以至众人尚未察觉，辽阔的大地深情拥抱迎接迪伦一行人。在机场里，迪伦给远在纽约的萨拉打电话报了平安。随后他们取了行李，租好了车，车队向坐落于西科尔法克斯大道的都市汽车旅馆高速驶去。旅馆的房间已为他们预留，用的是“尘埃与沙砾”的名义。迪伦选了102号房，罗比选了104，而我住在了靠近走廊的108号房。虽然这里有时差，但我们大概可以确定此刻是凌晨3点钟左右，我觉得迪伦应该是准备就寝了。“等我们10分钟，”迪伦对我说，“之后就来我房间吧。”

罗比和迪伦各坐一床，调整至舒适放松的坐姿，两人均手持民谣吉他，开始了为时一个钟头的即兴演奏。我喝了点咖啡，强打起精神，准备录下他们工作时的场景。他们演奏的都是些新曲子，我一个名字也叫不上来，到了《眼神哀伤的低地女子》这首歌时，迪伦兴奋地说：“这是我写过的最好的一首歌，请认真地把它听完。”而罗比此时已面色昏沉，布满倦容。[3]我也必须要回房睡觉了，可以预想，明天一定又是个冗长的室内工作日。结果迪伦说道：“明天一早我们就去中部城转转，你们一定会喜欢的。咱们明早11点在这里集合。”

次日清晨，鲍勃跟远在纽约的格罗斯曼通了电话。“我还有五首新歌要录，”迪伦在电话里说。“哦哦，我觉得他们的报价可不够有诚意啊。嗯，行啊，西纳特拉表示感兴趣？你觉得奥蒂斯·雷丁（Otis Redding）怎么样？我希望由他来唱。”随后，我们前往中部城。我们本来是为了散散心，但迪伦一路上都一言不发，似乎心情有些阴郁。“我是想保护一下嗓子，”他解释道，“早上说话时就有点嘶哑。”

当年首次走完从丹佛至中部城的这段25英里的长途旅程时，迪伦用的是大巴车和搭便车的方式。整个旅途中，各种西部荒野的元素活灵活现地亮相，如金矿、县治安官，以及众多曾出现在电影场景中的建筑物。在1966年的一个阳光灿烂的午后，鲍勃再一次踏上了这段旅途，随行的有比尔·阿维斯和维克多·梅穆德斯，他们共乘一车，徐徐盘行于蜿蜒曲折的58号高速公路上。这条公路曾是丹佛的一条生命线，任何补给物资都需由此进入，而淘金者们的战利品也要从这里运出。现如今，这条灌木丛生、乱石林立的山顶公路已然成为一处旅游景观。

迪伦安静地坐在副驾驶位置，为了保护好嗓子迎接丹佛的演唱会，他全程都不怎么说话。迪伦此刻和他在《无数金发女郎》封面上的形象别无二致，光线投射在他鬈曲的头发上，闪耀出一束耀眼的光环，下面是一张瘦削且布满倦容的脸庞，这样的形象后来甚至被亨德里克斯等其他艺人模仿。

“不知道今天的中部城会是怎样一番景象，”迪伦对我说，“我第一次去的时候，那里简直就像是天堂，我仿佛置身尘世之外，远离一切琐碎的事物，那座城市的确有种魔力，想象一下，我那时还是个刚高中毕业的学生，第一次置身于群山的环绕之中！我感觉自己就像是在探索这个世界的未知领域。”我们途经一间粗陋简朴的乡间小屋，它由瓦楞铁、沥青纸和木头块拼凑搭建而成。“这里有没有电视天线，咱们找一找！”鲍勃命令道。最先进入我们视线的是一位胡须浓密的乡间隐士，他一边赶着羊群和猪群，一边踱步。紧接着，我们发现了电视天线。鲍勃按下按钮，不一会儿，DJ的声音就沿着山间小路扩散开来。“下面是来自西蒙和加芬克尔的一首最新最热的单曲，《回家》（*Homeward Bound*）。”迪伦静静地听着，偶尔用手调整一下领口，或是轻抚脸颊。

车子又转了几个弯，眼前景物仿佛把我们带回了1859年，映入眼帘的是斑驳破旧的石头建筑，以及排列在山边的褐色木屋。1859年5月，由约翰·格里高利（John Gregory）领衔的九名来自佐治亚州的勘探者曾到此寻找金矿，他们被人称作格里高利挖掘队。在短短三个月间，这一团队壮大到两万人。来自康沃尔的矿工带着他们对音乐的热爱来到这里，《帕迪·凯西在夜晚中的双手》（*Paddy Casey's Night Hands*）是当地的第一首流行歌曲，讲述了一名传奇的爱尔兰矿工的故事。1862年，蒙大拿剧院的老板乔治·哈里森（George Harrison）向他的竞争对手查理·施维茨（Charlie Switz）开了35枪，但他因比施维茨更为出名而最终免于刑罚。娱乐圈里发生什么样的奇闻趣事都不新鲜。再后来，一些从事高雅艺术的人士开始在这里安家落户，并于1878年兴建了一座歌剧院，后人也把这座城市赞为“美国的萨尔茨堡

（the American Salzburg）”。等到迪伦第一次造访时，已有众多艺术节每年在那里举办了。

我们在老法院附近停了车，沿着尤里卡街一路步行至梅恩。“一切都没变，一切还是从前的老样子。”鲍勃说道。在路过歌剧院时我们细细观察建筑外观，就像一个正在选景的电影剧组。这时，有些游客开始目不转睛地盯着迪伦看，一个少年更是叫喊起来：“他怎么在这儿啊？”沿着主街北上，出现了一家无名小酒吧，里面很是昏暗，外面是很大的圆形玻璃外窗，使得整个酒吧看上去活似一个水族馆。“就是这里了，”迪伦一边说，一边向屋里窥视。原来，这里曾经是著名的“镀金袜带（Gilded Garter）”餐厅的所在地，迪伦当年夏天曾在此度过一段清苦的演出时光。1961年时，迪伦曾向我描述起那时的经历：“当时我在台上唱了几首我的民谣歌曲，几分钟后，脱衣舞女就登台了。接着观众就开始大喊大叫，央求舞女们再多脱一点，但她们表演结束就下台了，节目又换回到我的民谣表演。随着夜色越来越浓重，空气也变得浑浊起来，台下观众都喝得酩酊大醉，讲着污秽的话语。因此，我愈发地感到难受、恶心，直至最后我被解雇。”

随后，我们就从酒吧离开了。“我也就在那里工作了几周时间，”迪伦说，“但那段时光我永远不会忘记。虽然他们付给我非常微薄的薪水，但我可以拿到三明治和酒水，还能近距离观看脱衣舞表演。当然，那些醉汉制造的噪声也是免费的。”我们走进了一家古董店，迪伦花了15分钟时间在那里挑选纪念品，他向我借了一美元买了一些明信片，剩下的零钱又买了一顶小牛仔帽。店里挂着一幅经典照片，主人公就是那位死于盛年的全民公敌约翰·狄林杰（John Dillinger）。店主告诉我们这幅照片定价20美元，

“这可是个稀有物件。”迪伦仔细端详着，整个画面宛若《邦尼和克莱德》（*Bonnie and Clyde*）中的剧照一般：“我先考虑一下，等会儿告诉你。”午餐时间，我们随便吃了些鸡蛋和汉堡，紧接着就返程回丹佛了。“时间过得真快，”迪伦沉吟道，“简直难以置信，仿佛当年来这里的人不是我，而是其他某个人似的。”

游览结束之后，我们回到了旅馆。我揣测迪伦可能会睡个午觉，但他执意让我半小时后就过来找他。当我来到他的房间时，他正穿着褪色的旧衬衫和旧牛仔裤在屋中踱步——刹那间，我们仿佛回到了四年前在格林尼治村时的纯真岁月。我打开录音机，开始了两小时的采访环节。迪伦的态度比在飞机上时温和了许多，但仍不改能言善辩、心直口快的本色。采访中，我们聊到了他在希宾、纽约、丁奇镇、伍德斯托克、孟菲斯以及伦敦的经历。迪伦后来打开了电视机，竟全神贯注地看起了恐怖片，但他谈话时的思绪并未被其打乱。当电影中的大反派开始调制某种邪恶药水时，迪伦像个大男孩一样叫喊起来：“哎呀，你看呐！一会儿他就得被泼一身氰化物！”

迪伦在房间中四处走着，在忙着整理衣服的同时，余光还停留在电视屏幕上。我们又聊到了他的帽子，他的首场演唱会，以及那时的民谣风潮。迪伦是否有意写一部自传呢？结果他断然否认：“不，一点儿兴趣也没有。”这样，我写的这本书倒是帮他省了不少事，如果他乐意的话。“说到我对你这本书的期待……我之前跟阿尔伯特说过我在跟你合作，他的反应是：‘你说什么？！’”我们俩相对大笑。鲍勃接着说：“我‘嗯’了一声以作回答，结果他用了好儿个感叹词以表示惊讶与疑惑，我只好不断安抚他，让他尽可放心。”他也是为了保护你，我这样对迪伦说。“没错，他是为我好，但是——”随后，迪伦又开始了对经纪人这一职业的炮轰，把他们分为“窝囊废、得势小人和支配狂”三类人。

“巡演这么紧张劳累，你怎么能有心思写歌？”我问迪伦。“确实很困难，兄弟。自从9月份以来，我都快被折磨死了，而且一点头绪和灵感都没有。这是段非常难熬的时间，此前我从未经历过，简直让我沮丧至极。”迪伦说他明年准备缩减行程了。“我不愿意讨论自己的事业，因为很难用语言去描述。在我自己看来，我能获得如今的成就已非常幸运，但我实在不清楚未来会是怎样。”

后来，我们又聊到了那些在人生路上对迪伦意义重要的人。“苏西，我整个余生里都会对她温柔以待。任何时候，只要她需要帮助，我都会伸出双手。”然而对其他的一些人，迪伦可就没这么有耐心了。“那些反对我的人，他们最好别跟我有什么交集，因为他们迟早要被那群自以为了解我的白痴骗得团团转。”我们的话题非常自由，不受时间和地点的拘束。于是迪伦谈到了他与罗伯特·格雷夫斯在1963年的初遇：“我第一次见到他是在英国，当时他正和别人在谈话，而我正在台上唱《霍利丝·布朗》。那时候我根本不知道罗伯特·格雷夫斯是谁，台下坐着寥寥可数的观众，他就是其中一员。后来他起身与四名自称‘专业人士’的年轻人说起了话。他们在‘蓝天使（Blue Angel）’这样的酒吧驻唱，其中有人负责弹手风琴，有人弹低音提琴，有人弹哥瑞齐节奏吉他，另外一人负责演唱及吹长号。格雷夫斯想了解他们对音乐的见解，便走过去跟他们聊天，而此刻我还在台上唱《霍利丝·布朗》。于是我停止了演唱，向下面问道：‘这人是谁啊？’”谈到尤恩·麦考尔时，迪伦评价道：“我之前还以为他已经死了。你知道，像麦考尔那样的人有很多，他在评论汤姆·帕克斯顿和菲尔·奥克斯时说的话简直是卑鄙无耻，而且没有丝毫的价值和意义，根本起不到任何积极的效果。美国的传统民谣绝对是种伟大的音乐形式，但总有人想将其置于汹涌的舆论压力之下，让它因不堪重负而垮掉。”

时间过得飞快，我有些担心这样的进度是否会让迪伦过度劳累。“别担心，我状态很好。”迪伦把玩着他给女儿买的那顶小牛仔帽，然后又拿出了一条“兔子领带”并细细擦拭，这是为下一次夜场演出而准备的。演唱会的服装总是那么另类，迪伦发出了感慨和自嘲，我这时关上了录音机。“我希望你下周能和我们一起去埃尔帕索，”迪伦对我说，但我在西海岸还有不少人要见，便婉言拒绝。迪伦透露，由于《无数金发女郎》专辑还有许多工作要做，故原定于俄克拉荷马的两场演出也被迫取消。“那5月份去欧洲，你没问题吧？”迪伦又问。我说我还不确定，也许到时还有工作要做。“好吧，我现在要去忙了，演出结束后再说。”

从入秋时起，迪伦就忙于各种演出，而此时又要去迎接一场拥有3 000观众的演唱会，他旺盛的精力让我惊讶不已。丹佛市政礼堂的音响效果很糟，经常出现刺耳的回音，而台下的观众并不知晓，这已经是迪伦在不到一个月的时间内进行的第17场演唱会。演出完毕，我返回迪伦的旅店房间，里面早已挤满了人，空气中洋溢着愉快兴奋的情绪。看样子迪伦已抽了不少大麻，他兴高采烈地向众人描绘着列侬和麦卡特尼一年前从他在阿尔伯特音乐厅的演唱会上仓皇溜走的情景。迪伦模仿着披头士成员们的一举一动，比如匆忙地跑下楼梯，在楼梯上大口喘着粗气，不住回头检查是否有人追来，以及追赶要离港的航班等，奉献了一出妙趣横生的哑剧。雄鹰乐队的成员不时爆发出雷鸣般的爆笑声，一些歌迷也呼朋唤友，相邀一起观看迪伦的表演。尽管迪伦尽显豪迈气度，但仍难掩他疲惫的身心，因此我觉得这一天的活动该结束了，便转身离开。迪伦跟了过来，送我到门口。

“听着，罗伯特，我对你绝对信赖，相信你笔下的文字全都忠于事实。”尽管脸上还带着倦意和嗑药后的晕眩，迪伦温和、宽厚的一面又浮现出来。“到时候你看看是否能抽空去趟埃尔帕索或是英国，那里环境大不相同，但只会更好。还有，替我向拉尔夫问好。”拉尔夫？噢，对了！几天前我曾跟迪伦提过，我打算去旧金山看望拉尔夫・葛利森。[4]令人难以置信的是，身处各种纷繁复杂的事务中的他居然记得某件我打算做的事。迪伦回到房间，告诉大家天色已晚，而他还有其他事情要处理。于是众人纷纷离去，那晚热闹的聚会也就此落幕。

澳洲中部之旅

格罗斯曼或许早已料到，比美国中部地区更为庸俗和混乱的澳大利亚，竟会给迪伦带来不小的麻烦。然而，既然金斯顿以及彼得、保罗和玛丽三人组合的专辑已经在那里热卖，迪伦有什么理由做不到呢？在完成西雅图、塔科马、温哥华和檀香山的演出任务之后，迪伦协同雄鹰乐队于4月12日抵达悉尼，开启了为期15日的澳洲之旅。《墨尔本新闻周刊》（*The Melbourne News Weekly*）用这样的文字迎接了他们：“阳刚男孩和甜美女孩的时代已一去不返，现在，那些外表女性化的男孩子已开始接受女性的思维方式，而男性打扮的女孩们甚至逐渐扮演起男性的角色……这种情况发生之时，就是社会文明崩塌之日，取而代之的是一种更为原始、更具男子气概的人类族群。”

再也找不出比这更具前瞻性的告示来提醒你澳洲文明即将分崩离析这一事实。对于迪伦而言，澳洲为他此次巡演所做的宣传工作微乎其微，电台主播们也从未播放过他的歌曲。迪伦在各个澳洲城市间穿梭，但所见的记者都无一例外地不友善、愚蠢、冷漠且蒙昧无知，对此，他本人也以强硬态度回应。报纸上的相关内容称不上是新闻报道，倒更像是对迪伦的一种回击。在每场演出后，或是在面对毁誉参半的评论时，迪伦团队都选择无视非议，继续前行。在他们乘坐的305号航班抵达悉尼时，有大约50名歌迷与媒体一道前来迎接。迪伦满足了歌迷的签名要求，他签的是“幻影”。不一会儿，迪伦蓬乱的发型和他戴的墨镜引来了人群的提问：“你为什么开始玩摇滚了？”迪伦回答：“你们这儿管那种音乐叫摇滚吗？”“你是个职业的垮掉派吗？”“我曾经参过军，那时我们还有工资可领，但工资不太够用，所以我就转行当了歌手。”“你怎么从不去看望自己的家里人？”“我要知道他们在哪儿就好了。”“你为什么喜欢穿这种奇装异服？”“这种打扮在我们那里并不新奇。”“把头发弄成你这样是不是要费很大一番功夫？”“不用，你只要每天枕着它睡觉，然后坚持20年就行了。”事后《悉尼太阳报》（*Sidney Sun*）这样描述迪伦：“侏儒一般的身材，苍白病态的脸色……表情就像是刚从手术室里推出来的病人，身上的麻醉剂还没散去……45分钟的交谈可谓废话连篇，语无伦次，哈欠不断，唠叨不止。”《澳洲人》（*Australian*）的头条这样写道：“迪伦携众人的憎恶而来”，而《悉尼每日镜报》（*Sidney Daily Mirror*）猛烈抨击迪伦的“虚情假意”。整个巡演过程中，澳洲媒体始终认为迪伦不配受到任何宣传，但他们还是不情愿地做了。

最公允、最让人感同身受的报道来自于《悉尼先驱晨报》（*Sidney Morning Herald*）的克雷格·麦克格雷格（Craig McGregor），他的报道甚至在日后被修改并收录在《鲍勃·迪伦的人生回顾》（*Bob Dylan: A Retrospective*）一书的引言部分。迪伦把大部分时间都花在写作、读书及弹新曲子上面，但他也试探性地接触了一些谈得来的人，见面地点就设在酒店房间。悉尼首演当天，麦克格雷格也受一位巡演助理之邀参加，并参观了后台。那天是4月13日，表演场地位于可容纳一万人的悉尼体育场，迪伦因不习惯那里的旋转舞台而倍感紧张，每首歌唱完后，舞台都要旋转90度。在演出的休息时间，麦克格雷格见到了迪伦，他正蹲坐在台阶上不住地抽着烟。麦克格雷格极力解释自己是“一名作家”而不是“新闻媒体的一员”，要知道，当时只要一提新闻媒体，迪伦就火冒三丈。

《太阳报》（*Sun*）的报道角度发生了翻天覆地的改变，首日的标题还是“悉尼有史以来最荒诞的演唱会”，次日就变成“人性光辉、艺术气息与深邃思想的绝妙融合”。4月15日，迪伦一行人北上飞往布里斯班。《每日电讯报》（*Telegraph*）写道：“民谣歌手抵达却无人问津”，整则报道倒像是一篇引发读者好奇心的软文。面对布里斯班的媒体，迪伦坦言自己的歌曲都会传达某种思想，但他不能将其讲明，不然就会得罪一部分听众。为时两小时的布里斯班专场中出现了扩音器的问题，但有些观众仍称现场声音“震耳欲聋”。不过，电吉他在演出中的使用倒是没引起什么非议。次日，迪伦的演出在《新闻简报》（*Bulletin*）的封面故事板块中占据了整整两页之多，但里面尽是伪造、臆断的内容。《布里斯班快邮报》（*Brisbane Courier*）的头条写道：“给迪伦的建议：做回原来的自己吧。”《阿德莱德邮报》的标题写道：“民谣界的百万富翁。”《珀斯新闻》（*Perth News*）写了很长一段话：“（迪伦）留着10英寸长的头发、半英寸长的手指甲，以及数不清位数的银行账户。震惊不已的是无数澳洲歌迷，因为他说他并不在乎种族歧视和那些消逝于战场的年轻生命。”类似的新闻内容数不胜数。迪伦在澳洲的主要拥趸都是一些悉尼的艺术家和作家，其中包括地下杂志《盎司》（*Oz*）的创始人理查德·内维尔（Richard Neville）和马丁·夏普（Martin Sharp）。在澳洲的民谣爱好者中，迪伦仍然具有很大争议，但《澳洲人》的民谣乐评人埃德加·沃特斯对迪伦青睐有加，他写道：“迪伦仍然是他那代人中最富影响力的歌手之一，他的音乐感染了大多数睿智而敏感的心灵。即使是那代表性的粗陋嗓音与歇斯底里的唱腔也是传达他歌曲内涵不可或缺的元素。”

在悉尼的最后一场演出依然设在悉尼体育场，这次不仅门票被抢购一空，音响效果也有所增强，就连台下观众的欣赏能力也大大提高了。迪伦第一次在这里体验到了家的感觉。第二天是个周日，清晨的《太阳先驱报》头条如此写道：“迪伦到此并未赢得歌迷欢心。”随后一行人又飞往墨尔本，那里还有两场演唱会等着他们。到机场迎接的有大约500名歌迷、好事者及新闻媒体。有人问道：“你人生的终极目标是什么？”“当一名切肉工。”“能说得更具体一点儿吗？”“切大块儿的肉。”“现在有不少年轻人在模仿你，你觉得这是件好事还是坏事？”“是件小事。”“你觉得澳洲怎么样呀？”“从我年幼时起，我就一直想来澳洲。那时我有个熟人，他说他有一个朋友的祖父曾听人讲过澳洲的一些事。由此我产生了强烈的好奇心，我特别想弄清楚一件事：那个家伙到底有没有祖父？”“你来这里的一大原因也是为了钱，我说到点上了吧？”“嗯，我也赚到点上了。”“你一般以什么形象登台演出？”“穿着衣服呗。这也是整个演出中我唯一无法掌控的环节。”“你真的什么都不在乎吗？”“这我不好说，真的不好说，因为当我在美国时，没人会问今天的这些问题。三年时间里，他们只想把我扮成小丑，所以你看现在，我从不接受采访了。15年来，我一直用写作的方式来表达自己，我知道那些记者需要靠我来谋生，但我决不允许自己为他们所利用。毫无疑问，对于战争，对于越战，我有自己的想法，但我的关注点是在战争的徒劳性上面，而不是在战争的道德层面。”

对于墨尔本这两场演唱会中出现的摇滚桥段，现场观众表现出的更多是困惑而非恼怒。《墨尔本时代报》（*Melbourne Age*）的一位记者对此表示理解：“迪伦在台上摇摆不定，似乎已被公众的抨击搞得头晕目眩。对于部分人而言，迪伦的冗长回答充满了天马行空的臆想，虽荒诞不经，却也不失趣味……如果说有人失去了耐心，那便是迪伦自己。迪伦谦卑地作着解释，承认自己只是个‘旁观者’，无意涉足这场纷争，然而这个时代的广告商都希望找些桀骜不驯的人，尽管这些人内部或也存在某种主从关系。”《墨尔本太阳报》对该记者的看法表示赞同，认为其“深刻挖掘并剖析了人性的动机，尽管言辞犀利，不留情面，但并不让人感到残酷”。

4月21日，迪伦前往阿德莱德（Adelaide）。他被等候在停机坪的数百人簇拥着，但据说其中只有八个人是他的接待团体的成员，“牛仔们都在哪儿呢？”迪伦问。随后，他就要赶往酒店出席另一场新闻发布会。当电吉他在演出中亮相时，一些观众选择起身离场。《阿德莱德广告人报》（*Adelaide Advertiser*）认为迪伦“成功吸引观众的注意”，但是他的“表演就像彼得·洛瑞一样空洞，形象酷似哈珀·马克斯，走起路来像个提线木偶一样”。次日，迪伦西行2 000英里奔赴珀斯。飞机抵达时，他赤着双足，对众人说：“这趟跨越沙漠的飞行可把我颠得够呛。”当日有近百人到场迎接。在一场新闻发布会上，迪伦又展示了自己凌厉的口才：

“你一般在什么时候写歌？”“我从不在周五或周二晚写歌，这是个墨西哥的古老传统。”“你写歌的动机是什么？”“人如果渴了，就会去喝水；如果饿了，就会去吃饭。而我靠写歌来充饥。”“能谈谈你对越南战争的看法吗？”“没看法，仗是澳洲人打的。”“可是美国人也在那里啊？”“他们只是帮澳洲人打仗。”“有人说你是天才——你同意吗？”“说我是天才的人可能没见过自己的祖父母吧。”“你说你不想被别人当成一个怪人，那你为什么要穿成那样呢，而且为什么要留那种发型？”“我的服饰打扮很传统。”“有传闻说你从来不洗头或刷牙，是真的吗？”“瞎说，我有四套假牙呢。”“你靠写歌赚了多少钱？”“750亿美元吧。”“你怎么评价此次澳洲之旅？”“这是目前为止我做过的最与众不同的一件事。”

4月23日，在完成位于珀斯议会厅剧院（Perth’s Capitol Theater）的演出后，鲍勃先出席了一个小聚会，然后回到酒店，与年轻的女演员罗斯玛丽·格瑞特（Rosemary Gerrette）见了一面。罗斯玛丽的母亲是《堪培拉时报》（*Canberra Times*）的一名专题编辑，虽然罗斯玛丽本人对迪伦知之甚少，但依然希望能见一下迪伦。在接下来的几天里，她与迪伦成为朋友。那次初遇给罗斯玛丽留下了极深刻的印象，直至多年以后，她仍不断提起。1977年时，她曾跟我通了一次电话。我告诉她，虽然她那时还是个不知名的演员，但我以前就曾在安东尼·斯卡杜托（Anthony Scaduto）的书里读到过她的名字。她回答："难道我就这么点知名度？"5月7日的《堪培拉时报》上刊登有罗斯玛丽的一篇文章，其中详述了一次彻夜写歌的经历。那晚，迪伦曾把《狼蛛》读给她听，并对她说："人们总是不愿过默默无闻的生活，而一旦丧失这种生活状态将意味着什么，他们从不知晓。"罗斯玛丽对文学有着深厚的感情，曾聆听过许多文学名家的演说，也拜读过波德莱尔、达雷尔以及澳大利亚诗人的诗作，她的房间里摆满了诺曼·梅勒（Norman Mailer）的作品。告别珀斯后，迪伦和他的团队乘坐了27个小时的飞机抵达了斯德哥尔摩，而他在澳洲媒体界掀起的波澜直到数周后才逐渐平息。《雨天的女人》一曲在恰当的时间发行，却也在恰当的时间被禁。

欧洲征程

拖着疲倦的身躯，忍受着时差带来的不适，迪伦和雄鹰乐队于4月29日抵达斯德哥尔摩。演出就在当晚，而斯堪的纳维亚半岛的观众感到非常诧异，因为迪伦以"组合"的形式登台表演，这在他们中的一些人看来实在是一种背叛。在斯德哥尔摩期间，迪伦还做了一场5分钟的电台访谈，但录音带后来一直在坊间被非法传播。在一场新闻发布会上，迪伦向哥本哈根媒体抛出了两个问题："附近什么地方能看到奶牛？"以及"哈姆雷特住的那个城堡在哪儿？"

迪伦于5月5日在都柏林艾德菲剧院（Adelphi Theatre）的演出绝对称得上是一场灾难。现在，这场演出的录像已被删减至95分钟，前50分钟是不插电表演，后45分钟是电吉他环节。按照《光碟和回音》（*Disc and Music*

Echo）的说法，后半部分的表演竟然让一群“审美水准高并且教养良好”的现场观众陷入火山爆发般的狂怒。“叛徒”“把助唱团体赶出去”“长毛玩偶”以及“把话筒音量调低点儿”的怒吼声此起彼伏，慢速拍手这种独具爱尔兰特色的喝倒彩方式被现场观众广泛采用，就连见多识广的音乐杂志编辑们也被震惊得不轻。《旋律制造者》杂志这样评论：“让人难以置信的是，我们竟然看到了一个扭着屁股的迪伦，他的唱腔和举手投足之间都像是在模仿米克·贾格尔……对于大多数人而言，这都是无比失望的一晚。”《爱尔兰时报》（*Irish Times*）写道：“作为一个用轻柔音符谱写诗句的诗人，如果他能不借助吉他、口琴和宣传手段而表演……那么向广大群众普及诗歌的事业也就不再是痴人说梦了。”

雷·科尔曼（Ray Coleman）就观众的反应作了以下总结：“如果说迪伦1965年的巡演是一次空前绝后的成功，那这一次他将英国民众的期待击得粉碎。当人们普遍都在斥责迪伦抛弃原声吉他时，披头士乐队选择给予他支持与鼓励。披头士乐队出席了他在阿尔伯特音乐厅的演唱会，并在现场赞颂迪伦为‘真正伟大’的歌手。后来，乔治·哈里森也出面捍卫迪伦使用乐队的权利：‘那群离场的人绝对都是白痴，他们根本不了解真正的迪伦。迪伦并没有变，他只是在摸索自己前行的方向，如果他想用电吉他，那电吉他就是他应该做的选择。有谁定下规矩禁止他做这些吗？’讥笑揶揄的声音并未因此消失，”科尔曼继续说道，“于是，就坐在我后排包厢的披头士齐声向那群抱怨者喊道：‘放过他吧，都给我闭嘴！’”

抵达伦敦后，迪伦的摄影团队进入工作状态，他们中的许多人在上一年都曾参与《不堪回首》的拍摄工作。他们这次拍摄的是一部片长一小时、

16毫米的彩色电影，一开始是为ABC电视台的“第67号舞台”节目准备的。电影名为《销毁文件》（*Eat the Document*），自问世以来极少被公开放映。1971年2月9日，该电影在曼哈顿音乐学院被放映两次；1972年11月30日至12月13日，电影在纽约的惠特尼艺术博物馆（Whitney Museum of American Art）展播。经过迪伦和霍华德·阿尔克的剪辑，电影的片长在那时已被缩减至54分钟。博物馆的宣传标语里把这部电影形容为“一部反传统且极具冒险精神的佳作，挑战了我们对于一位巨星以及他的公众形象的固有认知”。乔纳斯·梅卡斯（Jonas Mekas）在《村声》杂志上写道：“这是所有有关摇滚乐的电影中内容最丰富、拍摄手法最优秀的一部……我们能深刻体会到主人公的态度……蕴含了对未来的期许、旺盛的生命活力以及对生活情趣的追求。”

然而，来自《纽约时报》的文森特·坎比（Vincent Canby）对于这种把迪伦描绘成“偏执狂诗人”的方式表示怀疑。不过坎比赞赏了阿尔克，认为他选择与彭尼贝克合作拍摄是个明智之举。同时，在ABC电视台因最初版本未能体现出“我们所在的城市，以及这里所发生的故事”而予以回绝后，阿尔克与迪伦做了积极的修改并上交了全新版本。阿尔克在自己的工作笔记中写道：“编辑总想臆造出一些对话或故事，或者在电影中添加仇杀、罪恶、旅行、奴隶制以及色欲的元素，就连电影配乐中也存在虚假成分。然而，我们只想做一部真实的电影，甚至做一部喜剧也未尝不可。”

在拍摄过程中，彭尼贝克只担任名义上负责人，因为他曾向我透露，《销毁文件》这部影片“已成为迪伦个人的电影，他接管了一切。虽然演技有些欠缺，但我觉得里面的歌曲真的棒极了。电影最初的名字叫《彭尼贝克眼中的迪伦》（*Dylan By Pennebaker*），但后来被迪伦改为《销毁文件》，出处源于阿尔·阿洛诺维茨的一句名言。这一次，迪伦更深入地参与到实际拍摄中。片中的有些外景选在了巴黎的奥林匹亚音乐厅，但我觉得最好的一场戏就是迪伦的生日聚会那段。在苏格兰时，我主要负责舞台拍摄，那可真是个无与伦比的工作，而整个拍摄任务的最佳环节当属在格拉斯哥的那段时间。另外，快速胶片的光晕效果真是太美妙了，它能完美地展现出嗑药或摇滚乐所带来的那种眩晕的氛围。对于影片最后部分的剪辑，无论迪伦如何谦虚，我都认为那是全片意境的一个升华，使之超越了此前的《不堪回首》”。

时长20分钟的伦敦新闻发布会上出现了一些小摩擦，但《光碟与回音》杂志的记者表示能够理解迪伦的古怪风格：“当他（迪伦）认为对方所提问题很愚蠢时，他会表现得比较粗鲁。他不太爱与别人合作，但他同时是个极富同情心和幽默感的人。（会场上的）那个人问的问题太过荒唐，难怪他会失去耐心。”而该杂志的另一名记者乔纳森·金认为，迪伦把媒体当成是“一群面无表情的人，他们贪得无厌，而且毫无教养”。

迪伦在英格兰的首场演出于5月10日在布里斯托的柯尔斯顿大厅进行，现场出现了观众退场的情况，而且最后也没有返场加演节目。演出后，媒体上是清一色的负面评论。《格洛斯特公民报》（*Gloucester Citizen*）写道：“目睹自己的偶像不惜以牺牲歌词和韵律来臣服于摇滚乐，那些尚能忍耐的歌迷暴露出了自己对偶像的冷酷与漠然。”一封寄给《布里斯托晚报》（*Bristol Evening Post*）的信中写道：“这位杰出的诗人曾是我生命的全部，但他现在却选择自毁前程。”另一封写道：“我觉得自己刚刚出席了一场葬礼，他们用电吉他和响鼓做成的坟墓将迪伦埋葬。唯一让我感到慰藉的是，伍迪·伽思礼没有出现在那里。”

5月11日，出现在卡迪夫议会剧院（Cardiff's Capitol Theatre）的威尔士观众则表现出了更多的尊重。虽然音响设备的问题在本场得以解决，但英方的巡演工作人员逐走了所有的媒体和剧院员工：“在完全准备妥当之前，谁也不能见玛琳·黛德丽（Marlene Dietrich），哪怕一眼。”《今日舞台与电视》（*Stage and Television Today*）认为卡迪夫的观众“似乎已经接受了迪伦的新形象，而且几乎没经历什么阵痛”。

5月12日的演出位于伯明翰的音乐堂，但开始时间延迟了45分钟。演出过程中，卡迪夫专场的那种和谐气氛荡然无存，一切又回到老样子：观众对原声吉他的独奏片段表达敬意，但对后面的摇滚桥段表示不满。不少观众愤然离席，还有人叫喊着“民谣骗子”“叛徒”“还我迪伦”“美国佬，滚回家吧”以及“我们要听民谣”等抗议口号。《伯明翰邮报》写道：“迪伦，一代传奇就此陨落。”《旋律制造者》杂志称：“面对这种电音民谣，伯明翰断然拒绝。每当歌曲间隙，迪伦都选择长时间背对观众，这给了质问者许多可乘之机。”《埃文河畔斯特拉福德先驱报》（*The Stratford-upon-Avon Herald*）更是将此次演出看作毁灭的前兆：“我们这个时代的英雄，以及我们都曾竞相崇拜的半人半神，已将自己的光环摧毁。不管前程如何，鲍勃，我们与你一路同行。”

5月14日，迪伦来到了利物浦音乐堂，这里是披头士的地盘。[5]开场前，那里看不到任何宣传造势的布告。演出期间，一名抗议者喊道：“那个诗人迪伦为何不见了？”“你怎么不拷问一下自己的良心？”迪伦反唇相讥：

“瞧啊，那儿有个家伙正寻找圣人呢。”在5月15日的莱斯特，演出的上半场非常成功，但雄鹰乐队一登场，观众就开始用“把他们弄下去”的口号招呼他们，紧跟着的是口哨声和退场的人群。《剑桥时报》（*Cambridge Times*）写道：“观众已遭受如此大的打击，如果我们再怪他们不懂欣赏，可就太不够意思了。”日后做了小岛唱片、百代和CBS唱片的媒体主管的大卫·桑斯森当时也发表了评论，他在《莱斯特插图编年史》（*Illustrated Leicester Chronicle*）中写道：“能有这样优秀的乐队来支持演出，对于迪伦何尝不是一件好事。迪伦可能是当今最伟大的年轻诗人之一，他用自由诗的形式完成了金斯伯格和科尔索曾创下的伟业，但他仍在坚持诗歌创作。那群毁了整场演出的人以后会成熟起来的，他们终将明白，他们对迪伦的偏见，丝毫不亚于迪伦曾对抗的那些社会偏见。”

某个神秘人在5月16日致电谢菲尔德高蒙剧场，警告他们那里会有“一场大爆炸”。在我们看来，神秘人的身份更有可能是个疯子，而不是民谣纯粹主义者。最终，火警和爆破小组苦苦搜寻无果，而在场的2 000余名观众毫不知情。在曼彻斯特专场，部分媒体和观众的表现就像是一群被洗脑的暴民，他们发表着各种反动言论，如原始人一般卑劣的审美水准也暴露无遗。他们在演出结束后仍纠缠不休，个中动机就不得而知了。我们必须承认的是，这群人清楚自己想要什么，但他们似乎很享受与民谣摇滚对抗的乐趣。5月17日在曼城自由市政厅的演出又招致了各种敌意与仇视，尽管迪伦已为现场过高的音量道了歉，但对于平息蔓延的愤怒情绪无济于事。

5月19日在格拉斯哥音乐厅的演出中虽仍有抗议分子，但他们的声音被支持者的声音盖了过去。有人喊：“还我迪伦！”鲍勃回应：“迪伦在后台养病，我是来替他的。”抗议者喊：“叛徒！”“闭嘴吧！”支持者回击：“好好洗洗耳朵吧你们！”5月20日周五在爱丁堡的演出设在ABC剧场，观众席同样出现了两极分化。当迪伦发现自己的口琴里有根断簧时，来自海斯特克农庄的安德鲁·杨把自己的递给了迪伦。此曲唱罢，迪伦回到后台拿了新口琴，然后把借来的口琴以及另一支全新的口琴一并送给了安德鲁。《苏格兰每日快报》记录道：“（迪伦）昨晚被观众嘘下了舞台，更有的观众掏出自己的口琴吹了起来，以期盖过迪伦的演唱声。”5月21日在纽卡斯尔音乐厅的演出中，一首《多余的清晨》（*One Too Many Mornings*）招致台下一片噪声，其中夹杂“让我们看看你还有什么本事”及“你真该跟动物学学唱歌”等叫喊声。然而当迪伦唱响《像一块滚石》时，台下听众又对他温柔以待。

迪伦在巴黎奥林匹亚音乐厅的演出定于5月24日，适值他的25岁生日。这场的入场票最高60法郎，而2 000张票在演出前一个月就被抢购一空，法国艺人强尼·哈利迪、查尔斯·崔尼、弗朗索瓦·哈代、胡格斯·奥弗雷以及安托万也是到场观众。法国媒体可谓是世界上最悠闲自在的媒体了，迪伦抵达之日，有1 000多人参加了法国工会在乌兰组织的节庆活动。在勒布杰机场向众人宣告迪伦到访的是奥弗雷，他曾因在巴克莱（Barclay recording）翻唱迪伦的歌曲而成为法国对迪伦歌曲的最佳阐释者。里昂当地的《进步报》这样评论道：“现场的掌声震耳欲聋、经久不息，每个人都很清楚，真正的明星是迪伦，而非奥弗莱。”还有报纸更是将迪伦与兰波、普鲁斯特、詹姆斯·迪恩以及弗朗西斯·维隆相比较。法国的嬉皮士们对迪伦喜爱有加，因为在他们国家也有一些像迪伦一样集诗人、歌手于一身的艺人，比如雅克・布莱尔（Jacques Brel）、吉尔伯特・贝高（Gilbert Becaud）以及乔治・布拉桑（Georges Brassens）。甚至连哈利迪（Halliday）这位23岁的法国摇滚歌星也把迪伦当成自己的朋友，他带着迪伦夜游巴黎，还送给迪伦一支土耳其水烟作为生日礼物。在巴黎，占星师的数量一定比心理医生多，因为有个巧合让法国媒体一直津津乐道，那就是哈利迪、安托万和迪伦三人都是双子座。

法国人喜爱迪伦的原因还在于他对和平的孜孜追求，以及他本人对博若莱葡萄酒和巴多的钟情。此外，法国人也喜爱迪伦的诗歌风格。菲利普・拉布罗在5月3日的《她》（*Elle*）杂志中写道："他的歌中唱的都是美国那些破败的后街、肮脏的小酒吧以及在昏暗的屋子里打台球的人们……屋子里充斥着烟味和汗臭味，能听到的只有人们的只言片语。它们都是些平淡无奇的角落，但那些伟大的书籍［比如斯坦贝克、考德威尔和福克纳的作品］与电影（特别是罗森的电影）正是取材于此。在如今这个社会，迪伦是个真正的诗人和作家。"

有家法国报纸的报道数字出现了错误，它把迪伦的专辑销量夸大到1 800万，更声称迪伦的年收入已超过100万美元。巴黎的记者们认为，迪伦在奥林匹亚音乐厅表现出的控制欲几乎赶上了玛利亚・卡拉斯。"他这一场演出的所得比一名工人工作10年挣的钱还多。"《巴黎日报》（*Paris Jour*）上如此写道。同样令媒体愤愤不平的是迪伦入住乔治五世酒店时的表现。迪伦一开始被领进了一间豪华的总统套房，里面的装饰富丽堂皇，墙上挂有西班牙艺术大师的油画，家具均为路易十五的私人古董。"这是什么东西？"据说迪伦这样问酒店女佣。"你应该知道，我不喜欢路易十五，如果五分钟内你不能给我换个合适的房间，我就立刻乘飞机回美国。”于是我们这位先生被领到另一间豪华套房，当然，这与路易十五没有任何关系，只是他不喜欢房间地毯的颜色。迪伦最终做了让步：“好吧，我们就凑合住这顶野营帐篷吧。”可以预料到，5月23日在乔治五世酒店召开的记者招待会又成了一场灾难。其间，一名记者询问迪伦对第二次世界大战中的盟军入侵有什么看法，迪伦很是恼火。一些照片显示，迪伦当时手里举着一只大木偶，据说名叫“芬尼安先生（Monsieur Finian）”。当被问到会用哪首歌来总结此次招待会时，迪伦回答：“《你好，多莉》（*Hello, Dolly*）。”

在巴黎时，迪伦遇到了一位老朋友——格迪斯民谣城的麦克·波尔科。波尔科刚从他的家乡卡拉布里亚回来，他走了很远的路程专门来看望“鲍比”。在去往乔治五世酒店的路上，麦克碰见了格罗斯曼。“迪伦现在不接待访客，他需要休息了，我不能为你们安排见面。”麦克执意要见迪伦，最终还是进了他的套房，结果迪伦热情地迎接了他。“鲍比对我的招待非常周到，完全不是格罗斯曼说的那样。他带我见了每一个人，还说我就像他的父亲、叔叔，还有哥们儿，我心里美滋滋的。现在回想起他那天的样子，我依然觉得很有意思，在巴黎那家酒店的重逢让我感到很快乐。”

演出的尾声部分采用了高潮突降的手法。台下的观众的确难以控制，但迪伦倒也没有被捣乱声搞得被动。演出期间，有人在舞台上悬挂了一大幅美国国旗，台下有不少人高呼：“生日快乐！”在给吉他调音时（据说调了14分钟），台下出现了不和谐的声音，但立即被迪伦的肺腑之言镇压下去：“我是为你们而歌唱，我很重视这次见面，所以我不能疏忽任何一个细节。”《巴黎先驱报》（*The Paris Trib*）认为，迪伦紧绷的神经影响了他的发挥，但是作为“一个个性鲜明的人，迪伦巧妙地驾驭了一群桀骜不驯的歌迷。那首《荒凉街区》摄人心弦，韵律和意境让人久久回味”。

电吉他的演奏似乎很对奥林匹亚音乐厅的观众的口味，而雄鹰乐队的表演也融化了部分观众那冰冷的内心。然而，大多数评论依然尖酸刻薄。《费加罗报》打出了“偶像的陨落”的大标题，其正文指出，观众都已从迪伦的歌声中察觉到他的双重性格，他就像一个病态的木偶，“总也无法从自我麻醉中苏醒过来”。《巴黎文艺》（*Arts Paris*）抨击迪伦抛弃了音乐厅的传统，并认为嘲讽、暴力以及精神崩溃等歌曲主题太过于沉重。《勒哈弗尔自由报》（*Le Havre Libre*）更是直言不讳地将本场演出描绘成一次彻头彻尾的失败。《巴黎日报》对迪伦在调音时说的那些玩笑话表达了不快，包括“你们有报纸可读吗？”以及“别担心，我也盼着早点完工，然后与你们一道离开这里。”[6]

另一部分乐评人则表达了同情之心。《艺廊》（*L' Évenement*）杂志认为迪伦被误解了，而《人道报》（*L' Humanité*）写道：“迪伦歌里描绘的美国对他们来说太过陌生，因此他们也就无法理解迪伦歌曲的内涵了。”实际上，迪伦曾问过台下观众是否懂英语，而大部分都给了肯定回答。鲁昂的《星期日自由报》（*Liberté Dimanche*）为迪伦送上了赞誉，因为他“为广大民众重塑了诗歌的形象，在某种意义上，他称得上是20世纪的荷马”。一家名为《大侦探》（*Detective*）的巴黎报纸提供了这样一个细节：“迪伦成功的秘诀正源自他那种漠不关心的态度。他有时会惹恼别人，但这也正是他吸引人的原因所在。”反观《巴黎日报》，某位头版记者简单明了地写道：“鲍勃·迪伦，你该回家了。”事实上他的确这样做了，那是在重返伦敦并在阿尔伯特音乐厅完成谢幕演出之后。

那座建于维多利亚时期的圆顶建筑正是皇家阿尔伯特音乐厅，尽管音响效果不够理想，但它所展示出的那昔日的辉煌气派和高高在上的冰冷感，足以让人将其比作英国的卡内基音乐厅。5月26日和27日的两场演出结束后，迪伦的首次世界巡演终于落下帷幕，而这两场无一例外地延续了此前的套路：观众全神贯注地聆听他的原声吉他弹奏，而对于电吉他的使用则愤怒不已。雷·科尔曼点评道："最后一场演出里，仍有上百名观众提前离场。毫无疑问，迪伦一定对这种行为痛恨不已，可以看出他的内心受到了伤害。但另一方面，观众的离场更激发了他誓与自己的电子乐器团队执着到底的决心。不过我觉得那个团队真是一大耻辱，他们在那晚的演出中制造了太多噪声，我们根本听不见迪伦的歌声，简直是一场悲剧。"

《泰晤士报》认为迪伦的歌声"全被他那群搭档的声音淹没了"，而《星期日泰晤士报》的乐评人当时"就坐在9 000名观众中间，所以非常赞同抗议者喊出的那句'让那鼓手消停会儿！'"这名乐评人赞美了前半部分的表演，认为迪伦传递出一种"残酷的忧郁感"。但他觉得助演团队制造了太多的"喧嚣和混乱"。《晨星报》将这两场演出称作"迪伦音乐生涯的灾难……阿尔伯特音乐厅有史以来最荒诞的音乐现场……仅有的几次灵光乍现都来自于那些连唱片段和他的异国腔调"。

迪伦可能同阿尔伯特音乐厅的观众讲话次数最多，对于那些叫嚷着要听抗议歌曲的人，迪伦回应道："拜托，我唱的可都是抗议歌曲。"《每日电讯》认为迪伦这句话"帮他探清了当前的危险系数，但自那以后，整个观众席上几乎再也听不到任何掌声……目前来看，他似乎对与观众交流这件事情看得越来越淡”。

音响系统的毛病仍是个未解之谜，即使是那些喜欢民谣摇滚的人，也觉得现场的音效糟糕透顶。然而，阿尔伯特音乐厅的那场非法私制录音却一直以音效非凡而著称，摇滚乐评人戴夫·马什（Dave Marsh）曾在《奶油》（*Creem*）杂志和《国际时报》（*International Times*）上将其称作自己“听过的最优美、最极致的摇滚乐，绝对是皇家般的享受”。另一个让人震惊的方面就是迪伦在舞台上那些一反常态的发言。科尔曼曾在给我的一封信中提到，迪伦在观众面前出现了情绪失控的迹象：“天啊，我唱的东西一点儿没变啊，你们难道听不出来吗？”很明显，他已彻底厌烦了那群抗议者对《雨天的女人》的抵制，于是选择予以回击。实际上，《雨天的女人》这首单曲已被美国的广播电台列入歌曲黑名单之中，而英国内务大臣罗伊·詹金斯更是收到伯明翰的一位议员的请愿信，信中表达了希望在全国禁播这首歌以及伯兹合唱团那首《八英里高》的意愿。据《旋律制造者》杂志称，迪伦在不插电环节中展开了连续的猛烈回击：“以后我绝不会再在英国开演唱会了。接下来这首歌，就是你们英国音乐媒体经常提到的‘嗑药歌’，而我以后不会再写任何‘嗑药歌’了，因为我不会写，‘嗑药歌’这种说法也简直是粗鄙不堪。毫无疑问，我喜欢我所有的老歌，但世事总在不断变化，你们每个人都很清楚。我从没有说过那些老歌是‘垃圾’，我的字典里没有这个词，即使有一天这些歌真的被丢弃到舞台的角落，我也不会称之为‘垃圾’，因为我总会唱起那些熟悉的旋律。对于接下来你们要听到的这首歌，你们或许能在唱法和歌词方面提出各种改进意见，但你们说的所有这些方法，我们都已一一试验过，因为我从10岁起就开始唱这首歌。民谣只是我音乐生涯中的一个阶段，但却意义非凡。如果你们不喜欢也没有关系，因为这不是你们平时听的英国音乐，你们此前也根本没听过真正的美国音乐。我想说的是，你们不要把此时听到的这些当作歌曲，而是要把它们当成旋律与语言的统一体，喜欢就继续听，不喜欢也没关系，如果你们对我的音乐有不同见解，我会很欣慰，因为我受够了被人们不停地问：'这歌是什么意思？'这种问题就是毫无意义的废话。"

据《旋律制造者》杂志的记者称，他们曾在现场听到"伍迪·伽思礼都会被你气得在坟墓里打滚"以及"垃圾东西"这样的叫喊声，但大多数观众都希望好好聆听迪伦的音乐，他们的回击最终压制了抗议者的气焰。迪伦后来又演唱了《荒凉街区》和《蓝色宝贝》，最后以电吉他环节收尾。在演唱最后一首《像一块滚石》时，迪伦高声喊叫出了那句关于对现状感到麻木的歌词。科尔曼补充道："那些选择留下来的忠实观众当时都大声喝起彩来，迪伦又一次征服了全场，尽管期间情绪有些许失控。然而，我们此刻仍不禁发问：'他到底想要去哪里？有没有人知道？他自己知道吗？'"[7]

纷繁复杂的命运轮回

拖着蹒跚的脚步，迪伦与雄鹰乐队于6月份回到了美国，他们心灰意冷、筋疲力尽，还带着一腔怒火。就在这时，格罗斯曼又已安排好了64场国内演唱会，而且开幕时间已然临近。"不要回头"此刻已无法表达迪伦无奈的心情，换成"不要向前看"倒似乎更为贴切。7月29日周五晚，我接到了一通从希宾打来的电话，迪伦父亲的声音听起来心急如焚："这里的电台刚给我打了电话，他们说收到了一条迪伦骑摩托出严重车祸的新闻简报，你了解具体情况吗？”听到这个消息，我同样震惊不已。“格罗斯曼的公司一点忙都帮不上，”艾比说，“我也打不通萨拉的电话。你能帮我打听一下消息吗？有任何情况都请你通知我们，鲍勃的母亲都快急死了，我也一样。”仅仅四个月前，我接到了一通类似的电话，得知了法理尼亚在摩托车事故中丧命的讯息。我赶忙致电《纽约时报》，以求了解更多迪伦的情况。

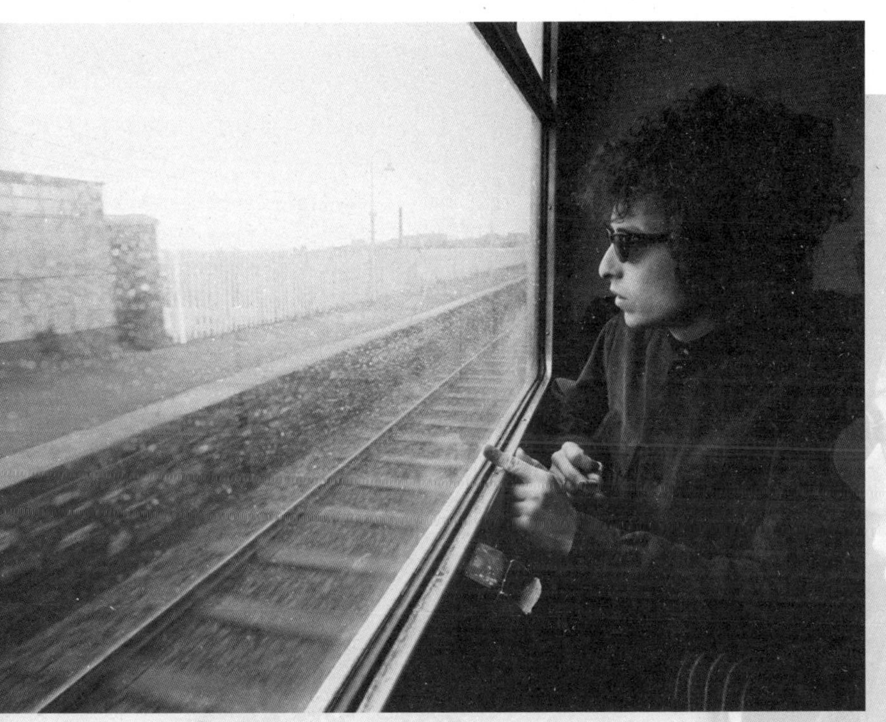

《不堪回首》，1966年5月，迪伦取道贝尔法斯特前往都柏林，那场音乐会已是“一场巨大的灾难”。

第十一章　聆听沉默之声
Listening to the Silence

此人绝不属于艺术家的范畴，因为在他身上，你看不到那种对于纯真且简单的生活的渴望。他漠视友谊，也从没有可倾注心血的个人追求，甚至连人人都具有的那种隐秘的、有些恼人的本能欲望也在他身上看不到丝毫踪迹。他对一切世俗意义上的欢愉都毫无兴趣。

——托马斯·曼（Thomas Mann），《托尼奥·克罗格》（*Tonio Kröger*）

离群索居、浑浑噩噩、随波逐流、魂不守舍，这就是普通人当前的生存状态。

——R. D.兰恩（R D Laing）

沉默是诗人的心灵庇护所。

——乔治·斯坦纳，《沉默与诗人》[1]

他对很多事情都一概不过问，这便赐予了我们与他一同创作的宝贵机会。由此，他的歌曲也成了我们共同的歌曲，因为这些歌曲正是我们赖以生存的空间。通过聆听、钻研，我们解锁了他的音乐中的谜题，也努力去增强其艺术感，而这种艺术感就是我们创作的源泉。这是有史以来最具民主精神的创作形式。

——彼得·汉米尔（Pete Hamill），1974[2]

正因有了沉默这一武器，艺术家得以免于俗世中的种种奴役，无须在雇主、客户、消费者、对手、仲裁人以及歪曲自己作品的人面前奴颜婢膝。一旦他从同辈人中脱颖而出，那么他的豪情、傲气只有一个归宿，那便是沉默。选择沉默，实则是选择了一种优于所有人的处世方式。由此可见，艺术家比常人拥有更高的智慧，从而能提出更多的问题，他们也拥有更坚强的神经和对卓越的更高追求。

——苏珊·桑塔格（Susan Sontag），《沉默的美学价值》（*The Aesthetics of Silence*）

1966年7月29日那场摩托车事故的细节很难查清，但根据媒体的普遍报道，迪伦险些在那场车祸中丧生。在我看来，一个小过失似乎成了挽救迪伦生命的关键因素。在驾驶时，迪伦忘记打开他那辆“喜悦500”的后轮锁，因此在灾难发生前，后轮出现的一系列意外情况反而助他减缓了车速。艾伦·威利斯在《猎豹》（*Cheetah*）中写道：“各种令人不寒而栗的谣言不断出现，有人说迪伦在车祸中丧命，也有人说他毁了容、落了残疾或是精神失常。而最新的说法是，这次车祸只是他为在事业上全身而退而打的幌子。自兰波讲出那句‘我即是他者’以来，还没有哪个艺人像迪伦这般热衷于逃避。作为一个标志性的人物，他的作品中的个人色彩正不断消逝，这虽合他本意，却让他的听众万分恐惧。”

关于那次车祸的具体情况，记者们做过成千上万种猜想。有位来自东京的音乐记者更是发表过一则“病榻旁的采访”，而迪伦本人对此坚决否认。《芝加哥论坛报》（*The Chicago Tribune*）在1967年时曾作出以下评述：“这位音乐先知的一个惯用套路就是不断地隐退然后复出。每次复出时，他都为人们带来新的消息，而这些消息预言了流行音乐的发展走向。”然而最令人感到困惑的是，每当格罗斯曼透露出一些那次车祸的细节，迪伦都会立即给出截然不同的讯息。

1966年至1967年，格罗斯曼为迪伦安排了60余场演出，他还四处搜寻机会，想为迪伦签个丰厚的唱片合约。迪伦反复强调车祸后遗症的严重性，但阿尔伯特不以为意，他断言，鲍勃虽然摔断了颈部，但只需几个月的时间即可重返工作岗位。不过，这种说法是无稽之谈。迪伦的弟弟曾向我透露：

"鲍勃从未说过有什么摔断脖子的事情，即使有，也是阿尔伯特干的。"所以我后来在文章中表达了对那场车祸的严重性的质疑，觉得其中存在夸大的成分。结果大卫当即从伍德斯托克赶来找到我，他坚称："确确实实有这么一场车祸，这点千真万确。"《新闻周刊》的休伯特·萨尔（Hubert Saal）曾在1968年年初采访过迪伦，他记述道："迪伦现在不愿演出与那场车祸没有任何关系，因为他早已彻底痊愈。'我现在要肩负起更多的责任了。'他这样说道。"

迪伦曾对我说："（那场车祸）发生在早晨，我当时已连续三天没有睡觉了。后来车轮轧到了一摊油迹上。现在只要遇上潮湿的天气，我的伤口还在作痛。"这些话迪伦只对我说过，对外则称自己当时正行驶在离伍德斯托克住所不远的斯特列贝尔街上，准备把车拿到车厂去修，然而车速过快，后轮还上了锁。事故发生后，迪伦被一辆朋友的车火速送往米德尔顿医院，据报道称，他摔断了脊椎骨和颈部，可能还遭受了脑震荡，头部和面部也有不同程度擦伤，定于八天后在耶鲁体育场举办的演唱会也就此取消。迪伦知道自己受的伤有多严重，在康复期间，他也醒悟到，自己应当重新思考、规划人生，多花时间陪陪家人，以及享受沉默带来的宁静。的确，那次车祸正如媒体报道的那样惨烈，但它早已成为一种隐喻，昭示着一次寻求变革的良机以及一种释放自我的可能，还开启了一段为期七年半的静谧、安宁的人生历程。[3]

然而，音乐商人们可不太待见迪伦这种从摩托车上摔下来的"不听话"歌手。据传，在车祸发生后，格罗斯曼曾说："他怎么能这样对我？"另外，他的助手查理·罗斯柴尔德也曾这样问我："你知道安排60场演唱会要费多大的力气吗？”（当我把格罗斯曼的话转述给迪伦时，他大笑道：“现在你知道他真正关心的是什么了吧，无非是担心那些演唱会罢了！”）

9月底的时候，艾伦·金斯伯格看望了迪伦，还给迪伦带了一些艾米丽·狄金森（Emily Dickinson）与贝尔托·布莱希特（Bertolt Brecht）的书，他觉得迪伦伤得并不严重。1961年1月，迪伦在麦克米伦的编辑罗伯特·马克尔（Robert Markel）曾这样说道：“从事故发生至今，迪伦渐渐康复，但速度很慢。他一度甚至无法转动眼球，所以难以继续工作，但好在他还身体健全地活着。”电影制片人彭尼贝克对《旋律制造者》杂志说：“我知道，其实他的伤并没有他描述的那么严重。他无非是为了推迟上那档电视节目的时间，这正是他所希望的。不过他确实去看了医生，我去看望了他好几次，他的身体被一个大支架箍住……不管真实情况如何，他确实是受伤了，所以就权且当他那时正处在恢复期吧。”

《世界新闻论坛报》（*World Journal Tribune*）的一位记者曾一路尾随阿尔伯特，来到了位于科德角的那间造型粗犷的大房子，然而他被萨拉拒之门外：“我们很担心会有各种各样的疯子过来打扰他……这里的生活非常孤单，极少有朋友会来这里，我们也从不到城里去。”1967年1月，《纽约邮报》的一名记者被两条看门狗赶了出来，萨拉声称此人涉嫌非法闯入，还叫来了当地的治安官。第一位获准接近迪伦的记者是《纽约每日新闻报》（*New York Daily News*）的迈克尔·亚切塔（Michael Iachetta），同年5月份，迪伦向亚切塔透露了一些近况，他说自己“只见了几个亲密的朋友，对外面的世界几乎不闻不问，还悉心研读了一些由不知名作者所著的书籍。在展望前路、回首往昔并清算个人得与失后，发现自己做了太多无意义的事情，而当下正需做的就是不断努力提升自身，从而创作出更好的音乐，这正是我人生的全部意义所在”。但是在该记者的文章中，迪伦被描述成“身体和精神上均留下了创伤”。不过拉尔夫·葛利森引用了格罗斯曼的话为迪伦做了辩白，他说迪伦当时戏弄了那记者，实际上迪伦“身体已安然无恙，绝无创伤，正计划在今年秋天举办演唱会”。

迪伦在伍德斯托克和纽约一直蛰伏至1973年年底，在这期间，他的创作灵感得到彻底释放。他把自己沉浸在家庭生活里，丝毫不似一个流行巨星应有的样子。当然，隐退期间的他总被一层神秘的面纱笼罩，但他从未间断地通过朋友采访或是发表歌曲来向外界传递信息，其中一部分反映了他的世界观的转变。《无尽空虚》（*Too Much of Nothing*）流露出一种《李尔王》式的虚无感，其中那句“沉睡之水”的歌词还与英国诗人厄内斯特·道森的名句遥相呼应，整首歌曲暗示迪伦正从空洞无物的摇滚乐中脱离开来。《我终将解脱》（*I Shall be Released*）一曲则深刻表达了迪伦寻求个人救赎的愿望。显而易见，《流浪者的解脱》（*The Drifter's Escape*）是个带有宗教色彩的比喻，主人公受困于个人所扮演的角色，被人用魔法引到法庭，在一群虎视眈眈的观众面前等待着毁灭的审判，歌中的“闪电”正是迪伦那场车祸的隐喻。在那首《望着流淌的河水》（*Watching the River Flow*）中，主人公从一个参与者转变成了观察者，而《窗户上的签名》（*Sign on the Window*）和《自由奔跑的狗》（*If Dogs Run Free*）表达了在爱情中个人的极度满足感。观众并不清楚迪伦和他的乐队在全球巡演时的遭遇，所以他们无法理解迪伦对个人空间的渴求，反而会认为迪伦在疏远他们。因此，迪伦不得不一次次地为隐退作出解释。

在接受《新闻周刊》采访时，迪伦说道："我曾一连数月地抬头仰望天花板，但由于我之前也经常这样做，所以很快就习惯了，我并未真正地隐退。我是个乡下男孩，有时候，我必须在独处的状态才能做出一番事情。"根据1968年4月28日的《芝加哥论坛报》的报道，迪伦已经在考虑参演1974—1975年度的滚雷讽刺剧了："如果我要是参演了，那整部剧一定会更打动人心，让所有人都满意。"各种传言仍不断涌现，甚至有人说迪伦在担心自己会被暗杀。到了1969年，迪伦告诉伦敦的《标准晚报》，那场事故"在很多种层面上都对我自己有利，它放缓了我的脚步……巡演的节奏太快以至很难跟上，而且我那时的生活也总是一成不变"。

罗比·罗伯森向《星期六晚邮报》透露："我们直到实在无法承受才停下来……我们太疲惫了，每个人都觉得是时候歇息一下了。于是，此后一整年的时间我们都是在倾听别人的音乐。"1975年春，迪伦在接受玛丽·特拉弗斯的电台采访时解释了自己当年那句"我们必须净化自己了"。迪伦的意思是，流行明星应该有另一种活法，也就是掌控自己的命运，而不是任由别人牵着走。在处理与唱片业、图书出版商和电视媒体的关系时，都应当想方设法保全自己的利益。在面对自己多年的经纪人、邻居以及房东——阿尔伯特·格罗斯曼时，迪伦选择了妥协与让步。

迪伦在哥伦比亚唱片公司的合同已经到期，为了确保一份长期合约，格罗斯曼询问了公司高管克里夫·戴维斯（Clive Davis），希望他能提供一份巨额的担保金。当戴维斯反问为什么金额定得这么高时，格罗斯曼回答："因为它的确值这么多钱。"1966年时，戴维斯接管了哥伦比亚唱片公司，当时公司正陷入诸多麻烦。戴维斯是个咄咄逼人的青年企业律师，他凭借戈达德·利伯森（Goddard Lieberson）的得意门生的身份在业内声名鹊起。在1973年离任时，他成功将唱片部门的年税前利润从500万美元提升至5 000万美元。而1966年时的戴维斯就像一个奴隶主，不停地给手下的雇员和签约艺人施压，他希望留住迪伦，但又不想参与格罗斯曼和米高梅、国会唱片等厂牌玩的高赔率赌博游戏。戴维斯觉得自己十拿九稳，因为他很清楚，迪伦当前的影响力已远远超越他自身的实际价值。

1966年的圣诞节当天，米高梅宣布与迪伦成功签约。从合约条款来看，迪伦仍欠哥伦比亚唱片公司14首歌曲，或者说一张唱片。在《纽约邮报》的一篇文章中，诺拉·埃夫隆指出了迪伦这份合约中的漏洞，认为其很有可能被哥伦比亚唱片公司利用，从而在一年时间内用之前的版税来牢牢拴住迪伦，并将迪伦个人利润的百分之九十都转到征税人的手里。1967年4月，哥伦比亚唱片公司中断了迪伦所有唱片的销路，这份禁售令来得让人措手不及，迪伦只得拼命地录歌以补上市场空缺。戴维斯告知阿兰·克莱恩（Allan Klein）——一位曾卷入米高梅的代理权之争且富有争议性的经理，迪伦的销售额绝对是米高梅所始料未及的。虽然米高梅已获得迪伦本人的签字，但他们最终并未复签。

与此同时，迪伦和格罗斯曼对米高梅的看法却有了变化。格罗斯曼再次找到戴维斯，要求他将迪伦此前版权费用提高一倍。戴维斯在他1974年出版的自传《克莱夫：唱片业的内部》（*Clive: Inside the Record Business*）里写道："我当时觉得这是个完美的解决方案，便当即接受。要知道，这份版权费用比我们此前付过的任何一笔都要高出一倍，但若能留下迪伦，也是值得的。"1967年8月21日，哥伦比亚唱片公司自豪地宣布了与迪伦重新签约的消息，这次可是一份独家的长期合同。此后不久，迪伦就回到了录音室，开启了新专辑《约翰·韦斯利·哈丁》的录制工作。

过往与哥伦比亚唱片公司签的那两份合同根本激发不起迪伦的自信心。在签第一份合同的时候，戴维斯劝说迪伦不要太过冒进，因为他还只是个无名小辈。此外，戴维斯还提醒迪伦，那首关于约翰·伯奇的歌曲容易被人当作诽谤。不过在成为哥伦比亚唱片公司的首席执行官之后，戴维斯、迪伦两人的关系要比以前更为融洽。戴维斯常说，在1968年1月的两场伽思礼纪念演出的间隔时间里，两人曾进行了一次会谈，由此便达成了亲密的工作伙伴关系，迪伦也开始时不时地给戴维斯寄去他的录音成果。据戴维斯回忆，每逢新专辑出版的前夕，迪伦才会露面。此时，迪伦已开始自行处理个人事务，并逐渐疏远了格罗斯曼，而戴维斯觉得“他（迪伦）需要有人带给他新的理念，并不断激励他，为他出谋划策，在必要时会伸出援手。当然，与迪伦合作并非易事，我每走一步都必须小心翼翼”。鲍勃告诉我，他在哥伦比亚唱片公司的日子里也是小摩擦不断：“无论我想做什么，总会有人出来反对。至于艺人和作品部里那群人，我想跟谁合作就跟谁合作，与克莱夫·戴维斯没有一毛钱关系。”

那张《纳什维尔的天际线》成为迪伦迄今为止销量最高的一张专辑，销量达到了120万张，而其中最脍炙人口的一首单曲当属《趴下，女士，快趴下》。自那以后，戴维斯就开始口若悬河地吹嘘：只要配上一首热门单曲，迪伦每张专辑的销量就都能翻倍。然而，迪伦拒绝为那张《清晨》配一首单曲，结果销量仅仅够《纳什维尔的天际线》的一半。“正如那些乐坛传奇评论的那样，他（迪伦）有时候确实是变化莫测，难以捉摸。他可以非常温文尔雅、谦逊有礼且乐于配合，但有时又变得犹疑不决而且心浮气躁。录音室里的迪伦绝对是所有效率专家的完美榜样，因为一切工作在他手里都完成得迅捷无比，可谓一气呵成。要知道，西蒙和加芬克尔为录一张专辑可能会花上18个月的时间，而迪伦只要一进入录音室便立即开始演唱，一切就是如此简单。他用一种极其随意，有时甚至是松懈的态度对待整个录制过程，对他来说，歌曲本身才是重中之重，其他的一切都是次要的。”[4]一旦录音完成，迪伦就变成了一个好战派，对唱片的设计、标题以及歌曲时长极尽挑剔之能事。不过，在唱片正式发行后，迪伦又会回归沉默。

1972年，迪伦与哥伦比亚唱片公司的合同期满，一段充满不确定因素的岁月再次来临。其时，鲍勃对任何长期合同都怀有戒备之心，他与哥伦比亚唱片公司也出现了严重的意见分歧。电影《帕特·加勒特与比利小子》（*Pat Garrett and Billy the Kid*）上映后遭到了《纽约时报》的负面评价，而戴维斯等人将其归咎到迪伦头上，认为是他迟迟不发布原声专辑所导致的。后来原声专辑一经发布，专辑和电影果然都收获了热烈好评。

当迪伦准备续约事宜时，戴维斯却在哥伦比亚唱片公司陷入了四面楚歌的境地。迪伦希望能在哥伦比亚唱片公司用自己的方式做音乐，而戴维斯依然是他最坚实的后盾。戴维斯为迪伦拟订了一份新合同，保证迪伦在包括《帕特·加勒特》（*Pat Garrett*）在内的三张专辑中获得每张约40万美元的收益。后来，戴维斯离开了公司，两人达成的共识也就此作废。那时候，迪伦已经敲定了1974年的巡演，与大卫·格芬（David Geffen）也走得越来越近。格芬来自于伊莱克特拉唱片和庇护所唱片，而这两家公司从属的“华纳—伊莱克特拉—大西洋”唱片帝国是哥伦比亚唱片公司的主要竞争对手。

不过，迪伦只跟格芬合作了一张专辑，即《行星浪潮》（*Planet Waves*）。相比于索票人数高达百万的巡演，这张专辑只有70万张的销量，迪伦颇为失望。

与此同时，戴维斯也没与迪伦断了往来。在1973年年末的一场年度销售总结会上，重新执掌哥伦比亚唱片公司的利伯森在发言中说道：“我不否认，唱片公司曾经剥削过艺人，但如今已经是艺人剥削唱片公司的时代了。”迪伦让利伯森和格芬竞相哄抬版税价格，以争夺那张现场版双碟专辑《洪水将至》（*Before the Flood*）。最终，迪伦选择了庇护所唱片这家厂牌。据戴维斯说，哥伦比亚唱片公司渴望夺回迪伦，“不惜一切代价。他们已意识到自己的损失之严重，所以不计一切地想把迪伦重新招致麾下。他们终于领悟到，迪伦不可或缺，而他们能做的只有用巨额钱款重新吸引迪伦，这笔钱不仅要花在唱片上，还要花在一些其他的项目上。对于哥伦比亚唱片公司来说，这无疑是一堂学费高昂的课。”[5]

在车祸之后的这段日子里，迪伦与ABC电视台之间还出现了一些摩擦，导火索就是为《67号舞台》（*Stage 67*）拍摄的那部两小时特辑。该特辑日后以《销毁文件》（*Eat the Document*）的片名问世，全片拍摄于英国，当时正值迪伦1966年的世界巡演期间。1967年4月时，ABC的一名发言人声称这档节目已被取消，因为双方无法就节目规划达成一致。ABC电视台此前已支付了10万美元的预付款，1966年11月时，他们收到了一段电影片段，但表示对其“完全不满意”，于是他们考虑诉诸法律途径。在1968年一次接受《放声歌唱！》的采访中，迪伦向约翰·科恩（John Cohen）透露：“整部电影最后被剪辑得所剩无几，我们本希望在其中挖掘一些新事物，并为其构建一处舞台、营造一种氛围。整个拍摄过程被大大压缩，在即将交工之际，他们又开启了一场洲际范围内的大搜查，为的是加强对拍摄的官方管控。在这种情况下，我们总是感觉有些压力。要知道，我们当时可正处于巡演期间，但是在下班的时候还要忙着拍一部电影，这的确是件很困难的事情。"[6]

车祸还延误了《狼蛛》一书的出版。迪伦对麦克米伦公司在出版前糟糕的宣传工作感到惊骇，而对于书籍本身而言，他至今还持有保留意见。迪伦在接受《放声歌唱！》采访时说："后来我幡然醒悟，用那种方式写书是错误的。那时我还未动笔，合同就已送来了，所以我只好履行合同里的每项内容。那本书写起来毫无难度，因为它根本算不上一本书，对我而言那不过是一桩烦心事儿。在我看来，它根本不具备一本书应有的某些价值，甚至连个基本结构都没有，里面有90多页都是流水账，由各种零碎的语句拼凑而成，无法形成一个整体的框架。这倒也不奇怪，那时候我做任何事情都缺乏整体布局的意识。"[7]

迪伦与经纪人格罗斯曼之间的关系处于一种非常微妙的状态。1965年11月，两人合作经营了一家音乐出版公司，命名为"鲍勃·迪伦的语言和音乐（Bob Dylan Words and Music）"。此前，迪伦与威特马克音乐发行控股公司的三年合同刚刚到期，这家公司曾一度由阿蒂·莫格尔执掌。迪伦与格罗斯曼曾是形影不离的伙伴，但从1968年年初时起，迪伦便有了单飞的意愿。1968年1月的伽思礼纪念演唱会期间，两人几乎没有任何交流。

在怀特岛（Isle of Wight）的时候，格罗斯曼的搭档伯特·布洛克（Bert Block）接管了安排演出的事宜。1969年11月，布洛克选择与格罗斯曼分道扬镳，三年的合作就此终止（布洛克加入了杰瑞·裴伦佐的查特维尔艺人公司，此后不久就成为克里斯·克里斯托弗森的经纪人）。1970年年底，伍德斯托克的街头巷尾都流传着一则消息：本地最负盛名的两位居民闹掰了。当地的出租车司机和旅店老板都在热议这件事情，据他们透露，两人商讨的解决纠纷的费用高达100万美元。当地的爱思巴苏咖啡馆的老板伯纳德·帕图尔是两人的朋友，他曾就此事问我："咱们这位诗人和他的经纪人——他们二人的关系还能维持多久？"1971年的春天，查理·罗斯柴尔德跟我提到了娜奥米·萨尔茨曼（Naomi Saltzman），也就是格罗斯曼公司的行政秘书。他认为，萨尔茨曼"在迪伦与阿尔伯特关系破裂这件事上扮演了举足轻重的角色"。然而，她本人否认了这一指责。不久后，迪伦就聘请了萨尔茨曼担任自己的音乐发行人。1971年5月，迪伦向外界透露了自己的心情，于他而言，能搞定与格罗斯曼之间的合同问题，实是一大解脱。到6月时，迪伦就可恢复自由身了。他对我说："到了这个份上，我不得不起诉阿尔伯特了，因为他想掩人耳目，妄图在法律约束范围之外处理事情。他签了我整整10年，难以置信吧？这份合同不仅仅涉及唱片，还包含我个人生活的方方面面。即便如此，他也只占了20%的份额，要知道，把一半都无私交给他的人也不在少数。"我们又谈到了阿尔伯特在伍德斯托克的商业帝国——他那间录音室以及名为"熊"的餐厅。在那样一座老式的农庄里，格罗斯曼竟然建起了一间高档的欧陆风味餐厅，迪伦对此表示非常惊讶。谈到那间餐厅，迪伦说道："阿尔伯特的个人品位实在太糟糕——这是我的原话，你可以随便用。"两人的关系终于降至冰点，从1964年以来，我见证了两人关系的不断恶化。那么迪伦最终会不会和阿尔伯特形同陌路呢？他给的答案含糊其辞：

“的确，有许多人都会说阿尔伯特的坏话，但我不会这样做。”虽然在伍德斯托克度过的三年时光如田园牧歌一般安逸清闲，但迪伦后来这样评价：“在伍德斯托克的每一天都像是一场走向虚无的旅行。”他说自己会在1969年年底返回格林尼治村，因为他在伍德斯托克的家“已经成了个笑话，每天会有各种旅游团和游客纷至沓来，他们不是挖一捧这里的泥土，就是扣走一块草皮或者揪下一丛灌木”。于是，又一处天堂就此陷落，我们的主人公依然迷途难返，无以为家。

“一个王国在这座小镇孕育”

从曼哈顿沿哈德孙河北上130英里即是伍德斯托克，这座城镇地处纽约州的厄斯特郡（Ulster County），坐落于卡茨基尔山脉（Catskills）的东部边缘，人口常年在6 000上下，但在夏季可能会增长4倍。至今80年以来，伍德斯托克一直凭借其新鲜纯净的气息吸引着那些前来寻求灵感的人。这里曾是一座艺术殖民地和手工业重镇，也是一处乡村戏剧中心。这里的原住民是荷兰移民的后裔，随后，大量的艺术家、手工艺人、舞者、歌手以及各种反叛传统的人纷纷涌来，以期寻得一处格林尼治村的替代品。此外，IBM公司的高管以及一些时髦的财会人员也到此居住，希望给他们的人生增添一点色彩。20世纪60年代初，彼得·雅罗将大批音乐人引到了伍德斯托克山谷，流行音乐的出现，又给那里的传统艺术形式增添了一层神秘色彩。不过，几乎所有人都更怀念那里从前的艺术氛围。

迪伦从1963年起就开始在伍德斯托克寻求庇护、修养和身心的调整，这段时光持续了六年之久。他在1965年搬到了那里，1969年时，这处梦幻般的庇护所已然崩塌，而他已准备好接受这一残酷现实。自19世纪伊始，无数声名显赫的艺术家就开始陆续搬进伍德斯托克，人数和规模无可比拟，但是对于迪伦而言，他的庇护所早已成为一座动物园。迪伦虽有隐士风骨，但他喜欢与人交往，也需要别人的关注，因此，他的住所地点总是个难以保守的秘密。著名文学家泰戈尔和托马斯·曼也曾在伍德斯托克居住，此外，演员李·马尔文（Lee Marvin）和爱德华·G.罗宾逊（Edward G Robinson）、画家歌川国芳（Kuniyoshi）以及诸多学者和艺术品收藏家也曾是这里的居民，迪伦的邻居里就包括作曲家亚伦·科普兰（Aaron Copland）、画家安东·瑞夫莱杰（Anton Refregier）和作家梅森·霍芬伯格（Mason Hoffenberg）。伍德斯托克的镇中心就像是一个露天版的格林尼治村——那里遍布书店、古董店、健康食品店、时装店、麻药品店、美术馆、餐厅和房地产中介商。理查德·戈尔茨坦曾把伍德斯托克山谷比喻成“忧郁的城市蓝调中的一抹绿色希望”——既有风光秀丽的水库和名为“大深湖”的天然泳池，又有眺望山、回音湖以及海恩斯瀑布等壮美景观。

1902年，继承了一间约克郡纺织厂巨额资产的拉尔夫·拉德克里夫·怀特黑德（Ralph Radcliffe Whitehead）在伍德斯托克建立了一处艺术家聚集地，不仅是为了实现回归自然的美好意愿，更是为了在工业革命的洪流中寻找一处隐居之所。怀特黑德曾受到英国哲学家约翰·拉斯金（John Ruskin）思想的影响，主张在一个工业化的社会中选择一种不同寻常的生活方式。他和作家、社会工作者赫维·怀特（Hervey White）以及艺术教授博尔顿·布朗（Bolton Brown）花了数年时间一起环游美国，寻找一处理想的目的地。当布朗登上眺望山俯瞰伍德斯托克时，他看到了一座“人间天堂”。怀特黑德并不喜欢卡茨基尔山区，因为那里“充斥着犹太佬”，但经两位助手的劝说以及美景的诱惑，他最终决定留下来。从19世纪70年代开始，这座山谷就以热情迎接各路马戏团和戏剧人士。怀特黑德在米德山脉的山脚下购买了七座农场，占地1 200英亩，随后，他又陆续建造了30余座建筑。他为这处文艺聚集地取名为“伯德克里夫”，并斥资50万美元修建工坊、民居和学校。1903年6月，大量手艺人、学生和教师开始在这里聚集。灯芯绒和牛仔布是伯德克里夫的居民的服装标配，它们象征着一种富有浪漫主义气息的田园生活。

出身贵族的怀特黑德可绝非什么民主人士，他喜欢别人叫他伯德克里夫的大独裁者。仅仅靠生产家具和彩印，这处文艺聚集地很快就难以为继，在成立后的第一个夏天，就有大批学生因不愿忍受那里的独裁统治而纷纷逃离，员工也变得四分五裂。在被“主人”解雇后，布朗在伍德斯托克的岩石城区购置了一块30英亩的土地。因受惠特曼的理想主义思想影响，怀特于1904年离开伯德克里夫，后在东南方三英里的赫利创建了“马弗里克文艺聚集地（Maverick）”，地址就选在一间农场上。

1906年，艺术学生联盟的夏季学校搬进了伍德斯托克，它所处的地方以前是马厩和殡仪馆。这些艺术生引领了小镇的流行风潮，一开始，蓄胡须、佩戴贝雷帽成为当地时尚，但后来逐渐被淘汰。光头和带油漆斑点的裤子曾一度被追捧，甚至被学生们当作制服用来打扮。伍德斯托克最早的一批嬉皮士过着穷困潦倒的生活，但他们依旧狂欢作乐，晚上就与知心的伙伴在户外过夜。文艺聚集地的分化将小镇划分成三种不同的形态：怀特黑德创立的伯德克里夫因其无聊、死板的特点而被学生们揶揄为“薄德死啼夫”；学生联盟发展成为著名的风景画派，在1912年已吸引200余名学生前来学艺；马弗里克将屋舍出让给音乐人和作家，其中就包括克拉伦斯·达罗（Clarence Darrow）和托斯丁·韦伯伦（Thorstein Veblen）。

马弗里克和伯德克里夫两家最终选择携手合作。在1915年8月的第一届伍德斯托克艺术节上，这三家在怀特的主持下合作举办了一系列的节目来筹集资金——篝火晚宴、奇装异服，以及在野外的露天剧场演奏的室内乐。历经了十年的冷战期，怀特黑德开始对怀特谦恭以待。在20世纪20年代，伍德斯托克的艺术聚集地开始走向成熟。尽管在1923年至1946年期间艺术学生联盟学校被迫关闭，但许多私立的艺术学校很好地填补了空缺。无论是马弗里克承办的音乐会，还是怀特经营的名为“智慧”的餐厅，都进入蓬勃发展的阶段。1924年，马弗里克剧院（the Maverick Theater）顺利竣工，此后不久，伍德斯托克就以同时拥有六间乡村剧院而闻名。彼时，爱德华·G.罗宾逊（Edward G Robinson）、伊娃·勒·嘉丽奈（Eva Le Gallienne）和玛利亚·彭斯卡娅（Maria Ouspenskaya）都与伍德斯托克建立起了联系，艺术上的关联性和商业价值为合作打下了坚实基础。从前那些关于犹太人的偏见也在这里逐渐消退，不过3K党的踪迹有时还会出现。伴随着怀特黑德在1929年的离世和大萧条的来临，伍德斯托克又迎来了历史的崭新一页。在40年代时，利德贝利和皮特·西格尔是这里的常客；山姆·埃斯金成为这里的民谣权威。怀特于1944年逝世，而马弗里克和伯德克里夫两家都没有能力统治全镇，伍德斯托克终于成了一个团结的大社区。

战争结束后，工业沿着哈德孙河向北发展，大批来自金斯顿的工程师和管理员在伍德斯托克购房置业。虽然怀特黑德带来了简单生活的理念，包括民谣、舞蹈以及和平等，但他的儿子彼得却将伯德克里夫经营得暮气沉沉。60年代时，小镇对那些反叛青年采取了拒绝的态度；如今，那里的人们又自发地集会，呼喊着保卫道德观、乡土观和抗击嬉皮士的宣言，持有违禁药物、非法闯入以及在泳池裸泳的人都曾是当地警察逮捕的对象。在1969年伍德斯托克音乐节前夕的那个春天，当地人将一间位于州立保护林内的"佛教禅定中心（Karma meditation center）"洗劫一空且放火焚烧。最终，1969年的音乐节被伍德斯托克当地政府禁止，举办方试图将地点改在伯特利（Bethel）并去掉伍德斯托克的名号，但仍旧未能成功。

迪伦的朋友兼司机和保镖的伯纳德·帕图尔曾这样评价伍德斯托克："那个地方似乎有种魔力，有种由内至外散发出来的气质，许多音乐人、艺术家、作家都住在那里，天资聪颖的人可以感受到这种共鸣，并从同伴那里得到帮助。总而言之，那里有种奇妙的气息，你也可以发现志同道合的人。然而，所有这一切都可能因人口过度饱和而烟消云散，现在有太多的人蜂拥而至，他们从不给予，只会无休止地索取。即便如此，还有一部人正打算把这样一座小镇搞得全国皆知。"在伍德斯托克，公共场所和私人空间是两个迥然不同的实体概念。你在餐馆、时装店和类似斯莱德山那样的音乐俱乐部看到的，都只是些表面现象，伍德斯托克真正的精髓都藏在两侧长满灌木的汽车道和紧闭的房门后。然而，那些所谓的朝圣者是不会去那些地方的。音乐节期间，在伍德斯托克居住、游玩的人有迪伦、乐队合唱团、范·莫里森（Van Morrison）、弗兰克·扎帕和发明之母（Frank Zappa and the Mothers of Invention）、蒂姆·哈丁（Tim Hardin），以及格罗斯曼带来的一大批音乐人、助手和巡演助理。

1963年，迪伦曾借住在彼得·雅罗在伍德斯托克的破旧棚屋里，此后，他频繁光顾那座小镇，以此短暂地躲避公众的目光。虽然迪伦大多数时间居住在阿尔伯特在贝尔斯维尔附近的豪宅，但由于那里总是人来人往，他便开始把伯纳德·帕图尔在爱思巴苏咖啡馆的顶楼房间当作藏身的据点。到1970年时，阿尔伯特在斯特列贝尔街的那座砖石结构的豪宅据说比当初购买时的价值翻了三倍。阿尔伯特在豪宅中添加了一间桑拿室和一间温室，法理尼亚那时经常登门拜访："那栋房子非常漂亮，也非常安静，是适合工作的好地方。它有点像一座农场，尤其是在白天的时候，因为大家都分工明确，各自忙各自的事情。阿尔伯特和房子里的其他人都非常慷慨热情。"在伍德斯托克时，阿尔伯特建立了自己的贝尔斯维尔工作室。音乐生意人曾有一度极力地炒"伍德斯托克之声"的品牌概念，但可惜一直未能流传开来。

迪伦一开始住在阿尔伯特的房子里，后来就搬进了房子后面的一间工作录音室里。1965年年中时，鲍勃被安置在伯德克里夫的一处住所，那是一栋韦伯斯特曾住过的、拥有75年历史的老宅。本·韦伯斯特曾是一名建筑师，也是一名有影响力的舞台导演。这座房屋的结构中包含21间居室，不仅宏大且具有牧场风格，但还谈不上豪华。房屋整体由黑棕色的杉木组成，沿着山坡而建，占地4英亩，其中的一座游泳池是由一处天然采石场改造而成。

不过，伯德克里夫的名气毕竟太大，有太多人知晓这个地方。1969年春，迪伦举家迁往伍德斯托克山谷南部的沃尔特·威尔（Walter Weyl）故居。威尔是名政治经济学家，也是《新共和国》杂志的创始人，据说他是第一位在伯德克里夫租到怀特黑德的房子的犹太人。迪伦也跟随威尔的足迹，从伯德克里夫迁到了奥哈尤山脉的一处荒凉农庄里，山脚下就是马弗里克。

威尔故居中包含一块占地面积超过100英亩的农田，可以被看成是隔离外界的缓冲区域。迪伦有媒体圈的朋友阿尔·阿洛诺维茨作陪，他一边回首着1968年的种种开心事，比如新港民谣音乐节，一边又反复思忖、考量着手中那份1969年伍德斯托克音乐节的邀请函。

在伍德斯托克的这三年时间里，伯纳德“更换了保险丝，驾驶着凯迪拉克或者那辆浅蓝色的野马，尽心竭力地保护迪伦的隐私安全。那场车祸发生后的某天，我告诉鲍比我可能会去IBM上班，结果他说：‘我给你一份工作吧。’于是我便报出了我心仪的薪水数目。但是我对他说的那句‘需要我做什么事情，随时告诉我’却成为我心中一大疑惑，因为我的老板从未要求我帮过什么忙，反倒是他的老婆有时会提出要求。每天都有很多人来到这里，他们都是所谓的朝圣者，都自称是鲍勃的朋友。曾有一个澳大利亚人每天都过来找鲍勃，最终鲍勃跟他说了话，他便兴高采烈地离开了。然而，有些心情糟糕的人也会来造访，他们还都是陌生人，这可真是个让人头疼的问题。有时候我们还会碰到疯子，他自称有犯罪前科，还扬言要杀掉鲍勃。那段时间里，警察一直驻守在附近”。

迪伦的朋友们有的在四处游荡，有的就在附近住了下来：金斯伯格赤着脚，披着白色的长袍到处闲逛，格里高利·科尔索、哈皮·特劳姆以及电影制作人霍华德·阿尔克和琼斯·阿尔克也住得不远。伯纳德说：“在萨拉出现之前，我以为他（迪伦）会就这样度过余生，我为他的生活方式和思想状态感到担心。不过后来我发现，他变成了那样一个热爱家庭的男人。所以说，鲍勃·迪伦有很多面，变幻不定。”在伍德斯托克热情友好的氛围里，我们这位顾家的好男人又开启了自己的绘画生涯。他那自豪的父亲曾在1967

年告诉我，鲍勃总是拿着画布画个不停。“每张画里都有一把吉他。”阿比说道。伯纳德于1969年春辞掉了迪伦那里的工作，转而在“大熊”餐厅工作了一段时间。那时候，他的妻子在212号公路上开了一家小比萨店，从1970年4月10日开始营业，位置就选在斯唯姆·欧玲克斯（Swim O' Links）附近。他们给这家比萨店起名为“乡村馅饼（Country Pie）”，灵感正是来源于《纳什维尔的天际线》。

在这段时间里，美国社会的顽疾进一步恶化，但对迪伦而言，这是一次疗伤的好时机。国内的暴力事件愈发猖獗，国际交往中的仇恨与猜疑也难以消融，但这一切与迪伦无关，他正尽情享受着平静安宁的生活。在我看来，迪伦之所以选在伍德斯托克蛰伏隐居，这其中既有哲学因素，也有他的个人因素。当他从那里离开，搬进麦克道格尔大街的房子时，他忽然发现，在格林尼治村获得的某种归属感和个人空间，伍德斯托克永远也给不了。他曾对我说：“格林尼治村太压抑了，每个人都艰难度日。”其实，伍德斯托克又何尝不是如此，无论是迪伦到来之前还是离开之后，人们都如潮水般涌来，拼命地寻找那些传说曾激发迪伦创作灵感、给予他心灵慰藉的地方，但他们眼中看到的无非是浅薄的表象，只是一座有艺术气息、被绿树环绕的小镇。他们会造访迪伦去过的商店、酒吧或餐馆，但这并不代表他们已发现这座小镇的灵魂，他们还远远没有触及真正的核心。对于迪伦来说，伍德斯托克的绝妙之处不在于表象，而在于精神，它不受地点或环境的限制，无论是在山坡、森林还是农田，无论是与乐队合唱团的成员一同出游，还是与其他独立艺人、作家和音乐人为伴，都会发现这座小镇的独特内涵。伍德斯托克之于迪伦的内涵或灵魂都无法被影像记载，然而，你却可以在某间地下室的录音带上寻觅到它们的踪迹。

《地下室录音带》

在1967年，任何一个关心迪伦个人健康和艺术发展的人可能都看过《地下室录音带》里面的那张图表，上面有一个病人，但这个病人并没有疲惫不堪的迹象，迪伦的生活绝非单调乏味，他的创作灵感也从未枯竭。八年时间里，那张《地下室盗版录音带》中只有一首歌曲被非法传播，是通过发布样带和盗录的手段。1975年7月，迪伦完成录音带的最后修改，又加入了6首由乐队合唱团演绎的全新歌曲。由此，新专辑得以正式走出地下室，面向大众发行。这张专辑由两张黑胶唱片组成，名字就叫《地下室录音带》。

无论是在曲风的多样性、歌曲表现出的活力、内涵的丰富程度以及针对性方面，这张专辑都收获了大量好评。《纽约时报》的约翰·洛克维尔送上最高评价："这是美国流行音乐史上最伟大的一张专辑。"《村声》杂志的罗伯特·克里斯特高（Robert Christgau）这样写道："我们可以问心无愧地说，这是1975年的年度最佳专辑，当然，1967年的年度最佳也本该是它。"查理·麦科勒姆（Charlie McCollum）在《华盛顿邮报》中记述道："迪伦也许会迷惘，有时也会得罪人或是让人失望，但毫无疑问，他是现代美国流行音乐史上绝无仅有的、最伟大的音乐家。"

专辑素材录制于乐队合唱团住处的一间地下室内，由一部家用录音机完成。那栋房子叫作"大平克"，位于纽约州的索格提斯，离伍德斯托克不远。这张专辑凭借其特有的粗犷感得到了大众的喜爱，但它与1967年的另一张里程碑式专辑《佩珀军士的寂寞之心俱乐部》（*Sgt. Pepper's Lonely Hearts*

Club）相比则大有不同，《佩珀军士》由披头士出品，制作于录音室且乐曲风格绚丽华贵。麦科勒姆将迪伦的这张专辑比作"多克托罗小说的初稿或是奥尔特曼电影的初次剪辑"，而《滚石》杂志的乔恩·兰多严厉地批评了那首《路上的血迹》（*Blood on the Tracks*），认为其欠缺录音室的润色加工。不过，在重新审视迪伦这种随心所欲的录制方式之后，兰多又改变了口风。

在创作最初的16首歌曲时，迪伦就像是从家中的窗户向外拍照，镜头里是他在伍德斯托克驰骋过的旷野。一开始，这些歌被录制成试听唱片，为的是吸引其他的歌手，鼓励他们翻唱迪伦的歌。在内页说明里，格雷·马库斯（Greil Marcus）注明了录制的时间——1967年6月至10月。需要说明的是，这张地下室专辑在《无数金发女郎》和《约翰·韦斯利·哈丁》之间起到了至关重要的承接作用，如果没有这部《地下室录音带》的过渡，那两张专辑之间的跨度就显得太过突兀。活泼欢快的即兴演奏，配上有瑕疵的乐团伴奏、粗粝的唱腔、杂乱的乐器音以及各种声音的失衡和扭曲，构成了这张专辑的整体面貌，并被悉数收入黑胶唱片中。这里不像星期天美发廊那般的幽静，倒像是地下室的噪声。歌曲展现出精湛的表演技艺、亲密娴熟的配合以及饱满热烈的情感，听众可以从大部分爵士乐段感受这些细节。那个有些诡异的封面会让人回想起《狼蛛》——有侏儒、吞剑的人、举重者、爱斯基摩人、吉普赛人、小丑、胖妇人、尼姑、肚皮舞者以及芭蕾舞者，而小蒙哥马利、亨利夫人以及其他歌曲人物在不同角度与《狼蛛》相关联。在这张专辑里，迪伦摆脱了那种死气沉沉的氛围以及《无数金发女郎》中的混乱场面，转而追求一种集体意识，如酒吧中的喧哗和唱诗班的福音歌声（可以数数这六人有多少次简洁有力的合唱）。实际上，《约翰·韦斯利·哈丁》中的沉思正是对这种改变的一种预示，而每当我们顿悟之时，这些美妙的片段就更加令我们感到惊喜。此后不久，乐队合唱团录制了《大平克》，迪伦也为《约翰·韦斯利·哈丁》录了另外12首歌。总而言之，正是这种承前启后的作用，使得这张专辑具有如此重要的历史意义。

这张《地下室录音带》中的歌曲可大致分为两类，第一类是那些带有救赎色彩的歌，包括《我终将解脱》（此首是试听唱片上的歌曲，并未收入正式专辑内）、《无尽的空虚》（*Too Much of Nothing*）、《浴火之轮》（*This Wheel's on Fire*）、《愤怒之泪》（*Tears of Rage*）、《前往阿卡普尔科》（*Goin' to Acapulco*）、《无一送达》（*Nothing was Delivered*）和《长途接线员》（*Long-Distance Operator*）。第二类都是些欢快的歌，象征着某种形式的解脱，剩下的大部分歌曲都属于此类：专辑单曲《百万美元狂欢会》（*Million Dollar Bash*）恰如其分地表达了这一主题，而那首《无路可走》（*You Ain't Goin' Nowhere*）则与《约翰·韦斯利·哈丁》中的最后两首柔美的爱情歌曲恰到好处地结合在一起。迪伦最终也有了自己的团队，他不再是孤军奋战，但那种孤独求索的意境仍被刻画在《愤怒之泪》《浴火之轮》《无一送达》《无尽虚无》和《我终将解脱》这几首歌中。需要指出的是，这张专辑的思想内涵来源于莎士比亚的《李尔王》（“你是极乐中的灵魂，而我却被困于火焰中的轮上”）。无论是在这些歌曲还是在《李尔王》里，贯穿始终的是“虚无”和“无处”这两个词，它们频繁出现，让人感到茫然（“从虚无中产生的，还是虚无。”第一幕，第一场）。在1968年接受《放声歌唱！》采访时，迪伦隐晦地表达了自己对《李尔王》的兴趣：“我觉得本杰明·富兰克林就是李尔王式的人物，他曾说过‘若希望生活得舒适自在，便不可尽言所知，也不可尽言所见。’我觉得，凡是说这话的人，应该不会去掩饰什么。”《李尔王》里还有这样一则对句：“拥有财富而不炫耀，拥有学识而不妄言。”这种虚无感让我们想到迪伦的种种矛盾的人生主题：生与死、空白与收获、独处与群居、沉默与声响、空虚与活力。

作为听众，我们可以按照自己的意愿给这张《地下室录音带》里的歌曲分类，比如轻柔与沉重，或是极乐中的灵魂与火焰中的车轮。实际上，这张专辑也可以取名为《根》（*Roots*）[8]，因为它融汇了大量的劳动号子、老布鲁斯、早期摇滚、卡车音乐、土风舞音乐、福音和民谣元素，比如在《琐碎事物》（*Odds and Ends*）这首歌中我们可以发现法兹·多米诺的影子，而《橙汁蓝调》（*Orange Juice Blues*）具有鲜明的20世纪50年代节奏布鲁斯的特点。专辑中还有一些滑稽的模仿以及对陈词滥调的调侃。例如，《你瞧》（*Lo and Behold*）一歌被安排在一首卡车音乐风格的歌曲后面，就好比是戴夫·达德利在演唱《路上的六日》（*Six Days on the Road*）。《晾衣绳的故事》（*Clothes Line Saga*）也与几首老式瓶罐乐队的歌曲被安排在了一起。还有也要注意《吸饮树汁的苹果》（*Apple Suckling Tree*）那首歌粗糙的福音歌曲的感觉；《真沉！与一瓶面包》的歌词看似胡言乱语，却表现了美国社会深层的逃避心理：让我们离开这里，去其他地方碰碰运气。民谣摇滚教父查克·贝利在《长途接线员》中重新亮相，这首歌让人们想起了他那首《孟菲斯，田纳西》（*Memphis Tennessee*），也同样用上了汽车和电话两种技术手段，青少年性解放的话题也有所体现。

《无数金发女郎》所表达的那种痛苦感也没有在本张专辑中完全消

失，《阿卡普尔科》（*Acapulco*）讲述了一段发生在墨西哥旅游胜地的风流韵事，但歌曲所表露的精神状态则沉重而低落。《开门，霍默》（*Open the Door Homer*）这个歌曲标题来源于杰克·麦克维（Jack McVea）和唐·霍威尔（Don Howell）在1947年发行的那首风格新颖独特的热门单曲，内容是关于达斯蒂·弗莱彻（Dusty Fletcher）和约翰·梅森（John Mason）的歌舞杂剧。尽管这首歌的主题比较轻松，但其中仍有太多的痛苦情绪将欢快的气氛冲淡。这种情绪上的鲜明对比又一次揭示了迪伦的双重性格和矛盾心理，也与菲茨杰拉德-梅勒（Fitzgerald-Mailer）的试验有异曲同工之处，它检验了我们这位艺术家是否足够成熟，其标准包括：能否坚持反对意见并保留心中的那股冲动，但不会因两者的冲突而选择敷衍或是妥协；依然不断前行，不断成长。本张专辑中，班德乐队合唱的声音前所未有地高亢明亮，演唱也尤其自然、投入。乐队成员与迪伦的合作格外放松、愉快，他们的声音冲破了乡村寂静的天空。

《约翰·韦斯利·哈丁》

1968年1月，迪伦发布了这张后来被他称作“第一张圣经摇滚唱片”的个人专辑。许多关于迪伦的谜团因这张专辑而产生，而又有许多关于音乐产业的谜团被这张专辑一一击破。作为1965年至1966年三部曲的压轴之作，这张《约翰·韦斯利·哈丁》让听众回忆起布雷克那首《地狱箴言》（*Proverbs of Hell*）中的诗句：“打破常规的道路通往智慧之宫。”我们已经见识过迪伦以各种各样的形象示人，有的源于内心的狂热，有的则是无心之举。在车祸后的恢复时期，迪伦变得深思熟虑且富有怜悯之心，无论是音乐、身体还是精神上，他都流露出一种前所未有的平静。专辑封面上晦涩的故事可以被看成一则意在反讽的现代版圣经寓言：三位国王只为索取，而从不给予。这张专辑问世之时，迪伦在生活和事业上都告别了过往的狂热与躁动，进入一种平静、温和的状态。

虽然迪伦并未外出做宣传推广，但这张专辑据说在发布后第一周就售出了25万张。到了4月份，该专辑被认定排在迪伦最畅销专辑的第五位，截至那时就有100万的销售额，大约25万张的销量（后来随着唱片成本的增加，白金唱片的认证代表着销量已突破百万大关）。购买者的关注点都集中在歌曲的“用词”和“演唱方式”上，而迪伦这次的清晰吐字让他们震惊不已。激动、愤怒、风趣、疯狂等各种情绪挑动着听众的每一根神经，在这张专辑里，听众也见证了一个男人的转变，他已领悟到沉默、冥思的价值和自我认识的重要性。迪伦曾说自己接受混乱的局面，而他现在却说：“我相信，世间万物都有自己的秩序。”

表面的秩序掩盖了歌曲深层次的复杂性。在伍德斯托克的书房里，迪伦在木制诵经台上摆放了一本巨大的圣经，汉克·威廉姆斯的唱片就放在手边。他的这张专辑汇集了科林·威尔逊那本《局外人》（*The Outsider*）中的所有人物类型——在逃犯、无家可归者、失意之人、受害者、被压迫者、孤独的人以及被疏远的人。从这些元素里，迪伦描绘出自己在一系列领域的研究成果，包括寓言、赞美诗、圣经、符号、比喻以及道德。圣经的典故、风格和语句被迪伦用通俗的语言和民谣的唱法演绎出来，贯穿了整张专辑的始终。正如格温多琳·贝斯（Gwendolyn Bays）在《俄耳甫斯的幻象》（*The Orphic Vision*）中所写：“真正的先知一定能够解密各种神话和传说，”尤其是那些古老的神话传说，“因为古人总是把最深奥的真理隐藏、伪装在最简单的故事中。”[9]由此来说，迪伦这张最简单质朴的专辑却恰恰是他最具深邃内涵的一张。同时我们可以思考一下，保罗·威廉姆斯是如何形容那首《沿着瞭望塔》中的“幽闭恐惧症”的，以及歌中那句震慑人心的名句：“一切必有出路。”[10]

比尔·金认为迪伦创造出一种“持温和意见者的新迷思，并建立了一种全新的个人身份或艺术身份特征。他重生的过程正是研究的主题”。在他看来，从前那个叛逆不羁、热衷于扮演局外人的迪伦被困在一场激烈的争辩之中，争辩的双方分别是过去和现在的迪伦自己。大卫·皮查斯克认为迪伦有两副面孔，第一副“充满了犹太式，甚至是基督教式的愧疚感和对救赎的渴望”，第二副则集中于救赎本身。另外，在最后的那两首情歌里，他还展现出“一种纯粹的优雅气质”。尤金·施特尔齐格认为迪伦“经过调整与恢复，以一种全新的、更强大的形象回归。他变得更具宗教色彩，也更有人文道德关怀的意识……不仅是一个自我反省的自我画像和忏悔……而且是一个对拯救和诅咒这一持久的精神现实心存幻想的探索……”

在一切重归正轨之后，迪伦谈了谈歌曲创作和一些技术的运用。在1968年2月26日接受《新闻周刊》采访时，迪伦这样说道：“我永远不会舍弃传统歌曲，我只是尝试着用电子乐器演绎这些作品。也许我现在还没有足够的能力去让音乐变得简单，实际上，一首真正的、纯粹的歌本身就具有道德意义，我们都是道德家，但我只会从音乐的角度来审视道德问题，我只把它们当成用来演唱的东西。能用音乐形式表达的语言都具有极重要的意义，我之所以写歌，也是因为我有一些话需要用歌曲的方式唱出来。要知道，报纸上的文字与歌曲中的文字是截然不同的，歌中的文字飘荡在空中，而印刷在报纸上的文字会一直保存下去，它们之间几乎没有共同点。一名伟大的诗人，如华莱士·史蒂文斯（Wallace Stevens），并不一定会成为一名伟大的歌手，可一个伟大的歌手却总能变成同样伟大的诗人，比如比利·哈利迪（Billie Holiday）。我本可以在两方面都做得更好的，我并非不知满足，而是不愿夸耀自己的成就。其实，我一直以来都在努力变得更简单，更纯粹，我的事业也并非一帆风顺。在这张专辑里，我更加关注文学创作。在创作《无数金发女郎》时，我先写出一首歌，然后大家一起录音，一旦完工，他们就去忙他们的事情，我再接着写我的歌。我以前总觉得我和我的歌已融为一体，但我现在不这么认为了。我是我，歌是歌，我希望我的歌是为所有人而写。"

《放声歌唱！》的约翰·科恩说过，他曾给过迪伦一份卡夫卡的《寓言与矛盾》（*Parables and Paradoxes*），因为这些故事"能够直击问题的关键，而你却永远无法解读它们"。迪伦在1968年10月《放声歌唱！》的采访中说道："我唯一知道的寓言就是圣经寓言，但我也读过其他的，比如哈利勒·纪伯伦写的。你在圣经里读不到这种寓言，找不到这种类型的灵魂。而现在，卡夫卡先生离这个标准越来越近了。纪伯伦的语言是万能的，但其中的力量却被引到了相反的方向。以前有个电台主播叫罗斯科，他有时候会朗诵纪伯伦的诗歌，那种感觉就像一束光芒穿过电波照射过来，他的声音就像夜幕下的低语。我一直都在读圣经，但并不一定会读里面的寓言。"科恩说道："我觉得你不是那种会拿走吉迪翁留在酒店房间的圣经的人。"迪伦回答："这你没法预料。"[11]（罗斯科长期在WNEW电台担任主播，他是黎巴嫩诗人纪伯伦的忠实拥趸。纪伯伦最广为人知的作品当属《先知》，他是个信奉宗教的神秘主义者，在西方的大学生群体里拥有广泛的知名度。罗斯科的个人专辑《音乐与纪伯伦》中有一些朗诵的片段，配上了中东风格背景音乐。对于迪伦而言，《约翰·韦斯利·哈丁》中的纪伯伦的影子比起他的早期作品要少许多，比如《大雨将至》。）

对于《约翰·韦斯利·哈丁》中政治内容的讨论，可谓是众说纷纭。在《星期六评论》的文章中，史蒂芬·戈德堡认为这张专辑“出现在恰当的时候，也就是当人们对林登·约翰逊那种不可名状的厌恶达到顶点的时候。迪伦借此宣示，自己将不会与那些力图证明自己的愤怒学生争论或是作对”。乔恩·兰多在这张专辑中察觉到了一种政治意识，但在歌曲中的表达非常含蓄。他在《爬行报》中写道：“迪伦透彻深入地表达了他的看法，既关于战争，也是关于战争对我们所有人的影响。”在《村声》杂志的一篇文章中，理查德·戈尔茨坦认为这张专辑“比较让人迷惑，并且激发听众解读的欲望。迪伦这张专辑的主题是人类的脆弱性，他凛然地直面那些陈词滥调，就像一名屠夫面对一只待宰的鸡一样。在这些新歌里，无数陈词滥调被他击得粉碎，他自己就是歌曲的母题。因此，去听听他在《约翰·韦斯利·哈丁》中的逃犯与忏悔者的声音。在麂皮绒的微笑下，他仍然是赤裸的。史蒂芬·皮克林试图用神秘主义理论和犹太文学来解读，他将神秘体验看作整张专辑的核心，还认为迪伦的犹太色彩延伸并且弥漫于他写过的每一部作品”。

这张专辑让所有人都惊讶的一点，就是歌曲数量之少。本处在一个狂热的音乐探索阶段，迪伦却转而追求乡村民谣式的简洁性，无论是在主旋律还是伴唱上皆是如此。他的这种转变几乎可被视作从象征主义向意象主义的跨越——从堆积大量象征符号变为直接表现无修饰的内涵，从“无尽的虚无”变为对某项具体事物的简要描写，从难以捉摸的、直觉性的现代主义狂欢变为经典的简单语句和简明扼要的叙事，表意多为“聆听沉默”，蕴藏在字里行间。迪伦在音乐风格上的这种巨变总被人拿来与披头士的《佩珀军士》（*Sgt. Pepper*）相比较，他们在这张专辑所用的录音技术上做了大胆尝试。迪伦将伴音的任务交给三位负责纳什维尔工作的人，他们是踏板吉他手皮特·布雷克、贝斯手查理·麦考伊和鼓手肯尼·巴特利，迪伦的低声吟唱飘荡在一片喧嚣与嚎叫之中。另外，迪伦舍弃了一切电子乐器的运用。

专辑的封面也给人以神秘感，与迪伦一同出镜的是一位来自伍德斯托克的工人，以及两名来自孟加拉的印度包尔乐歌手，他们两人都是传统音乐家，曾受格罗斯曼之邀在伊莱克特拉录音。此外，更有歌迷声称在封面中的树木间看到了“隐匿”的披头士的形象。《旋律制造者》杂志的一位读者曾这样调侃：“如果你先用正常角度举着这张专辑封面，然后顺时针旋转，这时唱片就会掉出来。”我第一次听到《约翰·韦斯利·哈丁》的消息是从米尔特·奥肯那里，他是个信使，此前曾与格罗斯曼和莫戈尔合作，后来找到了迪伦。米尔特很高兴迪伦能够迷途知返，彻底回归到从前那种“清晰易懂的、纯粹的民谣风格，时而会让我想起尤恩·麦考尔（Ewan MacColl）”。据他透露，格罗斯曼和莫戈尔对这张专辑可并不十分满意。总之，奥肯绝对是个热情的信使。

在部分人看来，专辑内页说明中的三位国王就像是《狼蛛》一样的胡言乱语。皮查斯克将其解读为“遵循卡夫卡—伯尔—波施尔特（Kafka-Böll-

Borchert）传统的一则小故事，对《圣经》和布莱希特都有所借鉴”。其实，三位国王可以被看作一则圣经寓言，或者是作为卡夫卡的迪伦坦诚地宣称自己是一个微不足道的庸人。无论是哪一种，迪伦都做了交易，而三位国王都身手不凡。

《约翰·韦斯利·哈丁》：本首作品采用了温和的讽刺手法，主人公的每只手中都握着枪。在那时，整个青年文化都因沃伦·比蒂和亚瑟·佩恩（Arthur Penn）那部名为《波尼和克莱德》（*Bonnie and Clyde*）的电影而震动。在本首歌曲中，迪伦并未直接讲述约翰·韦斯利·哈丁的故事，用比尔·金的话来说，他选择“将这位法外枭雄的神秘人生经历凝聚在诗歌的形式中”。哈丁于1853年出生在得克萨斯州，早年是一名赌徒及枪手。1877年，他因杀害一名地方治安官而被判入狱25年。在狱中，他一直自学法律，直到1894年被释放。此后，哈丁开始在埃尔帕索地区做律师。然而仅在一年后，他就被一名地方警员杀害。（奥肯曾让迪伦为那本《我要为之歌唱》（*Something to Sing About*）选一首他最爱的传统民谣歌曲，果然，迪伦选了一首歌唱反派人物的歌曲《约翰·哈迪》。）专辑发行后，我曾在报纸上嘲笑迪伦在哈丁的名字后多加了个“g”的行为，因为他曾把演唱、漫步以及游历等动词现在进行时的ing后缀中的字母g都省略了，因而还是在拼写上犯了个小错误。

《约翰·韦斯利·哈丁》是一首恶人民谣，但主人公的内心是善良的，整首歌就像一则未加修饰的寓言故事。迪伦有意地运用了粗犷、有民族特点的音色，他的叙事方式也非常简洁明快。主人公被描绘成一个全副武装、逍遥法外的圣人，身旁有挚爱的女人相陪。“他做了蠢事/却从不被人知晓。”哈丁淡出了人们的视野，那个阶段的迪伦也是如此。此曲有一段开放式的复调，略有拖泥带水的感觉。

《一天清晨我走出门去》（*As I Went out One Morning*）：这一部英裔美国人歌集因其古体的开场白而显得沉重，在我看来，汤姆·潘恩就像一个双重的隐喻，一方面是思想自由的迪伦，另一方面是那个曾在1963年被授予民权奖的革命歌手。迪伦在歌中暗示，那个曾宣称自己的思想便是自己的教堂的潘恩，将会因看到自由主义思想被教条束缚住而大为震惊。在歌中，无论是推动故事情节的发展还是评论各种现代价值观之间的争辩，迪伦都运用的是传统的形式。那个被束缚的少女实际上是一个双向反转手法：从传统角度来看，少女通常是被奴役的对象，而非奴役者。

《梦见圣奥古斯丁》（*I Dreamed I Saw St Augustine*）：开头的两句其实是对《乔·希尔》的一种转述，罗宾逊伯爵和阿尔弗雷德·海耶斯结盟（Earl Robinson–Alfred Hayes union），为已成为殉道者的世界产业工会的组织者送上赞歌。民谣圣人与天主教圣人相比顿时黯然失色，但迪伦对这两大阵营都温和地表达了鄙夷之情。偏见与意识形态已不复存在，他渴望的是救赎与答案，我们也能感受到他从安稳的信仰中脱离时的决绝。奥古斯丁并非一名殉道者，他在仙逝之时是一位主教，是教堂的神父。他的《忏悔》（*Confessions*）和《上帝之城》（*City of God*）是一部充满幻象的编年史，描绘出他那浪荡的早年生活、后来的转变以及对恩典的虔诚追寻。斯特尔齐格认为叙事者也是把《圣经》复活的预言者置于死地的刽子手之一，并以辛酸的情感表达了对自己与其合谋和内疚的认知……这在迪伦的诗歌表达中也是一种新的现象。他独自醒来，为此他惊恐万状，低下头哭了起来。卡罗琳·布利斯说："他曾把自己幻想为圣徒，然而当他从中醒来之时又感到惶恐万分，并为自己徒劳的自我牺牲而哭泣，因为他不能充分理解这圣徒的身份，但他却坚持为那不可及的目标而献身。这一切都是白日做梦，如今迪伦已是梦醒时分。"布利斯认为迪伦是说："带着我的同情和友谊，但不要依赖我的指导。自己去经历黑暗，去寻找自己的光明。"迪伦考察殉难和为什么人们渴望殉道者，但是这三首诗中还蕴含了许多神秘之处，即在他哭泣之前，他触碰的那块"玻璃"是什么？一片窗玻璃还是一架望远镜？或是一面镜子？他似乎同时认同罪人变成圣人，或者左派或天主教圣人也无法救赎的迷失灵魂。

《沿着瞭望塔》：许多人都认为，这首由12句精雕细琢的箴言组成的歌曲是整张专辑的最大亮点。在一段震慑人心的吉他开场后，紧张激烈的唱腔和情绪将通俗的语句和复古的环境、人物设定融合在一起。小丑占据了那空虚的空间，李尔王成了一个聪明的傻瓜。与窃贼的对话支持了这一理论，即二者皆为迪伦对话过程中的矛盾精神载体。加布里埃尔·古德柴尔德评论道："歌中的瞭望塔似乎与某种警备森严的城市有着联系，它代表着人的道德境界或是政体。这种道德秩序在歌里似乎受到了威胁，威胁来自于迪伦自身的两重性，一方面是小丑，另一方面是神圣的扒手。"

在人性这座戒备森严的城池内外，这种神秘的两重性会被困住还是被放逐呢？"答案就在问题之中。"那么，被困住与被放逐哪一个会更糟呢？迪伦在《乔治·杰克逊》中表示，我们当中的有些人是囚徒，还有些人是狱卒，但实际两者没什么区别。而杰克·麦克多诺（Jack McDonough）将这首歌与预示了巴比伦的陷落的以赛亚书第21章联系在一起，皮克林则认为《信使》和《移民》两首歌与以赛亚书也有联系。这次，迪伦一定觉得商人们在侵吞他的经济所得，批评家和听众在践踏他脚下的一方土地。迪伦极力赞赏吉米·亨德里克斯（Jimi Hendrix）的录音，也表达了对他的强烈思念。

《弗兰基·李和犹大牧师的民谣》（*The Ballad of Frankie Lee and Judas Priest*）：本歌曲用边疆民谣的风格讲述了一个荒诞不经的滑稽故事，但正如人们所猜测的，这故事流露出一种忧郁之感。在本首作品里，听众可以找到马克·吐温（Mark Twain）、布莱特·哈特（Bret Harte）和罗伯特·瑟维斯（Robert Service）的影子。这则寓言的文字可以像听众期待的那样轻柔，但其传达出来的寓意却又如听众所预料的一般沉重。解读此曲的关键，在于认识到内页说明中的弗兰克和歌中的弗兰基·李的原型很可能都是迪伦本人。犹大，也就是那个手攥钞票的引诱者，象征着音乐工业或是人们所追求的成功。在声色犬马的名利场耗尽体力之后，弗兰基因口渴而丧命于道德的沙漠之中，而这个名利场却还被他的诱惑者称之为家。“一切都未被揭露，”[13]但你已知道要留在你想待的地方，做你想做的事情，并且不被外人用金钱和对成功的虚假承诺所蒙骗。在本首歌曲中，迪伦开了许多玩笑，有关于边疆民谣的，有关于西部风格的，还有关于圣经故事的。作为听众，我们满怀渴望地搜寻其中的含义和结构，但迪伦只会嘲讽我们，因为含义本身就是个幻象，是我们永远无法把握的东西。

《漂泊者的逃离》（*Drifter's Escape*）：这是一个关于局外人的故事，主人公虽受到来自社会的威胁，但从未被击败。本曲展现出迪伦高超的唱功，他那充满痛苦感的语调和精心设计的乐句措辞让人想起汉克·威廉姆斯，作为音乐人生的牺牲品，他就曾被人起过“漂泊者卢克（Luke the

Drifter）”的绰号。他那孤独凄凉的吟唱与迪伦那种恳求式的语调有异曲同工之处。迪伦的退缩帮他抹去了过去三年里脑海中听到的每一句愤怒之言。歌中的漂泊者是个卡夫卡式的牺牲品。进攻未知。一个闪电进入上帝的身体，让迫害者哭泣、漂泊者逃脱。闪电也可能是那辆摩托车。迪伦对无政府的打砸抢等暴徒行为深恶痛绝。看了电影《龙城风云》（*The Ox-Bow Incident*）之后，他曾写了一首关于私刑处死无辜者的民谣。

《亲爱的房东大人》（*Dear Landlord*）：这首歌曲是迪伦的王牌，它将文字表达与音乐表达完美结合在一起。迪伦选择用一种祈祷式的语气演唱，的确，他的个人恳求变成了一种祈祷。在我看来，这是一项非常个人化的决定。经纪人格罗斯曼曾恼怒于迪伦长期隐退的做法，这首歌其实就是迪伦想向格罗斯曼传达的信息。迪伦在伍德斯托克的小别墅曾归格罗斯曼所有，他也曾分别拖欠哥伦比亚唱片公司、麦克米兰以及ABC电视台等大公司的“租金”。杰克·麦克多诺将漂泊者、房东以及移民的罪恶与《圣经：箴言6：16》联系起来。

《我是个孤独的流浪者》（*I Am a Lonesome Hobo*）：这又是一首关于局外人的歌曲，最后四行歌词具有深刻的道德劝诫意义：不要嫉妒他人；不应盲目接受别人的行为准则；永远相信自己的判断。这首歌曲就像是流浪的波洛涅斯在宣扬他自己的信条。“流浪者”一词与之前的“漂泊者”遥相呼应，听起来似乎这位漂泊者已离开法庭，到了数英里之外的地方，在开始孤身一人流浪的生涯之前，他回忆着自己曾犯下的那些“罪恶”。

《我怜悯可怜的移民》：这首歌曲流露出怜悯之心与悲观的情绪，每一次品读歌词时我都有惊慌失措的感觉。或许迪伦曾与自己的内心经历过一次煎熬的对话，或者是他内心善良的一面与贪婪、投机的一面进行的一场爱与恨的辩论。阿兰·雷蒙（Alain Rémond）曾建议人们去尝试平衡命运与自由，他将人类看成被逐出“伊甸园之门”的移民或流放者。纽约是个众所周知的移民城市，虽然迪伦当时不在那里，但他却向人们传递着信息，告诉他们这个城市有多病态。迪伦的演唱无与伦比，歌曲旋律也是美妙绝伦，体现出传统的盎格鲁-苏格兰风格。他一定记得邦妮·多布森唱的那首取材于《所有流浪汉和小贩都来吧》的加拿大歌曲《彼得·安伯》。歌中那位移民的悲惨命运与似爱抚一般抑扬顿挫的唱腔形成鲜明对比，罪恶所带给人的残酷感也由此减弱。“他的快乐即将降临。”[14]这最后一句歌词拥有神圣般宁静的力量，带给人获赐恩典的希望。

《邪恶的信使》（*The Wicked Messenger*）：歌中的圣经典故增强了寓言的奇异色彩，语言也采用了复古的风格。“Eli”在希伯来语中代表“上帝至高无上”，而圣经中的艾利是一位地位尊贵的圣人，也是以色列的审判官以及年轻的撒母耳的老师。歌词中的观念虽比较古老，但却随着时代变迁而常获新生。《圣经箴言13：17》中写道：“邪恶的信使必将陷入祸患，忠诚的使者是治病良药。”索福克勒斯（Sophocles）在《安提戈涅》（*Antigone*）中写道：“没人喜欢带来坏消息的信使。”莎士比亚在《国王亨利四世》第二部分中写道：“第一个带来坏消息的信使会丢掉工作。”也许，迪伦只是在谈论诗人应履行的义务，即传播真理。此曲的旋律线是整张专辑最新颖的一点，音域随着歌曲的展开而递减，既具有布鲁斯的韵味，又包含一种粗犷的质感。

《沿着小河湾走》（*Down Along the Cove*）：起初，我还觉得这首歌和最后一首歌的顺序被安排反了，后来我才发现，无论是从情感、理性还是音乐本身的角度考虑，这样的顺序都是经过作者精心安排的。如果说这张专辑是关于一个人对救赎和答案的追寻，或是对人生转变的记述，那么这首惊艳的情歌则给整张专辑增添了平衡性与对称性。这次，信使带来了好消息，救赎可以通过爱得到，这份爱可以是对某个人的爱情，对某种理想状态的追求，又或者是对某种宗教信仰的忠诚。救赎的过程可能很复杂，但也可以像女人的微笑一样简单。此曲还颇具韵律感，曲调轻柔，宛如跳舞一般。

《今夜我是你的宝贝》（*I'll be Your Baby Tonight*）：在这首歌中，迪伦又一次嘲弄了那些关于平凡爱情的陈词滥调。歌曲中的鲜明对比引导人们去抛却哲学与意识形态，转而追寻简单的快乐与质朴的真理。在专辑的开头部分，迪伦演唱了一首叛逆的牛仔民谣，为的是思索那些永恒不变和难以捉摸的事物。到了这一首歌时，他开始细细品味爱情带来的欢愉。虽然汉克·威廉姆斯以前也时常唱及知更鸟，但他本人离歌中所描绘的那个简单纯粹的人物形象还相差甚远。《沿着小河湾走》和《今夜我是你的宝贝》两首歌象征着迪伦的某段事业和人生历程的终结，但同时它们也预示着一段崭新的前景，就位于纳什维尔的天际线之下。

《献给伍迪的歌》

形销骨立的身躯、颤颤巍巍的双手以及被病痛折磨的肉体，是伍迪·伽思礼在生命临近尾声时的真实写照。1967年10月3日，伽思礼与世长辞，结束了15年与病魔进行的斗争。作为伍迪长期的经纪人，哈罗德·利文撒尔在记者会上简要地总结了伍迪跌宕起伏的一生。不少人在听到死讯时都惊讶不已，因为他们觉得伍迪早在40年代就离世了。身为民谣资深代言人的伍迪虽已离开了人间，但他的离去却将本已分崩离析的民谣运动团体又重新团结在一起。利文撒尔对我说："的确，有不少人都前来倾吐心中的遗憾，但只有一位歌手呼吁大家行动起来，去做些力所能及的事情，他就是鲍勃·迪伦。"对于这位已故的民谣创始人而言，举办一场慈善义演应当是最恰当的纪念方式。筹得的善款可以用来救助亨廷顿舞蹈症的病患，或是在伍迪的家乡奥基马（Okemah）建一座图书馆。

由于迪伦承诺将会出席义演，故安排工作进展得非常顺利。剧作家、前年鉴歌手米勒德·兰佩尔负责演出的设计和指导，两名与伍迪相识的好莱坞演员威尔·吉尔（Will Geer）和罗伯特·瑞恩（Robert Ryan）担任旁白。那么歌手都有谁呢？争先恐后报名的人多到你轰都轰不走。12月，纽约各大报纸上不起眼的角落都刊登了一则公告，以此向世人宣布：1968年1月20日，有两场演唱会将在卡内基音乐厅举行。位列其中的嘉宾有迪伦、朱迪·科林斯、杰克·艾略特、阿尔洛·伽思礼、里奇·海文斯、奥黛塔、汤姆·帕克斯顿以及皮特·西格尔。将近6 000张入场票在几小时后就已售罄。

迪伦的回归将整场演出的风头抢尽，他在台上时有出格之举，如拒绝拍照、录音，甚至是台下的互动。不过，现场观众激动万分，迪伦回归所带给他们的惊喜甚至盖过了伽思礼死讯带来的悲痛。在傍晚的首场演出中，迪伦悄悄地从舞台左侧走过，而观众并未立即认出他来。他戴了个耶稣式的胡须，身上穿的是传统灰色西装，领口外露出了一件浅蓝色的礼服衬衫，有种宁静、平和的气质。后来，陆陆续续有观众认出了他，洋溢着喜悦的欢呼声和呐喊声响彻全场。

“没有什么方式比玩突然消失更能奠定一位传奇人物的地位了。”理查德·戈尔茨坦在*Vogue*杂志上写道。虽然迪伦只有一只麦克风，但那天他掌控了全场。演出以乐器合奏拉开序幕，随后就转入那首《奔向光荣》。瑞恩读起了兰佩尔写的手稿：“他的吉他上面贴了个小标签，上面写着：这是一台用来消灭法西斯的机器。对他而言，敢于走上前为自己信奉的真理呼喊，才算实现了人生的价值。他的一生像一条布满荆棘与险阻的大路，但他只身一人，义无反顾。一生中，他致力于消除贫穷与饥饿、偏见、廉价的道义、骗子、无德的传道者以及道貌岸然的政客……他还为那些局外人、流浪者、激进分子和反抗权威者伸出了援手。他以悲悯之心，去接济那些漂泊四方、迷途难返的人。”

一场史诗般的伽思礼纪念演出正式拉开帷幕。表演者们用质朴的话语讲述着崇高的理想，用犀利的言辞表达出强烈的情绪，英语这门语言被他们运用得纯熟无比、精妙非凡，而美国方言俚语的使用也是他们的一大特色，自马克·吐温以来，或许还没有哪位文学家比他们运用得更加地道、生动。无论是独唱，还是歌曲荟萃，歌手们都用自己的方式去解读伍迪的作品，希望以此续写兰佩尔深情动人的告白以及伍迪未讲述完的人生故事。从吟诵散文诗到演唱歌词的过渡进行得非常流畅，因为无论在哪一个环节，歌者都有音乐旋律为伴。玛乔丽·伽思礼的一些舞蹈学生也登台亮相，为一首歌曲伴舞。那个时候，太平洋沿岸的西北地区正在发生土崩灾害，而舞台上也适时响起联邦诗人用苍老嘶哑的歌声吟唱的《说唱沙尘暴》（*Talking Dust Bowl*）。在那样一个由残酷政治、迷幻音乐、流行艺术和刺杀案定义的年代里，伍迪的文字就如圣人的语录一般："我是个旅行者，无论是郁葱还是荒芜的时节，我都站在高处，俯瞰这壮美的景色。为了丈量这片土地，我伸出拇指搭便车，我一边行走，一边讲述着自己的经历，我用笔在这土地上留下印记，我用双眼和耳朵感受这一切。我尽情呼吸这里的空气，气息从每一处毛孔渗入我的身体，微风吹拂着我的脸庞，如蜜糖般沁人心田。"

瑞恩唱完后，现场的灯光熄灭了十多秒钟，隐约可以听到舞台右侧有一些响动。灯光随后再次亮起，一场盛大的乡村音乐聚会开始了。迪伦和乐队合唱团激情洋溢地奉献了一首伍迪最优秀的民谣作品《大古力水坝》（*Grand Coulee Dam*），他们用强烈的节奏、高亢的呼喊与喧嚣的乐声诠释了真正的山地音乐。在表演中，迪伦先弹一分钟的民谣吉他，然后把吉他举高到麦克风位置，或者举起右臂并有力地挥动，以此带动乐队合唱团的节奏。台下的听众都起身站立，有的高声喝彩，有的则面露微笑，坐在我身旁的一位《滚石》杂志的记者则放声大笑。随着第一首歌曲唱罢，观众兴奋激动的情绪逐渐平缓下来，西格尔静静坐着，以拳托腮，宛若"思想者"雕塑一样；奥黛塔露出灿烂的笑容，像是舞台的另一盏聚光灯。迪伦和乐队合唱团又唱起了《罗斯福大人》（*Mrs Roosevelt*），迪伦给吉他换和弦时就像赛车手换挡一样驾轻就熟，风琴和鼓的声音与乐曲旋律完美地融为一体。谁说民谣不能富有节奏感？谁说一支山地乐队唱不了伽思礼的歌？

掌声刚刚平息，迪伦又切入下一首《无家可归》。伍迪的歌曲竟然能用这种全新的风格演绎，每个人都目瞪口呆。此前，西格尔曾被迪伦的电音风"电"得不轻，如今他显然已走出心理阴影，正顺着乐曲鼓点陶醉地拍打着吉他的背面。此时，迪伦的声音高亢起来，甚至盖过了乐器声，这可一点也不像《约翰·韦斯利·哈丁》里的他。迪伦的声线变得愈发尖锐，再加上乐队合唱团的和声伴唱，台下那些现代社会的居民仿佛瞬间回到了从前的岁月。中场休息时，所有人都在叽叽喳喳地谈论着迪伦。虽然仅有13分钟的演唱时间，但迪伦的耀眼光芒让所有人黯然失色，当然，除了伍迪。

安保人员绷紧了每根神经，唯恐现场出了什么岔子。利文撒尔警告众人，如果有人使用照相机的话，整场演出将面临中断的危险。就在晚场休息前夕，现场出现了闪光灯的声音，利文撒尔和一名穿制服的安保立刻飞奔过来，将那位肇事者带离现场。演出结束后，兰佩尔愤怒不已，他情绪激动地问我："弄这些乱七八糟的安保措施，跟伍迪有半毛钱关系吗？！"我在首场结束后走进了后台，碰到了佩戴着"工作人员徽章"的演出官方摄影师大卫·盖尔，他热切地对我低语："他在这儿呢！"在某间化妆室里，迪伦正坐在罗比和杰克·艾略特旁边，每个人都神情紧张，除了运筹帷幄的"漫游者"杰克。我向迪伦打了个招呼，他随即起身与我握了手，这种难得的礼遇让我受宠若惊。我们聊了聊天气和对今年春播的展望，这时格罗斯曼进入视线，他递给了鲍勃一张纸，鲍勃看过之后便大笑起来。同年，鲍勃的弟弟在希宾见到他时，发出了和我在演出当天相似的感慨——"他是那么平静、安详，就像个50多岁的老汉。"他一定休息得不错，我这样想。

并不是所有人都满意迪伦在伽思礼纪念专场上的演出，比如有的民谣歌手就认为他的表演"太好莱坞化"，过于依靠自身的明星效应。然而更重要的是，许多歌迷都通过迪伦而间接加深了对伽思礼的了解。随着演出的进行，迪伦逐渐回归到伽思礼门徒的身份，他为自己的音乐导师送上了最高的敬意。吉尔和瑞恩也上前吟诵了伍迪的几首散文诗："我始终坚信，那些内心坚强的人能成为这个世界上最好的歌手。一个人受到的打击越大，他积蓄的能量也就越强。"接下来的一系列歌曲中，有描写市井百姓的歌，有关于工会成员的歌，还有赞美美利坚的辽阔土地的歌。朱迪·科林斯献上一首《前进，哥伦比亚》（*Roll on， Columbia*），西格尔和海文斯携手完成一曲《拿钻机的约翰》（*Jackhammer John*），帕克斯顿用歌声讲述了《人类最伟大之举》（*The Biggest Thing Man Has Ever Done*）的故事，朱迪和皮特又在《工会女仆》（*Union Maid*）中默契合作。在演唱《鲁本·詹姆斯》（*Reuben James*）时，西格尔引领台下3 000多名观众进行了一场大合唱。阿尔洛在《耶稣基督》（*Jesus Christ*）一歌中完成了个人最出色的一次演唱，这首讽刺歌曲为他父亲所创，歌中向世人发问，如若耶稣基督在当今世界传经布道，他是否还会被送上十字架。奥黛塔和海文斯共同演唱了《我必须知道》（*I've Got to Know*），这首歌在公众面前罕有亮相。

在这两场演出中，观众与歌手的大合唱展现出一种基督教培灵会式的精神。在那个时期，越战被拖入了春季攻势（Tet Offensive）中，民权运动频频碰壁，政局仍如往常般破败萧条，因此，人们需要一种坚定的回应。虔诚的人开始努力从伽思礼的歌词中寻找希望和慰藉：无论世事有多艰难，我们"生而为赢"。所有人都沉浸在《奔向光荣》的歌声里。在演唱他的那一段落时，迪伦有一瞬间突然忘了词，他回以微笑，然后就继续演唱，此时现场的每一个人都兴致高昂地跟着唱了起来。最后演唱的一首歌是《这是你的土地》，被誉为民谣版的国歌。我们此时都很难再去相信歌中所言为真，但有数名观众动情至潸然泪下，大多数人都鼓起了掌，或是用力跺脚、纵情跳跃，他们竭力叫喊，直至喉咙嘶哑。在那一瞬间，任何党派之争、猜疑，或是追逐私利的个人主义都烟消云散，我们大家像篝火晚会上的兄弟姐妹一样团聚在一起，幻想着真正的民主将在未来实现。玛乔丽此刻也登上了舞台，奥黛塔紧握着她的手，两人开始尽情地施展舞姿。艾略特踩着一双笨重的牛仔靴，但他绚丽的舞步依旧让众人惊羡。老威尔放声高歌，他的声音已变得沙哑。起立鼓掌庆祝的仪式持续了有10分钟之久。最后，皮特护送我们走出了音乐厅，他说，我们现在应当把我们的歌声带回工厂、社区或是家庭中。什么？我们的工厂？噢，好吧，谁又会把蓝领工人的那几句话放在心上呢？

在两场演出的间隙，迪伦和乐队合唱团来到附近的喜来登广场酒店休息片刻。罗比在下午休息时就提醒我要“等候晚上的好戏”，他显然不是说笑，因为晚场的演出的确更加激动人心。散场之后，近百名演出人员及朋友来到罗伯特·瑞恩位于达科他的那间宽敞的大公寓，举行了一场盛大的聚会。说到达科他——这栋中央公园西边的大楼，约翰·列侬直至离世前都一直居住在这里。当晚，利文撒尔一直闷闷不乐，据他后来解释，是因为伍迪的离世对他的打击太大。午夜时分，鲍勃和萨拉、海皮特劳姆还有其他几个朋友一起过来了，他戴着那副“本·富兰克林”眼镜，除了有些疲倦之外，他看上去很放松。迪伦进门的一刹那，全场瞬间安静下来，他环视着所有的老朋友和旧相识，包括阿兰·洛马克斯。那晚的大部分时间里，艾伦·金斯伯格都坐在椅子上，沉浸在冥想的状态。

我跟迪伦聊了聊当晚的演出，他说一切都“棒极了，简直太出色了”。经过一番踌躇，我们俩聊起了我在《泰晤士报》上写的关于《约翰·韦斯利·哈丁》的乐评。我告诉迪伦，那张专辑我已听了太多次，每一次听都有新的感受。“好吧，你最好再多听几次。”鲍勃提出建议。能再次体验到迪伦在车祸之前的那种咄咄逼人的讲话方式，我竟有种更加舒服自在的感觉。此前我们在进行那种很正式的“艺人—评论家”式交流时，曾出现过躲避话题的情况，所以这次我们很快就转入了闲聊模式。我发现，迪伦非但不抵触闲聊，反而深谙此道。

《泰晤士报》为我留出一块专栏，让我尽情地为迪伦献上赞美之词；为了刊登一则歌颂迪伦的报道，《纽约客》腾出了将近一页版面；迪伦在台上时，《村声》杂志抓拍了一张好照片，并把它放在了首页上；美联社（Associated Press）对迪伦回归的关注程度甚至超过了伽思礼纪念演出。毋庸置疑，伽思礼的人生故事中有太多值得被写成文字和音乐的内容，哪怕是专门开一家全国巡演公司也不过分。1970年9月12日，与卡内基音乐厅纪念专场类似的一场演出在好莱坞露天剧场开展，新加入的歌手有贝兹、“乡村”乔·麦当劳和厄尔·罗宾逊，与威尔·吉尔一同担任现场旁白的是演员彼得·方达（Peter Fonda）。大约18 000名观众来到了现场，只为一睹“沙尘暴”刮到好莱坞露天剧场的难得景象。这两次演出的录音专辑于1972年4月正式发行，两张专辑分别由哥伦比亚唱片公司和华纳兄弟制作而成，但它们对现场效果的表现力只能说是非常有限。专辑的销售所得捐献给了亨廷顿舞蹈症基金会和伽思礼图书馆。

电影《奔向光荣》于1976年秋季问世，许多人都希望此片能够巩固伽思礼在乐坛的地位。为了制作这样一部影片，利文撒尔做了至少10年的准备。在伍迪去世后不久，他便委托已故的内德里克·杨（Nedrick Young）作为编剧来撰写剧本。共有四份剧本递交上来，罗伯特·盖彻尔

（Robert Getchell）的那一份被选用。利文撒尔与罗伯特·布鲁莫弗（Robert Blumofe）一同为联美电影公司（United Artists）担任出品人，哈尔·阿什比（Hal Ashby）担任导演。选“星”的过程既耗时又费力，利文撒尔在1975年10月13日接受《村声》杂志采访时说道：“我想挑一个个子矮的演员，所以我们找达斯汀·霍夫曼、杰克·尼克尔森（Jack Nicholson）和罗伯特·德尼罗（Robert De Niro）谈了谈，阿尔洛也想演这个角色。我们也考虑过鲍勃·迪伦，还给他发了一份剧本，但我内心里其实不想让他来演。大概一周后他打电话过来，说他喜欢这个剧本，但不想演这个角色。谢天谢地，我心想。又过了一周后，他又给我们打了个电话，说想当这部电影的导演。我们当然是予以拒绝。”最终，导演组选中了大卫·卡拉丁（David Carradine），他最出名的表演是在《功夫》（*Kung Fu*）电视连续剧里。不得不说，这份剧本完全没有体现出伍迪的那种文字魔力，所以未获好评也就在情理之中了，票房也惨淡得可怜，700万的制作投入完全没有回本。在把伽思礼推广到美国人的生活和美国文学界的层面来讲，迪伦和西格尔对这部电影作的贡献要大得多。

《纳什维尔的天际线》

说起20世纪60年代末，那么摇滚乐又是从何处发扬光大的呢？1969年时，所有人都沉溺于药物带来的迷幻感，他们纷纷前往伍德斯托克，录制迷幻音乐唱片，用疯狂的举动来宣示自己对越战的痛恨。然而，有位安静的乡下小伙在那时来到了纳什维尔的音乐街，他在召集了几名助手后，便一头扎进录音室。数日后，一张崭新的专辑问世了，其中都是些低声哼唱的乡村情歌，但他却采用了一种此前从未用过的声音。当他的歌迷仍徜徉在《荒凉街区》时，迪伦已驶入了一条《救赎之街》。

《纳什维尔天际线》于1969年4月发行，它的主人公是一个经历变革、忧郁深沉而又陷入热恋的男人。听众普遍的第一反应是："他怎么能这样让我们失望？我们都嗑了药，千里迢迢地跑到他的伍德斯托克，然后他就让我们听这一堆甜得腻人的情歌？这纯粹是种背叛！"这是迪伦的又一次突如其来的音乐试验，过程既慌乱又迷茫。许多乐评都突出强调这张专辑中"缺失"的元素：里面没有抗争、没有辛辣的讽刺、没有如嗑药一般的象征主义，也没有嬉皮士色彩。他怎么能这样对我们？

《综艺》杂志认为迪伦的声音"转变之大简直吓人"，《时代》杂志也评论道："迪伦毫无疑问是在做一种可被称为唱歌的事情，但不知何故，他想方设法地要给自己的音域提高八度。"杰弗里·加农在《卫报》上写道："迪伦的这张专辑催生了一种全新的乡村音乐形式，在今年美国的任何一座城市里，都将会有越来越多的人来从事这种音乐，它为当前充满戾气、躁动不安的美国社会创造了更多宽松的空间，也注入了一股平和宁静的清流。"克里斯高在《村声》杂志中写道："在做了八年的心灵漂泊者后，迪伦转变为一副居家好男人的形象，他是那样友善、平和并值得信赖。他同时还向我们大家保证，明年的他依旧会是如此。"当然，也有不少人认为迪伦丧失了自己的优势，因为他已变得温和而软弱，而艺术家往往在身受痛苦煎熬时能创作出更出色的作品，为了观众，为了艺术，他们理应去承受痛苦。艾德·奥克斯在1969年7月12日的《公告牌》中评论道："迪伦，这个心满意足的幸福男人，唱着那些让人害羞脸红的陈词滥调，就好像每天都是情人节一样。所以，再见吧，鲍勃·迪伦。我为你能过得开心而感到高兴，但从前那个迷惘的你对我有着更重要的意义。你全身而退，回归家庭，而你的才华也随之湮灭。我总预感你很快就会归来，正如华兹华斯所言，在事后宁静的思考中回忆起你的往昔岁月。”《公告牌》竟然引用了华兹华斯的诗句！史蒂芬·皮克林则引用了麦克利什和贝特朗·罗素的言语，把《纳什维尔的天际线》看作“迪伦在毫无戒备的状态下的一次罕见的心灵展示，它表露了迪伦内心的恐惧，却未曾给外界带来一点好处”。在他看来，迪伦“在对诺斯替主义进行不断丰富的延伸”。

这位老诺斯替主义者在1969年4月14日接受《新闻周刊》采访时说：“我一直想写这种类型的歌，这些歌比我过去的歌更能反映我的内心世界，它们比《约翰·韦斯利·哈丁》更贴近那个真实的我。人们都希望我做一名诗人，这确实也是我一直努力的方向，但其实这张专辑中的那些最微不足道的词句才对我有着最重要的意义，比我过去写的那些歌都更重要。”

我一直觉得，迪伦比其他大多数城市民谣歌手更了解这股乡村音乐潮流。1961年12月，我结束了对纳什维尔的首次造访，回到家中开始写我那本《乡村音乐故事汇编》。鲍勃问我此行的所闻所见，在交谈中，他频繁地提及汉克·斯诺、汉克·汤普森、比尔·安德森以及多莉·帕顿（Dolly Parton）。1968年9月，迪伦悄悄从伍德斯托克溜了出来，来到卡内基音乐厅找约翰尼·卡什。其间他反反复复地告诉随行的人，乡村音乐在他看来将会是接下来的音乐风潮。直到很久以后，也就是第四次公事访问纳什维尔时，迪伦才录制出了这张《纳什维尔的天际线》专辑。

迪伦在录完《约翰·韦斯利·哈丁》后的第一次纳什维尔之旅是在

1968年9月24日，他来到哥伦比亚唱片公司的A录音室进行工作。《纳什维尔的天际线》专辑录制于1969年2月13日至17日，参与录制的人员包括担任多布若钢弦吉他手的查理·丹尼尔斯、约翰尼·卡什，以及一群纳什维尔本地的伴奏乐手。发行后第六周，这张专辑就跃居排行榜首位。虽然这是一张纯乡村音乐专辑，它却没有出现在乡村榜单上。我很纳闷，格伦·坎贝尔和约翰尼·卡什出现在流行和乡村的榜单上，艾瑞莎·富兰克林在五张榜单上都占据一席之地，可迪伦的名字仅仅出现在一张榜单上。克莱夫·戴维斯解释道："我们当然知道，《纳什维尔的天际线》这张专辑在乡村音乐的唱片市场上卖得火热，但商业票据并不知道该如何去分配它的销售额，是把它定位为乡村专辑，还是摇滚专辑，又或是两者兼顾。"《公告牌》的编辑李·吉托（Lee Zhito）在给我的信中写道："在乡村音乐领域里，并不存在针对迪伦的所谓'无声的抗议'。答案就在演唱技巧中。当非圈内的歌手想进军乡村音乐圈时，他们总是会尽可能地照搬已有的乡村歌曲材料，所以乡村乐迷对他们这种表演技巧并不满意，对于他们的专辑也就不买账。"伦敦《唱片经销商》（*Record Retailer*）杂志的执行主编迈克尔·克莱尔（Michael Clare）说道："我本人也很好奇他们到底是如何编排榜单的。似乎唯一的解决方案是，艺人公开宣布自己是乡村歌手，同时其他人都不这样做。"我后来问了迪伦本人，他说："乡村榜单上都是一些每周站在十字路口唱歌的家伙。"

在乡村音乐领域，迪伦无论如何也请不到比约翰尼·卡什更具影响力的"资助人"了。在2月17日至18日晚，也就是录音任务的最后两天，大个子约翰信步走进了录音室，两人便开始了即兴切磋。他们二人一共合作完成了12至15首曲子，其中包括《我行我素》（*I Walk the Line*）、《大河》（*Big River*）、《无心之爱》（*Careless Love*）、《多余的清晨》以及《理解你的男人》。然而两人公开的合作成果只包括：《纳什维尔的天际线》中的二重唱；迪伦出演一部关于卡什的戏剧电影；迪伦在卡什的电视连续剧的首映式上亮相，以及迪伦告诉某位记者“能与约翰尼·卡什一起唱歌是一份至高无上的荣誉”。

实际上，两人的情谊可以追溯到五年之前。在电视拍摄的过程中，卡什曾表现出不愉快的迹象，原因是他的风头被迪伦抢走了。“我们俩是朋友，我还有好多朋友。”卡什那时说道。1975年时，卡什曾对他们两人的友情作了回顾，他说：“1963年那张《无拘无束》问世之后，我开始认识鲍勃·迪伦。在我看来，他是我见过的最出色的乡村歌手。我们两人之间有很多共同点，实际上在我们见面之前，我就已经很了解他，我知道他那时已经开始听乡村音乐了。1963年时我在拉斯维加斯，我给他写了封信，告诉他我对他的作品有多么喜爱。自那时起，我们便建立起通信往来。”在两人见面之前，卡什就已是迪伦的坚实拥护者，无论是在哥伦比亚唱片公司，还是在时政歌曲运动中。（1964年3月10日由第41期纽约《小字报》刊登的信函显示，在迪伦的一次争端中，卡什毅然站到了他这一边，并呼吁人们“都闭上嘴，让他唱歌吧！”）

在1965年的新港音乐节上，卡什把自己的一把吉他送给了迪伦，对于歌手而言，这是种至高无上的赞美方式。1968年时，卡什重温了那段经历：“我给自己买了好几把吉他，他（迪伦）喜欢其中一把，那把是30年代早期在芝加哥手工制作的。于是我就把那把老吉他送给了他，我已经送出去了好多把。我们第一次见面是在哥伦比亚唱片公司，我们俩成了朋友，就像其他任何两个歌曲作者一样，你明白吗？我想那是一种相互欣赏吧。大概四五年前，我作为他的嘉宾去了伍德斯托克。我们也曾在许多年之前在英国见面。最近的一次见面是一年前，他当时正在纳什维尔录专辑。”

1968年秋，我为一部纪录片而采访了约翰尼。“我觉得，无论是流行音乐，还是每年层出不穷的那些新音乐形式，都会从乡村音乐中汲取养分。我对伯德合唱团以及‘恋爱的汤匙’乐队那些人有着崇高的敬意，他们做的乡村歌曲我都喜欢。但我同时认为，除非是交由真正的乡村音乐家来做，否则乡村音乐很难一直持续下去。你必须要有草根基础，你还得时刻清楚自己在唱什么，不然听众就会察觉到，他们总能听出我是否是以一颗诚挚之心在唱。我并不是说你非得住在南方做一名清贫的乡村歌手，但这样确实会有帮助。我所知道的每一名成功的乡村歌手都有着贫苦的背景和艰辛的起步阶段，黑人布鲁斯流淌在他们的音乐血液里。每一位都是如此，无一例外。埃尔维斯（猫王）会亲口告诉你，他的音乐风格是从黑人布鲁斯歌手那里学来的。”

迪伦和卡什的友情在1969年升温至顶点，他们二人联手演唱了《纳什维尔的天际线》专辑的开场曲目，迪伦也于6月7日在卡什的电视节目中登台亮相。迪伦的戏份很少，在主持人高大魁梧身躯的映衬下，迪伦就像个矜持的少年。迪伦独唱了《我放弃一切》和《布鲁斯生活》，然后与卡什一起演唱了《北乡姑娘》。在节目里，迪伦只被提到了名字，未发一言，他在两人合唱后与卡什握了手，然后露出了试探性的第一次微笑。《纳什维尔旗帜报》的莱德·奥唐纳在给我的信中写道：“他（迪伦）更喜欢那种空荡荡的、简单朴素的舞台，他曾说过：‘我绝不愿意在一处比我本人好看的布景前工作。’迪伦在大奥普里剧院录音期间曾接受了我的采访，他当时低声说：‘我在与人交流时会有困难，但我会把我想说的话写出来，这种方式或许会对我有沟通上的帮助。’”奥唐纳寄给了我一份迪伦的“十条戒律”或“个人信条”：

我爱孩子，也爱动物，我忠诚于朋友，也有幽默感。我总体上有着积极向上的人生观，我尽力做到按时赴约，我和我老婆的感情也很好。我虚心接受批评，也努力将工作完成得出色。我执着于寻找每个人身上的善良一面。

奥唐纳是否知道自己被蒙骗了，我们不得而知，总之他依旧执着地向迪伦抛去问题。“我真希望我能解释一下我性格内向的缘由，可我一向不善于分析自己的情绪。至于我的个人魅力，谁又说得清楚呢？我肯定不是记者们喜欢的那一类受访者，但或许人们会对我那特有的写作方式感兴趣。同时，我会竭力帮助那些愿意为我写故事的人。”奥唐纳又问迪伦为何拒绝了那么多的电视节目的邀请，却偏偏上了卡什的节目，迪伦回答：“因为那档节目确实不错，现在好的电视节目太少了。”

节目录制期间的安保措施极为严密，但总有记者想设法突破这道防线，《形象》杂志的一个记者团队就被毫不留情地赶了出去。为了减弱录制过程的神秘感，琼恩·卡特·卡什对外界称约翰和鲍勃两人经常会长时间待在一起，但彼此沉默不语。在接受采访时，执行制片人比尔·卡拉瑟斯向《本周》杂志的卡洛尔·伯特温解释道：“要不是约翰尼盛情邀请，鲍勃是不会上这档节目的。你根本不知道他有多拘谨，之前有个孩子突破了安保的封锁，直接扑向了鲍勃，警察只好出动，把那孩子赶了出去。这件事让鲍勃心情很糟糕，他总是人们关注的焦点，但他非常讨厌这种感觉。这么说吧，即使迪伦现在已经在录节目了，他心里那根弦依然紧绷着，但为了约翰尼他会坚持下去。昨天他就跟我说：‘拜托，不要让摄影师进来，因为我现在的形象很差。’其实根本不是这样，鲍勃看上去很健康，皮肤也晒成了古铜色，为了上节目他还特意穿了西服，打了领带。他是个心思深沉的小伙子，你一眼就能判断出他什么时候心情沮丧，他的眼神和嘴唇会暴露出他心情的波动。”

乡村小提琴家道格·克肖（Doug Kershaw）说他曾与迪伦在汽车旅馆里彻夜写歌：“他是那样的和蔼可亲，以至于你察觉不到他内心的恐慌，他其实恐慌到了极点。”节目的另一位嘉宾乔尼·米切尔（Joni Mitchell）也说：“有些时候，所有人都疯狂地爱着你反倒是件很可怕的事。迪伦是个非常敏感的人，当他还是个年少轻狂的愤青的时候，状况要比现在好很多，如果他觉得你的提问既愚蠢又没有艺术性，他会直接朝你怒吼，或是讽刺挖苦你。可是现在，他没法再做愤青了，也不能再怒吼了。他现在的做法是保持外在的沉默，让情绪只在内心爆发。他不会再把情绪宣泄在别人头上，而是默默任其在心中激荡。”

卡什并不认为他与迪伦二重唱存在某种“魔力”：“的确，所有人都是这么想的，但我不认同。其实在录歌的过程中，我们可没少瞎胡闹和混日子。每个人都说那首《北乡姑娘》是他们听过最具感染力的音乐，他们不停地赞颂这首歌有多么美妙动人，多么情真意切，可我当时只不过是坐在那儿弹了几下G和弦而已。”在琼恩·卡什看来，迪伦并非害怕上节目，他只是性格腼腆。“迪伦一家和我们是很好的朋友。约翰尼希望鲍勃能舒服自在一些，所以每当我们聚在一起时，都会尽量让其他无关的人离开，以尊重鲍勃的私人空间。但我们永远不知道他脑子里在想些什么。”“约翰尼·卡什秀”最终登陆ABC电视台，并创造了百万美元的收益。成功来得如此迅速，从而保障这档节目的规律性运营，自1970年1月上映起，节目组每周能收获15万美元的利润。

迪伦与卡什的亲密友谊早已超出了音乐范畴。尽管在事业上取得了巨大的成功，但卡什从未隐瞒过自己在1961年至1968年间那段精神临近崩溃的岁月。是琼恩·卡特的出现挽救了他，平复了他躁动不安的内心。在这段时间里，他和迪伦采取了相似的回归路线，在寻找平和安宁的生活方式的同时，两人也获得了内心的平安。迪伦同意在一部名为《约翰尼·卡什的音乐世界》的戏剧纪录片电影中短暂亮相，制片人是亚瑟·巴朗和伊芙琳·巴朗。迪伦与亚瑟·巴朗初次见面是在1963年7月，那时亚瑟正在纽约为WNDT电视台制作一档小型的自由歌曲特辑。迪伦一共录制了七首歌，但最终只同意发布那首二重唱《多余的清晨》。电影在国家教育电视台首映，之后又把片长延长了16分钟，从1969年10月开始在全球的剧场上映。

《纳什维尔的天际线》算是对迪伦和卡什当时那份深厚的情谊的一种深情演绎。在专辑封面上印有卡什所作的赞词，而他实际上是说给广大的乡村音乐听众的：“这是个对乡村音乐了如指掌的家伙，他真的非常出色。忘记他曾经那副抗议者、嬉皮士或怪才的形象吧，让我们认真聆听这个男人对爱情的完美诠释。”在这张专辑里，迪伦第一次重复表演一首歌曲，也是第一次尝试纯器乐歌曲，这便是那首《纳什维尔的天际线的喧闹》。此外，迪伦也是第一次在专辑中使用电子回声。此专辑最让听众惊奇的一点就是迪伦全新的唱腔，在1969年那次充满讽刺之言的采访中，迪伦向《滚石》杂志“解释”道：“自从戒烟之后，我的声音就变了，变化幅度如此之大，我自己都不敢相信。这是真的，我告诉你，只要你现在戒烟（大笑），你也能像卡鲁索那样唱歌。”

专辑里倒是没有卡鲁索的声音，而我们却可以听到巴迪·霍利的回音伴唱，罗伊·奥比森（Roy Orbison）如潺潺溪水般的优美歌声，以及猫王那首《爱着你》（*Loving You*）的旋律。总体来讲，这张专辑的音域很开阔，既没有浓重的鼻音，也没有那种愤懑、抱怨的语气。对于迪伦而言，这张专辑可谓是“开启另一扇大门的钥匙”，使他成为一名纯正的乡村歌手。在演唱时，迪伦回避了莫尔·哈格德式的粗粝嗓音，也摒弃了汉克·威廉姆斯的那种痛苦唱腔，取而代之的是吉米·罗杰斯在患病之前的那种清澈嘹亮、悠扬动听的声音[15]，不仅给人以平和而宁静的感觉，还洋溢着一种积极乐观的生活态度，正如封面那张“你好啊，邻居”式的照片一样。整张专辑可谓情真意切，没有丝毫伪装。《纳什维尔的天际线》开创了一种全新的创作潮流，即逃避那种“有意义”的歌曲，回归到歌曲本真。这种潮流一直持续至1974年。当然，有一种歌曲“意义”是永恒不变的真理：“爱是一切，这世界因爱而运转。”[16]这是一张有生命的唱片，它不断向世人讲述着这位“温和的歌手”的故事，讲述他如何从隐退的生活中寻找到快乐，体悟到爱与人生的真谛。

迪伦与卡什在《北乡姑娘》中的开场二重唱算是个罕见的瞬间，二人的声音有些粗糙，起唱、和声与歌词也出现了瑕疵，但依然可以体现两人的默契配合。在两人互相切磋乐句的时候，那种推杯换盏间的兄弟情谊仍显露无遗。迪伦《纳什维尔的天际线的喧闹》一曲中添加了老式乡村风格的乐器声，在与肯尼·巴特利（Kenny Buttrey）、查尔斯·麦考伊（Charles McCoy）、皮特·德雷克（Pete Drake）、诺尔曼·布雷克（Norman Blake）、查尔斯·丹尼尔斯（Charles Daniels）和鲍勃·威尔逊（Bob Wilson）等人交换意见时，迪伦几乎被他们当成田纳西山区来的人。《理发修面》（*Shave and a Haircut*）一曲的结尾特意突出了民谣用语的特点，而《单独与你在一起》（*To be Alone with You*）中的那句画外音式的歌词给听众留下了深刻印象，迪伦当时询问约翰斯顿录音是否开始，结果这句话就被录进了歌里。也许人们已忘记这首歌，但那句“开始了吗，鲍勃？”却很快成为流传于歌迷间的俚语。在《佩吉·黛》（*Peggy Day*）中，迪伦尽兴地玩弄着乡村音乐的各种陈词滥调，畅游于乡村音乐的各种奇思妙想之间。《女士，请躺下》成为这张专辑中的主要热门单曲，曾跃至榜单第七位。《最后一夜》（*One More Night*）让我们回忆起猫王的第一首单曲《肯塔基的蓝月亮》（*Blue Moon of Kentucky*），以及比尔·门罗（Bill Monroe）的歌曲旋律。整张专辑流露出一种牛仔和边疆的精神气质，以及主人公在外在环境和心灵世界中都感受到的那份孤独。

在那首《告诉我这不是真的》的乐器演奏中，没有表现出一点点与《荒凉街区》所表现出来的相似性。《乡村派》表现出一种纯粹的快乐与童趣；有些乐评人将那句“从此与世无争”[17]看作迪伦最新的人生“宣言”。专辑以一首《今夜我将陪伴在你身旁》收尾，此曲所表达的对爱情的奉献精神不禁让我们回想起《无路可走》以及《约翰·韦斯利·哈丁》中的最后两首歌曲。

这张《纳什维尔的天际线》拥有难以置信的强大影响力。在20世纪60年代末期，流行乐与摇滚乐都在寻求新的发展方向，在美国白人流行音乐中总可以寻觅到鲜明的乡村音乐元素。迪伦以这张《纳什维尔的天际线》作为纽带，进一步拉近了流行乐与乡村音乐的距离。到了70年代，许多流行乐和摇滚乐的艺人继续对乡村音乐这座宝藏进行探索，很快纳什维尔的工作室里就挤满了从前还对乡村音乐嗤之以鼻的人。贝兹也开始在那里制作唱片，随后便有《若此时》（*Any Day Now*）问世。林戈·斯塔尔（Ringo Starr）也在迪伦完工后的第18个月来到纳什维尔，他邀请皮特·德雷克来当自己的导师兼制作人，德雷克此前曾协助迪伦制作两张纳什维尔专辑。1970年年初，《纳什维尔之声》的作者保罗·亨菲尔（Paul Hemphill）向《村声》杂志描述了音乐领域的巨变："人们通常会称那些外行为'带着滑稽眼镜的怪胎'，但当他们发现这些年轻人也能做出很棒的作品，他们便会送上敬意。其中最著名的例子便是迪伦了，记得约翰一开始与迪伦合作时，人们都问他为什么要这样做。听众最后会忘记政治因素，转而专注于歌者的表演本身。"

《纳什维尔的天际线》发行后的数月里，伯德合唱团的新成员开始录制那张《乡村竞技场上的甜心》。接下来的数年里涌现出一批摇摆乡村歌手，摇滚歌手也纷纷转投乡村音乐，其中包括：波科（Poco）、飞行玉米卷兄弟（Flying Burrito Brothers）、尼蒂·格里蒂·德蒂乐队（Nitty Gritty Dirt Band）、特蕾西·尼尔森（Tracy Nelson）、虎克船长（Captain Hook）、药品巡展（Medicine Show）、克里斯·克里斯托弗森、齐普·泰勒（Chip

Taylor）、金基·弗里德曼（Kinky Friedman）以及指挥官科迪（Cody）。乡村音乐的影响力深深植根于一支20世纪70年代中期的组合，即“克罗斯比、斯蒂尔斯、纳什和杨（Crosby, Stills, Nash and Young）”。迪伦本人一直对纳什维尔的录音氛围抱有浓厚的兴趣，与那里的乡村音乐人也建立了友谊，比如罗尼·布莱克利，他曾在迪伦1975年的巡演中亮相，另外艾美露·哈里斯（Emmylou Harris）也戏剧性地出现在《渴望》（*Desire*）专辑中。罗伯特·阿尔特曼（Robert Altman）曾导演一部名为《纳什维尔》的影片，无论是其中的精彩片段，还是一些带有偏见的描写，都深刻地反映了老乡村音乐与新乡村音乐在迪伦制作《纳什维尔的天际线》过程中的碰撞。

《纳什维尔的天际线》所带来的巨大影响甚至已超越了专辑本身，迪伦掀起了一股音乐品位与音乐形式变革的狂潮，他自己也为这张专辑带给其他音乐人的深刻影响而暗自震惊。对于听众而言，他们依然执着地奔赴伍德斯托克，但那座小镇曾经最著名的居民已经成了纳什维尔的荣誉市民。

伍德斯托克以东，怀特岛

1969年是不寻常的一年，它见证了流行音乐史上的黄金十年，也迎来了诸多摇滚巨匠的回归和国际观众群体的迅猛壮大。1969年夏，阔别舞台近20年的猫王在拉斯维加斯面对观众登台亮相，约翰·列侬在同年重新办起了演唱会，滚石乐队也在伦敦的海德公园举行了首场免费的演出。而伍德斯托克的一位传奇人物也在考虑回归舞台，他收到了一份让他心动的邀约——8月底在怀特岛音乐节上进行一场演出。其时正值伍德斯托克音乐节如火如荼地进行中，音乐节以致敬迪伦的名义在他家门口举办，可迪伦却选择向东行进3 000英里，来到了欧洲的伍德斯托克。虽然迪伦并未出席伍德斯托克音乐节，但他的影响依旧深远。《滚石》杂志的格雷尔·马库斯在1969年9月20日的时候说："不管你是否愿意承认，鲍勃·迪伦的影响力仍贯穿这三天狂欢聚会的始终，他就是这座城市部落的长老。伍德斯托克是迪伦的避难所，是他的地盘，是他的精神家园。就像所有广告、媒体推广或是宣传工作一样，这座城市部落用旋律谱写的信条将人类精神世界的方方面面汇集于此，就在那片600英亩的大农场上。"

如果迪伦不愿在马克斯·雅斯格（Max Yasgur）那座位于纽约伯特利的农场工作的话，会有大概45万人争抢这个名额的。用《时代周刊》的话来说，伍德斯托克的这种突如其来的狂热氛围发生于"一个特定的时期，美国青年的特殊文化开始在这一时期显露力量。这一时期可以被列为本世纪最重要的政治和社会浪潮"。伍德斯托克还催生出许多夸张的思想，譬如金斯伯格就曾称其为"行星运动的场地"，易比派成员艾比·霍夫曼（Abbie Hoffman）更将其看作"伍德斯托克王国的诞生地，陈旧落伍之人的葬身地"。当地的警察、农夫和木匠的老婆都震惊于这些年轻人的庞大数量以及他们的彬彬有礼，有篇《纽约时报》的社论曾诘问这种"旅鼠式"朝圣的意义："究竟是种什么样的文化，才会导致这么大规模的社会乱象？"次日，同一社论版面又转而将其看作"一种关乎精神纯洁性的文化现象"。

欧洲大陆对伍德斯托克音乐节作出了沉默的回应，两周后，这种回应变成了对唱的形式——第二届怀特岛音乐节开幕了。全欧洲大约有20万年轻人聚集到怀特岛，他们当中大多是披头士、滚石、简·芳达（Jane Fonda）和罗杰·瓦迪姆（Roger Vadim）的歌迷，此外还有一些《头发》（*Hair*）的巴黎剧组人员以及庞大的媒体团队。诸多迹象表明，已变得成熟稳重的迪伦这次将与媒体人士相谈甚欢。在位于伍德斯托克的家中，迪伦向伦敦《标准晚报》的雷·康诺利倾诉："我并没有过一种与世隔绝的生活，向其他人一样，我过着简单而开心的生活。对于重归舞台，我感到非常忐忑，我总希望能唱出人们想听到的内容，而且那场车祸依然对我有些许困扰，每逢寒冷或潮湿的天气，我的骨头就会隐隐作痛。但是在许多方面它对于我都算是一件好事，因为它让我学会放慢脚步。巡演的节奏太快，需要拼命才能跟上，我之前的生活也是枯燥乏味。"康诺利惊讶不已："这个人简直友善、和蔼到让人震惊。"

另有一场采访是由伦敦《每日镜报》的唐·肖尔特（Don Short）发起的，这次采访的精华部分被收录进了《旋律制造者》杂志中。迪伦在采访中解释道："萨拉和我从小一起在明尼苏达长大。许多年前我们在纽约的一家餐厅重逢，那时她在那里当服务员。于是我们坠入爱河，尽管我们并非一见钟情的那种。五年前我们在纽约州结婚，我们并没有大事宣传，因为我们觉得过好自己的生活才是最重要的，不然的话，我们早就去好莱坞定居然后成为演艺圈的一员了，那是我们永远都不想过的那种生活。"迪伦提到他曾接受乔治·哈里森的邀请，来到伦敦的苹果工作室录制歌曲，还说到他正筹划与乐队合唱团进行一场巡演，"一切都不会再像从前那样，让人精疲力竭到接近崩溃了"。此外，迪伦还透露自己正在寻求出演一部情节复杂的电影。"我会乐意与阿尔弗雷德·希区柯克这样的导演合作的，他从不拍那种情节寡淡的影片。"

时年23岁和24岁的雷·福尔克（Ray Foulk）和罗恩·福尔克（Ron

Foulk）兄弟俩说服迪伦来到了怀特岛。“我们意识到，用金钱去吸引他是行不通的，所以我们决定用整座岛来诱惑他。”雷说道。福尔克家的三公子比尔当时22岁，他拍摄了岛上的旖旎风光、音乐节的举办地点以及他们将为迪伦提供的住宅，然后制作成一部彩色电影。经过伯特·布洛克（Bert Block）的谈判，迪伦最终同意签署合同。尽管迪伦此前曾回绝过比这还高出四倍的数字，但演出费数额之高还是足以让媒体瞠目结舌。根据我得到的最可靠的消息，福尔克兄弟给迪伦提供的演出费是21 000英镑，包括50%的净值，以及6 000英镑的报销费用。此外，乐队合唱团得到了8 000英镑，里奇·海文斯得到3 300英镑。

8月13日，迪伦一家从纽约登上了伊丽莎白女王二号客轮。在一场小型的欢送仪式上，当时年仅4岁的杰西突然昏厥。据说随船医生因考虑到意外风险而不愿对杰西登船旅行负责，于是迪伦便把儿子扛在肩膀上，火速赶往了纽约的一家医院。杰西很快恢复了意识，他的病情也“并不严重”。数日后，迪伦一家又改乘飞机抵达希斯罗机场。随后，他们被安置在一间16世纪的农房里，地点位于班布里奇附近的福尔兰农场。这间房子有个游泳池，还有一间可供排练的谷仓，大门和守在旁边的门卫将公众挡在外面。《伦敦每日画报》（*Daily Sketch*）的克里斯·怀特（Chris White）经过好一番周折才得以进入，他问迪伦是被怀特岛的哪一项魅力所吸引。丁尼生曾在此居住，迪伦答道，并且这里也是他一直想造访的地方。“总的来说，我们现在就当是在度假了。”谈到他的英国歌迷时，迪伦说：“他们是我最忠实的一批歌迷，同时也是我此行来英国的原因之一。我对钱毫无兴趣，我只想玩音乐。”

鲍勃举行了一场20分钟的新闻发布会，会上，某些记者似乎想重演那套猫捉老鼠的老把戏，他们问及一些关于嗑药和婚姻的问题，还问到迪伦是否变得更加坦率，以及他来此处的缘由。迪伦依旧在回答中提到了丁尼生，他给出的最长的一个回答是："我的工作就是做音乐，我努力着去放轻松，如果你想把工作做好，就必须学会放轻松。"言语中丝毫不见愤怒或叛逆。有的记者发现自己抛出的问题炸弹被迪伦顺利化解后变得恼羞成怒，他们把目光放到了音乐节现场，试图在那里重演自己的把戏。他们的机会还真不少，有一群军人模样的人正乘坐渡轮和气垫船跨越索伦特海峡，船上贴有一张纸，上面写着"第二次敦刻尔克大撤退"，于是报纸标题便成了"D日登陆，目标迪伦岛"，或者是改披头士的歌曲标题为"去往莱德的船票"以体现船只登陆的地点。几乎每家英国报纸都用头版文章来报道此事，不少报道上还贴有那群人的照片。

音乐节于周五开幕，当天登场的嘉宾是尼斯（Nice）和邦佐狗乐队（Bonzo Dog Band）。周六的演出完全被谁人乐队（The Who）和乔·考克（Joe Cocker）主导，美国民谣风格的歌曲以及几首迪伦的歌曲也有亮相，演唱者为朱莉·菲利克斯（Julie Felix）与海文斯。晚场的演出名单包括：埃德加·布劳顿乐队（Edgar Broughton Band）、玛莎·亨特（Marsha Hunt）、家族乐队（Family）以及布洛德温·皮格（Bloodwyn Pig）。周日是电子乐器专场，其中包括利物浦之景乐队（Liverpool Scene），他们的作品融合了流行乐与诗歌，第三只耳乐队（The Third Ear Band）和"印度—爵士的融合（Indo-Jazz Fusions）"乐队也为其增添不少色彩。诗人克里斯多弗·罗格（Christopher Logue）和记者安东尼·海登-盖斯特（Anthony Haden-Guest）

在现场阅读了现代诗歌，但其中没有丁尼生的作品。汤姆·帕克斯顿的影响力着实让人感到意外，他的几首民谣时政歌曲在现场得到了观众的强烈呼应，《旋律制造者》杂志认为这“简直不可思议”。从五角星乐队开始，民谣风格的歌曲越来越多地出现在舞台上。

我在后台与格洛丽亚·爱默生（Gloria Emerson）和克莱夫·巴恩斯（Clive Barnes）进行了亲切的沟通，两人都是《纽约时报》的记者。迪伦在众人的拥护下终于来到这里，他不停微笑着，看上去很放松也很亲切。我看了一眼表，晚上7点23分。我特意提一下时间是因为迪伦本应在7点半准时上台，而后来他的迟到及过于简朴的形象确实招致观众的愤怒情绪。我一直都未能弄清楚他迟到的真正原因，而鲍勃后来告诉我他当时还不清楚具体情况，还以为这是场管理混乱的音乐节。据卡尔·达拉斯在他的《原声音乐》（*Acoustic Music*）杂志中透露，迪伦那天迟到的原因是由于伯特·布洛克坚持要主办方在迪伦和乐队合唱团登台之前付清薪金。到场的记者、VIP和各路贵宾有大概500人，但现场的座椅连这个数字的一半都不到。我避开狂热的歌迷，躲到人群后面，为了有个好的视线，我必须要攀上一处空易拉罐堆成的小山，四周尽是成堆的垃圾以及嗑药嗑得晕头转向的歌迷。场地里有一处歌迷居住的帐篷，上面的牌示写着“荒凉街区”。从我的位置看过去，舞台上的人小得就像蚂蚁一样。大概9点半时，主持人里基·法尔（Rikki Farr）宣布格罗斯曼也有可能携团队出席本次音乐节。差不多隔几分钟就有人叫救护车，因为不断有人体力不支或是嗑药嗑出了幻觉。一到8点，休息时间准时开始，但乐队合唱团直到10点才过来。因此，这两小时弥漫着躁动不安的情绪，法尔用麦克风表达着自己的愤怒，似乎只有滚石那首《天不尽遂人愿》（*You Can't Always Get What You Want*）贴切地表达了真实情况。

班德乐队和迪伦在台上被相同的问题困扰——音质糟糕、难以发挥个人特点，以及舞台上下的距离太远。我站的位置大概离舞台有四分之一英里远，从我的角度来看，班德乐队进入状态非常缓慢，也许只有《布拉佐斯河》（*Brazos*）和《别告诉亨利》（*Don't Ya Tell Henry*）两首歌能勉强听出他们的态度。10点35的时候，他们开始唱起了《我终将解脱》，而台下的不少观众都开始喊迪伦的名字。直到10点50那首《重量》（*The Weight*）开始时，班德乐队才刚刚适应了周围的环境，但他们的表演任务马上就将结束了。在漫长的麦克风试音环节之后，迪伦与乐队合唱团一同走上舞台，全场起立致敬，无数闪光灯、手电筒和火焰筒的光芒将夜空照耀得如同白昼。迪伦一袭白衣，未系领带，上身着彩色的衬衫，他以一曲《她属于我》（*She Belongs to Me*）开场，用的是一种轻柔浪漫的爵士嗓音，即使是《纳什维尔的天际线》之后也少有人听过他这样唱歌。面对陷入癫狂的嘶吼状态的观众，迪伦却极少说话，最长的一句话不过是“啊，来到这里太棒了，真的”。迪伦在唱《我放弃一切》时使用了民谣吉他，他看上去很严肃，却并不紧张。迪伦在那首《麦琪的农场》中注入了布鲁斯元素，再辅以乐队合唱团的强劲和声。他特意为英国的听众演唱了《女孩，你会离开吗》，其中使用了几种特意修饰过的唱腔，也没有加入伴唱。《宝贝，那不是我》和《致蕾梦娜》两首歌相对比较含蓄，但观众把握住了歌曲所表达的情感，他们努力着去贴近迪伦的内心世界吗，而接下来的《鼓手曼先生》显然让观众陶醉其中。当迪伦演唱《圣奥古斯汀》《女士，请躺下》和《61号公路》时，观众的反应并非如痴如醉，而是用一种欣赏的态度去认真聆听。接下来是一曲

《多余的清晨》，在演唱《移民》时，迪伦向负责录音的曼弗雷德·曼恩点头致意。《像一块滚石》毫无意外地让全场沸腾，《今晚我是你的宝贝》宛如一首乡村风的摇篮曲。《奎恩》和《雨中的女人》中的情绪表达尤为热烈奔放，显然迪伦回忆起了1966年在英国唱《雨中的女人》时引发的骚动。迪伦的演出在午夜前结束，随后他又数次返场，最后一次返场时又演唱了一遍《雨中的女人》。然而，台下观众都不敢相信，他们以为演出才刚刚开始。迪伦匆匆地说了句“谢谢你们”，便转身离开了。里基·法尔用微弱的声音对台下说：“我很抱歉，迪伦已经走了！他已完成自己应做的事情！”

自从迪伦告诉《每日镜报》的唐·肖尔特他有可能会唱上三个钟头后，流行乐媒体和音乐节组织者就开始不停地告诉买票观众将有极其伟大的事情发生，顺便借此来戏要这些观众。《旋律制造者》杂志在8月30日的头版标题写道：“迪伦、滚石、乔治·哈里森和盲目的信仰乐队——他们将统治整个怀特岛。”底下还有一行小字：“当然要先经过鲍勃的批准。”音乐节还未开幕，《唱片镜》杂志就预测其将成为“人类历史上最伟大的一次音乐盛典”。过度夸大的宣传必然带来失望情绪，散场后，到处可见疲惫、失望的孩子拖着沉重的双腿向渡轮走去。“安息吧，迪伦。”一名从米德兰来的孩子说道。美联社的报道里写道：“场面可谓群情骚动，愤怒的歌迷质问道：‘他就这样一走了之了吗？他在哪儿呢？’安保人员和警犬到处奔走着，以防人们闹出事故。最终什么也没发生，人群开始渐渐散去。”《每日邮报》报道了现场的篝火和喊口号的场面：“我们要迪伦——唱歌！唱歌！唱歌！”《每日镜报》写道：“10万名歌迷扬言要发动暴乱。”

迪伦带着十分失望的心情离开了英国。据《每日画报》称，迪伦曾说过“我再也不想来英国演出了”，但《每日镜报》援引了迪伦的原话：“整场演出非常精彩，我明年还来。”乐队合唱团的莱沃恩·赫尔姆向《每日镜报》透露：“鲍勃竭尽所能去亲近观众，但最终都无济于事。”9月2日周二，乔治·哈里森驾驶一辆奔驰车将迪伦送至希斯罗机场。《快报》引用迪伦的话：“据说有些孩子因为我迟到了三小时而大发雷霆，听到这些消息我真是难过到了极点，因为我在5点半准时到了那里。我也不知道为什么我们要等那么长的时间才能上场，去问组织方吧。另外，歌迷们真是棒极了。”披头士乐队给予了迪伦强有力的支持，哈里森说：“演唱会非常精彩。鲍勃并没有中途离开，他奉献了一场出色的演出。”列侬说道：“除了有些平淡之外，他的表演总体上能够让人满意，但人们都在等待戈多，或是等待上帝的降临。”

在抵达肯尼迪国际机场后，迪伦透露自己以后不愿再去英国。“他们那里的歌手实在是太多了。”迪伦将此次怀特岛之行看作即将到来的美国巡演的一次热身。这次演出是他18个月后的首次登台亮相，但他发觉自己陷入了一种不可控的局面中。在回忆往昔时，我认为正是此次音乐节的经历导致迪伦一直拖到1974年年初才再次登台演出（实际上在1971年8月，迪伦在麦迪逊广场花园以嘉宾身份出席了乔治·哈里森为孟加拉举办的慈善演唱会）。再次回归之后，迪伦不再去做一些低调的、含蓄内敛的作品，而是大胆地贴近那些追求兴奋感的观众。

从本次怀特岛演出开始，迪伦的音乐生涯进入了一段低谷期。不少人又开始聒噪地叫嚷着迪伦完蛋了，但《旋律制造者》杂志在1969年9月20日的国际流行乐大投票中，迪伦仍稳坐全球男歌手的头把交椅，《纳什维尔的天际线》也在专辑排名中拔得头筹。然而，另有一些听众开始把迪伦当成一名政治犯来对待，他们试图教迪伦怎样去唱歌，怎样花钱，以及怎样写歌，一名所谓的“歌迷”甚至要迪伦把垃圾倒到指定地点。

1969年怀特岛音乐会上与班德乐队同台演出。

本页：1969年纳什维尔，与强尼·卡什一起为电视节目排练；录音中：《献给伍迪的歌》，1968年在卡内基音乐厅举办的一场慈善音乐会——里克·丹科，左侧是迪伦与罗比·罗伯逊。

右边：1969年，另一个符号性的形象《纳什维尔的天际线》专辑（出版）。

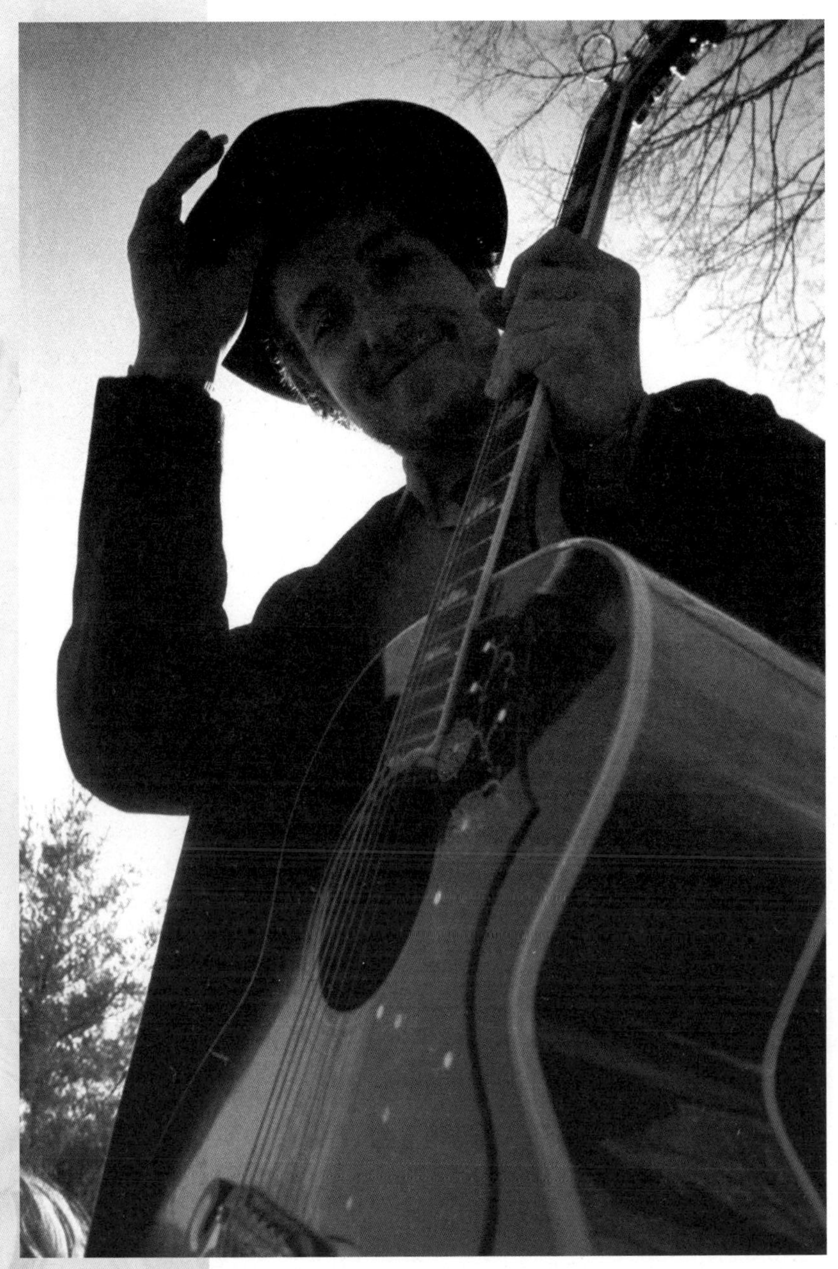

第十二章　自由奔跑
Running Free

爱因斯坦承受着和其他革新者一样的命运，即大胆地在新道路上迈出第一步，却从第二步起渐渐倒下。其他人前来踏上这条旅途，只是因为它在它的开拓者眼中太过凶险。

——维尔纳·海森堡

每个人心中都有两条道路，一条通往个人的幸福，另一条则通向全人类的团结统一。这两者间的选择注定是无比艰难的。

——弗洛伊德，《文明及其不满》

痛苦能够激发出人的最善良状态，不是吗？

——迪伦，1971

1969年，纳什维尔，
正在录制《自画像》。

“我觉得这可能是名利带来的代价吧，”迪伦伤感地向我倾诉道。那时候，“拾荒者（Svavenger）”发起的反迪伦运动正升至高潮。“我们拼了命地往那堆垃圾里塞狗屎，还有捕鼠夹等各种玩意儿，但他就是不往上面踩！”用杰瑞·鲁宾（Jerry Rubin）、约翰·列侬、小野洋子（Yoko Ono）以及约翰·皮尔（John Peel）的话来说，这个“拾荒者”“正煽动公众发起一场用谎言和恶语诋毁迪伦的活动”。他们在1971年12月的《村声》杂志中写道：“各路媒体都围着他转，试图从他嘴里得到关于迪伦的消息或是绯闻……他自封为迪伦音乐的权威，他之于迪伦，就好比曼森（Manson）之于披头士——妄图用他个人对迪伦音乐的解读来毁掉迪伦，并确立自己的名望。”

这个所谓的“拾荒者”有望成为一名无政府主义明星，或是在濒临崩溃的新左派中做一位投机商人。他同时还是个疯癫的追星族，一名不怎么温和的游击队员，以及一个善于自我推销、快言快语的掮客。他的名字叫阿兰·朱尔斯·韦伯曼（Alan Jules Weberman）。韦伯曼标榜自己为“全世界最权威的迪伦学者”以及“迪伦学的始祖（Dylanology）”，而三年来他却在不停地诽谤、骚扰并诋毁迪伦。有时也会有一部分人听信了他对迪伦的污蔑之词，认为迪伦是“一头猪”、瘾君子，或是支持生产燃烧弹并培育反动分子的大资本家。1968年至1971年，韦伯曼对迪伦的个人隐私进行了一系列最残暴的攻击。其中一次，韦伯曼率领他的团伙来到迪伦位于格林尼治村的寓所，他特意选在一些奇怪的时间点给迪伦打电话，并把通话内容录了音，之后他便满世界散播这些录音带和文字记录。我曾与“拾荒者”有过两次电话交谈，他的声音沙哑刺耳且焦躁不安，他的言语又是那样凶狠恶毒。我决定不对他进行采访，而即使是对他进行讨论也让我陷入了两难境地。我们给了他太多的自由空间，结果反而抬高了他的地位。[1]

韦伯曼一开始是在《小字报》上发表文章，他以一副迪伦弟子的口吻挖掘歌曲中的隐喻典故。他总想在迪伦的歌中找到旁人发现不了的政治隐喻，如他居然在《愁容女士》中察觉出迪伦对政治制度的抨击！韦伯曼以“AJ”的名号为人熟知，被《小字报》的戈登·弗里森视为一名用荒诞却友善的想法解读迪伦作品的分析家。然而，“拾荒者”后来便开始用自己的想法去曲解迪伦的本意，他用易比派式的言辞来伪装自己，还用“猪”这样的词语对迪伦进行人身攻击，指责他用歌曲来牟利。当他想在自己的书中引用迪伦的歌词时，遭到了迪伦的拒绝，那本该是他悔改的一次机会，可他却大肆抨击迪伦进行商业敲诈，还诋毁迪伦的一些个人习惯。在1969年接受《滚石》杂志采访时，迪伦对“拾荒者”进行了不留情面的贬损，并让他去找别的作家的作品来歪曲。然而这些话只会让韦伯曼变得更加狠毒，他开始倒着播放迪伦的唱片，试图从中找寻“蛛丝马迹”。同时，地下出版商“辛迪加”也助纣为虐，他们将“拾荒者”那些激烈言词毫无批判性地公布于众。

“拾荒者”先后成立了迪伦解放阵线与摇滚解放阵线，他在其中给自己封了个国防部长的角色。他着手研究迪伦的财务情况，最终搜寻到哥伦比亚唱片公司送给迪伦的版税凭证以及迪伦投资房地产的潜在证据。据他估算，迪伦已赚得1 200万的资产，由此他便把迪伦称作“会唱歌的房地产商”。另外，韦伯曼把迪伦的歌曲当成“证据”，宣称迪伦嗑药，他还……1971年5月24日正值迪伦30岁生日的前一天，“拾荒者”在迪伦家门口组织了一场“街区派对”，他以一副战争动员式的口吻高呼道：“如果你想了解更多关于迪伦解放阵线以及摇滚歌词的信息，或者你想让我滚蛋并给迪伦‘自由创作’的空间，那么你可以写信给我，邮箱地址是纽约市运河街站340号，邮编10013。”

1971年，“拾荒者”似乎从迪伦那首《乔治·杰克逊》单曲以及在孟加拉演出的亮相中察觉到了他自我救赎的倾向，因此攻击迪伦的势头有所减缓。在韦伯曼看来，迪伦的这些“政治举动”还要归因于他所发起的那场运动。在1971年年底，摇滚阵线的其他成员都纷纷在公开场合劝诫“拾荒者”，并极力回避他掀起的口水仗。于是，“拾荒者”开始寻求其他的资助，他自称曾从一则胡话满篇的杂志故事中捞了900美元。他在布里克大街上开了一家“迪伦档案馆”，而我决意不去探访。我告诉他，我正考虑把自己的一部分藏品捐给大学图书馆，因为热爱迪伦的学生们会需要这些东西。[2]“天呐，我的兄弟，”他用刺耳的嗓音说道，“换作是我，可决不会把自己的东西转手相送。”

他站在哪一边？

对于其他那些不像韦伯曼那么极端的人而言，迪伦在1966年后转向摇滚乐的行为也可谓是一种背叛。迪伦选择隐退，就等同于放弃了演出所带来的数百万美元收入以及对唱片销售的推动作用，同时他也拒绝了一切可增加他收入的电视、电影邀约。在隐退期间，迪伦推掉的收入甚至超过了其他许多明星整个生涯积攒的财富。

“拾荒者”有这样一种论调最为人所不齿：“迪伦支持种族主义和反

革命主义的组织，比如犹太人防卫联盟（Jewish Defense League），这是一个好战的组织，目标是击溃一切反犹太的人士。”但据犹太人防卫联盟称，迪伦从未对该组织有过资金赞助，韦伯曼本人也承认了这一点。然而对迪伦的指控并未就此停歇，许多政坛老手都认为，迪伦对犹太复国运动表现出的兴趣是令人难以接受的。在1967年战争结束后，各种各样身份背景的左派人士都把以色列视为一个有帝国主义残留的军事政府，而许多犹太人都因以色列对巴勒斯坦政权的否认而恐慌不已。我曾在鲍勃1971年5月的以色列之旅前夕见过他，在随后的旅程中，他的个人隐私屡遭侵犯，让他感到痛苦不堪。鲍勃当时仅仅提到他对犹太人防卫联盟有些兴趣，他还谈到了自己正在阅读的一些犹太作家的作品，以及某次参加哈西德式婚礼的经历。在整个谈话中，迪伦完全没有表现出对犹太复国主义的热衷。史蒂芬·皮克林是犹太文化和迪伦作品的专家，我曾在1975年12月询问过他对此的看法：

“迪伦在1969年和1970年的夏天造访了以色列，1971年的5月份他再度前往，那时电影《派特·加勒特》（*Pat Garrett*）的拍摄刚结束不久。1970年那次访问之后，伊斯雷尔·艾申斯坦（Israel Eichenstein）联系了迪伦，邀请他出席在中央公园举行的以色列国庆日庆典，然而迪伦予以婉拒：‘我会招来太多与我们民族毫不相干的人的，你放心，兄弟，我认同我的犹太人身份。’后来两人间的来往逐渐密切起来，艾申斯坦还向迪伦灌输自己的见解，他认为犹太人防卫联盟欠缺一种重要的犹太元素，那就是怜悯之心。1971年5月的以色列报纸《日报》（*Yediot Achronot*）刊登了一段简短的访谈内容，其中迪伦提到了他早前访问以色列的经历，以及他在以色列的一些好友。1971年5月22日，迪伦和萨拉步行穿梭于耶路撒冷老城，还参观了锡安山神学院，那是一座教授犹太神秘主义哲学的圣地。他们二人在那座古老的庭院中静静坐了一整天。拉比·尤索·罗森兹维格（Rabbi Yoso Rosenzweig）给迪伦介绍了许多来自美国的学生，他问迪伦为什么不愿做一次直截了当、清晰明确的个人宣言，‘其实根本没有任何需要澄清的问题，’迪伦答道，‘我就是个犹太人，犹太基因已用我无法形容的方式渗透到我的诗歌创作以及生活的方方面面。所以，为什么一定要我宣示一些再明显不过的东西呢？’两日后，合众国际社的一名摄影师在哭墙给一名游客拍了两张照片，他后来才意识到，照片上的游客正是迪伦。”

“关于迪伦与犹太人防卫联盟之间的关系，人们的描述总是夸大其词：拉比·梅尔·卡亨（Rabbi Meir Kahane）第一次见到迪伦是在与阿比·霍夫曼和保罗·克拉斯纳在WABC-FM进行的一场辩论会上，他请求迪伦为该联盟的苏联犹太人基金捐款，而迪伦予以拒绝。卡亨本人也在1974年证实，迪伦当时并未提供过任何捐赠。”皮克林继续说道。

“1972年，迪伦曾研究过移民以色列的可行性。据内弗·艾坦集体农庄成员阿里·达维多透露，‘有两件事让整个集体农庄始料未及：首先，迪伦会吸引来大批嗑药成瘾的狂热歌迷，他们不断挑战着农庄在待客时的耐心’；其次，迪伦的五个孩子总是难以融进集体农庄里的同龄人圈子。于是农庄的秘书先搁置了迪伦移民的事宜，但随后又决定给予迪伦和其他人一样的申请机会，他在1972年9月给迪伦发去了一封申请函。‘但在那之后我们再也没收到过他的来信。’尽管迪伦的人生充满了激烈的动荡和起伏，但他始终坚守着那种以色列式的理想主义情怀。我的朋友罗伯塔·理查兹曾于1974年1月10日拜访过迪伦在多伦多酒店的住处，她向我透露：‘他（迪伦）注意到了我衣服上的大卫之星，也向我展示了他的犹太护身符，那是个银色的门柱圣卷，是他从以色列买的。’拉比·施洛莫·卡尔巴赫（Rabbi Shlomo Carlebach）努力地敦促迪伦去履行他作为犹太人所肩负的义务，但他也认为，迪伦在1974年那次旅程之后便被一些严重的问题所困扰。迪伦曾谈到他想在耶路撒冷购置公寓的计划，但自计划诞生之日起，他就开始表现出种种焦虑紧张的迹象。在1974年1月3日的一次交谈中，我与迪伦一致认为，这几次以色列之旅对他本人的影响极为深远。在《行星波浪》专辑的内页说明中……”

在1976年9月11日接受《电视周刊》的采访中，迪伦如此说道：“其实那次旅行也没有什么重大意义。我当然对犹太人的身份特征以及文化很感兴趣，和巴比伦人、赫梯人、阿拉伯人、叙利亚人以及埃塞俄比亚人一样，犹太人也属于闪族人，但犹太人又是与众不同的，因为有很多人厌恶犹太人。有些事情很难用常理去解释。”

乔纳森·布朗恩（Jonathan Braun）是纽约犹太学生组织的主席，他曾在1971年9月的一期《犹太文摘》（*Jewish Digest*）上写了一篇文章，名为《鲍勃·迪伦的谣言机器》（*The Bob Dylan Rumor Machine*）。布朗恩认为：“总体上看，这些故事都是由那些过度狂热的年轻犹太民族主义者杜撰的。”他还引用了希奥·比克尔的言论：“迪伦曾告诉我，他认为以色列是这个世界上仅存的几个还保留着生活的意义的国家之一。”布朗恩总结道：“有人说迪伦或许在努力挖掘自身的犹太印迹，这的确很有可能。毕竟迪伦本身就是犹太人，而且在这个时代，越来越多的美国年轻人都开始重新唤醒自己的族群意识。对于迪伦而言，他将来很有可能会用一个崭新的视角来审视自己的过去。”

众所周知，迪伦非常注重个人隐私的保护，但以色列航空还是向各大媒体通告了迪伦即将在5月中旬的一个周日抵达以色列的消息。到达当日，迪伦把那些不请自来的记者全打发走了。CBS唱片驻以色列的人员在《耶路撒冷邮报》（*Jerusalem Post*）上也刊登了相关的广告，不仅公开祝迪伦生日快乐，还邀请迪伦与他们取得联系。《耶路撒冷邮报》的凯瑟琳·罗森海姆甚至一路追踪迪伦到了海尔兹里亚海滩（Herzliyya），当迪伦从海中往回游时，这位胆大的记者已在岸上等候多时：“一切都是那么轻松惬意，或许他已进入度假的状态。”迪伦向《耶路撒冷邮报》透露，他已经“把这里逛了个遍，已经在这里待了好久了”（实际上是八天）。迪伦说他正在为自己的日记收集材料，这些日记将来会随着新歌一起发表。“实际上，我们之所以在这里要隐姓埋名，就是因为在被一大群人围观的情况下我根本无法工作。我不想把这里选作正式发布新专辑的地点，我也不想做任何的宣传。”那么迪伦会写一些关于以色列的歌曲吗？他予以否认，不过他表示自己之前曾写过一首关于南斯拉夫的歌。在说话时，他露出了笑容。他的30岁生日是怎样度过的呢？“我们去看了一部格里高利·派克（Gregory Park）的电影，我是他的影迷。”据《耶路撒冷邮报》透露，迪伦说那些“关于他改名字的传言是彻头彻尾的假新闻，一个字也别信”。

在种种谣言的迷雾之中，我拼凑出了这样一幅画面：当经历车祸的迪伦在认真聆听沉默的声音时，他其实是在努力为心中的种种谜团寻找答案，以及探索自己的真实身份。阅读犹太作家的作品、参加哈西德婚礼，以及对犹太人防卫联盟那种“坚忍不拔”的精神的热爱，并非预示着他要做出什么惊人改变，这些只是在探求答案时所采用的方式。许多犹太人都相信，如果一个犹太人想要在这个充满敌意的世界上不被异化，那么他能做的只有坚定地宣示他的犹太人身份。而在一部分犹太民族主义人士看来，投身于犹太复国主义才是与之匹配的策略。然而，许多犹太人并不想把以色列当作目的地。年轻时代的迪伦渴望体验美国的文化，而包括艾伦·金斯伯格以及他的音乐发行人娜奥米·萨尔茨曼在内的犹太朋友都建议他去接触犹太文化，因为那会给他带来真正的宁静，而其他一切都无非是些利益的纷争。迪伦本人想去以色列看看，但他不想被人群围绕，也不愿宣誓效忠于某种公众事业。金斯伯格在《渴望》中听出了希伯来语的诵经片段，而我听到的却是弗拉门戈和灵魂乐，因此，一切都取决于听众自身的解读。

凝视那条河流

关于迪伦的政治主张，以及他是否不关心政治，或是具有反政治倾向的争论已持续多年。其实尽管迪伦未曾公开谈及这些问题，但他早已用音乐表达过自己的看法。然而讽刺的是，那群暴戾的“气象员党（the Weatherman Faction）”曾剽窃过《地下思乡布鲁斯》中的句子。1972年6月，在麦迪逊广场花园举办的为民主党总统候选人乔治·麦克格文拉票的活动上，彼得、保罗和玛丽三人组合唱起了《大船驶入之时》《时代在变迁》以及《随风飘荡》。从1969年以来，不断有人给迪伦施压，让他继续创作抗议歌曲。1971年，迪伦发行了那首《乔治·杰克逊》，而《滚石》杂志认为该歌曲迅速“将听众划分为两大阵营，其中一派认为这首歌昭示着诗人回归到社会性的创作上来，而另一部分则认为迪伦是在用一种廉价的方式来为自己减轻舆论压力”。罗伯特·克里斯特高在1971年12月17日的《村声》杂志中予以回击：“这都是些令人作呕的废话，因为迪伦在这首歌中既不支持抗议，也不反对抗议，这两种态度都是他思想的一部分。迪伦从未脱离社会搞创作，他用真正的人文关怀和怜悯之心去对待一场骇人听闻的刺杀案……”在那首关于杀害索莱达兄弟（the Soledad brother）事件的歌中，迪伦曾经在多种场合都说过：“有时候我觉得这个世界就是一个大的牢笼/我们中的有些人是囚徒，而其他人则是狱卒……”[3]曾在20世纪60年代中期推动“摇滚革命”的CBS唱片选用这样一句话作为宣传词：“迪伦的新单曲是个政治行为。”

迪伦曾在1971年1月在电视荧幕上亮相，他参加了WNET电视台的一档休闲节目，同场嘉宾还有金斯伯格、彼得·奥尔洛夫斯基、杰拉德·马兰加以及其他一些诗人。迪伦在这场演出中没有任何报酬，他边弹吉他边歌唱，其他诗人则朗诵着自己创作的具有强烈政治色彩的作品。1971年8月1日，迪伦还出席了为孟加拉赈灾的慈善歌会并在4万观众面前完成了表演，但即便如此，那些热衷于政治的人仍然不满意。1971年秋季于卡内基音乐厅举办的演唱会上，琼·贝兹透露自己已为迪伦写了一首歌，两人已有整整4年未曾见面了。贝兹演唱了那首《致鲍比》（*To Bobby*），这首歌让迪伦又回忆起曾经的青葱岁月。贝兹会一直奋战在抗争前线，而迪伦则像许多其他20世纪60年代狂热分子那样选择离开，然后开启全新的生活。1973年10月31日接受《旧金山纪事报》采访时，杰瑞·鲁宾这样说道：“每个人都有一个成长的阶段，我也不例外，我不断地提升自己。60年代发生了太多的事情，现在人们都在努力修正自己。”

1974年9月12日的一期《村声》杂志上，卡罗尔・格佐夫这样形容《跳开圣经旧约之首》（*Tripping Out on Torah*）：“从前那些穿着牛仔服的怪人们都纷纷换上蓝西服，他们那些放克风的牛仔帽也换成了犹太礼帽；从前那些抛掷着《易经》的人也都开始刻苦钻研圣经《律法书》和《塔木德》。”1972年年底，以前的那些伯克利学生领袖接受了《泰晤士报》的采访，他们一致认为校园已逐渐变得沉寂，以前那种剑拔弩张的政治氛围早已不复存在。伯克利学生领袖和易比派都可以改变，可迪伦却因“背叛”而不断遭到人们的谴责。伊拉・梅尔在1971年12月2日的《村声》杂志中为迪伦辩护：“我很不能理解，为什么总有人以所谓的‘不够投入’来纠缠他呢？做出好音乐难道不是一种‘投入’吗？”1971年的以色列之旅后，迪伦同莱昂・拉塞尔和图尔萨・托普斯一起合作了那首《凝视流动的河水》，歌曲中的迪伦绝对是个精力充沛、灵活驾驭放克和福音音乐的摇滚巨星。在宣传海报的照片中，迪伦举着相机，一只眼睛对准了镜头。这个时期的迪伦只想做一名观察者：

我到底怎么了
这实在无从说起
我的想法永远与人们背道而驰
这让我想停下脚步，去读一本书
为何在昨日的街道上
我看到一个被震撼的人
但这条古老的河流却不停流淌

无论有何种艰难险阻　无论风吹向何方

而我会一直坐在那里

凝视着那河水流淌[4]

1974年5月9日，迪伦在纽约的菲尔特会所进行了一场无偿演出，目的是为从军政府统治中逃离的智利难民筹集善款，该政府此前将社会主义总统萨尔瓦多·阿兰德赶下了台。出席这场“智利之友”演唱会的嘉宾还有菲尔·奥克斯以及演员丹尼斯·霍珀。迪伦与奥克斯、戴夫·范·容克、皮特·西格尔以及阿尔洛·伽思礼来了段即兴演唱，然后便和琼安·贾拉进行合作，她是智利民谣歌手维克多·贾拉的遗孀，军政府用斧头砍断了维克多的手指，然后在圣地亚哥的国家体育场杀害了他。琼安辗转全球举行集会，但她的内心仍被痛苦纠缠。后来在伦敦时，她回忆起迪伦曾关切地询问她是否能让心情放松。“‘过来一起欣赏漂亮的画吧，’迪伦对我说。‘明天下午3点我在第五大道54街等你，我带你去看一些漂亮的画。’我原本以为他只是随便说说，没想到他果然在那里等候我，他倚靠在路边的灯柱上。后来他带我去了现代艺术博物馆，然后领着我四处参观。他告诉我，他会与我们为伴。”迪伦希望能用人文关怀和一位饱受磨难的女性搭起沟通的桥梁，而不是去智利大使馆门前抗议。

渐渐地，左派的批评家开始意识到，迪伦依然站在天使那一边。1975年，在为入狱的拳手鲁宾·“飓风”·卡特声援的活动中，迪伦是最积极踊跃的那一个，然而，他的名字却从未出现在卡特的资助者名单中。尽管如此，左派人士依旧持有怀疑态度。在迪伦1974年巡演期间，关于他将捐赠此次收入的一部分给以色列的传闻甚嚣尘上。咪咪·法理尼亚在面对《旧金山纪事报》时表示，购票观众有权利知晓他们实际是在资助一个正经历战争的国家。曾为尤金·麦卡锡撰写发言稿并凭借《候选人》斩获奥斯卡的著名编剧杰里米·拉尔纳则对咪咪的观点持反对态度。然而，迪伦仍旧用他标志性的沉默来回应这一切。1975年夏季，右派阵营中又飘起了火药味。南非的《德兰士瓦教育新闻报》选用了“鲍勃·迪伦，‘红色之声’”的标题，并指控迪伦已成为“共产主义最出色的拥护者，他掀起青年与年长者间的新阶级斗争”，同时他“已是百万富翁，却唱一些穷人打倒富人的歌”。1977年9月的一期《苏维埃文学公报》（*Soviet Literature Gazette*）上，迪伦被描述成一个“除了敛财之外毫无本事的资本家”。那么，他到底站在哪一边呢？

毕加索和萨特也曾被卷入左派和右派的政治纷争之中，由此可见，艺术家的影响力越大，人们越会想方设法把他拉来做发言人。迪伦则选择把政治问题抛回给发问者——你自己去找答案，别指望我或其他人为你解答。正因如此，迪伦的想法总是被人们误解或曲解。迪伦之所以在“政治承诺”上摇摆不定，并且在支持某事时一定要表明动机，可能只是因为他不愿被那些未经允许就替他说话的人束缚住。

迪伦医生为自己把脉

哪一个是更大的惊喜？是普林斯顿授予迪伦荣誉音乐博士学位，还是反学术学院接受了迪伦的退学申请？1970年6月9日晚，迪伦偕同妻子以及大卫·克罗斯比、他的音乐发行人的丈夫本·萨尔茨曼一起来到颁奖典礼现场。那次正值普林斯顿大学的第223次毕业典礼，一同接受奖项的共有9人，其中有位作家名为沃尔特·李普曼，还有位叫克雷塔·金的歌手，她是备受尊敬的马丁·路德·金博士的遗孀。就像1 200名毕业生中的25人一样，迪伦起初不愿穿上那身传统的黑色长袍，但他最终决定将其套在自己那件深色细条纹的西服外面，他没有戴领带及学士帽。像大部分毕业生一样，迪伦佩戴了一个臂章，上面印有和平的标志。陪同迪伦前往的人是威廉·阿特伍德，他在《形象》杂志担任编辑，还是普林斯顿的财产受托人以及考尔斯通信帝国的关键人物。

普林斯顿的校长罗伯特·F.戈希恩（Robert F Goheen）为迪伦颁发了博士证书，牛皮纸的证书上写的是拉丁文，颁奖词如下："作为过去10年中最富创造力的流行音乐人之一，他将自己的音乐技巧融入传统的民间艺术形式中，人文关怀的对象也不仅限于那些颠沛流离的人。虽然受到万人敬仰，他却努力回避各种公共宣传，也从不效忠于任何组织机构，他更愿意追求家庭的和睦以及与世俗隔绝的生活。虽已临近艰辛的而立之年，但他仍怀有一颗赤子之心，用最真挚的音乐去表达美国年轻人内心的种种渴求与忧虑。"

整场典礼的大部分时间里，迪伦都感到局促不安，只有在听到"艰辛的而立之年"时才露出了微笑。在美国的许多大学里，学生们都不停催促校方多去关注社会现实和现实意义。到了1970年，越来越多的荣誉学位被颁发给了女性、工会成员、黑人和年轻人。迪伦这次之所以被普林斯顿选中，还要归功于提名委员会中两名大学生的不懈努力。几个月后，一首《蝗虫之日》（*Day of the Locusts*）出现在了新专辑《清晨》中：

我放下我的礼袍，拾起我的证书

将爱人拥入怀，一起驱车离开

能活着离开那里　我是如此欣慰[5]

这首歌的名字既有关于圣经中法老瘟疫的暗示，也让人想起纳撒尼尔·韦斯特改编自好莱坞电影的小说《蝗虫之日》。在小说高潮部分，那位中产阶级的暴徒因自感被欺骗而发动了凶残的暴力袭击。

获得音乐博士学位之后，迪伦发行了那张《自画像》，这至今都是他最具争议的一张专辑。由《滚石》杂志的12位作家组成的团队更是愤怒地声讨："这他妈是什么鬼东西？"格雷尔·马库斯更是对迪伦发出警告："他必须回归市场，必须要有职业的态度以及不辜负自己天赋的上进心。"诚然，1965年至1966年间的作品已占据迪伦音乐生涯最重要的部分。查尔斯·佩里写道："我们都知道，迪伦就是他这代人的兰波，他似乎已找到了属于自己的阿比西尼亚。"《时代周刊》写道："对于这样一位曾如哈迪斯的俄耳甫斯一般轰轰烈烈走过60年代的人而言……（现在的迪伦）实在沉寂得让人难以接受。"《唱片世界》写道："革命已经结束，鲍勃·迪伦已在给琼斯先生唱《蓝月亮》了。"

《自画像》专辑中包含24首歌，有14首是由迪伦创作的，其中三首是纯乐器演奏。许多人都觉得这个数量即使是双碟装也过于多了。其中有四首歌是迪伦和乐队合唱团在怀特岛上录制的，其他歌都完成于纽约或纳什维尔。这张《自画像》可谓是精心制作，整个制作团队包括50名助唱歌手和艺人，还有各种管弦乐队和女声合唱团。有人觉得这种大杂烩的演唱方式很悦耳，也有人认为其"很中庸"。其余的人认为这张双碟专辑就是个笑话，是种愤世嫉俗般的逃避，或是迪伦试探自己权力的一种手段。然而这张专辑销量奇佳，截至1970年6月底就卖出了300万张，仅在一周时间内就从公告牌榜单的第200位跃至第7位，并于8月斩获《唱片世界》榜单的冠军。

我告诉迪伦，这张《自画像》让我感到很困惑。为什么他要录一首《蓝月亮》呢？虽然他本人早已宠辱不惊，但可以明显看出，他或多或少还是被各种批评困扰到了。“这就是一种表达，”迪伦说道。在他看来，如果这张专辑出自猫王或是埃弗利三兄弟之手，即使他们趋于平庸，人们也绝不会感到如此震惊。对我而言，这张专辑给我的最初印象是负面的，因为他听着不像是迪伦的作品，所谓的自画像似乎更像一面破碎的镜子。那么，迪伦是否想告诉我们，他的音乐其实是由民谣、乡村、经典流行歌曲以及现代声音等各种碎片组成的呢？这张专辑是否是一次未成功的试验？他是否是在拖我们大家的后腿？我的态度渐渐缓和，但这张《自画像》仍会是我最不喜欢的迪伦专辑之一。这张专辑其实是迪伦从风光无限的台前隐退，回归平凡生活的又一次努力。在专辑封套上，一位乡绅站在谷仓的一侧，正在与一只鸡对话。或许迪伦觉得，如果《纳什维尔的天际线》比先前作品更吸引人，那么他就应当尝试做一张平庸的专辑，以此来触及更多听众。现在，我觉得这张《自画像》其实是迪伦为吸引美国中部听众而做的一次大胆尝试。迪伦后来说：“盗版唱片里有太多糟糕的东西。”

我觉得，如果这张《自画像》是一张慢速黑胶唱片，而不是现在这张掺杂了许多无用材料的双碟唱片，那么它应该会收获不错的评价。《寻找小赛迪》是对声调转换的一次奇特尝试，但整首歌是热情洋溢的乡村风格。《阿尔伯塔1》听起来平平淡淡，但《阿尔伯塔2》中加入了婉转低回的口琴演奏，整曲质量大大提升。其中还有一些歌，比如《我忘记的远比你知道的多》和《接受我本来的样子》，都是些粗犷的乡村音乐，不是我喜欢的类型，而《清晨的雨》和《但愿那是我》则平庸无奇。另外，至少有两个关于此专辑的笑话其实根本讲不通，一个是“宾·克罗斯比的《蓝月亮》”，另一个就是“保罗·西蒙的《拳手》（*The Boxer*）”，因为迪伦在其中用了叠录的手段，为的是调侃西蒙和加芬克尔两个人。这种粗制滥造的作品根本无法保证质量。《所有疲倦的马》（*All the Tired Horses*）和《棚屋》（*Wigwam*）给人留下了深刻的印象，《49日》具有典型的美式风格，《伍基·布基》（*Woogie Boogie*）是一首出色的纯音乐歌曲，里面充满了菲兹·多米诺和强尼·奥蒂斯风格的曲调。除此之外，《布鲁斯生活》《踏上旅程》以及《我也受伤了》几首歌的质量大概介于“不错”与“优秀”之间。

这张《自画像》促使迪伦向那些质疑者证明，他自己的创作灵感还在燃烧，而他于1970年秋返回录音室录制《清晨》的12首歌则可被看作一种巧妙的回应。这张专辑及其同名歌曲让人回想起他在1964年1月给《小字报》的那封信中的一句话：“我将在清晨醒来，然后重新踏上爱的旅程。”在许多人看来，这张《清晨》是迪伦自《无数金发女郎》之后最出色的一张专辑，它毫无矫揉造作，也比《自画像》更具连贯性和独特性。这张专辑包含迪伦的第一首祈祷歌《夜晚的神父》，第一首爵士歌《自由奔跑的狗》，第一首汉克·威廉姆斯式的说唱乡村歌《三个天使》（*Three Angels*），以及第一首华尔兹《冰雪祭》（*Winterlude*）。迪伦的另一大革新就是他那福音式的慢速钢琴演奏。总而言之，这张专辑是各种优美音符的绝妙搭配。

格雷尔·马库斯在《星期日纽约时报》中将迪伦的这张专辑称作“近

年来最出色的一场唱片，它是生命活力的完美体现”。埃德·沃德在《滚石》杂志中写道：“当之无愧的年度最佳唱片之一，或许是他的个人历史最佳。”埃德·奥克斯斯在《公告牌》写道：“迪伦是在面朝太阳唱歌、舞蹈，你一定会爱上他。迪伦唱出了今天最美妙的歌声，他的声音与极富活力和强劲动感的布鲁斯节奏完美融合。迪伦还活着！”卢锡安·特鲁斯科特在《村声》杂志中写道：“《清晨》的意义在于它为陈旧的艺术注入了新的变革力量，就好比迪伦当年将古老的‘民谣音乐’发展为一门富有创意的艺术一样。”

迪伦又一次在美国社会掀起了一股浪潮，也预示着《无尽的虚无》的时代将一去不复返。拉尔夫·葛利森在《滚石》杂志中呼喊道：“迪伦回来了！这真是最令人欣慰的事。这真是爆炸性的一年。天呐，这张专辑太出色了，我们太需要这样一张专辑了。”1971年2月22日，《时代周刊》出版了一期名为“冷静下来的美国”的特刊，该刊认为，许多经历了战争创伤的60年代激进分子都逐渐回归到“一种沉静、温和的情绪，表现出一种清醒的畏惧感，一种内疚、疲惫的精神状态，等等。这一切促成了美国社会的激进运动的销声匿迹”。

如果说《自画像》用一种怀旧式的混搭风格结束了60年代，那么《清晨》则以一种宁静、祥和的氛围开启了70年代。这张专辑倡导爱默生式的“自力更生”精神，认为其是通往个人自由的入口。迪伦问世人：“如果狗都能自由奔跑，我们人类为什么不能呢？”[6]这种深邃的情感表达以及对生活的自由追求集中体现于这首《窗户上的签名》：

我要在犹太建一座小木屋
娶个老婆　在河水中捉虹鳟鱼
生一群小孩　听他们叫我“爸爸”
这才是生活的全部意义[7]

迪伦还为阿奇巴尔德·麦克利什的话剧《魔鬼与丹尼尔·韦伯斯特》录制了歌曲《清晨》《时光慢慢流逝》以及《夜晚的神父》。当制作人表示不喜欢《夜晚的神父》这首歌时，迪伦甚至考虑中途退出。在创作《如果不是为你》时，迪伦一直想着“自己的爱人”。

对于公众对《自画像》流露出的失望，迪伦用他对生活和幸福的坚定态度回应。即使当他察觉出那些蝗虫……他的歌曲中也没有瘟疫的主题。正如《约翰·韦斯利·哈丁》中的漂泊者所发现的那样，有一条逃生路线能带我们远离恐惧。

1969年年底，迪伦回到了格林尼治村，并在下麦克督格尔大街的一间房子里住了下来，位置就在布里克大街下面。他一度很享受这种隐姓埋名的感觉，而他曾在这个国家失去了这种感觉。然而，他终究无法真正融进这座城市喧嚣的街道，或是关上门过一种安静的生活。不久后，迪伦开始重游故地，探访从前村里的那些老友，看看还有谁留在那里。在这十年间，“茶壶”酒吧、民谣城、煤气灯咖啡厅和“痛苦结局”酒吧都已变了模样。

1971年春季，纽约这座城市对迪伦个人隐私的侵扰达到极点。虽然他本人在以色列，但“拾荒者”于5月23日在迪伦家门口举行了一场“反生日派对”。在华盛顿广场花园，街头歌手大卫·皮尔用鼓槌敲击牛颈铃，引来一大帮围观群众。皮尔吹着口中的警哨，向人群喊道："我们现在要出发去迪伦家了，那是位于希普面包店旁的一幢豪宅。你们知道他为什么要选在希普面包店旁边吗？因为他吃的每一块面包都是从你们身上压榨出来的。"在迪伦家门前，韦伯曼站立在一个垃圾桶上，用扩音器带领300多人大声喊迪伦，想逼他出来。当然没有任何回应。"你们看呐，迪伦根本就不在乎你们这些群众，即使你我倒地暴毙他也丝毫不会关心的。"人群中有声音质问道："迪伦当然关心，他希望你现在就倒地暴毙。"站在垃圾堆上的德摩斯梯尼开始了他的长篇大论："迪伦已经背叛了你们，他只会剥削你们。而我现在做的，就是把他变回一个正常的人类，让他重新对生活产生兴趣。但如果他不愿配合的话，我只好对他采用极端的手段了。"人群中出现了一些迪伦的朋友，比如阿尔·阿洛诺维茨，他大喊道："一直往前走，那条街上免费提供热狗。"虽说没有人知道是谁雇用了他们，但是的确有人用四辆曾为驻防法兰克福的美国大兵们提供餐饮服务的手推车，向行人免费发放"德式"热狗。在韦伯曼家还出现了无人签名的传单，宣称当天晚上在韦伯曼家还有庆祝派队。对此，恼羞成怒的韦伯曼说道："我就知道有人要报复。"

"拾荒者"拿出来一个特制的生日蛋糕，上面有一些大蜡烛，看起来就像是针管注射器。皮尔开始大声斥责赫尔曼隐士合唱团。这时，参加派对的人群开始四散而去。有两个警察驱车追赶某个人，那人最后被戴上手铐，并被拽进了警车。人群这时叫喊起来："条子！可恶的条子！"韦伯曼率领众人开始了游行，他们来到当地的警察局去探视刚被逮捕的同伙。韦伯曼拿起他的扩音器，唱起了《随风飘荡》。

孟加拉赈灾义演

在现实世界里，同样有一场巨大的灾祸发生。1971年年初，孟加拉爆发了战争，数以百万计的难民从孟加拉东巴基斯坦蜂拥逃至印度。印度军队都被调至与巴基斯坦作战的前线，于是一场全球范围的帮助难民的活动就此展开。印度西塔琴大师及拉加作曲家拉维·沙恩卡尔与他的学生乔治·哈里森进行了交谈，后者决定行动起来。1971年8月1日，两场演唱会于麦迪逊广场花园举行，在一天之内就筹得25万美元善款。演唱会相关的电影和录音带筹集的金额更多。

明星的号召力是巨大的，约4万名观众到场观看演出。乔治·哈里森与林哥·斯塔尔代表披头士出场，吉他大师埃里克·克拉普顿也重出江湖，坏手指乐团、克劳斯·弗尔曼、比利·普雷斯顿、莱昂·拉塞尔、吉姆·凯尔特纳等艺人也纷纷亮相。哈里森只打了一通电话就把迪伦招入义演的大军。理查德·威廉姆斯在伦敦的《泰晤士报》中写道："当然，真正难办的就是说服迪伦，他是摇滚乐传奇，想要让他脱离与世隔绝的生活，然后重新回到舞台，可绝非易事。迪伦的出席让这场演唱会成为历史经典，而这场演出本身就是20世纪60年代流行音乐的各种精华的荟萃。"

哈里森简短地介绍道："我的另一位朋友……一位众人皆知的歌手。"迪伦走上台前，身穿牛仔夹克，就像在60年代的民谣俱乐部演出一般。在演唱《暴雨将至》时，屏幕上播放了孟加拉的境况，台下观众无一不为之深深动容。雷·科尔曼在《旋律制造者》杂志中写道："迪伦的歌只能由他自己来诠释，他再次展现了那种踌躇而犀利的唱腔，再次向世人证明，他是现代音乐史上最极致的个人艺术家。迪伦的人生似乎绕了一个大圈，现在他又重新爱上了自己的那些老歌。”

在下午和晚间的亮相中，迪伦又演唱了《爱小于零》《就像个女人》《哭泣列车》《随风飘荡》以及《鼓手曼先生》。他独自演唱了《暴雨将至》和《随风飘荡》，其他歌曲则搭配斯塔尔的铃鼓以及哈里森和拉塞尔的电吉他伴奏，几人演唱了《就像个女人》合唱部。

接下来的数月里，苹果、国会唱片以及哥伦比亚为这张三合一大碟的发行争得不可开交。这张专辑最终于1972年1月出炉，并一举成为全球最畅销唱片，为联合国儿童基金会筹得400万美元的善款。唱片和电影的发行对沙恩卡尔此前的宣言也是一种回应：“我们想以音乐作为媒介，让你们感受到孟加拉人民所经受的苦难。”经过简单的宣传，萨乌尔·斯维默从共40小时的录像片段中剪辑出一部90分钟的纪录片。哈里森不希望真实的情绪被摄影师破坏，拍摄过程中也未加入额外的灯光。在电影的剪辑环节中，哈里森和迪伦起到了举足轻重的作用。该影片在30个城市放映时采用70毫米的胶片和6声道的音效，其他地方则用的是35毫米胶片和4声道音效。1972年3月24日，该影片于纽约首映，影评家们表现出了足够的同情心。汤姆·科斯特纳在《村声》杂志中写道：“有人曾说观众是女性化的，若真如此，那么沙恩科尔会选择拥抱观众，哈里森会向他们示爱，而迪伦则选择用武力征服。”乔治·哈里森说：“只有当我了解了印度，学习了印度教、瑜伽和冥想之后，我才领悟了基督的真正意义。”1970年春，哈里森准备单飞发展，在与菲尔·斯佩克特合作发行那张三合一专辑《一切都会过去》后，他成了真正的个人明星。《时代周刊》写道：“迪伦的影响力无处不在。”迪伦为该专辑的第一首歌《我想永远拥有你》作了词，《如果不是你》中迪伦也贡献了歌词，其余5首皆由哈里森本人创作完成。

1969年11月22日，乔治向《新音乐快线》透露，迪伦正在承受曾困扰披头士的那种误解："人们并未意识到，他已默默地改变。他承受了太多的关注与压力，许多的指责都是毫无缘由的。他并不想让自己成为一种宗教崇拜，是媒体把他塑造成了这样。他无法理解，为什么人们总是问他对越南战争的看法，他只想写歌、唱歌。"1974年12月，乔治在多伦多的枫叶花园举办演唱会，迪伦也去了现场。两人在后台切磋技艺，但迪伦始终未登台亮相。在1976年9月6日接受《旋律制造者》杂志的科尔曼的采访时，哈里森这样说道："鲍勃·迪伦依然是当今乐坛最始终如一的艺人，即使是他那些被人们厌恶的东西，我也都喜欢。在我看来，他所做的每一件事都有其深层意义，他所做的每件事都深深打上他的个人烙印。"[8]

小镇上的男人

在将近三年的沉默的经历后，迪伦转而去倾听那些新老音乐人朋友的见解。他开始尝试性地向民谣运动方向发展，比如出席1968年的伽思礼演唱会，同年接受《放声歌唱！》的采访，与皮特·西格尔会面，以及在1969年3月17日的克兰西兄弟演唱会上亮相。他重访了格林尼治村的街道、俱乐部与录音室。负责艺人宣传工作的经纪人很快开始把赌注压在所有与迪伦有关的事物上，就像在玩贴标签的游戏——迪伦出现在某地，不管是这里或是那里。1973年9月，迪伦悠悠地吹起口琴，为约翰·普林在"痛苦结局"的表演伴奏。迪伦顺道造访了罗杰·麦克奎因在哥伦比亚唱片公司的录制现场，并举办了简短的小型音乐会。到访贝蒂·米德勒在亚特兰大的录制现场时，她正在剪辑一首全新版本的《我将解脱》。迪伦后来还和她合作了一首《倾盆大雨》。1973年2月，据传迪伦出现在威利·尼尔森在亚特兰大的录制现场，在场的还有拉塞尔和克里斯托弗森。1970年11月，他曾两次来到纽约的东菲尔莫的后台，会见埃尔顿·约翰、克罗斯比、斯蒂尔斯、纳什和杨。1971年，迪伦多次来到“痛苦结局”酒吧，观看托尼·乔·怀特、普林以及史蒂芬·古德曼的表演。1972年10月，他来到“马克斯的堪萨斯城”俱乐部观看略显紧张的卢顿·韦恩赖特三世的表演。同年8月有消息传出，斯莱·斯通将成为迪伦下一张专辑的制作人。1969年10月，迪伦在东菲尔莫拜访了约翰博士，两人在后台亲切交流，之后迪伦又去奥戈戈咖啡馆与约翰·梅亚尔见面。1971年3月，迪伦来到煤气灯酒吧，与多年的助手鲍比·诺维尔斯见面。1972年7月26日是米克·贾格尔29岁的生日，他在圣雷吉斯举办了生日派对，迪伦与莎莎·嘉宝共同出现在现场的照片里。1971年5月，蒂多·伯恩斯表示自己将在英国巡演中与迪伦进行交流，而迪伦据说正在写一部百老汇音乐剧。1971年12月，《新音乐快线》展开了一次独家报道，其中透露，迪伦、约翰·列侬以及菲尔·奥克斯正在和鲍比·希尔和杰瑞·鲁宾就政治话题进行激烈的交谈。除此之外，铺天盖地的各种关于他即将进行的巡演以及隐退或“回归”的报道都是不实的。

然而，迪伦本人并不知道该如何去应对，他的态度越是友善，报道夸大歪曲的程度就愈甚。他对我说，不管他做了什么，媒体都会将其描写得过分夸张。对于新朋和旧友而言，能够重新与他们的“鲍比”取得联系实在是件可喜的事情，而迪伦只想和别人保持和睦的关系。然而，曾操刀制作《更多流行金曲》上的两首歌曲，并为迪伦录过音的莱昂·拉塞尔试图去利用迪伦的这种友善。相反，哈皮・特劳姆与艾米路・哈里斯因从未利用过迪伦来为自己的事业牟利而获得人们的尊敬。1975年至1976年，艾米路在伦敦举办了两场音乐会，但从未提过她出演《渴望》的事情。她对我说："我只不过是在录音现场偷听了几首歌罢了，真的！我们有些共同好友，他们让我顺路去看看，而我只不过在和声部分出了点力而已。"

迪伦也曾到其他一些录音现场观摩或是切磋，这引发了人们的兴趣。迪伦又开始玩起了他的化名把戏，时而自称大乔的兄弟，时而又叫作泰德姆・波特豪斯或是盲童格兰特。1965年时，有传闻称迪伦的化名是罗斯福・古克，也就是汤姆・拉什在伊莱克特拉的那张《跟我一起走走》中的钢琴演奏家。实际上，迪伦刚刚去过这些现场，他建议阿尔・库珀使用化名，但库珀更青睐自己现在这个象征电吉他演奏家及钢片琴乐手的名字。"格兰特"这个化名再次出现是在1972年发行的那张《小字报再聚首，第6章》上面，该唱片的录制地点和1962年时一样。迪伦在其中贡献了《奔驰的列车》《艾米特・提尔》《唐纳德・怀特》以及《可怕的日子》四首歌。同年，迪伦在《厄尔・斯克鲁格斯：他的家庭和朋友》中有几句发言，并为其录制了全新版本的《纳什维尔的天际线》。该影片的灵感来源于1970年年末在13频道播出的一部电影。

最难以捉摸的一次录制发生于1971年11月14日和15日[9]，金斯伯格当时也在场。据说该专辑的名字被定为《神圣的卷饼》。然而，录制工作因太过枯燥乏味而被终止。艾伦已对外放出话，说他正在纽约跟迪伦、特劳姆、大卫・阿姆兰以及诗人安德烈・沃兹尼琴斯基和格雷高里・科尔索一起录制唱片，他已预先在其中投放了10万美元。早年间，金斯伯格对印度经文有着浓厚的兴趣；1968年时，他试图将布雷克的《纯真之歌》和《经验之歌》改编成歌谣。然而，要不是接受了迪伦的指导，他连三个和弦都弹不了。除了印度音乐之外，金斯伯格还热衷于卡利普索民歌与布鲁斯音乐。专辑中有一首乡村摇滚是关于凯鲁亚克和其他垮掉派人物的，而10分钟版的《杰索尔路》将东巴基斯坦的难民与越战的受害者做了比较，《卫报》乐评人罗宾·丹瑟洛夫认为这首歌“直白、生动且能调动人的愤怒情绪，如果制作得当，它会是一首出色的作品，但我的那盘录音带却只突出了迪伦那节奏感强烈的钢琴演奏”。苹果公司乐于为其制作碟片并印制封面。这一次，迪伦选用了艾格·奥施米尔森这个化名。然而，列侬和苹果公司之间出现了矛盾，华纳兄弟因这张录音带过于“粗糙”而予以拒绝。金斯伯格回忆起迪伦在1973年写给他的信时说：“别担心了，人的精力总是有限的，为你的朋友们保存好你的歌，然后找些别的事情做吧。”

1971年春，滴露与莱昂·拉塞尔和克劳迪娅·兰妮尔在纽约进行了歌曲录制，而各方媒体对此次录制的报道可谓意见不一。《新音乐快线》发现迪伦“在录制开始后却没有准备任何歌曲，他和乐队差不多玩了半个小时，然后就坐下来开始写歌，结果写出的所有歌都是杰作！”情况或许如此，但录制工作开展的几天后，迪伦就在创作的流畅度上遇到了很大的难题。他对我说：“在那次车祸之前，我每天24小时都活在音乐里。如果我想写歌，那么可能只会用两个小时，也可能会用上两天甚至两周那么长。可现在呢，写两行就……”迪伦停了下来并做了个鬼脸，以暗示创作难度之大。在他位于格林尼治村的家附近，迪伦建了一间私人录音室，配以一流的设备，在那里，他可以把新鲜的想法立即录下来，也可以与朋友们互相切磋技艺。

1972年11月，迪伦与道格拉斯爵士六重奏的领军人物道格·萨姆度过了一段愉悦的录音经历。在1972年年末发行的《道格·萨姆与乐队》中，迪伦用吉他演奏了他自己的华尔兹乐曲《壁花》和《布鲁斯请离我远一点》，用口琴吹奏了那首《我和保罗》。他与萨姆合作演唱了《有人去圣安东尼奥吗》及《壁花》。这一次，迪伦使用了自己的真名。驻唱人员包括约翰博士、戴夫·布隆伯格和大卫·“大头”·纽曼。迪伦告诉我，他对道格拉斯爵士六重奏很感兴趣，之后我便一路追随道格·萨姆至加州的蒙特雷，时值1966年夏。萨姆是个嬉皮风的得州牛仔，有着瘦长的脸庞，带着黑色的斯特森牛仔帽。他热衷于那种融合了边境地区的得州—墨西哥音乐、奇卡诺放克、路易斯安那卡津乐和西部摇摆乐的风格，将其称为沼泽音乐。萨姆用他那懒洋洋的南方腔调向我透露，他曾“于不久前在旧金山附近的路上偶遇迪伦，我衷心祝愿他的一切都会变得越来越好，我也真心希望有朝一日能和他在录音室里一同工作”。萨姆写了不少热门歌曲，其中最著名的包括《门多西诺》和《她将要搬家》，但随后他变得颓废，直到杰瑞·维克斯勒把他带到了大西洋唱片。萨姆对于克里登斯清水复兴乐团有着重要的影响，他们在1972年10月分道扬镳，而萨姆和迪伦则开始了录音上的合作。三周时间里，迪伦进进出出，有时弹弹吉他，有时弹弹钢琴，有时则练起管风琴和竖琴，或是和萨姆一起唱歌。[10]

1972年9月，就在萨姆录制唱片的前夕，迪伦和大卫·布隆伯格造访了唱作歌手史蒂夫·古德曼的录制现场，他所创作的《新奥尔良城》刚刚成为阿尔洛·伽思礼的热门曲目。古德曼询问布隆伯格能否帮他找一位钢琴演奏家，布隆伯格说他的确认识一位相当出色的钢琴家，但这人“有点儿不靠谱”。这位钢琴家在单曲《选举年雷格泰姆》录制工作开始40分钟后才姗姗来迟，他就是迪伦，化名为罗伯特·米尔克伍德·托马斯。迪伦着手制作雷格泰姆乐片段，还参与了古德曼第二张专辑《别人的麻烦事》中的同名歌曲。布隆伯格为迪伦出了很多力，他在《自画像》的录制中负责主音吉他，之后又参与了《崭新的清晨》的制作。阿尔·阿洛诺维茨后来当了布隆伯格的经纪人，是他介绍布隆伯格和迪伦两人认识，此后迪伦便频繁出现于布隆伯格的演出现场。

1971年10月，迪伦与海皮·特劳姆合作录制了三首歌曲，其中广泛运用了贝斯、班卓琴、第二吉他和人声和声。这三首歌被收入11月17日发行的《热门金曲，第11章》。哈皮此前一直和新世界公司的吉尔·特纳合作，特纳的兄弟阿尔蒂曾与玛利亚·达玛托和马尔勒娜·泰利组成一支名叫“普尔诺特家族”的乐团，这名字正是迪伦为他们设计的。哈皮比他的兄弟更早搬到伍德斯托克，当时《放声歌唱！》的编辑正努力地让杂志社摆脱过去的空想主义作风。1970年12月，特劳姆兄弟在“痛苦结局”酒吧举办了小型音乐会，他们翻唱了伍德斯托克的其他歌手的作品，比如约翰·赫拉尔德的《电影人》以及里克·丹克和罗比·罗伯森的《去见贝茜》。迪伦也曾尝试和兄弟俩合作，他在其中负责管风琴的演奏。有位工程师问道：“嗨，兄弟，你这台管风琴究竟还能发出多少种声音？”不过，这次录音在几次彩排之后却以失败告终。哈皮后来心血来潮，选在纽约录制这三首《热门金曲》中的歌，他在录制中参考了迪伦的五个建议。

1973年仲夏，迪伦与巴里·戈德堡合作，在亚拉巴马州的马尔斯肖尔斯录制那张《巴里·戈德堡》。1965年，戈德堡曾在著名的新港音乐节上的电子音乐片段中负责钢琴演奏。戈德堡曾和史蒂夫·米勒组成“戈德堡—米勒布鲁斯乐队”，之后他又联合麦克·布隆菲尔德于1968年成立“电旗”乐队。之后，戈德堡开始写歌，不过他接连几年的录音工作都以失败告终。虽然他曾荣获《花花公子》爵士乐评选出的“顶级风琴手”称号，但犹豫不定的唱片公司仍让他先试音。在与格里·戈芬完成几次合作创作后，戈德堡再次找到迪伦，两人接连两天几乎都是在音乐交流中度过的。后来，戈德堡来到迪伦位于伍德斯托克的住所，并在那里与道格·萨姆和乐队合唱团切磋技艺。戈德堡曾收到RCA邀请他录制一支单曲的合同，但迪伦劝他先将其搁置。次日，迪伦给他打了电话：“我跟大西洋唱片的杰瑞·韦克斯勒通了电话，我觉得我们两人可以合作，但必须是我为你制作唱片。怎么样，还不错吧？”马斯肖尔斯的录制工作持续了五天，迪伦在《这不是聚光灯》中演奏了打击乐器，在《暴风天的牛仔》《银色月亮》《走唱秀》和《大城市的女人》中与戈德堡完成合唱。1973年时，迪伦为布克·T和普莉希拉·琼斯那张《编年史》演奏口琴，两年后的《大卫·布鲁的故事》中也贡献了力量。

从1967年开始，我们这位隐士与许多新朋旧友建立、巩固了密切的关系。没有浮夸绚丽的表演，他只是为自己毕生热爱的音乐事业继续贡献力量。后来，他接到克里斯·克里斯托弗森打来的电话，此人当时正在墨西哥拍电影。

用化名的人

《帕特·加勒特和比利小子》是迪伦完成商业电影首秀的一次理想载体，它也包含迪伦最喜爱的一个主题——反英雄陷入重重困境。拍摄从1972

年年底持续到1973年年初，团队由一群超级个人主义者组成：著名造型师山姆·佩金帕担任导演，好莱坞的嬉皮士詹姆斯·柯本出任演员，歌手克里斯托弗森开启表演事业，青年文学才俊鲁迪·伍尔利策单程编剧，而迪伦悄无声息地就把所有人的风头抢了过来。大批记者过来围观，并向墨西哥的龙套演员询问迪伦的情况，《滚石》杂志的切特·菲利波和《旋律制造者》杂志的米克·瓦茨来到墨西哥城，观摩了电影的拍摄过程以及唱片的录制工作。

《帕特·加勒特和比利小子》讲的是骄傲自大的威廉·波尼的故事，他是个生活在战争前线的孩子，在战争期间手握钢枪。死亡的阴影时刻笼罩在电影日落般的色彩之上，虽然情节与台词简单，但这部电影可谓是一部经典的西部片，集中描写了比利和曾经是他朋友的治安官帕特·加勒特之间的恩怨纠缠。在佩金帕看来，这对主人公之间深厚的情谊冲淡了他们试图摧毁对方的仇怨。迪伦扮演了一个时髦的愚人，他是一位年轻印刷工的助手，一直追随并辅佐比利。迪伦为这样一部忧郁的电影注入了黑色幽默元素。“你叫什么名字？”加勒特问道，迪伦回答：“这问题问得不错。”后来，他说他的名字是“阿里亚斯（意即化名）”，“你想起什么样的化名都可以”。

克里斯托弗森曾获得罗兹奖学金而到牛津大学求学，他撰写了一部关于布雷克的学术论文。在洛杉矶时，他曾给迪伦打了电话：“我这边有几个严肃的角色，你可以过来学学东西，顺便还能挣钱。”鲍勃的回复很谨慎：“如果我接了这活，那他们回头就该让我演电影了。”克里斯反驳道：“那他们之前还让你录唱片呢。拜托，我们会玩得尽兴的。”然而在三个月的时间里，没人真正玩得尽兴。佩金帕是个完美主义者。在决定和家人前往墨西哥的杜兰戈之前，迪伦对菲利波说：“我看了《流寇志》《稻草狗》和《荒漠怪侠传奇》，我很喜欢这几部电影。我看过的最好的一部就是《午后枪声》。我现在想拍电影，我感觉自己与电影界从未如此亲近。估计我要拍出一部烂片了。”后来迪伦说道：“我不过是佩金帕的一个走卒，那里没有我感兴趣的东西，这种庸庸碌碌的角色让我很不舒服。”不过，迪伦仍然对这位导演怀有钦佩之情，他认为“问题的根源”在于山姆对艺术性的最终把控还不够强。

拍摄的第二日，迪伦演唱了同名歌曲《比利》，佩金帕给他安排了一个拍摄任务。11月的最后一周里，迪伦举家搬了过来，他在杜兰戈不停地工作、写歌，与外人几乎没有交流。杜兰戈是个拥有15万人口的城市，位于墨西哥城以北600英里处。这座位于马德雷山脉边缘的城市有着全墨西哥最高的谋杀罪犯罪率，可谓是拍摄“比利小子”亡命生涯的最佳地点。其实在这里也没有太多事情可做，人们多热衷于喝龙舌兰酒、吃墨西哥卷饼、抽本地的大麻，或是沉浸在壮美的风景里。

第一天的拍摄具有挑战性，因为鲍勃此前从未骑过马，但那个火鸡追逐的桥段进展得非常顺利。克里斯托弗森说：“我简直不敢相信，他演得就像卓别林一样出色。所有人都把目光集中于他在银幕上的身影，他似乎有种奇妙的吸引力，甚至连动都不用动，这一切都是与生俱来的天赋。有个环节是让他扔飞刀，这确实非常难，但大约10分钟后，他就能做得近乎完美。他总能做一些让你惊喜的事情，有一晚他竟弹起了弗拉门戈，就连他的老相好萨拉都不知道他还有这等本事。”此外，麦克·瓦茨也承认自己被迪伦几近可怕的才华和天赋震撼到了。克里斯托弗森对他说：“哈哈，哥们儿，你被吓到了！我也被他吓到了！我敢保证，他还是个天才棒球选手！”

鲁迪·伍尔利策认为“阿里亚斯”这个角色本可以设计得更加丰富，可迪伦还是乐意演个小配角。据克里斯托弗森透露，迪伦曾接连几日未与他的妻子讲一句话。一位宣传人员说道：“他真的很羞涩，也很内向，但这都是他的真实一面。记者们围着他团团转，当然，他从不理会，于是记者只好不停向其他人打听他的情况。”迪伦的光芒甚至盖过了导演，伍尔利策回忆道：“确实如此，真的。山姆都承认他败给了迪伦。”佩金帕曾为《大逃亡》在杜兰戈安排了一次放映活动，但所有人都随迪伦去参加位于墨西哥城的录音工作了。

当日是1973年1月的一个星期六，地点在一间外形像谷仓的录音室里，迪伦于晚上11点后开始了录制工作。试音、疏漏、剪辑与拼凑是录音中出现的种种细节，迪伦统领了整个录音室，尽管电影制片人戈登·卡罗尔就在一旁踱步。迪伦指挥克里斯的乐队演奏起《圈子会被打破吗》，接下来又完成了数首纯乐声歌曲。克里斯、丽塔·柯立芝和詹姆斯·柯本负责人声部分。时至凌晨三点，迪伦仍旧精力充沛，接着又录了一首《霍利的歌》。他叫来他的两个墨西哥小号手，让他们演奏《佩科斯布鲁斯》。迪伦和制作人之间出现了一些明显的冲突，也有人发现，迪伦把“好莱坞”三个字当作骂人话来用。凌晨四点，那些前来观摩的明星和剧作家都已离开，而迪伦依然活力四射，录制了新版本的《比利》。制片人似乎逐渐认同迪伦的想法，但迪伦却反唇相讥：“不，我并不这么认为。我会忍住这种冲动，然后表现得毫不在乎。”早晨7点，录音室的技术人员都已累得筋疲力尽，可迪伦却丝毫没有倦意。

《帕特·加勒特和比利小子》于1973年夏上映，各方的评论高度分化。大卫·罗宾逊在《泰晤士报》中把这部影片称作“一次缓慢且仪式性的爆炸”，认为迪伦是个“魅力四射的小角色”。《比利小子》成了一部小众电影，在艺术影院里总能受到热捧。[11]迪伦录制的歌曲和对话效果收获了很高的评价，并成为经济型录音模式和创新性的典范。有时候，工程学的技术的确能创造出圆润而有回响的声音。迪伦亲自挑选了他的核心搭档，比如罗杰·麦克奎因和布鲁斯·朗霍恩。迪伦对民谣精神的独到理解对他帮助很大，因为《帕特·加勒特》几乎就是一部民谣故事，被即将降临的死亡阴影所笼罩。这张原声带包含10个互相关联的作品，主题“比利”不断出现在歌名中：《比利1》《比利4》和《比利7》。迪伦的声音流露出一种热切的渴望。有人愤怒地斥责佩金帕，认为他采用一个过于浪漫主义的视角去美化一个卑鄙无耻的枪手，但迪伦对于影片主角的观点显然与导演是一致的。

唱片另一面上的两首歌构成了鲜明的对比：《火鸡追逐》节奏明快而跳跃，迪伦高亢的声音将整曲的情绪点燃，而另一首歌便是热门单曲《叩响天堂之门》。即使是在从前的“边疆”年代，《天堂之门》中的簧风琴声也不得不臣服于最终的歌曲主题，一种宏大的、赞美诗式的音乐气质贯穿歌曲始终。《死亡的朝圣者》则是这种边疆史诗的主角，同时迪伦从未忘记，悲剧才是这部影片的主色调。

尽管《帕特·加勒特》影响深远，仍然有群唱反调的人叫嚣着迪伦的音乐事业已终结。1973年圣诞节前夕，哥伦比亚唱片公司不得不为他们仓促赶制出的另一张唱片写篇悼词了。这张《迪伦》注定是迪伦最糟糕、最没有代表性的一张专辑，它反映出唱片公司玩世不恭。既然迪伦已决定不与哥伦比亚唱片公司续约，那么当初对《自画像》和《清晨》合约的拒绝也就此作废。只凭着迪伦的名号，哥伦比亚唱片公司的唱片就能卖出几十万张。评论家将这张专辑贬斥为“公司制度催生的欺诈伎俩”，以此暗中警告迪伦，因为他们（媒体）担心那些大公司还要翻录（更多的迪伦歌曲以骗取利润）。克里夫·戴维斯离开哥伦比亚唱片公司后，没人愿意接过这张由其他作者创作的专辑……从长远来看，哥伦比亚唱片公司可能比迪伦受到的伤害更严重。

这张糟糕透顶的专辑更加深了人们的猜疑，即迪伦的音乐生涯已落入低潮，正如辛纳屈在试图凭借电影《从此处至永恒》重出江湖后便一蹶不振。然而，鲍勃自己已有详细的计划，他正准备强势回归现场舞台。迪伦经常抱怨，有些巡演就是对身心的摧残。1972年5月13日，克里斯托弗森在接受《新音乐快线》的罗伊·卡尔采访时表示：“总体而言，许多人的性格都不是外向型的。对于我们当中的大多数人，比如鲍勃·迪伦和詹姆斯·泰勒，走上台前、面对观众是件相当煎熬的事。你好似全身赤裸，一切都暴露无遗，尤其是当你要演唱自己的全部歌曲时。”卡尔在报道中写道：“根据经验判断，克里斯托弗森的观点和大多数人所期待的一致，即艺人应是鲜血淋漓地站在舞台上。”迪伦当然了解这种感受，他准备在1973年年底重新赤裸并且鲜血淋漓地站上舞台。

1974年巡演

1974年1月3日，芝加哥的天气就像希宾一样寒冷。这一次，迪伦不必独自面对寒冷了。他身边有五位值得信赖的朋友，他们都是音乐家，而且芝加哥体育场有近两万人欢迎他回来。但是，在登上舞台之前，他依旧孤独。如果他出了洋相，看似是获胜了，但一些场外的人会觉得好笑。在体育场外，积雪铺满了大地，老酒鬼们在门口挤作一团。而体育场内，迪伦穿上了他第一次来芝加哥时的"可怜男孩（poor boy）"服装。为使舞台变得人性化，他批准搭建了一个布景，配有一张双层床、一张沙发、一盏蒂芙尼灯、一个晒衣架和一些蜡烛。气球彼此相连，飘浮在烟雾缭绕之中。观众们紧张地期待着。然后，蓝色的聚光灯冲出了黑暗，打向了迪伦和他的乐队，就像一位斗牛士与他的五位助理一样，徘徊在舞台上：迪伦表情严肃，试图让自己变得放松。《卫报》报道说："他们的声音突破天际，就像芝加哥被一分为二了……人们鼓掌、欢呼、狂欢……迪伦重新上路了。（指他重新上路巡演）"

"一只脚踩在高速公路上，一只脚踩在坟墓里，"[12]他从1963年开始唱《英雄布鲁斯》，但他改写了它。（前边的30多首歌曲）显示了他的创作图谱。七年半没有与现场观众见面的大明星将双脚都踩在了高速公路上。世界各地约300名记者来到这里，这次巡演成为新年的大事件之一。即使迪伦告诉巡演的制片人，经验丰富的湾区摇滚乐经理比尔·格雷厄姆要"保持低调"，来邮局订票的观众也是络绎不绝。这次巡演变成了一场媒体盛宴，一场对新老粉丝归来的、准宗教的、半政治化的集会。

中场休息后，迪伦独自来到舞台，并开始了他最具亮点的独奏，他还要在21个城市，在6周内进行39场演出。他和他的吉他再次告诉世人时代是如何变化的，以及海蒂·卡罗尔是如何死亡的。然后，在说了一句"好吧"后，他触及了总统的底线，尼克松和水门事件点燃了观众的激情。《旋律制造者》杂志的米克·瓦茨（Mick Watts）表示，迪伦"这样说是具有恶意的……它成就了他的超凡"。他离开了舞台，离开了喧嚣。所有关于他的八卦都是没有意义的。他想要再唱《像一块滚石》。《时代》杂志："手臂连在一起，一起摇摆，及时地诵读当代精神，一代人的圣歌……不要到成人危机出现时才明白。”

迪伦成为英雄，赢得了人们的欢呼、鼓舞和热烈的欢迎。观众点燃了数以千计的火柴、打火机、废纸屑等，把体育场变成了一张印象派的画作。迪伦和班德乐队完成了《很可能我们要分道扬镳》，这首歌他们用了许多的重音作为音乐会的开场曲。“1974巡演”让观众回顾了过去13年，他们自己的成功与失败，他们回家或远离家乡的经历。格伦·布伦曼（Glen Brunman）在《好时报》（*Good Times*）中写道：“每次迪伦开口演唱，他都告诉我们，60年代我们有多么糟糕，他告诉我们已经拥有了什么，我们错过了什么，也许，只是也许，我们可以实现什么。”

艾丽卡/阿塞勒姆（Elektra/Asylum）唱片公司的大卫·格芬和比尔·格雷厄姆都有一些惊人的数字提供给新闻媒体。虽然只有大约65万个座位的票可供出售，但组委会共计收到大约有500万个邮购申请，票款总价为9 300万美元。巡演的总收入约为500万美元。《旋律制造者》杂志称之为“娱乐史上最大的金融效应”。《时代》表示：“美国摇滚史上没有一场巡演能引起公众如此大的关注……似乎是一个传说、一个时代再次到来了。”从第一次冲到邮局买票到最后一场音乐会，这次巡演引起了公众广泛的关注。美国国内与国际媒体将此次巡演的新闻评论放在头版头条。电视的报道也非常广泛。迪伦拒绝了许多出版社的出书请求，一个电影剧组事先支付300万美元前期费用的报价也被拒绝了。尽管滚石公司出版了一本平装口袋书，《敲响迪伦的门》（*Knockin' on Dylan's Door*），史蒂芬·皮克林为麦凯出版社（McKay）出了一本书，还有一本自己出版的小册子。迪伦和班德乐队仍然无法抹去1965年到1966年的观众喝倒彩的记忆。迪伦说："正在进行的巡演就像是在徘徊，就像浪迹天涯，但至少观众是不同的，他们非常温暖。"他告诉《纽约时报》的约翰·洛克威尔："我们在1965年到1966年做的最后一次巡演就像是一场飓风。这次更像是一场暴雨。"

迪伦决心不再做和媒体对着干的坏孩子了。他表示有兴趣会见《纽约》杂志的理查德·戈德斯坦。戈德斯坦回忆说："我从来没有在生活中，在医生、女人或尸体前面感到羞涩。可能我应该在这里'挤出'来一些杀伤力极强的问题，但现在我唯一想做的就是大哭一场。"在波士顿，迪伦与《华盛顿邮报》的汤姆·齐托（Tom Zito）谈到了现在和未来的对比："这里是现场。格林尼治村没有任何观众和表演者。这就是一切。我不是英雄。我当时没有让这些年轻人关注它。这只是我所表达的一系列感觉。但现在观众中有很多模棱两可的孩子，不知道为什么他们在那里。也许他们只是好奇……嗑了药？在此之前，人们曾经试图找出他们所拥有的一切。毒品扼杀了很多萌芽中的人，而现在很多人就顺其自然了。"齐托没有让迪伦谈政治："我想我真的不相信民主党/共和党的制度。我喜欢君主制。我更喜欢国王和王后。"

尽管迪伦明显在示好，但他仍然是通过接受采访来谴责采访。在《新闻周刊》刊登封面故事之后，他说："这一切都是宣传。有时我认为他们在谈论别人。我接受它，但我不知道这对我的生活是否有益。"当然，每个人都在猜测为什么迪伦现在又回到了舞台。"我只是想让人们知道我准备好了，"他告诉《滚石》杂志。其他人则认为他需要钱，而韦伯曼确信这次巡演是犹太复国主义的阴谋。似乎最本能的反应是，当前的流行乐坛如荒漠一般。迪伦告诉《新闻周刊》：“我想听我听不到的，所以我必须自己做。”虽然坚持说这次巡演是“全新的”，但是迪伦也很尊重过去：“我只是说……当音乐处于其初始层面时——对我才是有意义的。与我一同长大的歌手和音乐家早已超越了怀旧的风格。”他开始谈论他的父母：“我的父亲要做苦力……他的身体没能超越痛苦。而我已经超越了物质的痛苦。如果我是百万富翁，我就会做我正在做的事情，不管我是否会得到报酬。”

他继续说道：“我没有站在祭坛上，而在市场中。”许多巡演评论家都提到了他在舞台上的紧张感，但他对《新闻周刊》自信地说道：“就像使用了大剂量的青霉素一般，人们不用担心迪伦是否会指责他们。如果它奏效了，那就成功了。如果他们不喜欢，他们不必再次尝试……这样紧张感就渐渐消失了。过去，在上台前我一直感到紧张。”迪伦的歌曲风格改编了旋律、节奏和重心。这种有意识但令人不安的变化在某种程度上让一些人迷失了方向，他们把它归结为音乐神经系统的问题。评论家和观众们屏住呼吸等待迪伦归来还有其他的原因。总而言之，卢锡安· K.特里斯科特（Lucian K Truscott）在《村声》杂志发表评论，对星期三晚上在麦迪逊广场花园举办的那场演唱会有以下评论：“迪伦很紧张，这是肯定的。但是，《大拇指汤姆布鲁斯》（*Tom Thumb's Blues*）表明他并不害怕我们这些观众。他担心的是自己……特别是那些承载着让他成为鲍勃·迪伦的痛苦的歌曲，其中包括人生中的低谷与高峰，以及生活中的全部，都可归纳为所谓《生活在边缘》（*Living on the Edge*）……我们极其希望我们崇拜的偶像自我毁灭，仿佛只有放荡不羁才能向我们表明他们人性犹在，他们的喜怒无常和必死的命运。”

《滚石》杂志就迪伦将巡演的收益捐助以色列的传言继续向他施压。“我不知道犹太复国主义者是什么，”他辩解说，这个谣言“只是谣言”。他音乐中的那些宗教意象又怎么解释呢？“对我来说，宗教是一件无关紧要的事情。我不能钉住它。它在我体内，又离我很远。在表面上我的确使用了一些意象，但我不知道它达到了什么程度。”迪伦不会暗示“神的旨意”已经把他送回了正路。“我看见了日光，我才刚刚起步”，他说道。他暗示《滚石》杂志，他的回归部分源于他的星相，土星在他的体系中是一个障碍。“几年前，它进入我的星相图表，就在几个月前才刚刚飞过。”

也许是占星术，也可能是不羁，抑或是他的孩子已经长大。这也是表演者所要做的——表演。1973年11月，巡演的消息在12月初正式公布之前，组团的谈判就已经在1972年夏天开始了。大卫·格芬长期以来一直在关注迪伦，并试图说服罗比·罗伯逊参加进来，而格雷厄姆多年来一直在提出类似的建议。最初，迪伦曾想过只在十几个城市和最好的演唱大厅举办巡演就可以了。但是格雷厄姆认为，把巡演限制在那么几个大城市里不会带来经济效益的，因为必须考虑演唱家需要自己的专机接送、需要地勤人员（维护保养飞机）等大头开支。

班德乐队在沃特金斯·格伦（Watkins Glen）所做的一个表演说服了他们，并不是每个人都想看艾利斯·库珀（Alice Cooper）在舞台上把自己处以绞刑。冗长的计划是大家在私下进行的，在去芝加哥三个月前进行了全面的演练。在一次四小时的会议中，迪伦和班德乐队据说为巡演拿出了80多首歌。格雷厄姆以匿名方式在21个城市预订了演唱大厅，“以避免到时（听众会出现）歇斯底里”。肯尼迪和洛克菲勒家族以及在截止日期到来之前在全国各地邮政局排队的无名粉丝都想要门票。《旧金山纪事报》估计，巡演净赚总额约为250万美元。格雷厄姆和他的FM制作公司可能拿走50万美元，而根据约翰·沃瑟曼（John Wasserman）的说法，迪伦和班德乐队，“由于他们8～100小时的工作量，将会得到近200万美元的劳务费，当然这没有计算排练费用”。其他的开支也是很高的，整版的广告费和一架包机，如星船一号（Starship Ⅰ），或一架40座的707，都要根据巡演摇滚乐队的需要进行改装，每飞一英里收费五美元。

迪伦决定克服以前巡演的不适，停工的时候就应该自由自在去疯狂地探索。他回忆说：“最后一次巡演，我们一直走个不停，即使我们走不动了。我们寻找尼斯湖水怪，休息四天，并八点起床。无论如何，这次巡演不会有任何一个——对于我来说，这样的机会了。”也许不是，但是行程，面试和舞台上的活动时间表似乎会让许久不演出的人吃惊。最后的行程包括取消代顿音乐会（Dayton concert），以便在麦迪逊广场花园举行第三场音乐会，六周内举办40场音乐会，一般情况下保持每天两场演唱会的节奏。迪伦还与民间小俱乐部和费城溜冰场开展了一些合作。在多伦多的演唱会上，他注意到马歇尔·麦克卢汉（Marshall McLuhan）到场了，在麦迪逊广场花园，迈克·波尔科也参加了。另外两个更有意思的嘉宾分别是罗尼·霍金斯和佐治亚州州长吉米·卡特。身材高大、衣冠不整的霍金斯在与迪伦的团聚中表现得令人惊讶的温和，原因是迪伦曾经“跄”了他的雄鹰乐队。霍金斯仍然在多伦多的“五分钱电影院（Nickelodeon）”俱乐部坚持下来了，当迪伦和大部分班德乐队成员、格雷厄姆以及他们的保镖到场的时候，霍金斯为他的39岁生日做了一次特别演唱，他唱了《醉梦清晨》和《霍利丝·布朗》的片段。

在1976年的总统竞选中，民主党候选人吉米·卡特多次提及迪伦，最引人注目的是在他的提名演讲中说道："他不忙于生，而忙于死亡。"[13] 1973年12月，卡特曾经用笔记纸手写邀请函，邀请迪伦到家里做客。1974年迪伦在亚特兰大举行了两场演唱会，第一场结束后，迪伦及其助手应邀来到州长的大宅。卡特的一个儿子，齐普（Chip），于1968年年末去了伍德斯托克，这次邀请似乎就是他的主意。大约30人共聚晚宴，有些菜品还是应迪伦的要求烹饪的——包括家常菜、火腿和鸡蛋。当格雷厄姆在演唱会上迎接卡特时，格雷厄姆告诉他，鲍勃"对你去过以色列的事儿印象深刻"。但在当天的派对上，卡特说："当我提到以色列时，迪伦转移了话题，并说他和妻子最近去过墨西哥，也很喜欢那个国家。"卡特称迪伦"令人痛苦地胆怯"。1976年，《电视指南》提起卡特引用他的歌词一事。迪伦回答说："我不知道该怎么想。有人告诉我说有一个总统候选人引用了我的歌词。我不知道这是不是坏事，只不过又是一个想要当总统的人……我想让托马斯·杰斐逊、本杰明·富兰克林和其他几个人回来当总统。如果他们回来，我就去投票。因为他们知道发生了什么。"

当迪伦到达纽约时，在拿骚体育馆（Nassau Coliseum）举行了两场音乐会，在麦迪逊广场花园举办了三场音乐会，《纽约时报》的约翰·洛克威尔（John Rockwell）说他感受到了一种"满怀期待甚至异常高兴"的观众心情，他曾经在看完芝加哥的开幕式后表现得不冷不热。对迪伦演唱风格剧变而造成的冲击已经结束了，他可以看到"这一切都聚集在一起：沙哑，咆哮的男中音，语气加强的吞音吐字，以及嘲笑声，歌词短语结尾处扭曲的笑声……完全令人信服。”《纽约时报》在1月28日发文，重新阐释了《时代的变迁》，以此向迪伦致敬，文章结论如下：“每一代人都有它的迪伦。幸运的是60后这一代人有一位会唱歌的诗人，他帮助大家塑造了当时的心境。有些事情出了问题，变化总会受到停滞的挑战。但是，只要迪伦还在演唱，十年前震撼这块土地的精神就会被听到。”《纽约客》的艾伦·威利斯（Ellen Willis）发现，“两个晚上的演唱堪称杰作，演唱风格非常有节制，是一次集体的情感宣泄，我甚至不知道我是否需要……庆祝过去还是未来……迪伦最早的歌曲不仅依然流行，而且被赋予了新的含义。”一些观众认为1月30日的花园演唱会达到了顶点。周三晚上的大型庆祝活动吸引了多位音乐界的朋友，以及迪克·卡维特（Dick Cavett）、雪莉·麦克莱恩（Shirley MacLaine）和杰克·尼科尔森（Jack Nicholson）。麦克·波尔科和格利森夫妇拿到的都是赠票。庆祝活动结束后又在圣莫里茨（St. Moritz）举行了派对。到2月11号，迪伦回到了湾区。最后，迪伦和班德乐队重新回到了他们开始排练的地方，即洛杉矶的英格尔伍德论坛（Inglewood Forum）。

最后一场音乐会结束时，迪伦把格雷厄姆和他的助手巴里·伊霍夫（Barry Imhoff）叫上舞台鞠躬向观众谢幕，谢幕歌曲为《随风飘荡》。论坛体育馆还有一个派对，之后在贝弗利·威尔希尔酒店（Beverly Wilshire Hotel）还有一个与迪伦关系紧密的人参与的派对——包括大卫·布卢（David Blue）、鲍比·纽沃尔什、罗比·罗伯逊和一位明尼苏达州的朋友卢·肯普（Lou Kemp）。对演出者和观众来说，1974年巡演结束了，但影响却还在发酵。杰弗里·斯托克斯（Geoffrey Stokes）在1976年4月4日的《村声》杂志中写道：“迪伦不仅仅是集体的记忆，媒体报道现在已经结束了……但我们还在谈论演唱会，还在试图弄清楚他们对我们的意义……这是一个典型的美国事件。对抗毕竟是我们民族迷思的核心，对于迪伦的执法官来说，我们都是对他动用私刑的暴徒。……紧张的感觉显然已经消失了，只是演出现场的张力留存下来了……驱使他完成辉煌的表演。”迪伦在最后一场纽约演唱会中作出承诺：“明年见。”

回归市井

哥伦比亚唱片公司为流行艺术家提供了一站式服务：录制唱片和巡演促销。迪伦曾经大力抵制此种做法，但是1974年巡演计划一经制订，他们和班德乐队就在西洛杉矶的唯理齐录音工作室（Village Recorder studios）分别于11月5日、6日和9日制作完成了《行星波浪》（*Planet Waves*）这张专辑。这样一来，他便可以全身心投入巡演中来。在六个星期内，迪伦和班德乐队演奏了53首歌曲，其中只有三首来自《行星波浪》。在1月份的专辑发行之前，有两个备选主题：情歌（Lovesongs）和骑士仪式（Ceremonies of the Horseman,），源自于《爱减去零/无限量》中的象棋图像。《行星波浪》回应了1968年金斯伯格《城市之光》（*City Lights*）诗集中的《行星新闻》（*Planet News*）。

专辑的主题是爱情的多张面孔，其中包括妻子、儿童和各种女性的原型。即使是《挽歌》也是表达了对生命的珍爱，以及对死亡的反对，该特质也体现在《走向衰落》（*Going Going Gone*）之中。《行星波浪》标志着迪伦回归尖刻、警句格言式的文字表达，无形式束缚的旋律与自我参与。如果我们可以把它当作三部曲中的一部，那么这张专辑则标志着一个全新风格时期的到来。两张随后推出的专辑分别是《路上的血迹》和《欲望》。专辑封套那刻板的黑白图案让人想起早期私卖的专辑。专辑表面是迪伦绘制的三张脸，任何一张或全部可能都是他自己。专辑背面，是手写的字，有许多拼写错误，有非常随意粗糙的涂鸦。他的歌词与早期“垮掉派诗歌”有异曲同工之妙，唤起了从德卢斯到巴黎孚日广场的回忆。这几乎是《被偷走的时光》（*My Life in a Stolen Moment*）的翻版，豪放的散文加诗歌，喷薄而出。这是没有印刷迪伦名字的首张专辑，尽管英国人在一种外包装用纸上使用了迪伦的名字。

《行星波浪》可以被看作迪伦对陈腐语言表达方式的新一轮攻击，就像“玻璃纤维时代”[14]那句歌词一样，有些犹豫，甚至有些笨拙，听起来他正在加快改变的步伐，如同他在不断给油、加快发动机的转速。这张专辑带有强烈的个人特色，特别是在《挽歌》这首歌的歌词中，他写道：“付出了孤独的代价/但至少我不再欠债。”[15]同样，《挽歌》与《走向衰落》的同位对比中，拿刀砍人与其他残酷的意象也是《婚礼之歌》（*Wedding Song*）中所表达的内容，也是迪伦反复表达的主题，即忍受痛苦是通往快乐的一种方式，最重要的是，快乐总是短暂的。不过，爱是一种发动机——不仅仅指的是女性心中天使般的典雅爱情。爱情应当是一种更加深刻的需要，比如对于地球母亲的爱，正如在《严厉的妈妈》（*Tough Mama*）和《黑兹尔》（*Hazel*）中所提到的那样。直到今日，还没有一张专辑像《无数金发女郎》这样具有高度的统一性，这些歌曲已经超出了歌词本身的含义，成为一种音乐的凝聚力。专辑中的歌曲如同是在“互相对话”，而某些主题，比如梦想、海洋、波涛、山脉、丘陵、边缘、壁龛、孤独、高处等，不断得以重复。

《在这样的夜晚》（*On a Night Like This*）这首歌以清亮而友好的方式开始，也包含着标准爱情歌曲中常常会出现的迂腐与“陈词滥调”，如“外面很冷，但我感觉温暖，因为我和你在一起”。在《在窗上签名》（*Sign on the Window*）中，迪伦的情绪和想要表达的那种理想化的生活跃然于歌词中，只是现在“我们已经被关在舱门后面了”。《走向衰落》听起来就像拍卖师高声叫卖一样，但是在精神层面确是纯粹的蓝调。罗比颤抖的电吉他的哀鸣极具威胁性。这究竟是一种逃避死亡的状态还是回归孤独的危险征兆？《严厉的妈妈》是对当代城市摇滚蓝调的重新洗牌，即以爆破音推送歌词的演唱风格为主，以哈德逊那无处不在的风琴作为伴奏乐器，虽然其中有一些大胆的韵律，如“裆部（crotch）”“注视（watch）”和“刻痕（notch）”等，其中也有诸如“我不会再把我的每一只小羊/都拖到集市上去屠宰”[16]这样经过精心修改压缩的歌词。《黑兹尔》这首歌旋律优美，对听众很有吸引力，让我想起了艾科[1]，但却是“希宾”专辑上不中听的一首。迪伦仍然在回望过去，在1974年的巡演中迪伦首选《关于你的事》（*Something There is About you*）这首歌作为自己的最爱——那是对德卢思往昔时代的召唤，一个他认为比希宾更具有诗意的名字。

正如他在《自画像》中所暗示的那样，迪伦正在努力提升画家拥有的一种能力——在不同的素描中寻找同一个主题。在1974年巡演中，他用新的音调或节奏表演了一系列自己之前的作品，令现场的听众吃惊不小。其中，

[1] 艾科：迪伦少时的女友。——译者注

他为几首旧歌作了新的旋律，有的甚至重写了一个或两个新的歌词。1976年9月他推出《暴雨将至》专辑，证明了重新诠释先前的作品已成为他新的兴趣所在。在这一时期，他的作曲技能日臻完善，已经达到了作曲家的高度，又能够表现出爵士乐的风格，即用即兴和自由创作形式的不断变化来诠释某个主题，从而扩大自己作品的组合。在《青春永恒》（*Forever Young*）中，迪伦用了两种不同的节奏和方式来演绎这一歌曲，这预示了迪伦在1974年巡演和“滚雷讽刺剧巡演”的几场演唱会中，重新编排一些旧作的演唱方法。第一个版本虽说业余，却还有专业精神，比如《夜之父》（*Father of Night*），第二个版本更接近一种戏谑的风格，这里有着20世纪60年代地下民谣吉他英雄约瑟夫·斯宾塞（Joseph Spence）那令人着迷的旋律，以及躁动不安的节奏的回响，山姆·查斯特（Sam Charters）曾经在巴哈马的安德罗斯岛进行实地考察，当时他就将这些强有力的节奏录制下来了。

在《挽歌》中，迪伦在钢琴上演奏出简单而有力的音符。这不是一首简单的爱情歌曲，而是一篇关于迂回表达病态的依赖性散文。他是否是在谈论离别、城市、观众、毒品、女人等，这些曾经都是他觉得所需要的一切？这首压抑的抒情诗以其内容的完整性战胜了孤独感，以社群的团结一致抵抗了个体的独处。据报道，迪伦在录音棚里写下了这张专辑中的另一首重要的歌曲《婚礼之歌》。这两首歌之间还有一首充满爱意的作品：《你是天使》（*You Angel You*）。《永远不说离别》（*Never Say Goodbye*）与另一首歌曲相互呼应，趣味横生，那就是《蓝色宝贝》。在《铸铁和火炬之歌》（*Cast Iron Songs and Torch Ballads*）中，迪伦钢铁一般的意志仿佛唤醒了整张专辑。《婚礼之歌》是通过爱赎罪的一份声明，即使在这首歌中迪伦谈到了，爱是如何挽救自己的生命，他也以刀、鲜血和杀戮表现了对爱情强烈的绝望。这是迪伦一张重要过渡专辑中最后的一首作品，预示了下一张专辑《路上的血迹》的问世。

乐评人对此专辑的回应褒贬不一，洛兰·奥尔特曼（Loraine Alterman）在《纽约时报》上指出《行星波浪》缺乏精雕细琢，但是《村声》杂志的音乐编辑罗伯特·克里斯特高（Robert Christgau）为迪伦这种“故意的粗糙”进行了辩护。1974年2月3日，在伦敦，德里克·朱厄尔（Derek Jewell）在《星期日泰晤士报》上撰文说：“它们充满活力，充满柔情，却又饱含讽刺和愤怒……如今迪伦的立场是矛盾的。他自我拒绝，却被数百万人接受。尽管他的自我进化还在持续，他还是一个符合他年龄的人吗？如今的他开始将情绪转入内心……以不介入、寻求个人隐私以及回顾过去为特点。《行星波浪》将此种心态映射在一个确定的、令人不安却挥之不去的专辑中。”根据1974年的一次民意调查，24位《村声》杂志评论家将《行星波浪》评为第十八名，而将《洪水将至》评为第六名。虽然大多数乐评充满了热情赞扬，但迪伦对专辑在美国阿赛勒姆公司与英国维尔京群岛公司的销售情况都不满意。（不过）哥伦比亚唱片公司对他们这位失势的明星却是旧情不忘，尽管他们经常威胁（迪伦），说至少从他们所拥有的曲目中可以推出八张迪伦的专辑。迪伦就《洪水将至》的版税问题（与哥伦比亚唱片公司）进行了谈判，并成功将版税提到了新的高度，但这是他与大卫·格芬所做的最后一笔交易。1974年夏天结束时，他重新回到哥伦比亚唱片公司的怀抱，许多问题也随之迎刃而解了。（格芬负责制作的两张专辑随后在CBS/哥伦比亚唱片公司重新发行。）

对于那些想在1974年巡演中获得纪念品的观众，《洪水将至》作为一个诠释全新的迪伦/班德乐队的双专辑是非常理想的。专辑名很可能是受到了兰波的《彩图集》（*Illuminations*）中《洪水过后》（*After the Flood*）的启发。但是，如果兰波的作品是有关出生创伤的寓言，迪伦的这张专辑就是表演者重生的寓言。该名称也可以用来指哥伦比亚唱片公司威胁用迪伦的老作品“淹没”市场的说法。《洪水将至》是从巡演中期到临近结束时、前后数十次演出中挑选的歌曲组成，三首源自麦迪逊广场花园，两首分别来自西雅图和奥克兰，最后三首来自洛杉矶的演唱会。专辑主要的印象是充满能量，大方外向，触到观众的兴奋点，以及对老歌的全新诠释方法。惊喜大师又回来了。有多少表演者和作曲家满足于寻找一种风格并用一生将它发扬光大?他就是这样的人，他就这样勇敢地宣言。迪伦从莱特岛的内向型反高潮演出中获利不小，但是1974年的巡演并没有要求听众们太过靠近他。那些他们用其他形式记住的歌曲可以重新体验一遍。这么听来，迪伦几乎就是典型的1974年的重金属摇滚歌手，但是迪伦与各种夸张的戏路以及演出花招毫不搭界。

迪伦用猝不及防的撕咬声、打击声，甚至是咆哮的表现形式抓住了现场观众们的心。《很可能我们要分道扬镳》（*Most Likely You Go Your Way*）从《无数金发女郎》的一页模糊的封底中跳出来。《趴下，女士，快趴下》获得了一个不同的词曲配置。《宝贝，那不是我》成为奥蒂斯·雷丁（Otis Redding）的灵魂之声。迪伦经常使用黑人灵歌的唱法，虽说粗糙但具有新的音域和措辞。比如将“Mr. Jones（琼斯先生）”变成“Mr. Jo-hones（琼斯棒骨先生）”。在《像个女人》（*Just Like a Woman*）这首歌中，“knows（认识、知道）”被改写成了“no-hose（没有水管子）”。在《莫要三思》中，歌词中“right（可以，没事）”伴随着不断弱化的声音而消失。其中有几首歌似乎带着愤怒的前奏，仿佛逼着一辆老旧福特车像兰博基尼一样绝尘而去。这种缓慢的“焖烧”可以在《像滚石一样》中达到最佳效果，当迪伦逼问他们感想如何的时候，观众中出现了明显的骚动。

《洪水将至》由曾担任过白宫顾问（在尼克松之前）的菲尔·拉莫内（Phil Ramone）负责录音监制，菲尔曾经与班德乐队合作，制作了《摇滚时代》（*Rock of Ages*）专辑。他整整录了35个小时的现场，和他一起工作的剧组包括两名工程师，一名应急混音师，外加三名男子在录音棚内，一个在舞台上，另一个随时待命。拉莫内称之为“我职业生涯的高峰”。与他一起工作的是罗布·富拉伯尼（Rob Fraboni），是《行星波浪》的调音师。

《村声》杂志分别发表了三篇乐评，每一篇各自代表三种分歧，火药味十足。第三种是由格雷尔·马库斯（Greil Marcus）阐述的，他解释了迪伦从“代际符号”到“美国艺术家”的改变。《洪水将至》，他写道：“给出的是激情而不是思想……迪伦新音乐的成功源自于他似乎把失败（他在美国生活中看到的）看作争取自由的机会。”马库斯从“艺术家忙得晕头转向，包括你，限制已经被突破了”中感受到了快乐。这样的自由——当一个艺术家从自身形式中解脱出来时，他让你感到自由……在这种音乐中，有很多惠特曼的诗歌元素……一旦，迪伦冷漠地巡视这一切，他就会与其保持距离。现在他被夹在中间，而我们也是如此。当然，这是加入更强大、更神秘的美国的负担。”

新迪伦

早在1963年，音乐界的许多人都在谈论“一个新的鲍勃·迪伦”，这个短语最开始是我无意间提出来的，随即作为一个专门的概念被唱片公司的“艺人和节目”所使用，是一个泛泛而论的缩合词，即一个拥有诗人特质的词曲作者，有时二者分拆，有时二合一。这个词曾一度被用来形容埃里克·安德森（Eric Andersen），珍妮丝·爱恩（Janis Ian），菲尔·奥克斯，多诺万（Donovan），西蒙和加芬克尔，马克·科诺普夫勒（Mark Knopfler），劳登·温莱特三世（Loudon Wainwright Ⅲ），约翰·普莱恩（John Prine），詹姆斯·泰勒，卡莉·西蒙（Carly Simon），唐·麦克林（Don McLean），布鲁斯·斯普林斯丁（Bruce Springsteen）和帕蒂·史密斯（Patti Smith）等人。假小子莫迪利亚尼（Modigliani），她的穿着就像是垃圾场走出来的天使，穿着芭蕾舞鞋，而头脑却在兰波、阿尔托（Artaud）、吉姆·莫里森（Jim Morrison）和迪伦的诗意风景中漫步。史密斯在开始令人着迷的摇滚表演之前就进入了一种写作的状态，这种状态被她称之为“梦想的舞台”。她告诉我：“在1976年，我大概16岁的时候，我在《启发》杂志的封面上看到了兰波的照片。那时的他看起来既像我的父亲，又像迪伦。我在工厂的主管看到这是一本双语图书，并因此怀疑我是一名共产党员。我总是带着的《彩图集》杂志。有时候我会读到这本杂志的法文版，即使我无法读懂法语，但我也能感受到他们的音乐。然后是《地狱里的一季》（*A Season in Hell*）这个作品，它与（艾略特的）《普鲁弗洛克》（*Prufrock*），甚至是迪伦的《重访61号公路》，他们都觉得是类似的东西。我觉得我无法单纯从男性或者女性的角度来理解这部作品，但是它所包含的音乐是伟大的，摇滚乐最美丽的地方在于，这是一种开放的艺术，它允许你使用整个宇宙作为你的音乐题材。世界上没有不能用摇滚表达的东西。

帕蒂是被《托尼·格洛弗与摇滚乐》（*Tony Glover and Creem*）杂志发现的。1975年7月7日，《村声》杂志的头版头条有标题如此，并刊载了一副迪伦拥抱着她的图片，当时这幅照片的标题——当《塔兰图拉》遇见“野马”：鲍勃·迪伦给帕蒂·史密斯的祝福。帕蒂回忆道：“当时我真的太激动了，就像高中时暗恋一个人，一年之后，你终于和他搭上话了，而你却无话可说了，这就是青春期，非常性感。”迪伦也很喜欢兰波。他谈到自己的牢狱之灾，如同阿尔托一样，都被他刻在了他的身上。他是一个伟大的歌手——接受声音训练已经长达整整12年之久。“这些训练让我能够深入我的潜意识中，深入去找寻所有的可能性。”史密斯发现，她和迪伦都在向着兰波的“感官混乱”这个方向努力。此外，这种感觉源于痛苦、不懈追寻和发现。她的结论是：有些东西可能已经从迪伦身上溜走了：“他的水平没有完全发挥出来，他需要一个人来帮助他‘刺穿皮肤’，我致力于研究他和他的歌。对我来说，这并不是大问题，但是我仍然能感觉到，他还能做得更好。迪伦是一个很好的即兴演奏者，他需要让这一切再次迸发出来。他之前已经把这些东西都表现出来了。他真是一个不可思议的人！他脸上和眼睛中放出的电光，是确确实实存在的！”

无数的当代诗人受到迪伦这种将诗歌和音乐融合起来的风格的影响。弗林盖蒂被深深打动，雷克斯罗特也是如此；伦纳德·科恩在迪伦的影响下爱上学习唱歌和作曲；迈克尔·麦克库雷（Michael McClure）喜欢迪伦给他的竖琴；艾伦·金斯伯格对开拓口头诗歌这种音乐这种形式越来越感兴趣，并于1976年发行了《第一张蓝调音乐专辑：碎片，民谣和诙谐歌曲1971—1974》，“向伟大的游吟诗人鲍勃·迪伦致敬”[17]。金斯伯格的介绍中，记录了他在钢琴和小提琴方面并不成功的经历，直到1963年，他听到印度和日本歌曲后情况才有了改观。他不断地听到《布莱克的灰和尚》的片段在脑海里嗡嗡作响。“鲍勃·迪伦于1965年在圣弗朗西斯科市送给我一个磁带录音机，里面有一首F调的《布莱克的灰和尚》，迪伦还建议我去学习一种乐器。”1971年，迪伦在纽约大学参加了金斯伯格诗歌朗诵会，艾伦的即兴创作能力给他留下了非常深刻的印象，他还被安排参加了1971年11月17日和20日进行的录制工作。很快，金斯伯格立刻转向，模仿理查德·拉比特·布朗（Richard Rabbit Brown）的《詹姆斯·阿里布鲁斯》（*James Alley Blues*），这是金斯伯格创作的第一手布鲁斯音乐作品，也是迪伦早期模仿的音乐作品之一。金斯伯格的结论显示他的歌词与布朗的耦合性极强。

1945年到1949年间，我同凯鲁亚克一起在布鲁克林桥下唱着乞丐小调、托卡塔和赋格，并且和他一起听了尼尔·卡萨迪的汽车收音机的节奏、路易斯·约旦、胖多米诺的蓝调音乐、瘦加拉德的牢骚和利特尔·埋查德的呻吟。所以有些美国蓝调音乐已经融化在我的身体里，即使我并不知道这种音乐形式就可以唱出蓝调音乐，但是却并不清楚它们的诗意。直到我在大型印刷机被发明前同时遇见了克里希纳（Krishna），回想埃兹拉·庞德（Ezra Pound）对音乐、歌曲和圣歌（还有舞蹈）的见地，在这一时期，我们没有意识到美国黑人蓝调的拉格体同大主教佩尔西的诗学宝库、苏格兰边境民谣、伊丽莎白诗歌集、汤姆·欧拜德拉姆（Tom O' Bedlam）的民谣一样是这个国家的宝物。在学习唱歌和作词的过程中，诗歌中的打油诗元素必须得到解决，即可感知的即兴是不可原谅的，但同时也是难以避免的，特别是学习歌唱与现场即兴造词的过程中。坎皮恩（Campion）和纳什（Nashe）的理想是将其处理成一系列快速变幻的图像，也就是迪伦所说的“闪烁图像的锁链”（chains of flashing images）。

《路上的血迹》

由于迪伦第三张专辑《路上的血迹》的推出，有关“新迪伦”的话题于1975年1月逐渐被人淡忘。但是，此时迪伦的名望可谓如日中天，达到了新的高度。评论家们开始大量使用夸张性用词，他们认为这张专辑是迪伦七年甚至九年间最好的作品。有人还认为这就是迪伦最后的作品，没有之一。这张专辑正如迪伦所预想的那样，他将1974年9月纽约的一些录音替换为同年12月份在明尼阿波利斯的录音。[18]他放弃了由皮特·哈米儿（Pete Hamill）撰写的挽歌，后来，这些歌曲获得了格莱美奖最佳抽象作品奖。

专辑《路上的血迹》中体现出了《行星波浪》关于《婚礼之歌》和《挽歌》的预测：这位艺术家处于备受折磨的状态。无论歌词中的人称代词是“我”“他”“她”还是“你”，新专辑是迪伦感情遭受重创后的精神自传。作为他最受欢迎的专辑之一，专辑中的音乐风格丰富多样，其中包含迪伦最直接、饱满、感性和温柔的声音。就像是20世纪60年代中期的音乐专辑一样，《路上的血迹》反映了华莱士·福利（Wallace Fowlie）在评论兰波时的主题，即“持续颓废的主题”[19]。这张专辑是关于回忆和人际关系的反复无常和记忆的碎片化。格雷尔·马库斯（Greil Marcus）说道：“这是一个同时记录了一个冒险家与自己和女人斗争的故事，表达了记忆中的破碎、爱与死亡的幻想和恐怖，迪伦想通过描绘挽救灾难的过程并以此体现出事物美好的一面……一个神秘情人受制于一段他永远无法平息的风流韵事，是他的一段冒险之旅。”

这10首歌展现出了精湛的技艺和控制力。光鲜亮丽的旋律下有着许多常人难以发现的优秀设计，它将众多抽象化的意象以白话的形式表述出来。基本要素——血液、疼痛、飓风、暴雨——呈现出了不同的模式。歌曲里有大量冲突的意象——鲜血和刺丝；生活也好，记忆也好，都成了战场。“雨”伴随着巨浪、潮水、冰雹接踵而至。乔纳森·科特（Jonathan Cott）发表在《滚石》杂志上的文章《回到雨中》（*Back Inside the Rain*）（1975年3月13日刊），把迪伦描写的雨和记忆等同起来。这种描述方式十分简约。我把雨看作流动的意象，就像是血液——自然的血液，将生机带到了这片沙漠，这种生机是洪水、眼泪、痛苦、孤独这些感觉本身。《路上的血迹》和它包含的眼泪、灼见与智慧，导致骄傲与自满的终结。迪伦终于承认，“求稳”可能会导致个人的幸福，失去与追寻的浪漫、痛苦会刺激产生更加伟大的艺术，为此他不惜把自己的生活变得一团糟。

《纠缠布鲁斯》：虽然第二张发行的专辑揭示出了在迪伦描绘的血红色背景下，主旋律依旧是蓝调，蓝调是明快的，这张专辑整体的风格也偏向动感。歌曲中有一种不满足，渴求神话的再次出现，但或许他总是在许多人身上寻求着同样的东西，然后全部回归到自己身上，当作自身的写照。迪伦的双关语，比如“斧子刚刚落在树林里”[20]；一句用普通腔调表达的短语；“重复着重复”[21]等，是语言的回归与革新。但丁的典故仍然饱含歧义。在纽约的许多磁带或是开本中，诗歌占据了从13世纪到15世纪的大部分版面。

（其中但丁的著作跨越了13世纪和14世纪。）华莱士·福利认为迪伦与但丁的一位诗人朋友，吉多·卡瓦尔康蒂（Guido Cavalcanti）产生了共鸣。一种全新的公路歌曲：干涸的精神而不是沾满灰尘的靴子，重新唤起他对于他那段漫长经历的记忆。他这次的方向对了吗？迪伦更倾向于《千真万确》。

《命运无常》（*Simple Twist of Fate*）：在含蓄的轻描淡写中，叙述者在梦境与想象中那些痛苦的记忆让他感到孤独。“他醒了，房间里一无所有”[22]，使他回想起《蓝色宝贝》和那个把“他扔在地板上的所有的毯子”[23]都带离房间、他深爱的人。演唱者仍然处在一个梦幻般的状态，直到第三节：他对诗人的“罪孽”产生了太多的愿景，太多的情感。

《你是大女孩了》（*You're a Big Girl Now*）：是《像女孩一样》的续曲，这句话讽刺了除了孩子以外的每一个人的屈尊俯就。他的演唱很少直率地表露出强烈的情感。他对于叹词“哦”的强调让我想起了爱德华·蒙克（Edward Munch）绘画中患者尖叫的那张嘴。那一句“冒雨归来”[24]，是含着泪唱出来的，它与那句“钻进了我的内心”[25]一起，流露出了他内心的想法。讽刺的是，当叙述者遭受痛苦时，女性却感到了解放。《放映机》中写道，迪伦的咆哮暗示着这与他的妻子有关。“对于那些不能与我感同身受的人来说，我就是一个谜团。”

《愚蠢的风》：这首歌被公认为是本专辑的代表作。这其中有一些类似《滚石》的刺痛，以及金斯伯格的《嚎叫》的痛苦。这可能是一次对真理的攻击，叙述者的个人情绪、愤慨和怀疑在一个同样令人不安的社会中表达出来，人们的言语与他们的真实情绪相一致。这也是一个人痛苦的宣泄，宣泄塑造了八卦和阴谋，取代了关怀和信任。终极的恐惧是车轮都停止了，空气是恶臭的，身体、心灵和精神都是瘫痪的。一个男人或一对夫妇在尼克松及其家人因为水门丑闻而受到围困时遭受骚扰和折磨。

迪伦强调，我们要听“原始的尖叫”，这样我们才不会像他一样幼稚。这首歌相比于它在纽约发行的版本有了翻天覆地的变化，这个版本有着不同的旋律，甚至更直接地与个人联系起来，但整首歌几乎都是良性的编曲，表达方式也更加温和。这个版本中无情的喊叫有爱德华·阿尔比（Edward Albee）的《谁害怕弗吉尼亚·伍尔夫》的影响吗？太真实而不能容忍，太不得体而不能被接受。然而，只有面对这些真理才能继续下去。迪伦放弃了这个版本，因为他写了一些悲观的歌曲。停止的车轮终会再次滚动，瘟疫终会被风吹走，无助的人终将学会养活自己。

《不要离开我》（*You're Gonna Make Me Lonesome When You Go*）：精致的旋律幽默地传递着三心二意的威胁。情人恳求着他不要放弃，尽管他终会成为他宿命中的恐惧。“一切都已结束/关系总是很糟糕/我已经像魏尔伦和兰波一样了。”[26]这是迪伦第一次直接提到了兰波，那位较年长的诗人，魏尔伦到达巴黎时就对兰波赞赏有加。据华莱士·福利说：“在伦敦和布鲁塞尔，魏尔伦和兰波的故事是一个时代的文学史诗，其中现代艺术家们的轶事是相连的。50年后，詹姆斯·乔伊斯在利奥波德·布鲁姆（Leopold Bloom）和史蒂芬·迪达勒斯（Stephen Dedalus）的都柏林·奥德赛（Dublin Odyssey）中重演同样的故事。即便这两个人年龄并不相同，但是看起来却非常像是同一个人，对爱和知识的双重探寻也合并为一种渴求。”[27]早期在黑暗中的拍摄解释了这个故事。魏尔伦将兰波引入巴黎无神论作家的小圈子，然后离开了他的妻子，与一位17岁的新人厮混在一起。1873年7月10

日，在经历了各种各样的情绪波动后，魏尔伦枪击了兰波。一枪打偏了，另一枪正中兰波的左腕。尽管兰波没有提出诉讼，魏尔伦仍被指控杀人未遂，判处了18个月的监禁。福利说：“邪恶也是通往知识的一条道路。邪恶的极端体验唤醒了大多数人最深切的渴望，他们渴望去了解他们到底在做些什么，到底因为什么而受苦，以便跨越这一切的一切。那些像兰波和魏尔伦一样故意实践邪恶的人将他们自己当作撒旦神学家，而不仅仅是单纯的恋人。”

《清晨与我相遇》（*Meet Me in the Morning*）：迪伦唱过的最好的蓝调音乐之一，强烈的程度，恸哭的声音，可观的亲身投入。在经典的蓝调音乐中，这首歌包含了丰富的传统表达方式和意象，以及一些当代（摇滚）的风格。

《莉莉，罗斯玛丽与杰克的心》（*Lily, Rosemary and the Jack of Hearts*）：这首歌是迪伦最长的寓言之一，就像纸牌游戏一样让人筋疲力尽。充满活力的行动，神秘的死亡，持续不断的暧昧。依稀记得弗兰基·李（Frankie Lee）和犹大牧师（Judas Priest），那是西方传统的叙事民谣，迪伦却已经将它改编成一个15节的（对开本的第12节不进行演唱）充满奇思妙想和神秘色彩的短剧。好莱坞有人说要把这首歌改编成剧本，有人猜测迪伦会扮演杰克。

《替我问好》（*If You See Her Say Hello*）：这个悦耳的高潮部分有着甜美的演唱以及温暖的墨西哥风格的原声吉他。叙述者，一个试图安静分手的男人，不可能控制住他的感情不爆发：“要么是我太过敏感/要么是我变得心软。”[28]这种试图在情绪混乱的情况下不经意间的尝试带来了如海浪般一波又一波的韵律。当迪伦将“Chill”改写为“Chi-i-u-ill”，将“stay”改写为“stayhay-ay”，将“town”改写为“town-ow-ow-un-un”时，他的这些短语让人想起了了1974年巡演中的声音。迈克尔·格雷认为这是对《北乡姑娘》的改写。

《风暴避难所》：迪伦再次使用了自然元素来形容他那如暴风雨般的心情。亲切的旋律展示了一种威廉·叶芝类型的、通过爱情追索施恩的渴求。诗人找到了避难所，但是屋顶漏雨，雨水全都漏了进来。歌词里有着许多丰富的辞藻，如“在一个满是冷眼与死亡的世界里，人们正在为了温饱而斗争”[29]，以及“没有什么是真正重要的，只有命运才是重要的。/独眼的承担者。/他吹响了无用的号角”[30]。

《大雨倾盆》（*Buckets of Rain*）：总结了这张专辑关于“失去与寻找”的主题，一个揭露了世道无常的无果的追寻。我听到了密西西比州约翰·赫特（John Hurt）在这里唱的蓝调的回想，一会儿忧伤，一会儿嬉笑，哭泣和欢乐并存着。这是一张关于歌手过去作品集的专辑，有关于诗人形象的作品，以及对女人、老友强烈爱意的作品，保持距离以对抗痛苦的作品。在《行星波浪》中出现的萌芽已经变成了潮流。歌曲中有着与《启发》相呼应的东西，特别是《历史性的夜晚》（*Historic Evening*）。愚蠢的风带来了暴雨，降落在《荒凉街区》。

1974年9月10日，《路上的血迹》在纽约的哥伦比亚唱片公司演播厅开始录制。迪伦召集了一些熟悉的20世纪60年代的乐队和人才——埃里克·韦斯伯格和他的乐队，“释放（Deliverance）”；巴迪·凯奇（Buddy Cage），踏板吉他手；托尼·布劳恩（Tony Braun）和保罗·格里芬（Paul Griffin）。米克·贾格尔地位下降，并被一度认为坐在后台制作背景和声。《滚石》杂志的首席翩翩起舞，鼓动着大家开怀畅饮。在发行前夕，迪伦跑去明尼阿波里斯市，在12月27日周五以及12月30日周一，和他的弟弟大卫·比尔·皮特森，贝斯手肯恩·奥迪加德（Ken Odegard），吉他手比尔·伯格（Bill Berg），鼓手格雷格·英霍拂耳（Greg Inhoffer），十二弦吉他与键盘手克里斯·韦伯（Chris Weber），一起制作了一些新的乐章。他们重新剪辑了三个原始版本。最后四条的音轨似乎来自纽约录制的时期，其他六条则来自明尼阿波里斯。修改后的唱片封套上没有音乐主创人员的名单，给日后本张唱片的分类带来了不少的麻烦。

然而，制作人的反应并不混乱。一个英国的迪伦狂热粉丝对这些乐章的个人背景表示满意——迪伦动荡的家庭生活，继巡演之后，反而出现了一种反常的喜悦："那么，现在迪伦和萨拉正处于瓶颈期，也许他会开始写一些更好的歌曲。"迪伦属于自作自受——你不能为一个女人写情歌那么多年，然后写自己那个困扰的时期，而不去理会那些几乎每一个关于《路上的血迹》的评论中都会出现的八卦。在1975年春天对迪伦进行的一次明显无聊的采访中，玛丽·特拉弗斯（Mary Travers）告诉他自己有多喜欢这张专辑。他感到十分惊讶，厉声说，他很惊讶人们能"享受"对他来说是如此痛苦的事情。

在滚石，乔恩·兰多呼吁迪伦对唱片的录制工作更上心一点，兰多后来回顾了迪伦的自主：

他在摇滚领域比其他任何人都更成功地超越了他自身的局限。迪伦并没有以同样的技巧处理每一个音符。他无法让世人相信他是一个幸福的制作人。人们，对于这样的一个事实作出了反应：他无法让这种经历完全真实地呈现出来，因为他可以感受到愤怒、痛苦、伤害、恐惧、孤独和力量的情绪。像詹姆斯·迪恩和马龙·白兰度一样，他更擅长扮演叛逆者而不是乖巧的群众，更擅长扮演局外人而不是局内人，更擅长扮演歹徒而不是警方。作为他干扰了社会和谐的代价，迪伦仍没有从过去任何一个特定的阶段恢复过来，只有一种风格能让他的情感更自由地诉说他的思想状态，他不再否认他和我们内心熊熊燃烧的火焰。

在《自传》中，迪伦嘲讽道："我能扮演多少个角色呢，愚蠢的人们啊，是他们把你们限制在那枯燥乏味的思想之中。"

1975年1月27日，罗伯特·克里斯高在《村声》杂志中给予这张专辑满分的最高评价："迪伦的新立场与以前一样令人不安，但最大的惊喜还是在于音乐，总而言之，这是领跑者最成熟，也是最有望能保持住的记录。"同年的2月3日，保罗·考恩在同一篇文章中把他的专辑评为最有影响力的音乐专辑，这对歌手来说是很好的，但是对于个人来说却不是。

这个消息让人提不起劲儿。到了34岁，他的婚姻触礁，作为一个孤独的人，他再次开始寂寞地流浪。迪伦，被困在自己建造的监狱中，成为他自己的提瑞阿西斯。美国是他的荒地，就像迪伦所有伟大的专辑一样，痛苦是他传奇般残酷的另一面。有时候，大概当他的婚姻开始崩溃时，他的自私就必须凝结成为自己的仇恨。迪伦忍受着一种非常特殊的诅咒。他似乎无法建立温暖和持久的关系，但是他也很渴望爱情，冷静地牺牲自己的私人生活而奉献给他的艺术，正如乔伊斯，甚至是梅勒（Mailer）所做的那样。《路上的血迹》是一张伟大的专辑，因为他顶着这个诅咒写出了这样一张专辑。整张专辑讲述了一个受到自己的折磨的人的痛苦哭泣，但也充满了宗教意象，暗示着伤痛、疲倦的迪伦寻求"庇护"，寻求上帝给予的和谐而不是一个女人渴望的那样的温暖的家。对他来说，也许他正在寻求的信仰只不过是在逃避他的情绪，也许他唯一的选择是疯掉或是死亡。

考恩的精神批判误解了迪伦的角色扮演。他会说莎士比亚是有负罪感的，因为麦克白夫人洗手不干了，或者说巴德（Bard）是犹豫不决的，因为哈姆雷特是个矛盾的人物吗？迪伦一直是一个残酷的、以自我为中心的人。事故发生后，他试图改变自己的做法。1969年他搬回格林尼治后，也曾试图重新燃起昔日的友谊。从1975年的夏天起，他就更加努力地建立一个歌手（的）社区。迪伦一直希望获得众人的喜爱，但他试图通过忠诚于他那四面楚歌的艺术自我来平衡这种需要。数年前，迪伦一直在思考如何振兴20世纪60年代早期的民谣。在他将自己的感情，以及许多其他人的情感清零之后，这个机会出现了，伴随着《路上的血迹》的完美宣泄。

老相识

1975年年初，比尔·格雷厄姆找到了一个团结众人（做些公益大事）的聚焦点。以他的社会公德心、他自己的组织机构，以及来自明星们的热烈回应，他很快就启动了这个万人瞩目的大事件。（事情的缘起是）旧金山教育体系陷入困境，学校系统面临300万美元的预算缺口，没有这笔资金，学生们将无法进行各种课外活动。格雷厄姆建立一个名为斯奈克（英语“零食”的谐音缩略语SNACK，即学生需要运动员、文化和体育活动）的组织，这个活动的基本推理如下：“旧金山的青年是我们的衣食父母，这是我们希望感谢他们的一种方式。”2月4日，即在对（各路人马）进行头脑风暴的两周后，格雷厄姆宣布他已经签下了杰弗逊飞船（Jefferson Starship）、杜比兄弟（the Doobie Brothers）、感恩之死（The Grateful Dead）、桑塔纳（Santana）、琼·贝兹、格雷厄姆中央车站（Graham Central Station）和电力之塔（Tower of Power）等大腕。据谣传，以下名人也可能出场：迪伦和白兰度（两人分别有五个孩子）、尼尔·杨（Neil Young）和班德乐队。1975年3月23日，大约60 000人，大部分是青少年，包围了金门公园的吉萨尔（Kezar）体育场。还有足球和棒球明星欲参加这个活动，特别是吉恩·华盛顿（Gene Washington）与威利·麦斯（Willie Mays）等纷纷加入摇滚巨星的行列。K-101无线广播电台广播说“一来自费尔蒙特、令人惊喜的嘉宾”随时会大驾光临。

当白兰度走上台时，许多人认为他就是那个令人惊喜的嘉宾。“教父”充满激情地说：“不是我这一代人……而是你们这一代会赶上我这一代人和我们的上一辈留下的烂摊子……有很多人……正在遭受伤害。穷困的印第安人、白人、黑人、墨西哥裔的美国人，每个人都是会遭到剥削和压迫……我要捐献5 000块钱……我们必须给予和给予……我们必须给予我们的关爱之情。”贝兹跟随白兰度上场，从费尔蒙酒店出来的那个人在后台被人注意到，他走进了调音间所在的拖车。格雷厄姆高调宣布演出马上就要开始，乐队成员如下：“低音贝斯，里克·丹科（Rick Danko）；键盘，加斯·哈德森；鼓手，莱文·海尔穆（Levon Helm）；吉他，蒂姆·德拉蒙德（Tim Drummond）；踏板电吉他，本·基斯（Ben Keith）；口琴和吉他，鲍勃·迪伦！”当格雷厄姆高声说出尼尔·杨的名字时，观众的欢呼声一浪高过一浪，几乎现场的每个人都跳起来迎接迪伦—杨—班德—杜比斯的超强组合，就连琼·贝兹也在舞台的一侧赞许地微笑着。

迪伦主要是演奏吉他和口琴，但也会走向钢琴给杨的《寻找爱人》（*Lookin' for a Love*）伴奏。在杨唱过几首之后，迪伦改作主唱，曲目包括《我要你》（*I Want You*）和《叩响龙之门》（*Knockin' at the Dragon's Door*）。在舞台的一侧，白兰度与贝兹拥抱。其他歌曲还包括《你准备好为国捐躯了吗？》（*Are You Ready for the Country*）、《我的黑暗面》（*Darker Side of Me*）、《爱你》（*Loving You*）、《体重》（*Weight*）、《无助》（*Helpless*）。最后的返场曲目是《生死轮回永不停止》（*Will the Circle Be Unbroken*）。这场音乐会筹集了20万美元的善款。当散场的听众于下午

6：30踏上回家的路途，迪伦、白兰度和格雷厄姆前往《教父》的导演，即弗朗西斯·福特·科波拉（Francis Ford Coppola）的家中共进晚餐。

托德·托尔塞思（Todd Tolces）在《旋律制造者》上写道："简而言之……这是在旧金山举办的最重要的音乐盛会。"他把长达45分钟迪伦与杨的演出归纳为"历史"的终极。根据《黑暗过后》（*After Dark*）杂志的报道，这是"一次巨大的反主流文化情绪的闪光宣泄，一次回忆摇滚还不曾是媒体炒作的美好时光，不曾是金钱、问题与拙劣演技的时光……这是一次大气、高端的演唱会，在许多方面是独一无二的。它的'政治色彩'部分是它纯粹的浪漫"。

此外，迪伦与政治主见十分执着的贝兹和白兰度再次共享一个舞台，并能享受演出的每一分钟（已实属不易了）。他暗示他可能会再次被社会（改良）的行动组织所利用。20世纪70年代初，尽管迪伦表现得异常冷漠，但是他一直渴望回归志同道合者的小圈子。他自己的浪漫反叛和改良社会的激情早已降至冰点，甚至到了愤世嫉俗的地步。"美梦已经结束了，伟大的美国梦早就完蛋了……监狱里还关押着一些没钱买出路的囚徒，"他告诉我。或许他指的是用自己的孤独建造的监狱。

他还没有准备好如何设想他在20世纪70年代的变化，《乔治·杰克逊》《孟加拉》，以及他1974年参加的智利慈善义演，都是孤立事件。我想他还没有失去改良社会的热情，他只是想无拘无束地自由驰骋，一天一天地漂泊在他自己的存在过程中。1975年春，他计划正式发行内容最为丰富的"回顾"专辑，即《地下室录音带》。同样还是那年春天，尽管他一百个不情愿，他还是准备好在广播电台上与玛丽·特拉弗斯对自己的过去做一次访谈。1974年的那场巡演让迪伦重新接触到自己早年的歌曲作品，其中包括含有某种政治情绪的音乐。迪伦认为20世纪70年代需要注入60年代那特有的热情。迪伦用了一个比方来描述60年代："就像飞碟着陆……每个人都听说过，但只有少数人真正看到了。"

1974年巡演之后，更多演出的邀请蜂拥而至。1974年5月，有经纪公司向迪伦和班德乐队开出一天100万美元演出费的担保。在各路演出经理人纷纷欲利用1974年巡演赚钱之时，迪伦不予理会，干脆外出走亲访友去了。某天，他突然出现在旧金山，与保罗·麦卡尼特以及杜比斯乐队成员一同参加了齐克·爱德华兹的婚礼，爱德华兹是当地乐队"苦乐参半（Bittersweet）"鼓手。1974年9月，迪伦重返61号公路，和卢·肯普共同参观了（他歌曲中提到的）北方的乡村，并给自己最大的孩子看了他长大成人的地方，坊间传言说鲍勃在明尼阿波利斯郊外买了一套公寓和其他不动产。

他还参加了一个朋友的音乐会，这个乐队曾经受到他强烈的影响，这就是克罗斯比—思蒂尔斯—纳什与杨（Crosby, Stills, Nash and Young）。思蒂尔斯献歌一首："这是献给鲍勃的。"之后，"CSN与Y乐队"举行了一个小型聚会，迪伦演唱了几首自《路上的血迹》专辑中的歌曲。用克罗斯比的话来说，迪伦1974年的巡演是"乐队"演奏高质量音乐的"破冰者"。迪伦还曾在1972年6月参加了"CSN与Y乐队"在东部的菲尔莫尔的演出。

那年夏天，他甚至直接将那些对自己布鲁斯好友里克·冯·施密特的赞美录制下来。在他的《罂粟》专辑上，迪伦所要表达的要旨用黄色标签注明，部分内容如下：

他的唱片是……邀请加入里克·冯·施密特那快乐、悲伤、刺骨、兴奋、恐惧、暴躁、幸福、启发、拥抱，以及咔嚓咔嚓前行的世界……谁能唱得鸟儿从电线落下，橡胶从轮胎上滑落。他可以让男人从男孩中分开，音符从噪声中分解；缰绳与马鞍分开，母牛与牛群走散。他可以演奏远离月亮的曲调，并解释天空和海洋骚动的原因。是的！他能做到！

在《路上的血迹》推出之时，迪伦又开始和他曾经不予理睬的人交往了，如丹娜·吉莱斯皮（Dana Gillespie）。吉莱斯皮是多诺万带有男爵头衔的女朋友。迪伦曾经嘲笑她唱民歌的水平比水中的滑板还水，但现如今他却坐在纽约的里诺·斯威尼（Reno Sweeney）酒吧听她唱歌，而且贝蒂·米德勒（Bette Midler）和大卫·鲍伊（David Bowie）也都在场。当他把《地下室录音带》准备好于1975年7月正式发布时，哥伦比亚唱片公司也高调宣传（重新接纳）这位归来的浪子。1975年3月，两张《精选专辑》的排名已经进入排行榜的末尾，而后便是快速攀升。大约九年后，《无数金发女郎》得以重新进入专辑排行榜。

1975年，迪伦准备在格林尼治村的街道上闲庭信步，并以此方式度过那年的夏天，为此他又开始不断外出，不断出现在村里的各类音乐现场，（事实上）从1961年到1964年他从未离开过这个现场。他的身影无处不在，以至于《村声》杂志在1975年7月14日的头版头条大肆炒作以下标题："与迪伦共享：麦克督格尔街会再次崛起吗？""杰瑞·莱奇特林（Jerry Leichtling）：你从窗户往外吐口唾沫都有可能砸在迪伦头上。"在7月4日独立日的周末，布里克街上的"另一端"酒吧成了"年度首届民谣节"的现场。由于许多音乐节的常客都不在市内，因而这次民谣节的观众不多。整整一周的时间，有人看到迪伦衣冠不整，穿了件黑色皮革夹克、米色灯芯绒裤子以及一件蓝色条纹的T恤衫在村里到处闲逛。每逢星期一晚上他都会在"底线"酒吧与马迪·沃特斯同台献艺；到了星期四，他又与杰克·艾略特在"另一端"酒吧高歌一曲。6月份，在经过一年的黑暗之后，保罗·科尔比（Paul Colby）重新使得"苦涩的端点"酒吧开张营业。星期六晚上，迪伦携手帕蒂·史密斯、汤姆·魏尔伦、鲍比·纽沃尔什重返“苦涩的端点”酒吧。“杰克与家族珠宝”首先开唱。迪伦在后台却与纽沃尔什锵锵起来，原因是纽沃尔什“擅自”宣布所谓“令人惊喜的伴奏吉他手”即将出场，结果是他“拖着不情愿的吉他手（迪伦）登上了舞台”。在众多天才大咖的陪伴下，迪伦用钢琴弹奏了自己的《破镜是否还能重圆》。当史密斯领唱《天赐恩宠》《俄亥俄州的银行》与《晚安，艾琳》等黑人民歌手“铅肚”的经典曲目之时，迪伦依旧为他做钢琴伴奏。这场演出就如同1961年那时经常举行的民歌会。唯一不同的是听众的口味已经不再单一，摇滚乐极大丰富了民谣的表现方式，反之亦然。

鲍勃是在夜间带着自己的吉他盒，以及一大摞文件和笔记本来的。没想到竟与菲尔·奥克斯和戴维·冯·朗克不期而遇。过去理不清的纠结可能没有被完全遗忘，但迪伦试着去摆脱一下，第二天晚上，迪伦便给艾略特的《美少年弗洛伊德》《蓝调多持久》做了伴唱，纽沃尔什则把迪伦当天下午还在写的一首歌给唱了。[31]按照惯例，最后一首歌曲依然是《这是你的土地》，唱罢他们又结队前往隔壁的“防空洞”酒吧，那里的主题变成了“这杯必是由你来喝”。对史密斯来说，迪伦似乎因为《欲望》专辑的新素材而处于“爆炸”状态。对纽沃尔什来说，迪伦则是个“偷着学艺者，他偷听别人说话、听人唱歌，并察言观色”。据报道，几个（酒吧里的）女粉丝对他投怀送抱，不过他还是很有定力的。

纽沃尔什察觉到迪伦的现场表演并非一时心血来潮，而是要保持进去的势头，并组织一个自己的乐队。其他的音乐家都来壮大这个乐队了：桑迪·布尔、埃里克·卡兹（Eric Kaz）、维恩莱特三世（Wainwright Ⅲ）、米克·罗恩森（Mick Ronson）以及T-布恩·伯内特（T-Bone Burnette）等都纷纷前来。在纽沃尔什的开幕之夜上，迪伦把他的新曲《伊西斯》和《乔伊》

和盘托出，以悦宾客。哥伦比亚唱片公司的一个看上去非常喜庆的人告诉几位嘉宾，迪伦已经去了特伦顿州监狱探望被囚禁的拳击手“飓风”卡特，而且还给他写了一首歌。同时，还是哥伦比亚唱片公司的那位无名氏说，迪伦正在考虑在百老汇演出，可能还有一些电视作品。

所有这一切都使迪伦觉得有必要在一些小型俱乐部做场巡演。这个巡演的建议可能是杰克·艾略特提出的，也许是帕蒂·史密斯提出的，纽沃尔什也有可能。在《人物》杂志11月10日的封面故事中，迪伦告诉吉姆·杰罗姆说（Jim Jerome）：

我不是有意识地追求鲍勃·迪伦的神话，这是上帝给我的，灵感正是我们所寻找的。你必须接受它……过去我是被固化在某一代人中了。现在也是，我仍然被固定在某个区域、某个时间、某个时间段内在宇宙中的位置……我不是那种激进分子，我没有政治倾向。我是为人民，为那些受苦受难的人民而写……写一首歌，词曲创作是会让你发疯的。我的脑子被灌得满满登登，因此我常常会失去很多东西，其中可能就有很多我认为是最好的作品，此外，我身上从不带微型录音机之类的东西，思考是我最好的歌曲……我们必须能够听到那个声音。我通过倾听他人，让别人告诉我该如何生活……我现在只做我对我有利的事情……为我自己。

1975年9月10日：WTTW电视台的全国教育电视制作中心在芝加哥录制一期电视节目，计划于12月13日播出。这个电视节目名为《约翰·哈蒙德的世界》（*The World of John Hammond*）（哈蒙德曾在1972告诉我，他和迪伦的个人关系依然非常好，就在最近他们还一起看了场棒球赛。）在电视台播出（他向迪伦）致敬的那期节目之前，哈蒙德在亨特学院做了一次演讲，他说："我想迪伦改变了我的生活。"作为《声音舞台》（*Soundstage*）第二系列的一部分，录制时长需要一个小时的节目本应晚上9点开始，但是直至凌晨2点迪伦还没有进演播厅，观众人数剧减，只剩下150人了。尽管有四次心脏病发作，哈蒙德看上去气色还不错，很高兴能有这么多的同事和艺术家光临。在他们之间分别是戈达尔德·李伯森（Goddard Lieberson）、班尼·古德曼、杰瑞·维克斯勒（Jerry Wexler）、前贝西伯爵海伦歌手休姆斯（Humes）、福音女王玛丽昂·威廉姆斯（Marion Williams）、索尼·特里——哈蒙德的儿子、爵士明星泰迪·威尔逊、班尼·卡特、乔·琼斯和雷德·诺尔沃（Red Norvo）。

迪伦擦着惺忪的睡眼走上了舞台，给他伴奏的乐队成员有鼓手豪威伊·唯贡（Howie Wyeth）、贝斯伴唱歌手洛勃·司通纳尔（Rob Stoner）和小提琴伴奏斯嘉丽·里维拉（Scarlet Rivera）。迪伦和这个草台班子乐队直接以《飓风》"狂吹"早已疲惫不堪的听众。唱罢《哦，姐妹》与《命运的简单滋味》之后，迪伦重新录制了《飓风》，从而给自己的演唱更增加了点刺激。他怒容满面更是提升歌曲愤怒的主题，在他开始演唱《哦，姐妹》之前，迪伦面对镜头说："我想把这首歌献给某人，今晚此时此刻，她知道我说的是谁。"对于那位名叫埃尔·卢狄丝（Al Rudis）的记者而言，"就在一首歌的演唱时段里，她的血液似乎从精神的伤口中流出。"

之后迪伦匆匆离去，此间的观察者（却）对那位身着长裙、长着深色吉普赛人眼睛、长发飘逸的小提琴手感到着迷。有些人甚至认为她是真正的吉普赛人，而且是在她手提小提琴琴盒、漫步第二大道时被迪伦发现的。几位眼尖的芝加哥人认出她是唐娜·雪亚（Donna Shea），20世纪60年代后期她一直活跃在当地的摇滚舞台上。迪伦后来在纽约发此感慨："约翰·哈蒙德对我有知遇之恩，熬个通宵也是值得的。"

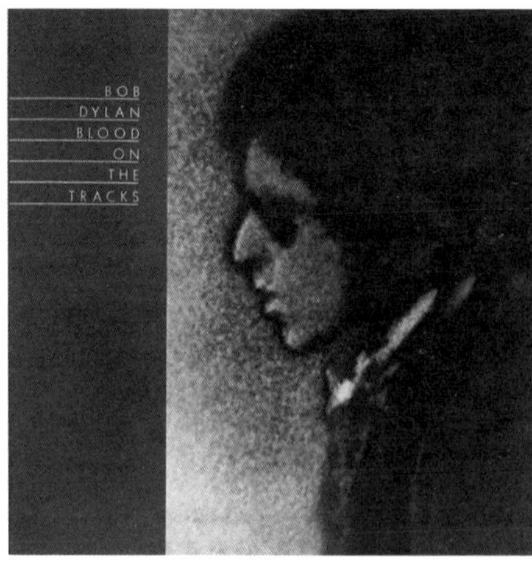
BOB
DYLAN
BLOOD
ON
THE
TRACKS

左上：1971年8月在麦迪逊花园广场为孟加拉难民举办的音乐会上，与乔治·哈里森同台。

左下：1975年，《血的踪迹》专辑封面。

本页：在1973年影片《比利小子》（或译成《帕特·加勒特和强盗比利》）中饰演“艾利亚斯”。

第十三章　滚雷、飓风与暴雨
Thunder, Hurricane, and Hard Rain

好演员与巨星之间的差别在于，好演员暴露自己的一切，巨星则把自己变得更加神秘。

——大卫·里恩，1965

一件作品不是一个系列答案，而是一系列问题……答案无法使人顿悟，但是问题能。

——欧仁·尤内斯库[1]

我不给任何事情下定义，包括美丽、爱国主义。我认为食物有其本真，对于事物的本真不应预设规则。

——迪伦，1976

一成不变的定论具有破坏性……世界上没有一成不变的事情。

——迪伦，1976

上：1975年“滚雷讽刺剧巡演”中告诉我们什么是美。

左：“滚雷讽刺剧巡演”期间，琼·贝兹脸上涂白色油彩与迪伦在一起；迪伦很高兴得知在美国印第安人看来，滚石意味着说实话。

[1] 欧仁·尤内斯库（1909—1994年）：罗马尼亚及法国剧作家，荒诞派戏剧最著名的代表之一。——译者注

在1975年那些酷热难耐的夜晚，一个所谓“与众不同”的巡演计划开始酝酿了。当时迪伦如是说：“我们的关系非常紧密，这把激情之火也烧了将近十年，现在我们想再让它燃烧起来。”纽沃尔什说：“日后人们每晚都会在起居室里观看（我们的巡演）。这是第一次异想天开的巡演，是一部电影，一个封闭的场景。这是摇滚的天堂，也是历史性的巡演。这是流浪杰克多年的梦想——是他教会了我们一切，梦想即将成真。”

此时的迪伦正在录制《欲望》专辑，但是他还继续与格林尼治村里的各路豪杰交往。一天晚上，地点是“另一端”酒吧，他问杰克·艾略特是否愿意和他一起去外地巡演，或曰：“为人民而演唱。”杰克对这位七年不见的小老弟的反应是：“走你！”（然而）说起来容易，巡演是要有周密计划的。首先，迪伦必须先回西部的老家探亲，然后在明尼苏达州露一面，在此之前还要在电视台录节目以向自己的“伯乐制作人”约翰·哈蒙德致意。他带着满脑子不成形的巡演想法回到了纽约，那是一次浪迹东北的巡演，还要用电影摄影机把它拍摄下来。我们不去刻意宣布这次巡演，只让它“自然地发生”。卢·肯普来自德卢斯，人称阿拉斯加的“三文鱼王”，担任本次巡演经理，巴里·伊姆霍夫（Barry Imhoff）与雪莱·芬科尔（Shelly Finkel）担任助理，雅克·列维（Jacques Levy）担任舞台指导。罗伯·斯通尔（Rob Stoner）组织了一个伴奏乐队，成员包括霍华德·怀斯（Howard Wyeth）、路德·里克斯（Luther Rix）、米克·罗恩森（Mick Ronson）、斯嘉丽·里维拉（Scarlet Rivera）、T-布恩·伯内特，以及19岁的曼陀林演奏高手大卫·曼斯菲尔德（David Mansfield）。巡演乐队的主场是迪伦、纽沃尔什、罗尼·布莱克利、罗杰·迈奎恩（Roger McGuinn）、艾略特与贝兹。迪伦亲自给贝兹打电话，问她11月份是否可以参加巡演，她原本也计划做一次自己的巡演，但是迪伦的巡演听起来更具有挑战性。于是她回答说（迪伦的）巡演“是不可拒绝的”，一定要参加。“《钻石和铁锈》。”后来她形容这次巡演的团队是“情同手足的一家人”。

10月的一天上午，20多位音乐家齐聚“另一端”酒吧。还有另外一些人也签名（参加本次巡演）：艾伦·金斯伯格加入了，同辈诗人彼得·奥尔洛夫斯基（Peter Orlovsky）以行李保管员的身份也加入了巡演的行列；此外，大卫·布卢（David Blue）与丹妮丝·梅塞德斯（Denise Mercedes）等人以音乐家、保安、先遣队员以及灯光师的身份加入了“大部队”，这个大部队从一开始的70人急剧增加到多伦多演出时的100人。10月22日，地点还是“另一端”酒吧，大卫·布卢正要结束演唱，迪伦与罗尼·布莱克利——那位漂亮的乡村歌手，表演了一首二重唱，罗尼曾经在《纳什维尔》影片中担任过演员。金斯伯格在迈奎恩的伴奏下也唱了一首。“艾伦，您就是歌王啊！”迪伦告诉他。

第二天晚上，对于麦克·波尔科来说是个不小的惊喜，他当时已经是61岁高龄了。让麦克惊喜的是，四位电影拍摄人员前来民谣城报道，几个人嘴里不停地唠叨着是来拍摄“教育电视节目”的。在迪伦的指引下，摄影师霍华德·阿尔克和梅尔·霍华德（Mel Howard）拍摄了几百小时的胶片素材。当天参加演出的还有菲尔·奥克斯、帕蒂·史密斯、贝兹，“指挥官”科第演唱小组的成员（Commander Cody），包括贝蒂·米德勒与巴兹·林哈特（Buzzy Linhart）等人。下午1点过后不久，迪伦的红色凯迪拉克“埃尔多拉多”缓缓驶入民谣城，鲍勃、肯普与纽沃尔什先后钻进车内。迪伦，“这位当今最伟大的歌星”走上台去。他还带上了贝兹，他们一起合唱“祝你生日快乐”和《醉梦清晨》。（老）麦克笑得合不拢嘴，他对此早已期盼已久了。

这是为“滚雷讽刺剧巡演”做的一次彩排，歌手们三三两两地轮流登上民谣城的小舞台演唱。几个小时以后，菲尔·奥克斯唱了几首自己的作品，有些是传统曲目，再有就是《放下你疲倦的曲调》（*Lay Down Your Weary Tune*）。坐在迪伦身边的几位站着，目瞪口呆地凝视着（奥克斯）。迪伦在他唱完后夸奖了他几句。（1976年4月9日，35岁的奥克斯自杀身亡，有人说他被排出“滚雷讽刺剧巡演”也是众多将其击垮的重要事件之一，最终他走投无路选择自尽了却一生。奥克斯落选的主要原因是酗酒和他的喜怒无常。他的好友、悼词致送者艾德·桑德斯（Ed Sanders）曾经把奥克斯的自尽描述为“最后一团烈火”的熄灭，这团烈火曾经穷极一生反抗“酒精、绝望与疯狂的情绪波动的暴政”。）

也是在那一周，迪伦再次前往哥伦比亚唱片公司录音棚，重新录制歌曲《飓风》。他告诉哥伦比亚唱片公司的两位高管，他希望该单曲能尽快发行上市。录音结束后，制作人唐·德韦托（Don DeVito）如此评价迪伦：“他真是太不靠谱了。”那一周，巡演团的全部成员在曼哈顿中城的格拉梅西公园酒店（Gramercy Park Hotel）集中，周末在附近的演播厅进行了十分密集的排练。尽管两位先遣人员租下了麻省的普利茅斯纪念礼堂，但是据说该市的两位神职人员还是请求贝兹不要在舞台上发表任何政治声明。10月27日，巡演团全部成员分乘三辆大巴和几辆小轿车出发，大多数歌手都坐在一辆外号叫作“酷狗”的大巴上。几个小时之后，他们便到达了位于麻省诺斯斐尔茅思的海滨酒店——西克雷斯特酒店（Seacrest Hotel），随后的排练持续了几天。当天晚上，迪伦在酒店的餐厅里开唱，金斯伯格朗诵了自己的《卡迪什》。

普利茅斯是清教朝圣者们第一次登陆美洲的地点，巡演团的演出似乎是庆祝他们登陆两百年的姿态，最终导致那个巨大的玩笑：“就把这最新的音乐叫作普利茅斯摇滚吧。”此外，那天又是鬼节，所以人们戴了面具还有游戏可玩。摄影机开机后，游戏又变成了电影。戏言则变成了流畅的摇滚段子。艾略特曾经在普利茅斯那艘叫“五月花号”的复制品船上打过工，担任船上的索具工。这次杰克爬到后桅杆的顶端并朝下大声吼道：“喂！……”他朝下边的迪伦和金斯伯格挥手致意。艾伦正式宣布：“我们再次开启了重新占领美洲的历程。”

为什么叫滚雷呢？迪伦说他不过仰望天空，“并听到一阵滚雷发出的隆隆声，紧接着滚滚雷声自西向东隆隆而去。我想就叫他滚雷算了”。当有人告诉他对于美洲印第安人来说滚雷意味着说真话时，他看上去显得非常高兴。途中，一位北美切罗基族（Cherokee）的神医加入了巡演剧团。在普罗维登斯（Providence），他还同台演出，在音乐的伴奏下有节奏地拍打一片羽毛。11月5号，在纽波特的海滩上，“滚雷医生”在火堆旁为大家制作了一些好药。他要求每个人都额外做些私人祈祷，金斯伯格的祈祷如下：“感谢那些把我们聚集在一起的人，并铭记那些已经离我们而去的亲人。”艾略特：“啊！为了那些生于此的灵魂拓展到巡演路上我们遇见的每一个人。”迪伦据说一直不停地说：“我为不久能够实现大家同心同德而祈祷。”

肯普的先遣人员以惊人的速度在预留各种演出场所，通常情况下快得就连歌手们都不知道演出的下一站是什么。韩德比尔斯（Handbills）独自一人就可以把巡演的故事讲完。“滚雷讽刺剧巡演”秋天部分的演出行程表包括以下内容：10月30、31日，普利茅斯纪念礼堂；11月1日，东南麻省大学，诺斯达特茅斯；罗维尔（麻省）技术大学；4日，两场演出：普罗维登斯民政中心；6日，两场演出，斯普林菲尔德民政中心；8日，佛蒙特大学，伯灵顿；9日，新罕布什尔大学，达拉谟；11日，瓦尔特贝利（康涅狄格州）宫廷大剧院；13日，两场演出，纽黑文老兵纪念体育场；15日，两场演出，尼亚加拉大瀑布会展中心；17日，两场演出，罗切斯特战争纪念体育场；19日，沃尔塞斯特（麻省）民政中心；20日，哈佛广场剧院，剑桥。下午和晚场的演出都定在11月21日，地点是在波士顿音乐大厅。而后是晚场音乐会：22日，布兰迪斯大学；24日，哈特福德民政中心体育场；26日，奥古斯塔（缅因州）民政中心；27日，班果尔（缅因州）市政礼堂；29日，魁北克体育场；12月1、2日，多伦多枫叶花园；4日，蒙特利尔论坛礼堂；7日，克林顿（新泽西）州立监狱，麦迪逊广场花园体育馆，纽约，“飓风之夜第一场”。

台上台下的迪伦很少看上去如此和蔼可亲，他常常独自一人躲进一间用季拂·“洗衣店（Keef Laundry）”命名的房间，这个房间从不对外人开放。而且有了像贝兹、纽沃尔什和金斯伯格等“侃爷”作后盾，迪伦可以免除很多繁重的采访任务。吉姆·杰罗姆（Jim Jerome）在《科利姆》（*Creem*）杂志中曾经引用迪伦的话，如下：

以前我的生活一直非常简单，主要是与因昂哥们儿闲混并谢谢歌词。我总是找个地方写作……有好长一段时间我试着甩掉鲍勃·迪伦迷思给我造成的负担，因为那真是个负担。你去问问大家究竟谁是明星，当了明星肯定会得到不少好处，拥有很多优势，但是你可能会想："狗屁，我就是我，你就是你，我们都一样，谁比谁高到哪去了吗？我们自己的内心所有，要什么有什么。"

贝兹发现迪伦比过去10年更加容易相处了。歌手迈克·龙森（Mike Ronson）说："他是个超人，来自不同的宇宙。"史蒂夫·索尔斯（Steve Soles）说："迪伦通灵，他能把我的梦说出来。"巡演团的一个成员说："他在舞台上的表情，似乎能分成五个不同的层次，各自表达不同的情感……他非常谦虚，不摆架子，他和歌手之间有很多接触，以前从没见过他这样平易近人。"

喜欢夸大其词的艾伦·金斯伯格喋喋不休地说着，《滚石》杂志的纳特·亨托夫与吉姆·杰罗姆，以及《新时代杂志》的彼得·乔卡（Peter Chowka）也有一段悲情的对话：

我有很多年没见过迪伦了，他凌晨4点钟就把我叫醒了，说："你在写什么呢？在电话里唱给我听听……好吧，咱们上路吧。"……"滚雷讽刺剧巡演"发出的是一个强烈的信号，明确表明了文化界的艺术家们的所作所为，他们即将引导20世纪70年代美国的精神走向……也可以算是对某种预言的一厢情愿……第一个指向社区主义的姿态……（演出过程中）他把母亲也带上了……那个“神秘的”迪伦竟然还有一位充满心灵鸡汤、讲意第绪语的老妈妈，她还在我们巡演（多伦多）的时候站上了舞台。……萨拉和孩子们也来助威，萨拉和琼·贝兹见了面，并在影片中联袂主演献艺，贝兹也把母亲和儿子带来探班（作者注：她只有一个儿子，名叫加布里埃尔·哈里斯）。杰克·艾略特也带女儿来了，因此演出现场有众多亲友团助阵……迪伦正在探索自己的王国，他的气场强大，凭借其巨大的人格魅力独自一人撑起了自己伟岸的形象，并不断拆解并重建那些变幻不定的高大形象。对于年轻的一代来说，这可是立竿见影的成长教育模式，这也意味着他有能力重新书写美国的神话。他所经历的一切，包括与自己的纷争，都已成了金不换的宝贵人生经历。他更像一个真正的公民，在美国200多年的历史长河中，能够成为一名笔耕不辍的公民具有非凡的政治意义……在我亲身的经历中很少能有类似的感人时刻：那是感知历史心跳的激动时刻。

从7月4号的周末一直到滚石巡演的春季演出时段，我们在迪伦的身上看到了巨大的变化。在舞台上，他表现出无限的灵活性。他像一个摇摆的十字架，既是一个20世纪70年代的摇滚歌手，也是一个驱动他的队员勇往直前的足球教练，一个变化当中的歌手不惧改变对世界的阐述，改变词曲写作的风格，甚至改变自己的舞台台风与自己的扮相。迪伦在自己的脸上涂上白色，佩戴五颜六色的围巾和不同款式的帽子，他把它叫作“即兴喜剧”。在普利茅斯的首次演出中，伴唱乐队队员所戴的面具使人联想到16世纪意大利的戏剧形式，其中标准角色的即兴表演自由度非常之大。那些稍具历史眼光的人认为他们看到的迪伦新面孔正是戏剧摇滚（Theatrical rock），在此之后的波伊（Bowie）与彼得·盖布瑞尔都曾尝试过。（据迪伦说，他化妆是为了帮助坐在远处的观众看清自己的脸。）作为一个具有探索精神的人，迪伦大胆创新，不断在演出中拆解自己的歌曲。

尽管如此，有乐评人还是对他的创新颇有微词。当巡演进入较大演出场地的时候，有观众当场责骂迪伦，说他“出卖”了他们。此外，原来设想的小型演出在演员人数增加、拍摄费用增加的情况下早已是形势比人强了。据估计：“‘滚雷讽刺剧巡演’的前13场演出吸引了8.3万多名观众，售票总收入为64万美元。”于是那个“见钱眼开”的《综艺》杂志（刊文）问道：“迪伦对赚钱感兴趣吗？”迪伦则反唇相讥：“我得给70个人发工资，那是70个人的团队，我们打算在我们能够找到的任何场地演出，这每样都是要付费的，因为我们不是在别人家里给人随便唱个堂会，更不是夜总会（的廉价）演出。”贝兹则更是不客气：“呵呵，让他们滚犊子算了！”

此次巡演的大部分工作都是临时决定的，其中包括演出安排、演唱中的即兴表演，以及临时客串人选等。咪咪·贝兹（Mimi Baez）来了，她曾经激烈地批评迪伦的以色列犹太复国主义倾向；米切尔两次参加纽黑文的演出，并在后来的演出中再次登台；阿尔洛·伽思礼来了斯普林菲尔德；大卫·布卢（David Blue）、戈登·赖特福特（Gordon Lightfoot）和罗比·罗伯逊等多位老朋友都来捧场。罗贝塔·弗莱克（Roberta Flack）当时还在监狱服刑，但是也参加了纽约的音乐会。琼说她从未见过这样高昂的斗志。即使是在劳累的表演之后，演员们还会在大巴车上唱个不停。琼说：“我们唱啊、唱啊、笑啊，一直笑到我们背过气去。对我们来说，我们为15或1.5万人演唱都已经没什么区别了。”舞台上，歌手们将爱与亲吻，再加上精彩的曲目献给“飓风”卡特、凯鲁亚克、萨姆·佩金法（Sam Peckinpah）、格特鲁德·斯坦（Gertrude Stein）。琼在与《滚石》杂志的纳特·亨托夫的采访中说：

大家感觉非常好，因为每个人在舞台上都有自己的位置……鲍勃对许多人的影响巨大……我也不例外，他的歌曲给我的影响非同寻常……他的出现更是如此。除了穆罕默德·阿里（Muhammad Ali）、马龙·白兰度、史迪威·旺德（Stevie Wonder）以外，我从没见过有谁具有如此强大的气场。每当鲍勃走进房间，大家的眼光都会不约而同地投向他。即使他不在场，也会有寻找他的目光……我以前对他太苛刻……我甚至不指望鲍勃能再领导我的事业。我知道他并非是那种激进分子，但是这并不意味着他不关心普罗大众。

舞台上，贝兹与迪伦再次激情献唱，二人组合有时也会含情脉脉，有人觉得他们是否旧情复燃。迪伦甚至还请她演唱《钻石与铁锈》，虽然（半开玩笑地）她不承认那首歌是关于他的。《哦，兄弟》表明她也学会了迪伦拐弯抹角式的表达方式。琼后来告诉《人物》周刊的记者：“迪伦一直是我生命中重要的一部分，将来也是。但是对于双方来说，不同时期的我们也是话不投机。鲍勃也是如此。”秋季巡演阶段最令人唏嘘的一幕被永久地留在电影胶片上了。麻省的洛威尔：杰克·凯鲁亚克的墓前，迪伦和金斯伯格即兴拍摄了一个场景，艾伦在翻阅凯鲁亚克的《墨西哥城布鲁斯》。迪伦告诉他，他第一次阅读那本小说是在明尼阿波利斯的时候。在墓碑旁，迪伦要么用风琴，要么用吉他为艾伦的即兴布鲁斯演唱伴奏。金斯伯格：

凯鲁亚克描述了一个巨大的耶稣基督雕像。迪伦站了起来，走近……那座雕像……然后他便开始朗诵那段滑稽的独白，询问十字架上的那个人："您在高处感觉如何？"……大家都把迪伦看作基督一样的圣人，但是他不想被钉在十字架上。在某种程度上，他太聪明了……迪伦几乎是在嘲笑，就像一个善良的犹太人故意违反（犹太教祭司）拉比的智慧，坚称自己就是那个救世主（弥赛亚），而且还被众人拥戴。迪伦……说："在那种情况下，你能为别人做点什么呢？"我想他引用了耶稣基督的话，"让小孩子去受苦受难"，而我引用《永远年轻》的部分歌词，那是迪伦最惯用、对耶稣基督最美国化的释义，即"己所不欲，勿施于人"。

于是，便产生了这样一个辉煌但是滑稽的情况：迪伦……不得不面对这个真人大小的基督雕像，并允许自己与基督拍照。这就像迪伦幽默地玩弄自己那可怕的、编造神话的潜力，无所畏惧，直面它，并试图理智地应付它。那似乎就是此次巡回演出的特点了：迪伦愿意承担强加于他的神话负担，或他自己创造的负担，或者是创造有关自己和美国民族的神话，并把此次演出作为一种有效的神话制造途径。正如邱阳创巴[1]大师所说：让他发生质变。

[1] 邱阳创巴（Chogyam Trungpa）：将藏传佛教传至西方的先驱者，曾经成立香巴拉中心，其总部设在美国科罗拉多州，在世界各地拥有分支机构。——译者注

所谓质变就是把迪伦比作古代的炼金术士，10多年来这个说法一直挥之不去。炼金术是一种不为常人所知的秘密甚至是对科学的亵渎。荣格曾经提出把这个一度被人嘲笑的现象叫作现代科学产生之前的“封建迷信”。炼金术士不是简单地试图将贱金属变成黄金，而是着眼于物质的完善以及“人在履行上帝的法律”。根据安东尼·斯托尔（Anthony Storr）的记载，荣格：

把炼金术视为炼金术士自身内在与心理发展的过程，同时也是化学变化和人格内在的新复合型变化……荣格认为（炼金术）是一个庞大的罗夏测试……即实验者心理发展过程的投射。作为炼金术士，荣格和他的病人之间的关系以追求精神进步为纽带，以寻求整合与个性化为己任。[1]

炼金术也是诗歌过程的隐喻。巴尔扎克曾在《人间喜剧》中写道：

用点金的神丹点化普通金属以生产黄金是他们的出发点，但是……他们正在寻找更加神奇的药物，他们想找到基本分子，他们一开始就是在寻找运动。

华莱士·法尔利（Wallace Fowlie）在讨论马拉美的时候说：

诗人所做的一切非常接近创造神奇。在那无尽的黑暗中，他以隐晦的言辞召唤一个沉默的物体……接下来发生的是真正的魔术。由于那些字母的魅力……字词开始发光，直到他们唤起的幻觉与他们在物质世界中看到的一切变得相似……诗人的职业，相当于古代从事炼金的术士，主要是测量或找到点金术……只有魔术师和炼金术士会运用公式并可以找到可以使人“长生不死”的金丹术。[2]

炼金术一词可追溯到诺亚的儿子，而中世纪的炼金术士甚至认为诺亚方舟是最早的实验室。诗人兰波的《文字炼金术》那篇作品节选自《地狱一季》（*A Season in Hell*），使得这一神话的周期保持完整：

我梦想着十字军东征，没有被记载的发现之旅，没有历史的共和国，未加渲染的宗教战争，风土人情的革命，种族和大陆的漂移：我相信各种巫术……我把沉默与夜晚娓娓道来。我记录了言词难以表述的内容，我描述了疯狂……诗意的守旧极大地阻碍了我的文字炼金术。我变得越来越习惯于纯粹的幻觉：我真切地看到一座清真寺而不是一座工厂，一队鼓手由天使组成，车在天空中的公路上奔驰，一个建在湖底的美发厅客厅，还有怪物与奥秘。一个杂耍的标题使我联想到恐怖。然后用词语的幻觉解释了我那神奇的诡辩！最后，我把头脑中的混乱视为神圣。[3]

“滚雷讽刺剧巡演”位于法尔茅斯之外的实验室，两位诗人在即兴拍摄另外一个场景：艾伦扮演皇帝和迪伦扮演炼金术士。金斯伯格：“我走进餐厅，说：‘我是皇帝，今天早上刚刚醒来，发现我继承了一个帝国，但是它破产了。我听街对面的药剂师说你是炼金术士，因此需要你帮忙算算帝国的因缘命运问题……我刚刚派人去印度订购了一船泪水，但是看起来不太管用。能请你帮个忙吗？你有什么灵丹妙药帮助我点石成金，把这个问题解决了？’迪伦则矢口否认自己是炼丹术士。‘我没法帮你，你为什么来找我呀？’”

艾伦坚持认为迪伦是知晓秘密的炼金术士。迪伦让服务员给他拿来饼干、番茄酱、盐、胡椒粉、糖、牛奶、咖啡、酸奶和苹果派，并把它们全部倒入一个大铝锅中。艾伦把自己的电话卡放下——那是一片秋天的叶子，“就像迪伦在墓地里捡到的那一片叶子，那片叶子贯穿影片中的许多场景，就像凯鲁亚克的作品中赋予它的含义：万物无常、辛酸苦辣、遗憾悲伤、承认变化以及死亡。于是我把卡片似的树叶扔到那个大铝锅中，迪伦则往锅里扔了一张纸板，然后他把那片叶子从锅里捞出来，所有的一切都沾满了泥泞，接着他竟把这一锅乱七八糟的东西倒在我的笔记本上，那上边记载了他炼金术的（混合）配方。然后我说：‘哦，我明白你炼金术的秘密了：普通的物件。’‘是的，’迪伦说，‘平常心。’”1976年4月，金斯伯格与《新时代杂志》的彼得·仇卡（Peter Chowka）做了一个长时间的采访，他谈到了三种存在的标示：改变、受苦和无我。

我不认识他，因为我不认为他是存在的，更不认为他有自我！是的，他变幻莫测，据说他美轮美奂，如同如来佛祖那样……我问他是否在路途中其乐无穷，他说：“乐趣，乐趣，何为乐趣？我从不触及乐趣。”……接着他又解释说他曾历经磨难，但却乐在其中，并进而发现苦乐之中似乎还有微妙之关联。

1975年11月1日，一次谈话过后，艾伦竟“歌”兴大发，当场创作歌曲一首，发表于《第一首布鲁斯》上。在《放下你的大山，放下你的上帝》中，金斯伯格称迪伦为炼金术士，他讲述了迪伦“与神的心灵对话”，并引用迪伦的经典名句：“任何忙于好大喜功、费力不讨好之人都不能回答我的问题，所以我就是道士下山了。”

在下面的山谷里，“滚雷讽刺剧巡演”势头正旺。《村声》杂志的杰利·莱特林（Jerry Leichtling）对在普利茅斯开幕的演唱会曾经做过以下报道：“这是我看过的最伟大的演唱会……这次巡演是迪伦的大师之作。”粉丝、媒体以及观众称之为“吟游诗人的表演”“医学节目”“神奇的神秘之旅”“一个浮动的音乐废话游戏”。有些人想到了乔·考科尔（Joe Cocker）的《疯狗与英国佬之旅》（*Mad Dogs and Englishmen Tour*），而其他人则认为这是一个移动的电子民歌会。有人还听到了肯·凯西兴奋剂实验的回响。金斯伯格告诉纳特·亨托夫，“迪伦解开了他所有的谜团”，但亨托夫却不那么认为：“如果他有什么癖好的话，那只是为了生存……而生存方式的一部分则是把他的一些秘密掩藏好。”乔恩·兰多在1976年1月15日《滚石》杂志上写道：

从制造神话的角度来看，这是个会产生令人惊讶效果的做法……这个人巡演次数不多……拒不公开自己的行程，也不发专辑，不见记者，顽强地抵御那些敌视他的街头小报——却收获了非凡的赞誉和媒体的关注。这位摇滚明星懂得造神在艺术创作和唤起对艺术家关注的重要性。

迪伦带着他的巡演团来到正统民歌爱好者曾经对他发出嘘声的演出大厅。《伍斯特公报》这样写道：“他不能出丝毫差错，为此他可能要连续两个小时站在舞台上调试吉他，背诵儿歌，观众们会喜欢他排练的每一个细节。”在前排就座的约瑟夫·P.肯尼迪（Joseph P Kennedy）是已故司法部长罗伯特·肯尼迪（Robert Kennedy）的儿子。迪伦（对他）说道：“这首歌叫《飓风》，如果你还有足够的政治影响力，也许你可以帮我们把这个人从监狱里救出来。”在斯普林菲尔德，他也曾这样介绍过这首歌曲：“听说马萨诸塞州是唯一没有投票给尼克松的州。是真的吗？”听众欢呼表示赞同，鲍勃回答说：“好吧，我们也没投他的票。”《时代》杂志的约翰·洛克威尔对普利茅斯观众长达10分钟的起立欢呼致谢感到惊讶。洛克威尔认为“滚雷讽刺剧巡演”是迪伦全部音乐影响的集大成者，如果再加上“政治和民谣的二合一，便可融汇到一个更高层次、更个性化的顶峰……滚雷讽刺剧巡演……是迪伦对这个国家百年大庆的献礼，也是对这个国家立国精神的致谢”。

“滚雷讽刺剧巡演”制订了一个令人精疲力竭的演出日程，每场演出至少长达三个半小时。第一次多伦多的演出时间竟延长了一个多小时。在蒙特利尔论坛大厅的演出，有两万多观众到场。《蒙特利尔明星报》认为：“不过，迪伦并没有放弃巡演的一个重要理念，那就是与观众保持亲密接触的重要性。”尽管有巡演经理人和技术人员抱怨，但是贝兹试图在巡演团队内部实行更大的民主，以便让大家有更多的发言权。此外，媒体和安保方面也颇有微词，因为只有肯·里根（Ken Regan）的5号摄影机和迪伦的电影拍摄剧组才有“独家摄影权”。

持票入场的观众对搜身等安保措施表示相当的不满，《尼亚加拉公报》将其称为“一个由打手组成的保安队”。在尼亚加拉会议中心发生事故后，当地副警察局长承认“滚雷讽刺剧巡演”的某些保安人员“动作生猛，完全没有必要”，但是他们并没违法。保罗·科尔比（Paul Colby）在接受《现代高保真与音乐》杂志的托比·戈德斯坦的采访中说：“昨晚迪伦在‘另一端’酒吧的后房演出，当时他说自己非常想登台演唱，他甚至想得神魂颠倒了。但是……他怕观众带录音机入场……的确有个家伙一个人同时带了两台录音机入场，我把整整一杯葡萄酒都倒在他脸上，然后直接把他轰出去了……（观众私录现场）也是迪伦不经常举办现场演出的原因之一……他已经对观众不信任了。”11月16日，在布法罗（Buffalo）北部的塔斯卡罗拉的印第安人保留区（Tuscarora Indian Reservation），部落酋长阿诺德·惠维特（Arnold Hewitt）接到了一个电话，滚雷巡演团能来拜访（您）吗？没有话筒，没有扬声器，巡演团的音乐家，包括乔尼·米切尔（Joni Mitchell）和埃里克·安德森（Eric Andersen），出现在印第安人的社区内。巡演团成员和印第安人之间互通有无，你方唱罢我登台，双方交流甚至出现若干小高潮。塔斯卡罗拉印第安人在鼓点的伴奏下唱起了传统歌曲并跳起了自己的舞蹈。而当迪伦开唱后，几个年轻印第安儿童则在社区住宅周围玩起了捉迷藏的游戏。然后，滚雷巡演团成员在主人的招待下饱餐玉米汤、玉米面包和鹿肉。

所有这一切都被拍摄了下来，包括五场完整的演唱会和各种即兴场景。金斯伯格认为这次巡演是对20世纪60年代的重新肯定，他还认为这部影片和巡演拥有一个主线，即“尊重母亲女神、永恒的女人、地球女人等原则”。迪伦告诉他说，电影的主线非常简单，就是所谓“真、善、美”。当滚雷巡演团成员齐声演唱《这是你的土地》的时候，这些起步于普利茅斯摇滚音乐会的朝圣者们马上面临着另一座高峰，那便是麦迪逊广场花园。

飓风开始了

鲁宾·卡特的绰号“飓风”是如何融入迪伦的词汇表的呢？1963年他写道：

啊，那时刻即将来临
那时狂风即将停止
微风将停止呼吸
如同风中的寂静
在飓风开始之前
正是那航船驶入港湾之时。[4]

1975年12月7日的那个星期日，200个男女囚犯中每一位听过迪伦和滚雷巡演团演唱的成员，都在等待某个大船驶进他们生命的港湾。这些囚犯在位于克林顿、戒备森严的新泽西州立监狱倾听金斯伯格唱诗，听乔尼·米切尔、罗贝塔·弗莱克（Roberta Flack）和迪伦的演唱。

犯人听众中有一位是前中量级拳击手，他因为被指控谋杀三人被判处终身监禁，当时正在新泽西的佩特森（Paterson）监狱服刑，自1966年开始，已经服刑九年了。事情的缘起是1966年6月17日清晨，两名黑人男子持枪抢劫了一个白人工人常去的酒吧，造成一死（酒保中枪殒命）两伤（三位顾客中的两位）的惨剧。一位目击者描述了作案人逃走使用的汽车，不久警察在一辆相似的轿车中发现了卡特与约翰·阿尔提斯（John Artis）。四个月后，两个毛头小贼，阿尔弗雷德·贝娄（Alfred Bello）和阿瑟·布雷得利（Arthur Bradley）作证说（当天晚上）他们曾经看到卡特和阿尔提斯从酒吧里跑出来，结果卡特和阿尔提斯被指控谋杀。1974年，一位新泽西的调查员和一名《纽约时报》的记者听说那两个白人毛贼承认自己做了伪证，称撒谎陷害那两个黑人是因为警察愿意帮忙打赢几场不利于他们的官司。

长期以来，鲁宾·卡特一直坚持说他和他的朋友是被诬陷的，而且越来越多的人相信他。1975夏天，卡特曾把他的自传《第十六轮》（*The Sixteenth Round*）寄给迪伦。鲍勃的反应："我意识到'飓风'和我拥有同一个精神故乡，他人很聪明，是我见过的最诚实的人之一。无论从哪个方面看他都是个完美的公民。我爱他如亲兄弟，（让他坐牢）是不公平的。他必须无罪释放，今天就放。"

《飓风》的歌词是迪伦与雅克·莱韦（Jacques Levy）合作完成的，词曲创作结束后，拳击手卡特声称："话语是人类迄今为止最强大的药物。鲍勃·迪伦来监狱探视我，我和他一见如故：他是为了生命而活着的人，不是为了死亡而死去的人。"在卡特身上，迪伦发现了一个新的抗议焦点，他将继续参与为受害者和局外人伸张正义的斗争，特别是反对白人赐予黑人的所谓"正义"。迪伦："我从见到他的那一刻开始就没有怀疑过他，他绝不是杀人的凶手。”《飓风》是迪伦对美国司法制度的尖锐批评：

一个人的生命如何
掌握于如此愚蠢的一帮人手中
看到他被明目张胆地陷害
心有余而力不足，让我为生于此国度感到羞耻
正义不过是一场游戏罢了

那些流氓混蛋依然衣冠楚楚
喝着马蒂尼看着落日
而鲁宾在10英尺的监牢中像菩萨一样面壁
一个无辜之人却生活在人间地狱[5]

在很大程度上，“飓风信托基金会”的成立依靠的是广告经理人乔治·洛伊丝的热情，它很快吸引了众多名人的支持。虽然迪伦的名字从未出现在基金会的官方信笺上，但是他用自己的歌曲与两次参加义演为卡特—阿尔提斯的上诉提供了巨大的支持。洛伊丝原本计划在“滚雷讽刺剧巡演”的纽黑文一站寻求迪伦的帮助。他们计划在麦迪逊花园广场举行一场义演，义演将有多位黑人大咖明星前来为迪伦助阵，但是当明星出场演出出现问题时，迪伦告诉洛伊丝：“见鬼去吧！我会动员‘滚雷讽刺剧巡演’的全部歌手来演出！”

监狱演唱会结束的第二天晚上，“飓风之夜演唱会第一场”在麦迪逊

花园广场举行，参加义演的名人与观众席上的观众不相上下。首先是由纽沃尔什、布莱克利、乔尼以及“滚雷讽刺剧巡演”乐队演唱一个小时，在后面的20分钟里为“飓风请愿”的事业得以光大，重量级拳王穆罕默德·阿里（Muhammad Ali）告诉大部分由白人构成的观众：“在座的诸位，你们有理由、有勇气来保护一个生命。”“飓风”卡特一边通过电话收听演唱会，一边说：“我打心眼里感谢你们。我非常爱你们大家。”阿里以他惯用的假动作和组合拳夸耀地说：“我知道你们来这里是为了看我，因为鲍勃·迪伦的名气没有那么大。”《纽约时报》的约翰·洛克威尔说：“‘飓风’卡特的人希望把事情搞大，越多媒体曝光越好，而迪伦这边的人则是显得有点儿神神秘秘，这种秘而不宣其实也是受到歌手本人的启发，在双方之间引起了一些不寻常的冲突……媒体经常受到一方的断然拒绝，而另一方却还能给他提供不小的鼓励和帮助。”

在随后四个多小时的演出中，罗贝塔·弗莱克、李奇·黑文思（Richie Havens）、乔尼与琼、滚雷巡演团的其他成员和迪伦纷纷登台献唱。即使是一贯对迪伦不感冒的《纽约客》杂志的尼克·科恩（Nik Cohn）也印象深刻地说：“迪伦……脸上白妆……一副流浪的小丑模样……10年来，我从来没有见过他如此投入，完全没有诗意盎然般的矫情……他的嗓音刺耳，他在怒吼，他在燃烧。”即使是在乐器伴奏间歇期间，“他还要在舞台上翻转腾挪、跺脚摇摆，仿佛一瞬间的沉默或安静都会让他灰飞烟灭了”。尽管演唱的是迪伦歌曲的压缩版，甚至连一句脏话都被删除了，也还是给（评论家）留下了深刻的印象。《旧金山纪事报》：“是本年度最令人信服的艺术表现之一……将成为迪伦最伟大作品的一部分。”《洛杉矶时报》报道说，迪伦“重新点燃了他投入（乐坛）的激情并使他有了目的性……重新回归到歌坛领头羊的地位”。

在迪伦等人歌曲的鼓噪下，司法体系也加快了（给“飓风”平反的程序）。11月6日，新泽西最高法院宣布将审查（卡特的）上诉。一个月后，卡特和阿尔提斯撤回赦免申请，寻求法院给予“完全平反”并在新的审判中请求行政赦免。1976年1月12日，新泽西最高法院审理了上诉的请求，3月法院一致否决了（对“飓风”）的有罪判决，认为公平审判“受到了极大的破坏”，原因是公诉方为支持两名主要证人（证词）的可靠性，未能公布证据。卡特和艺术家被当庭释放并取保候审。

同时，为举行“飓风之夜第二场演唱会”的计划也在实施中。起初计划12月在新奥尔良的超级拱顶体育场（Superfome）举办，后又改至1976年1月25日在休斯敦的天体观测窗（Houston Astrodome）体育场举办，可谓当时全美最大的一场摇滚公益演唱会，迪伦的滚雷巡演团阵容空前强大，史蒂威·旺德（Stevie Wonder）、史蒂芬·思狄尔斯（Stephen Stills）、林戈·斯塔尔（Ringo Starr）、约翰博士（Dr. John）、桑塔纳、肖恩·菲利普斯（Shawn Phillips）、埃塞克·海斯（Isaac Hayes）等众多大咖纷纷加盟。然而，由于推广活动遭遇幕后黑手干扰，原本应该是一场超级演唱会却遭遇令人费解的票房惨败，主办方预计有6万人到场，结果却只有3万人。

接下来营救“飓风”的努力开始出现反水。就在1976年的圣诞节之前，新近加入陪审团的各位陪审员花费近一个月的时间倾听了近76人的证词，结果是卡特和阿尔提斯被重新定为有罪。贝洛撤回了他的供词，几个月前大家（对有利于二人判决的）的高预期似乎也无法实现了。两名前被告目击者也证实卡特开枪时他们并不在场。《时代》杂志1977年1月3日报道：“法官允许州法院支持这一结论，即为了报复黑人酒馆老板六小时前被谋杀，卡特与阿尔提斯枪杀了三位白人，而那位黑人的继子是卡特的朋友。”对此，被告团队新聘用的辩护律师在反驳中说，这样的策略完全是“实施种族恐怖，因为它利用的是我们内心中最卑鄙、最肮脏的部分”。1976年12月21日，卡特和阿尔提斯被重新羁押收监。1977年2月9日，卡特受到两罪并罚、终身监禁合并执行；同样，阿尔提斯三罪并罚，被判终身监禁，合并执行。

对此，“飓风基金会”将自己口号内容扩大为“为所有人的自由，永远”，尽管基金会领导层的人员在不断变化，但是迪伦的那歌曲继续发挥着广泛的作用，并上升到排行榜的前40名。这首歌曲中被提及姓名的目击者帕蒂·瓦伦缇娜（Patty Valentine）为此对迪伦、莱维、哥伦比亚唱片公司以及华纳兄弟出版公司提起了诉讼，指控他们侵犯她的隐私并置她于“不利的处境”，诉讼提出的条件是“公正公平地分享”这首歌曲的全部销售盈利。与通常的情况一样，一个目的明确的高尚事业却演变成一桩各方利益相互博弈的法律诉讼案件，为《飓风》创作提供灵感的旋律和社会顽疾依然挥之不去。即使卡特与阿尔提斯通过上诉可以为自己赢得自由，即“直到他们可以平反昭雪/抗争就不会结束/给他点时间他就会大获全胜”[6]。

1985年11月，飓风“卡特”从拉威州立监狱交保释放。联邦法官李·萨罗金（Lee Sarokin）以检察官“严重违反宪法”为由，宣布了1976年的定罪判决是“诉诸种族主义而不是理性主义，隐瞒真相而不是披露事实”。但是，卡特19年的牢狱之灾并未因此而宣告结束，因为检方也许还要对他进行第三次审判。

白色女神与欲望

迪伦词典中的另一个常用词是欲望，早在1964年他就开始使用这个词了。在他的第11个《简要墓志铭》中，他宣布，风暴过后，苍穹之下的“变革在所难免”，因而他会张开双臂欢迎《欲望》的到来：

（风暴）过后欲望即将
回归
在它的羽翼之下
一到回归
绝不惧怕
不忘初衷
它将为我指引航向
绝不轻言堕落。
……[7]

专辑名为《欲望》，于1976年1月推出。《欲望》关注的音乐主题是中性的，把传奇主题与当代现实意义进行了巧妙的嫁接。起初，从表面意义来看，我觉得它给我的印象是冗长的，甚至是粗浅的，但是《欲望》被证明是活生生的、深刻的，是迪伦“三部曲”中的集大成者。在某些方面，这张专辑是（迪伦）真正的自画像。于是，我开始执拗地寻找那些可以带我穿行于荒野和未知家园以及梦想的线索与典故，因为他们曾对迪伦构成巨大的诱惑。

“欲望”号首先是新奥尔良一辆街车的名字，其次是一部由玛琳·黛德丽（Marlene Dietrich）主演的西部片的名字。曾几何时，许多诗人都受到欲望的诱惑。对布莱克来说，那是人类通往星辰的阶梯。在《问题回答》中，布莱克使满足欲望成为人类冲动的关键。艾略特《四个四重奏》中精心策划的主题也曾激起迪伦对时间、正义、角色、重生、救赎和欲望的好奇心。艾略特写到“内心自由对实际欲望的渴求”，并得出结论：“只有通过时间，时间才能被征服”。布莱克使自己的手稿永垂青史，而艾略特仅仅是在使用小小的脚注，而迪伦则“犹抱琵琶半遮面”，显得更加小心谨慎。他简短的专辑注释、专辑封面以及歌词本中精心安排的视觉符号都曾使用了塔罗牌的象征意义。其他线索则把我们引向罗伯特·格雷夫斯的《白色女神》，一个复杂的《诗歌神话的历史语法》。格雷夫斯表明，犹太—基督教的宗教宗法结构试图消除古代对女神的崇拜。格雷夫斯也坚持认为《欲望》对于诗歌来说至关重要：“诗歌植根于爱，而爱根植于欲望，欲望则希望永存。”格雷夫斯建议诗人“不惜代价地实现社会和精神上的独立”，因为诗人必须“学会使用神话并理性地思考”。

迪伦自幼就是“神话思维”，因为他一直是看电影长大的。但是，《欲望》是他神话思维广度向前迈出的一大步，即这个思维主题的总和，这个主题曾经长期吸引着他，其中包括：启示录，个人或社会；身份；英雄对爱情的追求，知识，救赎和解放等。在此他接触的主题涉及正义和局外人的种种神话（如《飓风》和《乔伊》）；所谓女人遇人不淑并欲给予重生的（《伊西斯》和《哦，妹妹》）；以及电影人生的（《杜兰戈的罗曼史》与《黑色钻石海湾》）。迪伦像一个神圣的牌坛大佬，给他的塔罗牌洗牌，并把新老职业合二为一，即把埃及法老的神谕之岛变成一档当代电视节目。

该专辑的两个基调在《哦，妹妹》的歌词中集中体现："我们死后重生，然后被神秘地"拯救"[8]，"时间是海洋，但它在岸边终止。/你可能看不到我/明天。"[9]死亡和重生，时间的失而复得、丢失与被盗，或受到威胁，这些浮士德式的问题是由炼金术士提出，应为他们寻求精神上的完美与救赎。让我们尝试"揭开伊西斯的面纱"：专辑外套上的皇后塔罗牌和显示在歌曲对开本中其他两张纸牌上的魔术师和判官，来自1910年所谓的骑士装上的传统标志，后由A. E.维特（A E Waite）重新设计，并由帕梅拉·科尔曼·史密斯绘制。维特写道，皇后是"千万个孩子的母亲……被正确地描述为欲望的翅膀"。当代荣格研究学者阿尔弗雷德·道格拉斯在《塔罗牌》一文中写道：（1973年），皇后象征着地球母亲，"得墨忒耳（Demeter）和伊什塔尔（Ishtar）的后裔（最受大众喜爱的亚述—巴比伦女神），神秘邪教的金主儿，为了这邪教，上演了一出死亡与重生的神圣佳作"。塔罗牌有正反两面，各代表不同的含义，正面的皇后象征成长，反过来则代表了内部的剧变、精神异化和贫穷。还有其他几个神话的例子似乎比寻找死亡更加普遍。埃及神话中伊西斯和奥西里斯的例子在《伊西斯》这首单曲中被提及，但却贯穿整张专辑。

伊西斯，一个皇后的化身，是母亲女神、大海航行中的舵手、悲伤妻子，是她的眼泪积聚成湍急的尼罗河。她还是个救赎者，她的魔法能够神秘地重建并使她那被谋杀的丈夫与兄弟，即奥西里斯的尸体重新复活。伊西斯还是一个月亮女神，主管婚姻，尽管她看上去头上长了小母牛般的犄角。奥西里斯封她为埃及女王，让她统治埃及大地，而他自己则浪迹亚洲广袤的大地，以非暴力手段，即他的温柔与歌曲，乃至音乐创造，征服并解除了那些异类的武装。在埃及神话中，奥西里斯有无数个名字和化身。一个是普洛透斯（Proteus），谜一样的海上老人，法老们的祭司，有随意改变自己形状的天赋。格拉夫告诉我们，普洛透斯娶了萨拉，亚伯拉罕部落的女神母亲，这个部落在第三个千禧年接近结束的时候访问了埃及。（迪伦在他那温柔的征服之旅——“滚雷讽刺剧巡演”中曾经开玩笑说《萨拉》那首歌不一定是关于他妻子的，或许是关于《圣经》中的“萨拉”。）法老的传说故事也赋予数字“五”以巨大的魔力，它影响到节日、建筑，甚至纪年法。迪伦以关于一年中第五个月的歌词开始演唱《伊西斯》：“我在五月五日娶了伊西斯。”[10]然后他讲述了一个奇异的探索故事，即一个孩子如何穿越冰雪覆盖的金字塔。但在结尾处，诗人文笔简洁，又重新回到那个“神秘的孩子”，伊西斯仍然陌生。

在《白色的女神》中，格雷夫斯发现伊西斯—奥西里斯的故事深深根植于许多文化之中：“神圣的国王作为月亮女神的天赐的牺牲品，认为每一个缪斯诗人必须在某种意义上，为他所崇拜的女神献身，如同国王之死。”伊西斯，奥西里斯的妹妹和妻子，将世俗的对立调和成“神圣的统一”。芬兰史诗《英雄国》（*Kalevala*）以及苏格兰民谣《鲍比·海尹德》（*Bobby Hind*）和《鞘与刀》也描述过同样的人物关系。迪伦一直在寻找理想中的

“孪生兄妹”，进而强化了姐姐的形象。（然而）贝兹不明就里，在《哦，兄弟》（*O, Brother*）一曲中，竟能问出：兄弟，她如何才能成为他的姐妹。完全混淆了人物的互指关系。

在《蓝色宝贝》这首歌曲中，迪伦已经表现出同步性的荣格主义意识：“把你从巧合中收集到的拿来。”[11]“他在这首歌的内容页上复制了1910年塔罗牌上的魔术师，这个设计绝非巧合，因为那个魔术师的造型与迪伦的外形具有惊人的相似之处。魔术师的那张牌也被称为吟游诗人、魔术师或修鞋匠。曾几何时，它代表着沿途杂耍的艺人、给人算命的江湖医生、卖狗皮膏药的、传播异端思想的不同政见者。塔罗牌研究专家道格拉斯的描述揭示了一个惊人事实，迪伦就是那个具有双重性格的魔术师：“半个江湖郎中和半个智者……魔术师魔力无限，自信自大，但也是孤家寡人。”他和普罗米修斯、梯尔·欧伦施皮格尔[1]、赫尔梅斯或北美郊狼乃至印第安民间英雄等密切相关。道格拉斯认为“魔术师—普罗米修斯”这一人物所指向的是这样一个时段，即人类首次获得自我意识，而这自我意识却是“偷自”潜意识，并由此获得了神圣的属性，即“拥有了世界，却失去了自己的灵魂……魔术师一直在搜寻曾经失去的一切，而这一过程漫长崎岖，此间他还面临众多危险与诱惑……他的魔杖代表着火焰般的意志”。在他的头顶之上，8号数字代表来自真我的灵感，即来自内心的神谕的火花。正面看，魔术师这张牌代表的是坚强的意志、个人的发展、敢于冒险、有进取精神、适

[1] 梯尔·欧伦施皮格尔：14世纪德国一传奇式农民，其恶作剧成为许多传说的主题。——译者注

应性、多才多艺以及含蓄与自信。反面，道格拉斯说，魔术师就变成了一个杂耍，他拿生命做游戏，快乐地观察自己巧妙的手法对凡人的影响。然后他开始追求权力，而不是智慧。他成为一个巫师，即成为“他试图控制邪恶势力的工具”。

对开本中的判官象征着重生、复活和救赎，并已被称为永生之牌。道格拉斯说：“心灵是从禁锢它的墙壁后释放出来的，从墓穴之中诞生的圣灵之子是再生的自我。”对于炼金术士来说，这意味着“哲学家的墓碑”。在布莱克判官牌面上冉冉升起的神圣之子是“心中的神灵”，是勇敢探秘的目标。那个搜索已经接近尾声，心理诸元素已经“达到完美的整合，因而正在重生”。

在一首简短的专辑封面小诗中，迪伦提供了更多的线索。他曾“紧紧跟随兰波像一颗上下翻飞的子弹”。[12]他以十分隐晦的语言写道：“托尔斯泰是对的。”[13]托尔斯泰在很多方面都是正确的，但我相信迪伦指的是《复活》，即1899年出版的那部伟大的长篇小说，（书中）他提出了通过爱以实现救赎的信仰。复活是对现代社会的严厉控诉。特别是司法机构和教会。主人公聂赫留朵夫，即托尔斯泰的化身，为了“提升自己而加入了卑微者的行列”，并在此愿望的驱使下，追随一位受害的妓女来到西伯利亚以寻求个人的救赎。据托尔斯泰的传记作者特罗亚（Troyat）回忆：“感情因素并未给这对情侣的故事提供叙事的节奏与温暖，而是对社会不公的谴责，并寻求消除社会弊端的补救办法为此巨著增色不少。”

迪伦对救赎的求索可以回溯到《无数金发女郎》和《约翰·韦斯利·哈丁》这两张专辑。在日常用语中，救赎意味着解脱、改造或拯救；在基督教用语中，它指的是通过耶稣基督的赎罪而获得解脱。荣格在1936年的一篇名为《炼金术的救赎思想》（*Ideas of Redemption in Alchemy*）论文中指出：“复活后的人类比以往更加强壮，更加年轻。”这一点在迪伦的一句著名歌词中也有体现，即“我比现在更加年轻”[14]。荣格把炼金术士对救世主求索与希伯来预言中的救世元素，以及奥西里斯、俄耳甫斯、狄俄尼索斯和大力神赫拉克勒斯的神话周期紧密联系在一起，尽管诸神命运不济，但是都得到神秘力量的拯救或救赎。荣格在歌德的《浮士德》中发现了艺术炼金术思维的缩影，荣格如何理解迪伦的“魔鬼之链”？这个魔鬼之链曾经来自迪伦希宾的孩提时代，并一直延伸到他通过爱与对抗社会不公而喜获救赎。通过炼金术与神话人物的认同，迪伦漫长的求索集中体现在《欲望》这张专辑中了。

他指的是“救赎之歌”，金斯伯格曾经在为《欲望》所写的专辑注释中以此作为标题，并在他的杂文中回忆了他和20世纪50年代垮掉派诗人同胞们梦想解放、梦想将诗歌与音乐进行嫁接的探索。他把《欲望》描述为“先知情感的另一次伟大复兴”，并能在《再来一杯咖啡》中听见希伯来语的吟诵。我则听到了得州—墨西哥人和牧场工人的劳动号子，以及弗拉门戈和灵魂乐的混合，这些乐种由奥蒂斯·雷丁（Otis Redding）和其他人开启，并由范·莫里森（Van Morrison）发扬光大。

对《欲望》的另一个反馈来自《新共和》杂志的小W.T.拉蒙（W T Lhamon）：“一个处于分裂状态的国家的国情咨文，他的始作俑者是一个间接拥有巨大权力和刚直不阿之人；他比今年给我们讲话的任何一个领袖人物都要正直。”约翰·洛克威尔在《纽约时报》发文指出：“《欲望》专辑收录了迪伦创作的几首最为美妙的歌曲。”大卫·马施（Dave Marsh）在

《滚石》杂志上撰文说看到了迪伦对女性态度的重大变化。杰克·麦克唐纳（Jack McDonough）写道："当现代恐惧、混乱与对美丽的浪漫追求相遇之时，那才是迪伦诗歌艺术的最佳写照。"

（在《欲望》专辑中）迪伦在旋律方面的天赋得以充分发挥，从《飓风卡特尔》那雄辩、抗争的诗句到《莫桑比克》活泼的曲调，从哀婉的《萨拉》到世俗的《山谷下面》等不一而足。《飓风》是这张专辑的第一首歌曲，也是家喻户晓的名曲，为整盘专辑定下了基调和词曲的思路，再次敲响了自由的钟声，并预示了该张专辑的几个重大主题。在《伊西斯》专辑中，伊西斯—奥西里斯的关系在《哦，妹妹》和《萨拉》等几首歌曲中延续了《欲望》中反对虚假正义、虚假爱情、虚假标签的内部纷争。金斯伯格称他们为"客串小说"。迪伦的戏剧影视视野从未如此强烈。在《杜兰戈的罗曼史》中，在简单的西班牙语合唱伴唱下，迪伦成功地建立了一种场域感，同时在《伊西斯》中也触及了无限的空间感。《杜兰戈》和《山谷下面》是二位一体，而白兰度—伊斯特伍德—迪伦的歌词则是为那个离家出走之人撰写的脚本。

《乔伊》受到了来自各方的恶评，但是这一点完全忽视了迪伦长期以来对社会底层、局外人和不法之徒的迷恋。迪伦完全可以让自己高高挂起，移步一侧；但是他欣赏乔伊·加洛[1]的卡格尼一样的黑帮范儿，并提醒我们，世界不仅是个大舞台，同时也是电影屏幕。加洛在迪伦曾经畏缩过的小

[1] 乔伊·加洛（Joey Gallo）：绰号"疯子乔伊"，美国黑帮骨干成员，曾经效力科隆博（Colombo）黑帮家族。——译者注

意大利街道上孤独前行。在西海岸，迪伦结识了罗伯特·德·尼罗（Robert De Niro），号称纽约“穷街陋巷”的另一个宠儿。虽然加洛读过尼采的激情之作，迪伦可能对加洛的诗句更为印象深刻，即“总是在外边/无论是哪一边！”[15]在监狱里，他最愿意接近黑人：

因为他们似乎明白
这是什么样的社会
手上有具枷锁[16]

《欲望》所包含的神话思维，迪伦的老的奇思妙想并非波澜不惊。在《伊西斯》中，陌生人死了，但是故事的叙述者希望死亡不会传染。在无尽的痛苦和求索之后，叙述者与伊西斯得以团聚，但是他们海明威式轻描淡写的对话显得近乎滑稽。更多的奇思妙想出现在《黑色钻石湾》中的情景，生活再次体现在纸牌游戏之中。迪伦一直喜爱长毛狗的故事以及扑克游戏中的对抗。（波德莱尔曾在《纸牌》一文中将红心杰克和黑桃皇后锁定在对话中。）所有发生在《黑色钻石湾》的怪事突然通过不同的镜头得以凸现，但是此时的视角也在诗歌的最后一节发生了变化。这首歌曲对人类行为的观察细致入微，可将人类的行为细化到他不会正眼相看的一条电视新闻节目，而此时的叙述者正在LA的家中悠闲地看着电视。难道我们都是地球村里白痴和笨蛋？任凭电视将我们变成窥阴的白痴，或将我们变成行尸走肉，如此麻木以至于大难临头还不知道一个真正的危机与人为制造的险情有何区别？所有频道都是模糊的影像。

最后，在《萨拉》这首歌曲中，迪伦似乎在向妻子忏悔，以请求宽恕和理解，公开的怀旧情感在迪伦的许多隐蔽暧昧的游戏中异常显眼。毕竟他的哑谜、他的戏剧脸谱和他的捉迷藏游戏，借用这些手段他似乎在告诉这个“天蝎座的狮身人面像”[17]，这个“神秘的妻子”分别有一个真实和神秘的身份。甚至她就是《欲望》的化身。歌曲的旋律和迪伦的唱腔是痛苦的，是本张专辑中最具争议的一首歌曲。有人听后说它预示着一个“全新迪伦”的诞生，即他准备向世界敞开心扉，也有人觉得简直就是丢脸，因为迪伦讲述的都是些“个人隐私性质的故事”[18]。还有一些人发现专辑充满了陈词滥调，很容易被他人模仿；其他人由于迪伦指名道姓地说出了他的“眼神悲伤的低地女子”而大受感动。迪伦声称：“我不写忏悔歌曲。”但是，面对《萨拉》，迪伦如何抵赖得了呢？《被遗弃的爱》就是留在《欲望》专辑上的典型“忏悔题材的歌曲”。

《欲望》专辑上的人物由女神和女性同道为主。斯嘉丽·李维拉（Scarlet Rivera）的小提琴伴奏是一个真正有创新的声音，成功地将忧郁和异国情调混搭。埃米卢·哈里斯（Emmylou Harris）的和声也是一个重要的新元素。（她曾经参与了《飓风》第一个版本的制作，但是专辑出版时的和声用的却是罗尼·布莱克利的版本。）使用女性声音对抗迪伦是音乐纹理实验的另一种做法。虽说哈里斯在发音吐字与歌词质量方面是一个完美主义者，但她还是同意迪伦把“同步性与急迫性”视作首要的做法，进而一些粗糙的小样也被唱片公司推出发行了。总之，（为《欲望》提供伴奏的）六位乐手个个身怀绝技，其中大多数人都参加过“滚雷讽刺剧巡演”。一个非常有凝聚力的和声占据了主导。

《欲望》之所以独特，主要原因在于除了《萨拉》和《山谷下面》的歌词是由迪伦原创外，其他所有歌曲都是由雅克·莱维（Jacques Levy）与迪伦共同创作。莱维是个学者，拥有心理学博士学位，满脑子的荣格思路，同时他也参与戏剧制作，曾任《哦，加尔各答》的导演，也是个经验丰富的歌词作者。他和迪伦是通过罗杰·迈奎恩（Roger McGuinn）认识的，迈奎恩曾在1968年与莱维合作，排了一部“乡村音乐剧”，两人在三周内创作了二十几首歌曲，其中16首被收入迈奎恩/伯兹日后发行的几张专辑中，最著名的是《栗色母马》（*Chestnut Mare*）。1974年巡演之后，迪伦曾在布里克街上与“流浪的杰克（Rambling Jacques）”有过一面之交，一年后，又有一次在布里克街相遇的机会，借此机遇鲍勃建议他们尝试“一起写些东西”。迪伦已经写了《伊西斯》的一段歌词。当天夜里，二人说说笑笑、一唱一和，花了一整个晚上切磋歌词。7月，二人的见面更加频繁，歌词写作进展得很顺利，8月他们去了长岛的一个度假村待了三个月，一起“琢磨”出了更多的歌词，据说一共14首歌。莱维建议把乔伊·加洛作为一个歌曲主题来写，原因是在加洛弥留之际的1969年，他对他（加洛）的了解变得更加深入了。莱维说，迪伦曾在科西嘉岛的吉普赛人聚居区有过生活体验，当时他就梦想着写一首像《山谷下面》那样的歌曲，而《萨拉》他更是酝酿已久。此外，他还向莱维请教有关“滚雷讽刺剧巡演”的想法。麦吉恩证明莱维极具正能量的工作方式和风格总能让合作伙伴将自己的才能发挥到极致。

在《欲望》最终出炉之前，迪伦还曾尝试与埃里克·克莱普顿（Eric Clapton）、科科莫（Kokomo）、大卫·梅森乐队（Dave Mason Band）合作以寻找一个相互“兼容”的组合。之后在一个偶然的机会，他又碰到东下区的一个酒吧乐队，即洛伯・斯通纳尔（Rob Stoner）和叛军乐队。米克・罗恩森（Mick Ronson）经常与该乐队合作。在此，迪伦不仅为滚雷巡演找到了称职的队友，也为《欲望》最后几期的棚内录音找到了最佳伴奏乐手。有些曲目所营造出的那种上下求索的氛围也适应（迪伦）寻找歌手的过程，这一点专辑封套中的主创人员名单也有巧妙反映：“此专辑本可能由唐・德唯托（Don DeVito）制作。”

作为一位英国评论家和学者，西蒙・弗里斯（Simon Frith）总结了迪伦的作用：“当人们在梦中梦见迪伦的时候，大多数人都会把他想象成朋友而不是情人。如果他的技能之一是他能把私事公开，而且没有伤感或自怜自爱，那么他的另一个技能则是让我们把他的公共世界，即所有的歌曲私人化，并与我们的个人关注密切相关……迪伦听起来又像个好人了。一个可以与之交心的人，一个可以和他谈论世界和我们自己的人。”

远方的雷声

为了给影片《雷纳多和克拉拉》筹集制作资金，1976年迪伦决定进行第二阶段的“滚雷讽刺剧巡演”活动。（不过）在我看来，节外生枝的二次巡演绝对是雷声大雨点小，远不如一期东北巡演的影响大，原因在于主要媒体的猎奇和焦点早已不在此了。

在休斯敦天文馆举办的《飓风之夜Ⅱ》（1976年1月25日）之后，迪伦决定做一个短暂的休息。4月18日巡演在佛罗里达州的湖畔民事中心礼堂重新开始，该场演出成为大学复活节假期中所举行的八场音乐会中的首场。当时的伴奏乐队自称“关岛（Guam）”。他们一开始便唱了十几首歌曲，然后是迪伦不插电清唱两首，再然后就是由关岛乐队伴奏和声的一组歌曲。麦奎恩和贝兹各自有独唱曲目，然后鲍勃和琼同台献艺，结束时迪伦再与关岛乐队演唱了10余首歌曲。

佛罗里达州克利尔沃特（Clearwater）的巴尔的摩美景酒店：博尔特·舒戈尔曼（Burt Sugarman）担任本场演出的制作人，他曾经多次担任美国全国广播公司电视台《午夜奇谈》的制作人。几周后，迪伦拒绝认同那场音乐会的录像效果。同时，他却同意聘用一组名为“顶级价值电视”的纪录片工作者担任现场的拍摄工作。其为他们拍摄了5月23号在科罗拉多州柯林斯堡休斯体育场举行的那场演唱会，并于9月10日在全国广播公司电视以《大雨》的片名播出。同一天我们也看到了这个现场专辑的发行，与其同时发行的还有得克萨斯州福特沃斯堡（Fort Worth）塔兰特县会议中心演出的几盘录像磁带。

电视节目录制的过程乌云压境、大雨滂沱。鲍勃看上去显得很紧张，后来琼说迪伦的眼神犹如“毒蛇之眼”，四处扫视着，后来这场演出被冠以“反特别”的节目，大多数主流电视评论家称之为“毫无艺术感”“一团糟……简直令人崩溃”。地下《波士顿凤凰》则对之大加赞赏：“这也许是迄今为止制作的一部最特别、最感人的演唱会影片。”在佛罗里达州和柯林斯堡之间，“滚雷讽刺剧巡演”开启了流动演出模式，分别在哈蒂斯堡、得克萨斯州的三个城市与俄克拉荷马城进行演出。“滚雷讽刺剧巡演”的二期正式结束，最后一场演唱会于5月25日在盐湖城的维奇塔城（Wichita）落下帷幕。

为了能够在美国媒体中维持最为长久的关注度，作为热身，9月11日迪伦为美国发行规模最大的一份全国性杂志《电视指南》提供了一个封面故事的专访。他回避了关于吉米·卡特的问题，取而代之的是对杰弗逊和本杰明·富兰克林等开国领袖的大加赞赏。那个节目的主创名单上对众多人等表示了感谢，其中包括赫尔曼·梅尔维尔和兰波，迪伦对上述人等表达了衷心的感谢，同时也解释说康拉德、乔伊斯和金斯伯格等人的作品让他受益良多。当被问及他如何想象上帝的时候，鲍勃回答说："我可以在雏菊上见到上帝……在风和雨中也能。我到处都能看到造物的景象。歌曲的最高形式就是祷告。"（菊花的那句歌词提前回应了《爱的一枪》专辑上的最后一首歌：从布莱克的《天真的预言》："一粒沙子里看到一个世界／在野花中看到一个天堂。"）迪伦赞扬了披头士乐队和滚石乐队。"琼·贝兹对我的意义要比今天到场的一百多名歌手更大。"

回到洛杉矶，迪伦开始剪接《雷纳多和克拉拉》的素材。这期间他又完成了一首新歌《手语》（*Sing Language*），9月份埃里克·克莱普顿（Eric Clapton）就将其录制下来，并收入他的专辑《没有理由哭泣》（*No Reason to Cry*）。菲尔·思贝克特也终于说服迪伦进入他们的录音棚，成为伦纳德·科恩和思贝克特的伴唱歌手，歌名为《不要回家》[19]。

1976年的感恩节被选为乐队与巡演告别的特别时间，巡演将在很长一段时间内不再进行了。告别演出在旧金山市的温特兰德宫举行。名气如日中天的电影导演马丁·斯科塞斯（Martin Scorsese）决定为此事件拍摄一部大片，后又根据此次演出推出了一张现场专辑。班德乐队的几位成员跟随鲍勃从"大粉红"一路向西来到马里布，罗比在那儿还有一所房子，名叫香格里拉。为了结束16年来的艰苦巡演，他们计划举行一次也许是规模最大的一次演唱会。为此，导演写了一个300页的拍摄脚本，招聘了45人进入摄制组，使用了7台摄影机专门拍摄节目单上的17首歌曲。

客串演出的重量级嘉宾包括约翰博士、乔尼·米切尔、尼尔·戴尔蒙德（Neil Diamond），范·莫里森（Van Morrison）、尼尔·杨和迪伦。为了获得完美的视觉效果，比尔·格雷厄姆从旧金山歌剧院的“茶花女”剧组租用了顶级的音效设备。5 000多名听众不仅享受了一场视听盛宴，还享用了美酒佳肴，总共消费了200只火鸡和300磅三文鱼。伯克利长廊乐团演奏了圆舞曲，预示着新浪漫摇滚时代提前10年到来。罗尼·霍金斯曾于1960年组建了“神经错乱”乐队，这次他们来了，鲍比·查尔斯（Bobby Charles）、保罗·巴特费尔德（Paul Butterfield）、马迪·沃特斯以及埃里克·克莱普顿也都来为迪伦助阵。

艾米特·格罗根（Emmett Grogan）是《最后的华尔兹》的主持人。他在幕间休息时带来几个西海岸的诗人：斯威夫特·威廉（Sweet William）、莱昂娜儿·坎德尔（Leonore Kandel）、米歇尔·迈克克鲁尔（Michael McClure）、黛安娜·迪·普利马（Diane di Prima）和院长拉里·弗林盖蒂。那天早上，罗比·罗伯逊刚刚唱完自己的成名作《最后的华尔兹》，接着他又招呼来“一个朋友”，迪伦插上电源和他一起唱《宝贝，让我随你而去你》（*Baby, Let Me Follow You Down*），格罗根说迪伦表情夸张，头戴一顶高高的白色帽子，“炫耀般地唱着他的歌词”，包括《黑泽尔》《我不相信你》《永远年轻》，然后他又重新唱了一遍开幕曲。他仍然是舞台的中心，演唱压轴曲目《我终将解脱》，更多的大咖明星也加入进来，包括林戈·斯塔尔（Ringo Starr）和罗尼·伍德（Ronnie Wood）等。尽管斯科塞斯一直盯着《伍德斯托克》那部片子的现场，但是还是设法让这部摇滚纪录片保留了摇滚乐难得的尊严。特瑞·柯蒂斯·福克斯（Terry Curtis Fox）在《村声》杂志中写道："虽然表面上拍的是关于班德乐队，但是斯科塞斯的剪接使得迪伦在这场演唱会中如日中天……他的身影遮蔽了芸芸众生。斯科塞斯……毫不隐讳迪伦的高大上效应。它不仅是最好的摇滚演唱会电影，也是斯科塞斯所拍摄的一部最为个性化的片子。"

《雷纳多和克拉拉》

另一位电影导演把1977年的大部分时间都用来拍摄一部更为个性化的音乐人生。迪伦帮助剪接了240 000英尺、约100小时的胶片，这就是他首次执导简拍摄的影片——《雷纳多和克拉拉》。成片时长接近四个小时，成为一部真正的商业自杀大片。《雷纳多和克拉拉》剧情复杂，没有真正的电影语言进行传播，即使是一个成功的音乐片，也无法挽回剧情混乱带来的失败。自从《自画像》专辑推出以来，评论家们还不曾有过如此激动的一天，他们终于可以横眉冷对那个"千夫指"的叛逆者了。

让迪伦最受伤的是"村里"那份曾经让他感觉志同道合的杂志，即《村声》的反应。"你看见了吗？他们竟然派了行刑队，想把我批死？"1978年的夏天他曾这样问我。1978年1月30日，《村声》杂志连续发表了七篇乐评。凯伦·德尔滨（Karen Durbin）称之为"在他的去迪伦崇拜运动中的决定性一击"，怨恨迪伦把他自己与耶稣相比。谈到迪伦、贝兹与萨拉之间的混乱场面，她写道："迪伦不可能像爱自己一样爱任何人。"理查德·戈德斯坦和大多数人一样，喜欢演唱会的真实现场，而不是那些笨拙、虚构的即兴穿插场景。但他发现了终极的平衡，即“在奥特曼身上”找到的那个时刻“几乎是难以忍受的，而此时此刻才是最为令人感动的，也是你可能从一部摇滚演唱会电影中体验到的”。

詹姆斯·瓦尔克特（James Walcott）说，这部电影毁了多少人的声誉，“就如同眼睁睁地看着西班牙无敌舰队大败而归”，并认为这是“一个艺术家对自己骨肉皮粉丝的”恶意报复。那个严厉也很专业的宝琳·凯尔（Pauline Kael）在1978年2月13日的《纽约客》杂志上撰文说：“尽管他还戴着面具和各种伪装”，但是他“仍然是同样的乖戾，并略带神秘的挑逗者……给他的特写镜头要比整个电影史上任何一位演员还多。他的磁场异常强大，但他从来没有和我们……直接接触，我们应邀去凝视……去感知他的捉摸不定，即他的距离之谜”。她的影评标题是《加略山的演出》。[1]

欧洲的反应总体上是比较有利的，但是迪伦在1977年至1978年秋冬之间所进行的多场访谈中，祸从口出，给自己惹了不少麻烦。“关于那部电影我已经说得太多了，”他后来告诉我，但他说有必要把广告费用降到最低。《雷纳多和克拉拉》完全是一个人单枪匹马的运作。迪伦不仅是导演，而且还是编剧和主演。他的伦巴第电影公司负责制作，他在明尼阿波利斯的电路电影公司联合他的兄弟共同负责发行。由于电影有很多硬伤，还由于多年来迪伦对人类缺陷的自以为是，影片给很多人提供了“背后捅刀子”的最佳

[1] 加略山：耶稣被钉死于十字架之地。——译者注

时机。

在与乔纳森·柯特（Jonathon Cott）进行的漫长采访中，他把迪伦比作路易斯·布努艾尔（Luis Buñuel），而迪伦则把这样的溢美之词隐匿在高卢语言的城堡之中："艺术是幻想的永恒动机，艺术目的在于激发灵感。"他明确表示，他认为电影是关于"身份"的，"面具比脸更重要……是关于内在自我赤裸裸的异化以抵抗外在自我"。迪伦为自己作品的完整性辩护："忠于潜意识。"他开始提前反击了："这部电影发行后，我们就有可能被踢出好莱坞。在印度，他们会放映一部长达12小时的电影。美国人……期待艺术像画墙纸一样不费吹灰之力……我相信我的梦，我生活在梦中，不生活在现实世界中。"在《花花公子》和《纽约时报》的采访中，这些主题的阐释还有更多的变化。在多伦多《麦克雷恩》（*Maclean's*）杂志的采访中，他说："我不应该或者也不能解释这个片子……但是我也同样解释不了《荒凉街区》……萨拉和琼·贝兹是同一个女人……这就像一幅立体派绘画……也许宇宙中只有两个或三个人需要去了解这是怎么回事。"

一个两小时的版本呈现了演唱会的多个优美的镜头，而在完整版的片子里，一共有47首插曲，22首出自迪伦之手，以及贝多芬和肖邦乐队的部分作品。有几首歌曲，如《伊西斯》《再来一杯咖啡》与《叩响天堂之门》绝对是精品级的作品。由贝兹、罗尼·布莱克利、罗杰·迈奎恩以及杰克·艾略特演唱的插曲独占鳌头。戴维·布卢对早年间格林尼治村里弹球机的回忆是迷人的。街头访谈《飓风卡特》则更是与时俱进，但是许多戏剧性的场面，特别是那些涉及迪伦、萨拉和琼的镜头，可以轻易让观众失去胃口。

我所看到的最为正面的影评是由乃吉尔·安德鲁斯（Nigel Andrews）所写，发表在1978年9月份的《金融时报》上，当时是《雷纳多和克拉拉》在伦敦首映之后："神秘发挥了真正的魅力……我会小心谨慎、弯腰弓背，但是依我之见：《雷纳多和克拉拉》可能是本年度最重要的电影。"他写道："它试图去阐明一个全新的道德体系，一个全新的宗教，并为失去基督教教义的时代提供一个全新的方向感。"

发牢骚

不是所有针对"滚雷讽刺剧巡演"以及《雷纳多和克拉拉》这部影片的评论都来自媒体。有一些具体的观察点评来自剧作家山姆·谢巴德（Sam Shepard）、琼·贝兹的歌曲，以及由萨拉·迪伦提起的离婚诉讼。

当谢巴德加入《雷纳多和克拉拉》剧组，并为人物撰写对话的时候，他已经是一位备受尊敬的剧作家了。他的对话写得一帆风顺，可是他在自己的《滚雷讽刺剧巡演私人日志》中却有不少积极与负面的记录。他觉得自己"是处在旋涡中的合作者"。他曾经见过迪伦，发现他"总是很忧郁"，谈到法国电影总会让人感到非常超现实。当他看到迪伦在钢琴上演奏《造化弄人》（*Simple Twist of Fate*）那首歌曲的时候，谢巴德很感动："这正是歌曲的要旨所在，（迪伦是）最大的'纵火犯'，这个地方五分钟内就烟熏火燎了……这正是迪伦的魔法所在。撇开他的抒情天才不管，只看他所携带的改天换地的正能量……那种可以带来勇气与希望……除此之外，还能将生命能量的冲击带入前景……难怪他会轰动全国。"

这位剧作家开始纳闷，迪伦的片子都已经"惨到如此地步"了，他还在这儿搞什么鬼呀。“思想的火花四射，但没有发挥作用。”他致力于“通过音乐提供公共精神的能量”，并把它视作对摇滚场域盲目崇拜的解毒剂。迪伦是真正生命解药的制作人。其“英雄主义超越的是一个追随时尚的现象……因为他的身份是一个深不见底的谜，他把他是‘谁’的问题推进到他‘是什么’的问题”。像许多人一样，山姆·谢巴德发现，迪伦提出的问题比答案多：“在舞台上、在唱片上、在银幕上，以及他所接触的一切，他创造了一个神奇、令人魂牵梦萦的世界，但是这是一个什么样的世界？他画的那个世界在哪里？为何我们最终都被它吸引？它就在我们眼前，但没有人能够触碰它。”

爱琳·奥本海默（Irene Oppenheim）发表了一篇名为《变幻列车》（*Changing Trains*）的论文，该文挑衅性极强，曾经发表在《三便士评论》[1]季刊上。文中，莱瑟尔追根溯源，追溯了迪伦和谢巴德令人好奇的过去，利用加缪的《西西弗斯的神话》作为探讨一个问题的路标，即人类在对存在的意义一无所知的条件下，如何去生活？加缪暗示人类世界唯一的稳定组成部分就是一个荒诞的不确定性，而这一困境的解决只能通过两种反应中的一个进行解决：要么是自杀及其隐喻的对应，即“意识的死亡，或者信仰的飞跃”；要么是“留在那令人眩晕的顶峰”，在信仰与绝望之间警惕地寻找平衡”。

本文发现两位作者分别通过不断自我解剖而获取创作素材。“滚雷讽

[1]《三便士评论》：1980年创刊的一份文艺理论批评杂志，由文论家温迪·莱瑟尔发起。——译者注

刺剧巡演”刚刚结束之后，谢巴德发表了小说《B大调自杀案》，描述了艺术家的死亡与潜在的重生。小说的中心人物是一位受到内心声音驱使而发疯的音乐家，奥本海默认为两位作者都在事业的顶峰期退出，以保全自己的生命。“在一次较长的浪漫之后，迪伦被痛苦的婚姻推到了悬崖的边缘，并实现了信仰的飞跃。”而谢巴德“则受到自己笔下恶魔的无情折磨，也渴望在绝望中自杀”。截至1984年，谢巴德浴火重生，再次成为一名作家和演员，令好莱坞众生“仰止”的高大人物。[20]

琼·贝兹告诉我，她曾为《雷纳多和克拉拉》片尾的一些画面而感到尴尬，但那并没有改变她对迪伦的感情。她模仿鲍勃如何在凌晨三点从欧洲给她打电话，并征得她的同意，让（他们之间）的一切都随风散去了。在1976后期专辑上的三首歌中，其中包括《海湾的疾风》《时光流逝》《为我变得甜美》以及《哦，兄弟！》，她哀婉而坦率地唱出了她对迪伦的真实感情。

1977年，萨拉对迪伦提出离婚诉讼，并以此对失败的婚姻发表了自己的宣言。具有讽刺意味的是，影片是在这段苦涩的婚姻冲突结束之后出炉的，而萨拉成为剧中鲍勃的另一位黑发女人。这位黑发女人曾经是迪伦生活中非常重要的一部分：因为她，迪伦从乐坛退出，成为丈夫，成为父亲；正是她塑造了《约翰·韦斯利·哈丁》与《合法街道》等专辑上的某些主题。1985年迪伦正式发布在专辑《老放映机》的歌曲作品《放弃的爱情》深度解释了我称之为“迪伦的感情最深处”。1978年，正值迪伦为推广《雷纳多和克拉拉》而广泛接触媒体之时，为此就婚姻问题向世人敞开了自己的心扉：

婚姻是失败的，丈夫和妻子是失败者，但作为父亲和母亲我们并不是失败者。我不是个很好的丈夫……我也不知道什么是好丈夫。我在某些方面很好……在其他方面不太好。但我感觉真正的家庭关系还在我前面的某处。我会再试一次。是的，我喜欢回家见到同一个女人……如果你在一份工作上失败了，你又找了一份你更喜欢的工作，那么你就不能认为上次发生的一切是个失败。生活中没有什么错误，错误看上去似乎会将你击垮。但如果你有勇气、有能力、有信心继续下去，那么，你就不能把它看成是一个失败，从某种意义上讲，你只能把它看成是一种幸福罢了。

他说自己家里从没有人离婚，他“以为婚姻应该是天长地久的”：

大多数人……（离婚之后夫妻还）保持联系，这对孩子好。但是我的情况是，我第一次真的结婚了，然后又真的离婚了，我相信婚姻，我知道我不相信开放式婚姻。性自由只会导致其他形式的自由，我认为应该禁止离婚。为什么如此轻而易举地让人们结婚？离婚又这么容易？……人们爱上一个人的身体，爱上一个与他们认识的人，并爱上他们的穿着方式，爱他们的记分卡。爱上别人的一切而不是他们真实的自己，如果你们想快乐地生活在一起，这就是你所需要的爱……

我对找到“心仪的女孩”——或者对任何“称心如意”的事情的权利都不抱幻想了。女人喜怒无常，他们更容易进入那种浪漫状态。但我认为那只不过是个前奏罢了。女人使用浪漫和激情让你神魂颠倒，男人只不过是那种激情的牺牲品，你给我一个会做饭、补衣服的女人，我绝不会选择与激情为伴，我想找一个伴侣，但是如果我们在一起不是朋友，我就不能和这个女人在一起。如果我们不是朋友，那我就不想和她在个人情感层面上发生关系。

婚姻在情感上是如何昂贵这一主题贯穿了这几张专辑，但是要证明它在金钱层面上是多么昂贵还不得而知，但是毫无疑问，离婚案的判决对于迪伦来说代价是昂贵的。萨拉由律师马尔文·米奇尔森（Marvin Mitchelson）代理，他因帮人打赢了对李·马尔文（后又遭逆转）（Lee Marvin）“赡养费”的案子而名噪一时，成为世界著名律师。

1977年3月1日，萨拉的离婚申请被提交给圣莫尼卡高级法院。她寻求对15岁的玛丽亚以及与迪伦所生子女的永久监护权：杰西，11岁；安娜，9岁；塞缪尔，8岁；以及雅各伯，6岁。她还寻求子女抚养费、赡养费以及法院监督处理夫妇俩的社区物业，涉及的资产包括在四个州购买的房地产，加上迪伦在出版公司、唱片公司所持有的股份以及文学版权。

迪伦的律师赢得了一项裁决，即某些法律文件不得对公众公开。但英国的报纸却爆炒这个家庭的纷争。我必须记录下来留给子孙后代吗？你真的想要了解他们在这里或那里争吵的个人细节吗？不是每一次轰轰烈烈的情感关系在结束的时候都在沿途留下斑斑的血迹吗？

法院将孩子的临时抚养权和马里布豪宅的独家使用权全部判给了萨拉。法庭的判决书一直未能向公众开放，但是此次开庭判罚迪伦支付的数额巨大。一些观察家认为，涉及赔偿的各种费用支出巨大，可能高达1 000万美元，这一点似乎是很清楚的。

虽然马里布房产的使用权归还给了迪伦，但是与其说它是个家还不如说就是个房子罢了。这个著名的海边居住区曾经为无数明星大腕提供了远离尘世的世外桃源，保护了他们的隐私，但是随着它的魅力螺旋上升，它变得越来越透明，如同一个透明的大鱼缸，与伍德斯托克如出一辙。正是在那里的一座乡间别墅，斯科特·菲茨杰拉德曾经从事过写作，并写下一句山寨的法语双关语："心中怀念马里布。"摇滚贵族成功地从电影名人祠中的原住民手中接管了大量房地产：乔尼·李维尔斯（Johnny Rivers）接手的房子曾经是葛丽泰·嘉宝的豪宅，她曾试图在此独居。附近的贝莱尔，是"沙滩男孩"乐队的主唱布莱恩·威尔逊（Brian Wilson）的豪宅，他的住处过去是为埃德加·赖斯·伯勒斯（Edgar Rice Burroughs）修建的，伯勒斯因撰写《人猿泰山》剧本而赚了大钱。其他家住马里布的摇滚大咖还包括尼尔·戴尔蒙德、琳达·朗丝黛（Linda Ronstadt）、米克·贾格尔以及罗比·罗伯逊。

在分手之前，迪伦夫妇从《洛杉矶时报》的一位专栏作家手中买了一座相对便宜的住宅，这座老宅位于波音特穹顶（Point Dome）岬，占地三英亩。1975年，建筑师大卫·托宾（David Tobin）对其进行了重新装修，过户时迪伦最终花了200多万美元。托宾说当鲍勃告诉他想要一间可骑马穿堂而过的客厅时，他竭尽全力撑着保持面不改色。邻居们习惯地将其称为迪伦的"泰姬陵"，因为它头顶一个巨大的铜质的洋葱形圆顶，其制作成本竟达16 000美元。关于房屋的设计，曾经产生过不小的分歧，因而设计图纸做了多次修改。鲍勃和萨拉于1976年年末乔迁，一位设计师称它为"东海岸大棒"的折中版本，属于美式维多利亚和地中海风格的砖瓦结构，内部为纯粹的新墨西哥风格。几家邻居对迪伦家的大型户外泳池非常感兴趣，甚至称其为“湖”。泳池的水是加热循环并“依偎”在巨石和灌木之间。如果鲍勃真的想低调行事的话，他就不该接受一位来自《芝加哥日报》记者的池边采访。

这座古老的宅基地获得了更多的建房用土地，直到能够容纳20座房屋。施工期间，建筑公司的施工与设计人员吃住都在帐篷里。有许多需要特殊工艺才能制作出来的建筑材料，如在工地现场窑炉烧制的瓷砖。此外，屋内有一座巨大的壁炉，壁炉前面的地板上用瓷砖做出了一只20英尺长的鲸鱼造型。

设计师说，即使是在未来的50年到100年，这所大宅“依然会是马里布最好的建筑，可以称得上一个具有历史意义的地标性建筑”。尽管如此奢华，马里布名人聚居区还有更大的房子，甚至比迪伦的造价还贵。对此迪伦评价道：“100年后，我不会因为这所房子而被人家说三道四。”《时代》杂志刊文故作姿态地说：“可能他说得没错，（然而）当地一位地质学家认为这座大厦已经开始向海洋方向滑动了。”

截至1977年年底，他的家庭生活已经支离破碎，他和萨拉之间为争夺孩子抚养权的各种缠斗仍未解决，迪伦似乎情绪低落。此时他正打算推出一部预计会遭到大多数批评家批评的片子，尽管他把希望寄托在观众的支持上。他计划进行一次环球巡演并开始另一张专辑的录音工作。这是他另一个阶段、另一种生活与另一个职业的开始。尽管美国观众对《雷纳多和克拉拉》出现反水，但是世界上其他地区的歌迷依然对他充满热情，看上去这个男人似乎再一次迷途家园了。

PLEASE
DO NOT
DISTURB

后记　穿越黑夜的旅程

Postlude: Journey Through Dark Heat

（如果）一幅肖像画永远无法完成，那就只能放弃了。

——塞尚、福楼拜和贾科梅蒂

“滚雷讽刺剧巡演”于1975年秋天到达麻省的罗韦尔，他们向杰克·凯鲁亚克表达敬意并在他的墓前即兴演唱了几首布鲁斯歌曲。

1978年，迪伦的盛誉在全世界节节攀升，然而,他在美国听众心目中的形象却走向低谷。在这一年之中，他巡回10个国家，进行了115场演出，却只在自己的祖国受到抵触。像往常一样，所到之处怨声载道：他的形象和新组的乐队有种“去拉斯维加斯演出”的感觉；听众对他的新专辑《合法街道》褒贬不一 。某人说的那句博眼球的话“挣赡养费的巡演”被广泛报道。但无论在美国变得如何黯淡无光，这一年，身体欠佳的迪伦，依然在意志、耐力和艺术造诣上表现强势。

1977年年底，迪伦与麦内治门特（Management Ⅲ）公司的杰瑞·温特劳布签约，成为他的经纪人。温特劳布曾与约翰·丹佛、富兰克·西纳特拉、尼尔·戴蒙德，以及汤姆·帕克斯顿合作，都非常成功。温特劳布以不干涉，甚至不参与客户的演唱会而闻名。“刚与杰瑞签约的时候，我在世界上几乎没什么朋友。我们一起筹备那部电影……我被赶出了家门。我当时压力很大，觉得最好还是让工作充实自己。”迪伦说。

温特劳布组建了一个由40名录音师、保安和后勤保障人员组成的飞行团队。他们的行程包括日本、澳大利亚、新西兰，以及五个欧洲国家，然后，到了秋季，再回到美国和加拿大。迪伦新招募了一个八人伴奏乐队和一个福音风格女子三人伴唱组，为他的音乐注入全新音响效果。他们一共排练了70首歌曲，其中许多首曲目是重新编排，标新立异。我问鲍勃新编曲目出自谁人之手，他自豪地说：“那个乐队的曲目没有我的吉他演奏不了的 。我从1月（1978年）就开始招募该乐队成员。过程很艰难，我为这个乐队付出了大量心血。只要他们领悟我的歌曲，他们是否理解我本人则无关紧要。”

最重要的创新体现在《无数金发女郎》般明快多变的质感，这种质感一部分来自于史蒂夫·道格拉斯的萨克斯和长笛，大卫·曼斯菲尔德热情的曼陀铃和小提琴演奏更是锦上添花。迪伦想找乐队之外的人做伴唱。他对我说：“我坚决不让乐队成员唱歌，唱歌会分散他们的精力，而且达不到我想要的音效。”取而代之的是海伦娜·斯普林斯、乔·安·哈里斯和卡洛琳·丹尼斯组成的人声三人组，她们的加入为迪伦的歌曲融入了福音/灵魂伴声。[1]有人认为这是商业化行为，其实他们只是不了解其黑人音乐曲风的本质。

从1978年2月20日开始，新乐队首先在日本举行了11场演唱会。在东京和大阪的演出吸引了超过10万乐迷。虽然按惯例在音乐厅要保持克制，但唱片制作还是反映了其狂热程度。在东京的两场表演中，迪伦录制了《武道馆演唱会现场》专辑，最初该专辑只计划在日本市场发行。虽然处理过的音效不能完全体现出所期望的那种巡演效果，但由于唱片制作完美无瑕，这张专辑迅速成为炙手可热的收藏品。大批欧美乐迷也不惜以高达35美元的进口价格购买《武道馆演唱会现场》专辑。后来他们决定在欧美重新灌录，但难免有技术原因造成的音质损失。

紧接着，澳大利亚和新西兰的十几场演唱会也受到广泛好评，似乎台上台下都感受到了20世纪60年代的那种热情。4月，迪伦回到圣莫尼卡的录音棚，用一周的时间录制了《合法街道》专辑。世界巡演的势头带动了专辑在全球的销量，但是美国评论家却告诫他“找个制作人吧”。

《合法街道》是迪伦公开展示自我的自传式专辑之一，讲述了失去、寻找、分别和流放的经历。专辑显然预示了迪伦将皈依基督教，但当时我们谁能想得到呢？专辑中的人物包括若干自述者，他们是受压迫者、流浪者、孤独者，也是游走于异乡的灵魂。塔罗牌上“卫兵换岗”的意象让最精明的阐释者也感到困惑，但很难不让人联想到他与萨拉或是班德乐队的过往，也许两者都有。我承认，对我来说，这首歌仍是未解之谜。

然而这张专辑总体偏重于内容的传递，而不是音乐的编排。我认为这张专辑上有两个小经典和一首大师之作应该引起更多重视：《新马驹》（*New Pony*）这首歌中有一首布鲁斯的重复段，其中女声部不断重复那句来自《圣经》的歌词：“还有多久？”但整首歌完全是对性欲的描述。《先生》（扬基力量的故事）这首歌是一个强烈而悲怆的政治声明，强烈谴责美国外交政策的混乱和不公正。他将更多《圣经》的语言加入美国民间语言中，并提及描述耶稣和钱商段落中推翻桌子的故事。我能从歌曲中听到布鲁斯大师罗伯特·约翰逊的风格，尤其是在《你的爱是徒劳的吗？》这首歌中。此外，在后来的果汁顺着大腿流下的表述也体现了这一点。《宝贝别哭》（*Baby Stop Crying*）、《真爱常常忘却》（*True Love Tend to Forget*），以及《我们最好谈一谈》（*We Better Talk This Over*）这三首歌，都是在柔情中融入有力而粗犷的情绪。我还从《无暇顾及》（*No Time to Think*）的编曲中感受到史蒂威·旺德（Stevie Wonder）的风格。

但我心中的杰作是专辑最后那首痛苦与寓言之歌《今晚你在何处？》（*Where Are You Tonight?*）（或名为《穿越黑暗与高温的旅程》），它带有那么一点《像一块滚石》的情感色彩。我们可以从这首歌中察觉出他即将皈依基督教的苗头，预示着歌者在经受了地狱般的个人生活混乱之后，即将发生的重大改变。这是宣泄和决心，他独自度过了一个困惑的夜晚，只有《启示录》中的圣约翰为伴。该专辑在制作上有一些技术上的瑕疵，但迪伦显然想要趁激情正酣之时将专辑录制出来，他只给了自己一周的时间，之后，再次踏上巡演之路。

6月15至20日，迪伦重返英伦，并在厄尔斯·考特（Earls Court）举行了六场演出，在英伦三岛引起了巨大的轰动，10万张门票瞬间被抢购一空。毫不夸张地说，当地所有人都在谈论他的演唱会。由于售票方式带来的不便，伦敦和几个省城的乐迷要排一整天的队。电视和报纸对排队盛况的报道提升了人们的期望。在我心目中，迪伦这次首演之夜是数一数二的。评论员雷·康诺利常以发表讽刺评论而闻名，但这回他与我的感觉一样，在《每日邮报》上他对这次演出大加称赞，称之为“我看过的最棒的演唱会”。

迪伦与哥伦比亚唱片公司驻伦敦女记者、美国人艾莉·史密斯（Ellie Smith）合作，以小规模的形式安排与媒体见面。大多数情况下，他会致以亲切的问候，除非他们破坏规矩，将随便说的话也记录下来。第二天晚上，我受到高规格的邀请，在后台区与迈克尔·格雷和加布里埃尔·古德柴尔德结伴而坐，并试图跟杰克·尼克尔森聊几句，他当时正在伦敦与史丹利·库布里克（Stanley Kubrick）拍摄《闪灵》那部片子。我们看见迪伦探头看了看，又退回去了。之后他向我解释说：“我看见你了，但是当着那么多人我不好意思进去。”

我们三人出来与鲍勃聊天，看见他站在海伦娜·斯普林斯旁边，跟她讲述在民谣城和临近的吟游诗人酒吧的往事。鲍勃显然感受到了当晚演出的成功，他向我问起绿蔷薇男孩（Greenbriar Boys）的近况，他们曾共同在格迪斯民谣城排行高居榜首。加布里埃尔开始与比安卡·贾格尔闲聊，而迈克尔极力向他的偶像示好。这位偶像说那天时间太紧，并答应抽出更多时间和我见面，我马上找到艾莉来安排此事。在这之前，我向鲍勃夸赞乐队的出色表现，问他是从哪儿把这些人聚集到一起的，“这或许是我目前唯一能聚起来的乐队了，”他坦率地说。

第二天晚上，迪伦在后台略显放松，他向加布里埃尔、我，以及他在伍德斯托克音乐节认识的老友人“快乐的特劳木（Happy Traum）”吐露，英国曾经非常慷慨，给予了比格·比尔·布伦齐（Big Bill Broonzy）和其他美国黑人布鲁斯乐手相当大的赞誉，而“当时他们在美国只能当门卫”。经受了离婚抑郁症和美国影评人对《雷纳多和克拉拉》批评讽刺的双重打击，在伦敦与老朋友的相聚，似乎让鲍勃感到极其快乐和解脱。因为要接受巴黎《快报》记者采访，做封面报道，他提出另找时间共进晚餐并接受采访。

我们来到骑士桥区一家名为圣劳伦佐（San Lorenzo）的时髦餐厅，在最后一场演唱会结束后演唱会经理人哈维·哥德史密斯在此为巡演团成员和当地工作人员举行答谢晚宴。我和加布里埃尔来得较早，我边打量整个房间边说：“他可能愿意坐在某个角落，那样可以看到门。”几分钟后，鲍勃走了进来，甚至都没看见我们，就径直走向房间角落的桌子。与他一道而来的还有福音三人组与伊朗出生的歌手、词曲作者舒莎（Shusha）。

迪伦想要让人明白，他“一切以歌曲的创作为重，因此我并非只是伴唱乐队脚下的普通歌手。创作过程是孤独的，但孤独蕴含着力量。表面上，我也是个表演者，这两者之间的对立折磨着我，我无法以表演的激情进行创作；离开创作的激情我无法表演。我需要两者融合”。他更喜欢诗人这个称谓吗？“的确。我认为自己首先是个诗人，而后才是音乐人。”（在1978年秋季巡演中，他首次接受美国媒体采访时告诉记者：“我首先是个音乐家，然后才是诗人。”）鲍勃接着说：“我生如诗人，死亦如诗人。我一直热爱自己的创作，在人生的舞台上，人皆自娱自乐。”

我问他在巡演期间能否有机会放松一下。他说，他每天都去伦敦北部的一个游泳池游泳，那里没人认出他。我问到如何看待猫王去世的消息，他干了一小杯拿破仑干邑，说：“我崩溃了，之前很少这么难受。我回想自己的一生，回想我的童年。埃尔维斯去世后，我连着七天没有和别人说话。如果不是埃尔维斯和汉克·威廉姆斯的话，就没有今天的我。”

在最后一场演唱会上，鲍勃对观众说：“我想搬到利物浦来住。”他会考虑在国外居住吗？他告诉我，无论是否与萨拉在一起，他曾经在国外，如科西嘉岛和法国度过了美好、难以忘怀的时光，而当时正值《路上的血迹》专辑制作期间。他真会考虑旅居国外生活吗？“是，我会的。但是涉及创作的话，除了美国我哪也不想去，因为我了解母语背后的话外之音。我愿意出国居住，但是时间不能太长。我曾在墨西哥住过三个月。第四张专辑的词曲是在希腊创作的，但那仍是关于美国的专辑。”他兴高采烈地讲述了在法国卡马格圣玛丽海滨参加的吉卜赛音乐节，那里到处飘荡着弗拉门戈音乐，还有科西嘉式的狂野。不过用他的话说，那都是他“两个生日前”的事儿了，但他总是能把热烈美好的回忆带回故乡。

“在美国才有家的感觉。”鲍勃继续说道，“因为，尽管它还很原始，我依然能在美国创作。我的情感源于美国。如果你一走了之，的确你可以感受到平静。美国是个很暴力的地方，而去了别处，你就可以静下来安心创作。在美国，人人都有枪，连我自己也有几把！”我觉得迪伦正想找一个发泄的出口，所以不失时机地将“赡养费巡演”这个靶子端了出来。迪伦说：“挨饿的艺人就是个传说而已！”

“我拥有的一切都是努力挣来的！我没有不劳而获。纽约扬基队的雷吉·杰克逊（Reggie Jackson）凭什么一年挣300万，三振出局吗！我的每一元钱都是汗水换来的。我觉得我和我的乐队、我的伴唱歌手们的付出没有得到相应的回报。我把一整天的工作量都浓缩在台上的两小时。”迪伦还提到了其他几个“坚持过来”的摇滚老将，他说：“问题在于你能承受多少，能坚持多久。”

据哥德史密斯说，迪伦原本只想在欧洲举办三四场露天场馆演出，但是哈维说服了他，光是在厄尔斯考特一站就进行了六场演出。门票预售太火爆了，哥德史密斯决定将坐落于伦敦以南90分钟路程的布莱克布什小机场改造成一个可容纳10万人的场馆。7月15日周六那天，演出场地爆满，没有买到票的歌迷决定留下来聆听迪伦、埃里克·克莱普顿、琼·艾玛特雷丁（Joan Armatrading）等歌手的演唱。官方统计的观众人数是20万，但是实际人数估计还要多百分之二十。那次演出被称为英国史上观众最多的摇滚乐演唱会，就连美国电视台也进行了报道。演唱会那天，迪伦兴高采烈，头戴一顶礼帽上台，一连三个小时始终戴着那顶帽子，唱了33首歌，从头到尾他始终兴奋不已。整个巡演中，他演唱的大多数曲目都是重新编排的老歌，让人惊喜。人们可以从歌词中领悟到新的精神，比如那首《心乱如麻》（*Tangled Up in Blue*），他让这些经典老歌从内到外焕然一新。拉塞尔·戴维斯（Russel Davies）在《星期日泰晤士报》上写道，这是“继艾林顿公爵简单粗暴地改编老歌后，最具创意的改编”。如同伍德斯托克音乐节一样，布莱克布什机场演唱会很快成为英国的民谣乐迷热议的话题。（因为）那不只是一场演唱会，而是一次乐迷团结的盛会。

截至7月15日，迪伦已经为80万观众呈现了50场演唱会。欧洲大陆巡演途经荷兰、西德、法国和瑞典。我还是感到了一丝紧张气氛，一种从表面察觉不出来的不安。我要求他解释一下他一年来常挂在嘴边的那句话“人只有战胜自己才能战胜他人。还有谁可能是你更强大的敌人？”

“没错，”迪伦说，“人最大的敌人是自己，亦是最好的朋友，如果能战胜内心的敌人，外界的敌人算得了什么。”他内心的敌人是什么？“猜疑。”他回答道，他仿佛用一个词就能回应指责他妄想症的说法。他能指出自己内心的敌人吗？听到我的问题，迪伦笑了，他用食指指着自己的心脏部位，谨慎地说：“我想说的话都在最后那首歌的两句歌词里。”他把话题引到了《今晚你在何处？》所表现的他与另一重自我之间的致命斗争。

迪伦一向艰深晦涩，表现出其双重性格就像双子座的两极性：强与弱、善良与残忍、乐观与悲观、生与死、多疑与友好。20世纪80年代的心理学家说过，富有创造力的人利用情绪的大幅波动作为前行的动力。自我矛盾的心理对立就像一对相互较量的双胞胎，不分高下。如果只能用一个词形容鲍勃·迪伦内心的冲突，矛盾心理是最合适的。如果你没有悟出活着的真谛，你不过是在等死罢了。古老的“植物神话”讲到，同类之王的死亡为未来植物的生长滋养了土壤，但是这位艺术家的“双生神话”或许有更深一层的寓意，即为自身的生长滋养了土壤。

鲍勃吃了一小口饭，继续喝着手边那瓶拿破仑干邑。他比我印象中更擅长闲谈，但他也想继续进行访谈，他说："这是为了你的书，但你想怎么样都行。" 于是我用他那句经典的"感觉如何？"逗他。迪伦坚持说大家的喝彩和赞扬都是给予他那些作品的："该称赞的不是我，而是我的歌。我只是个信使，将歌曲递送给听众。在这个世界上，那些歌是我的全部。所有的传奇和神话都是关于我的歌。我在不会走路的时候就开始写歌了。乔治·哈里森昨晚对我说，我到90岁的时候还会唱《没事，妈妈》。除了我，没人能赋予那些歌生命力。只有我才能赋予它们生命力。但是那些歌曲本身就有生命。吉米·亨德里克斯唱过，史蒂威·旺德、范·莫里森，还有猫王也唱过……"

在《放映机》的注释中，迪伦说"我都不敢相信自己坚持了这么久"，他想要"从智者和愚者身上吸取经验，不受别人干扰，做自己想做的……无论你自以为成就多大，也会被历史的车轮压过。我是不是听上去像个传教士？我要对那些有抱负的词曲作者和歌手说，别在意周围的事情，忘记它们，读读约翰·济慈和梅尔维尔的诗，听听罗伯特·约翰逊和伍迪·伽思礼的音乐，你会过得更好"。

迪伦创造的节奏、韵律和人物形象都是无价的，他不断创作、完善自己的作品，我们今天依然耳熟能详。我们都知道那个琼斯先生就是那个典型的市侩小人，他从不关心周围的国事、家事。迪伦认为，就算被困在荒凉的街区上，我们也要不断坚持前行。路上或许血迹斑斑、迷雾重重，但他坚信可以找到出路。我们大都和迪伦一样迷失了归途的方向，就算一只脚在路上，另一只脚在坟墓里，我们也要尽力逃脱这个锁住我们的牢笼。绝望和希望这一对孪生兄弟"在船长驾驶舱中搏斗"。虽然都已成为过去，但我们要忘却死难者，重新振作起来，现在我们风华正茂。死亡与重生。每死去七个人，就有七个人出生。我们总是忘记迪伦的唱词何时终止，我们自己的又是何时开始。

尽管他否认自己想要“教育别人”，但要能像他一样自我培养和自我教育，我们能学到的东西太多了。他来自美国中部，但是当他从格林尼治村那一站跳下地铁的时候，我们都在寻找答案，但只有他能够悟到最深层次的东西，弄明白问题本身，才能找出答案。我们跟随他去憧憬未来、智慧、新的想法，但是让我们受益匪浅的还是他勇于尝试的创新精神。不管是男是女，他一遍遍对我们说，兄弟，答案要靠自己去找寻，这样你会对它格外珍惜。不论我们多么坚持，他都不愿把自己当作大师。瘦弱的他扛不起十字架，而他又过于谨慎，不愿将如此重负转嫁他人——自己的经纪人。

“迪伦是个多面体，他近乎一个圆形，”一位伍德斯托克的好友说。他具有多重人格，因此这本传记不可能只讲述他一个人的故事，这是一部关于多人组合的故事。早在1966年他就曾经如是说：“无论走到哪里，我总是孤独的。”但10年之后，他说只有在舞台上才能找到孤独。早在他读到罗伯特·格雷夫斯的作品或见到他本人之前，他就遵循这位诗人的训诫，诗人必须要有想象力，同时也要理性思考。他扰乱了我们的平静，也扰乱了自己的平静。

过往既是序曲，亦是终曲。他的一生已经浓缩了五倍的人生。他或许会追随兰波的脚步，大声说出让世界无所适从的叛逆语言；他或许会追随叶芝的脚步，去寻觅，越老反而会更具创造力。以我们对迪伦这位神秘天才或多或少的了解，他无疑会走自己的路，因为他向来如此。

过往既是序曲，亦是终曲。

注释
Notes

第七章

1 "A Hard Rain's A-Gonna Fall" © 1963 by Warner Bros.

Inc., renewed 1991 by Special Rider Music.

2 *Bringing It All Back Home,* sleeve notes © 1965 Special Rider Music, renewed 1993 Special Rider Music.

3 "Tombstone Blues" © 1965 by Warner Bros. Inc., renewed 1993 by Special Rider Music.

4 In 2010, Pete Karman is still writing. He can be found at karmanturn.blogspot.com.

5 IWW—Industrial Workers of the World, founded 1905.

6 Richard Fariña's article appeared as "Baez and Dylan: a generation singing out," *Mademoiselle* (August 1964), reprinted in *The Dylan Companion.*

7 "It Ain't Me, Babe" © 1964 by Warner Bros. Inc., renewed 1992 by Special Rider Music.

8 Anthea Joseph (1940-1997) remained close to Dylan and can be seen in *Don't Look Back.* She went on to work for CBS London and Joe Boyd's Witchseason Productions.

9 Philip Saville enjoyed a distinguished career in television drama, most

notably directing 1982's The *Boys from the Blackstuff.* For a fuller discussion see "Bob Dylan in the Madhouse" in *The Dylan Companion.* In 2007, BBC TV screened *Dylan in the Madhouse,* a documentary on the making of the play. In 2008, BBC Radio 2 broadcast *Bob's Big Freeze,* a documentary about Dylan's first trip to the UK during the winter of 1962-3.

10 Sydney Carter (1915-2004) remains best known for his composition "Lord of the Dance."

11 The entire concert was made available on *The Bootleg Series, Volume 6: Bob Dylan Live 1964, Concert At Philharmonic Hall* (2004). Robert Shelton's original *New York Times* review is reproduced in the booklet. The CD includes four duets with Joan Baez, and further duets appear on Joan *Baez: Rare, Live & Classic* (1993), including the otherwise unavailable "Troubled And I Don't Know Why" (1963) and "Blowin' In The Wind" (1976).

12 "Advice For Geraldine On Her Miscellaneous Birthday" © 1964 Special Rider Music, renewed 1992 Special Rider Music.

第八章

1 "Desolation Row" © 1965 by Warner Bros. Inc., renewed 1993 by Special Rider Music.

2 "Like A Rolling Stone" © 1965 by Warner Bros. Inc., renewed 1993 by Special Rider Music.

3 Calley was the US Army officer responsible for the massacre of

Vietnamese civilians at My Lai in 1968.

4 Wolfgang Kayser, *The Grotesque in Art and Literature* (New York, 1963), pp 184-88.

5 *The Reader's Encyclopedia,* edited by W R Benet, © 1965 by Thomas Y Crowell Company.

6 "Subterranean Homesick Blues" © 1965 by Warner Bros. Inc., renewed 1993 by Special Rider Music.

7-8 *Ibid.*

9 Many commentators have identified the scene of Dylan flicking cue cards for "Subterranean Homesick Blues" at the beginning of *Don't Look Back* as the first pop video.

10 "She Belongs To Me" © 1965 by Warner Bros. Inc., renewed 1993 by Special Rider Music.

11 "Love Minus Zero/No Limit" © 1965 by Warner Bros. Inc., renewed 1993 by Special Rider Music.

12 "Outlaw Blues" © 1965 by Warner Bros. Inc., renewed 1993 by Special Rider Music.

13 "Mr Tambourine Man" © 1964, 1965 by Warner Bros. Inc., renewed 1992, 1993 by Special Rider Music.

14-15 *Ibid.*

16 Norman Jeffares *Profiles in Literature: WB Yeats* (Boston, 1971), p 43.

17 Gwendolyn Bays, *The Orphic Vis ion,* p 212.

18 “Gates Of Eden” © 1965 by Warner Bros. Inc., renewed 1993 by Special Rider Music.

19-21 *Ibid.*

22 “It’s Alright, Ma (I’m Only Bleeding)” © 1965 by Warner Bros. Inc., renewed 1993 by Special Rider Music.

23-24 *Ibid.*

25 “It’s All Over Now, Baby Blue” © 1965 by Warner Bros. Inc., renewed 1993 by Special Rider Music.

26-27 *Ibid.*

28 Carl G Jung, foreword to *I Ching* or the *Book of Changes* (New York, 1950), p iv.

29 *Bringing It All Back Home,* sleeve notes, © 1965 Special Rider Music, renewed 1993 Special Rider Music.

30 *Ibid.*

31 “Like A Rolling Stone” © 1965 by Warner Bros. Inc., renewed 1993 by Special Rider Music.

32 For an exhaustive analysis of the song, see Greil Marcus, *Like A Rolling Stone: Bob Dylan at the Crossroads.*

33 “Tombstone Blues” © 1965 by Warner Bros. Inc., renewed 1993 by Special Rider Music.

34 “Just Like Tom Thumb’s Blues” © 1965 by Warner Bros. Inc., renewed 1993 by Special Rider Music.

35 "Outlaw Blues" © 1965 by Warner Bros. Inc., renewed 1993 by Special Rider Music.

36 The "ladies garments" quote came back to haunt Dylan in 2004 when he appeared in a television advertisement for exotic lingerie.

37 *Playboy* interview with Dylan, March 1966. For full interview, see *Dylan on Dylan.*

38 Ray Coleman (1937-1996) was Editor and Editor-in-Chief of *Melody Maker* 1970-1981. He was also a staunch Dylan fan, and employed Robert Shelton as a freelance.

39 A scene memorably captured in *Don't Look Back.*

40 In 1966, Dylan and Lennon were filmed in the back of a limo for *Eat the Document.* A transcript was printed in *Mojo* (November 1993).

41 Despite the success of "Like A Rolling Stone" in 1965, Dylan and Tom Wilson later fell out. Wilson went on to work with Frank Zappa and the Velvet Underground. He died in 1978.

42 Ewan MacColl (1915-1989), doyen of the English folk revival, wrote "Dirty Old Town" and "The First Time Ever I Saw Your Face." He famously dismissed Dylan as "a youth of mediocre talent."

43 *Don't Look Bock* was on a double bill at Londons ICA with "punk poet" and Dylan-lookalike John Cooper Clarke's *Ten Years in an Open Necked Shirt.*

44 The 2006 DVD release of *Don't Look Back* boasted "five additional uncut audio tracks," commentaries from D A Pennebaker and Bob Neuwirth, plus

an alternate version of the "Subterranean Homesick Blues" opening.

45 *Eat the Document,* the "sequel" to *Don't Look Back,* remains "rarely shown," though some excerpts surfaced m Scorsese's *No Direction Home.*

46 In 2007 Murray Lerner brought all Dylan's 1960s Newport appearances together on a DVD — *The Other Side Of The Mirror: Bob Dylan at the Newport Folk Festival, 1963-1965.*

第九章

1 Yevgeny Yevtushenko, *Stolen Apples* (New York, 1971), from Introduction, "Being Famous Isn't Pretty."

2 "When I Paint My Masterpiece" © 1971 by Big Sky Music, renewed 1999 by Big Sky Music.

3 Which CBS-TV tried to ban in 1967.

4 All 20 songs have been put together on a CD, *The Byrds Play the Songsof Bob Dylan* (2001).

5 The Dylan/Ramblin' Jack version of "Mr Tambourine Man" appeared on the soundtrack of *No Direction Home.*

6 Janis Ian's talent was championed by Robert Shelton. For a full account, see Ian's memoir, *Society's Child.*

7 It has since emerged that the electric overdubbing of "Sounds of Silence" was undertaken without the knowledge of either Simon or Garfunkel, CBS executives simply grafted it on using the core band from *Highway 61 Revisited.*

8 In 2001, Irwin Silber (1925-2010) reflected in *Sing Out!* on that 1964 letter: "My open letter was written at a moment when I was really disappointed. I think what I wrote, I'd stand by, but if I had to do it all over again, I don't think I would write it in the same tone and in the same way."

9 SDS, Students for a Democratic Society, founded in 1960.

10 Levon Helm drummed with the Hawks, but deeply resented the booing that greeted the 1965 electric performances. He quit Dylan's band and went to work on oil rigs in the Gulf of Mexico, returning to the Band as singing drummer in time to cut *The Basement Tapes* in 1967.

11 Dylan's performance with the Band was finally made available when *Rock of Ages* was re-released in 2001.

12 "When I Paint My Masterpiece" © 1971 by Big Sky Music, renewed 1999 by Big Sky Music.

13 "Visions Of Johanna" © 1966 by Dwarf Music, renewed 1994 by Dwarf Music.

14 *Ibid.*

15 "Pledging My Time" © 1966 by Dwarf Music, renewed 1994 by Dwarf Music.

16 *Ibid.*

17 "Visions Of Johanna" © 1966 by Dwarf Music, renewed 1994 by Dwarf Music.

18 "Temporary Like Achilles" © 1966 by Dwarf Music, renewed 1994 by

Dwarf Music.

19 One of Dylan's most revealing interviews about

songwriting, with Paul Zollo in 1991, was reproduced in *Dylan On Dylan* by Jonathan Cott, editor: "Being a performer, you travel the world. You're not just looking out the same window every day ... Like yellow railroad' could have been a blinding day when the sun was bright on a railroad someplace and it stayed in my mind."

20 "Absolutely Sweet Marie" © 1966 by Dwarf Music, renewed 1994 by Dwarf Music.

21 "From A Buick 6" © 1965 by Warner Bros. Inc., renewed 1993 by Special Rider Music.

22 "Love Minus Zero/No Limit" © 1965 by Warner Bros.

Inc., renewed 1993 by Special Rider Music.

23 Prefatory notes by Paul Nelson to songbook of *Blonde On Blonde* (New York, 1966), p7.

24 Phil Spector is currently serving life imprisonment following the 2003 murder of Lana Clarkson at the same Hollywood mansion where Shelton rntervrewed him in 1966.

第十章

1 Even 20 years after the event, when Shelton published his book, accepted wisdom had it that "the greatest live album never released" had been recorded at

London's Royal Albert Hall. White label bootlegs had been in circulation since the late 1960s, all citing London as the location. However, doubts about the venue persisted until the official 1998 release of *The Bootleg Series Volume 4, Bob Dylan Live 1966, The "Royal Albert Hall" Concert* confirmed the recording as originating from Manchester's Free Trade Hall on May 17, 1966, 10 days before the Albert Hall concert. The subsequent five-star reviews of the set confirmed the opinion of Michael Gray, who described the shows as "the most radical, oceanic and storming electric music ever played live." For a 1999 radio documentary, *The Ghosts of Electricity,* Andy Kershaw and C P Lee attempted to track down the "Judas" shouter. Both Keith Butler and John Cordwell claimed to be the heckler—and as both men have since died, the truth may never be known. The events of that controversial 1966 UK tour, the "Judas" shout, and its aftermath, are chronicled in detail in Lee's *Like the Night (Revisited).*

2 Victor Maimudes (1935-2001) began as Dylan's road manager in 1964, serving intermittently until 1996.

3 "Everybody around told us it wasn't working," Robbie Robertson said, looking back on those 1966 shows, "and we would tape the shows and listen to them at night—just Bob and the guys in the band —and say 'I'm sorry, but this isn't that bad! '" Interview with Patrick Humphrres, *Vox* (1991).

4 Ralph J Gleason (1917-1975) was a San Francisco-based journalist and an early advocate of Dylan. In 1967 he suggested the name *Rolling Stone* as the title of a newspaper he was cofounding with Jann Wenner. In 2010 a special

edition of *The Witmark Demos: 1962-1964 (The Bootleg Series Volume 9)* was made available that included a previously unknown live recording of Dylan, recorded on May 10, 1963 at Brandeis University. The tape had been in Gleason's collection for over 40 years. "It had been forgotten, until it was found last year in the clearing of the house after my mother died," said Gleason's son Toby.

5 Until 1991, the only official release by Dylan and the Hawks from the 1966 tour was a live recording of "Just Like Tom Thumb's Blues," recorded in Liverpool and issued as the B-side of "I Want You" in June 1966.

6 The French press and—to a certain extent—audiences were famously resistant to imported rock 'n' roll. In 1964 the Beatles played the Olympia, and Mark Lewisohn wrote of their residency: "The audience at this opening Olympia show was largely comprised of the Paris society set ... and there was clearly little mutual affection between them and the four Liverpudlians."

7 The most exhaustive account of Dylan's rollercoaster 1966 World Tour was written by the late John Bauldie. *The Ghost Of Electricity* was privately published in 1988.

第十一章

1 From "Silence and the Poet" in *Language and Silence: Essays on Language, Literature and the Inhuman* © 1963, 1967 George Steiner. Reprinted with the permission of Atheneum Publishers New York and Faber & Faber London.

2 Pete Hamill, from liner notes to *Blood On The Tracks.* They were deleted after the first run, but were restored on the 2003 SACD reissue of the album. They appeared in the *Blood On The Tracks* songbook (London, 1975).

3 Talking to Kurt Loder in 1984 Dylan reflected: "When I had that motorcycle accident ... I woke up and caught my senses, I realized that I was just workin' for all these leeches. And I didn't want to do that. Plus, I had a family and I just wanted to see my kids." See *Dylan On Dylan.*

4 Clive Davis with James Willwerth, *Clive: Inside the Record Business,* p 65.

5 *Ibid.,* p72.

6 Dylan interview with John Cohen and Happy Traum in *Sing Out!,* October/November 1968, p 24.

7 *Ibid.*

8 In the event, the most comprehensive bootleg of the 1967 *Badement Tapes* came in 2001 with a 128-track, four-CD box set entitled A *Tree With Roots.* Various songs from the basement have also surfaced officially on *Biograph, The Bootleg Series* and *I'm Not There.* The most informative chronicle of the period remains Sid Griffin's *Milion Dollar Bash.*

9 Gwendolyn Bays, *The Orphic Vision,* p 88.

10 "All Along The Watchtower" © 1968 by Dwarf Music, renewed 1996 by Dwarf Music.

11 Dylan interview with John Cohen and Happy Traum in *Sing Out!,*

October/November 1968, p 24.

12 "John Wesley Harding" ©1968 by Dwarf Music, renewed 1996 by Dwarf Music.

13 "The Ballad Of Frankie Lee And Judas Priest" © 1968 by Dwarf Music, renewed 1996 by Dwarf Music.

14 "I Pity The Poor Immigrant" © 1968 by Dwarf Music, renewed 1996 Dwarf Music.

15 In 1997 Dylan put together a Jimmie Rodgers tribute album, *(see* Chronology)

16 "I Threw It All Away" © 1969 by Big Sky Music, renewed 1997 by Big Sky Music.

17 "Country Pie" © 1969 by Big Sky Music, renewed 1997 by Big Sky Music.

第十二章

1 A 1982 encounter with Weberman is recalled in *All Across The Telegraph: A Bob Dylan Handbook* by Michael Gray and John Bauldie, editors.

2 In the two decades it took to write his book, financial worries forced Robert Shelton to sell part of his collection. Some of these items can be seen at Seattle's Experience Music Project. At his death, everything else was donated to the Institute of Popular Music at the University of Liverpool.

3 "George Jackson" © 1971 by Ram's Horn Music, renewed 1999 by Ram's

Horn Music.

4 "Watching The River Flow" © 1971 by Big Sky Music, renewed 1999 by Big Sky Music.

5 "Day Of The Locusts" © 1970 by Big Sky Music, renewed 1998 by Big Sky Music.

6 "If Dogs Run Free" © 1970 by Big Sky Music, renewed 1998 by Big Sky Music.

7 "Sign On The Window" © 1970 by Big Sky Music, renewed 1998 by Big Sky Music.

8 Dylan went on to work alongside George Harrrson (1943-2001) on two Traveling Wilburys albums.

9 The fruits of those Dylan/Ginsberg sessions were finally released on a four-CD set, *Holy Soul Jelly Roll* (1994).

10 Doug Sahm (1941-1999) played with Augie Myers in the original Sir Douglas Quintet. Meyers later played on *Time Out of Mind* and *Love and Theft.*

11 A new version of *Pat Garrett & Billy The Kid* restored by the film's original editor Roger Spotiswoode, was released in 1988, but nothing more of Dylan's 'Alias' emerged.

12 "Hero Blues" © 1963 by Warner Bros. Inc., renewed 1991 by Special Rider Music.

13 "It's Alright, Ma (I'm Only Bleeding)" © 1965 by Warner Bros. Inc., renewed 1993 by Special Rider Music.

14 “Dirge” © 1973 by Ram’s Horn Music, renewed 2001 by Ram’s Horn Music.

15 *Ibid.*

16 “Tough Mama” © 1973 by Ram’s Horn Music, renewed 2001 by Ram’s Horn Music.

17 Allen Ginsberg, *First Blues, Rags and Harmonium Songs* (New York, 1975). Also, see Allen Ginsberg *Collected Poems,* 1947-1980 (New York, 1985).

18 Over the years, some of the original New York recordings for *Blood On The Tracks* have emerged on various official releases including *Biograph* and *The Bootleg Series, Volumes 1-3.* The most comprehensive account of those sessions appeared in *A Simple Twist of Fate: Bob Dylan and The Making of Blood On the Tracks* by Andy Gill and Kevin Odegard.

19 Wallace Fowlie, *Rimbaud* (Chicago, 1965), p 127.

20 “Tangled Up In Blue” © 1974 by Ram’s Horn Music, renewed 2002 by Ram’s Horn Music.

21 *Ibid.*

22 “Simple Twist Of Fate” © 1974 by Ram’s Horn Music, renewed 2002 by Ram’s Horn Music.

23 *Ibid.*

24 “You’re A Big Girl Now” © 1974 by Ram’s Horn Music, renewed 2002 by Ram’s Horn Music.

25 *Ibid.*

26 "You're Gonna Make Me Lonesome When You Go" © 1974 by Ram's Horn Music, renewed 2002 by Ram's Horn Music.

27 Wallace Fowlie, *Rimbaud* (Chicago, 1965).

28 "If You See Her, Say Hello" © 1974 by Ram's Horn Music, renewed 2002 by Ram's Horn Music.

29 "Shelter From The Storm" © 1974 by Ram's Horn Music, renewed 2002 by Ram's Horn Music.

30 *Ibid.*

31 The new song was "Abandoned Love," and this—the only known performance—was captured on tape and later released on *Biograph.*

第十三章

1 Anthony Storr, *C G Jung* (London, Fontana), p 93.

2 Gwendolyn Bays, *The Orphic Vision,* p 98.

3 *Rimbaud: Complete Works, Selected Letters,* translation, introduction, and notes by Wallace Fowlie (Chicago, 1966), pp 193-95.

4 "When The Ship Comes In" © 1963, 1964 by Warner Bros. Inc., renewed 1991, 1992 by Special Rider Music.

5 "Hurricane" (Bob Dylan & Jacques Levy), © 1975 by Ram's Horn Music, renewed 2003 by Ram's Horn Music.

6 *Ibid.*

7 "11 Outlined Epitaphs" (sleeve note to *The Times They Are A- Cbangin')*

© 1964 Special Rider Music, renewed 1992 Special Rider Music.

8 "Oh, Sister" (Bob Dylan & Jacques Levy) © 1975 by Ram's Horn Music, renewed 2003 by Ram's Horn Music.

9 *Ibid.*

10 "Isis" (Bob Dylan & Jacques Levy) © 1975 by Ram's Horn Music, renewed 2003 by Ram's Horn Music.

11 "It's All Over Now, Baby Blue" © 1965 by Warner Bros. Inc., renewed 1993 by Special Rider Music.

12 *Desire,* sleeve notes © 1975 by Ram's Horn Music, renewed 2003 by Ram's Horn Music.

13 *Ibid.*

14 "My Back Pages" © 1964 by Warner Bros. Inc., renewed 1992 by Special Rider Music.

15 "Joey" (Bob Dylan & Jacques Levy) © 1975 by Ram's Horn Music, renewed 2003 by Ram's Horn Music.

16 *Ibid.*

17 "Sara" © 1975, 1976 by Ram's Horn Music, renewed 2003, 2004 by Ram's Horn Music.

18 "Chimes Of Freedom" © 1964 by Warner Bros. Inc., renewed 1992 by Special Rider Music.

19 "Don't Go Home With Your Hard On" appeared on Leonard Cohen's album *Death of a Ladied' Man* (1977).

20 Besides his *Rolling Thunder Logbook,* Shepard's other major Dylan connection was as co-author of "Brownsville Girl" — the 11-minute highlight of *Knocked Out, Loaded.* Michael Gray devotes five pages of his *Encyclopedia* to the song.

后 记

1 Howard Sounes revealed that Dylan married Carolyn Dennis in June 1986. They were divorced in October 1992.

译后记

《迷途家园：鲍勃·迪伦的音乐与生活》出自已故美国知名记者、乐评人罗伯特·谢尔顿之手，该书从1966年筹备到1986年成书，耗时长达20年之久，成书后得到迪伦本人和业界的认可，是公认的20纪60代美国民谣复兴新闻主义的代表作之一。作为发现鲍勃·迪伦音乐天赋的伯乐，谢尔顿的这部鸿篇巨制不仅深得传主迪伦的认可，同时也颇受美国电影大师马丁·斯科塞斯的青睐。2005年斯科塞斯执导的纪录片《迷途家园：鲍勃·迪伦传》就是以此书为蓝本拍摄而成。

本书在众多的迪伦传记作品中占据了重要的位置。书中，罗伯特·谢尔顿以新闻工作者严谨的态度，独特精练的文笔展现了迪伦非凡人生的各个阶段，将迪伦那些自我隐遁的手法层层化解，真实地呈现了迪伦在创造伟大音乐和自我放逐之间的人生起伏，成为60代美国民谣复兴运动，乃至后续的摇滚乐崛起的记录者。

作者以波西米亚艺术家聚居的纽约格林尼治村为活动中心，采访了20世纪后半叶美国艺术光谱中的诸多符号级别的文化人物，从而为读者勾画了一副20世纪美国流行音乐文化的群英图谱。假借这副图谱，我们可以用心灵的眼睛去目睹20世纪众多美国流行文化人物的心路历程，其中包括迪伦前后左右、众多灯塔式人物，如伍迪·伽思礼、皮特·西格尔、杰克·艾略特、凡·容克、琼·贝兹等，其中对“20世纪伟大的缪斯之一”的苏西·罗托洛（迪伦前女友）女士的描述，会使读者发现《迷途家园：鲍勃·迪伦的音乐与生活》的感性、动人，从而清晰地呈现了迪伦音乐创作之外的另一个维度，即音乐与政治，音乐与人文，音乐与种族、性别、阶级的层层关注。当然，如果读者是鲍勃·迪伦的歌迷，这本书自然有着与其音乐作品相互参照的价值，因为《迷途家园：鲍勃·迪伦的音乐与生活》堪称了解迪伦音乐作品的微型百科全书，作者从第三章开始便对迪伦自1961年出版的每一张专辑进行了权威和系统的解读，也就是说专辑上几乎每一首曲目都有详解，内容涉及音乐、宗教、政治、历史、人物，并做了大量美国流行音乐的基础知识介绍。从某种意义上讲，阅读《迷途家园：鲍勃·迪伦的音乐与生活》并不迷途，因为它的文化政治坐标清晰明了，堪称一部令人耳目一新的社会历史，一部对“美国流行乐坛以及迪伦在其中地位的”精准定位。

从鲍勃·迪伦在大陆的接受史来看，我们“60后”这一代人受他的影响最深，或许没有之一。在发表于1996年《外国文学》杂志上的论文中，我曾详细论述了迪伦的诗歌艺术，记录了对他的敬重与崇拜，更重要的是，也剖析了自己对迪伦颇为矛盾的感情：一方面我几乎以迪伦为精神导师，而另一方面似乎也无法理解他忽而向左——猛批时政弊端，忽而向右——拥抱上帝、成为再生基督徒的机会主义习气，因而也同意当时《滚石》杂志对其作出的几乎就是死刑的评判，即“稀奇古怪的毫无生气（strangely lifeless）”。现在看来似乎对迪伦是极不公平了。

也许我和迪伦是隔代人，两者的相遇本身就是大洋两岸不同身份、不同属性的个体在某种错位的历史语境下的对话。20世纪80年代中后期，对于一个刚从“改革开放”中走出来的大陆青年学子，巧遇西学东渐而导致的“文化热”，进而热烈地拥抱“接受”着西方“人道主义”“人性”与“博爱”等诸多宏大叙述，却突然遭遇迪伦对种族主义、军国主义、资本主义，乃至帝国霸权的批判，犹如五雷轰顶般的顿悟和启蒙，不同的历史境遇决定了迪伦会不断让我感到失望与希望。

时过境迁，2015年的晚秋，当我和夫人与重庆大学出版社那位年轻敏锐、善于捕捉时尚艺术脉搏的编辑张维谈起迪伦的时候，竟然忍不住提起翻译罗伯特·谢尔顿的那部鸿篇巨制——《迷途家园：鲍勃迪伦的音乐与生活》。张维高瞻远瞩，竟然以“蜘蛛侠弹跳起步的”速度接受了我的选题申请，似乎我和他的欣赏纬度之间根本不存在犹如年龄大小的跨度，为此我感到释然，一直以为找到了不计“钱”程的灵魂知己。

从某种意义上讲，翻译迪伦的传记似乎要突破两个跨越时代的“隔膜”与距离。多少年来，我似乎将对迪伦的敬仰移情到他的传记作者罗伯特·谢尔顿身上。这种移情缘起我和一位美籍华人记者于1992年在香山团城的交谈。那天我跟随《霸王别姬》剧组拍摄“日寇屠杀我抗日军民”的那场夜戏，下午剧组抵达团城后，不想却和那位记者聊起了谢尔顿，让我惊讶的是，她竟然脱口而出自己刚刚和谢尔顿吃过晚饭，似乎一瞬间我们的陌生感和距离感都被消解了，因为一个共同认识的记者兼作家而增添了谈话的动机，大有“他乡遇故知，久逢千杯少，何处无知己”的感觉。从谈话中得知，在传记文学以及60年代伴随民谣兴起的民谣新闻主义领域，谢尔顿是旗手地位的大咖，但他也曾经是个桀骜不驯、正气凌然的左翼民间音乐铁粉儿，50年代就已经是新英格兰地区叱咤风云的政经、影视乐评领域的带头人，因政治观点左倾还曾受到国会麦卡锡分子的迫害，并为此陷入旷日持久的官司，差点身陷囹圄。60年代他更是积极追寻于迪伦左右，深入迪伦的创作、巡演、政治参与当中，翔实地观察并记录着迪伦的言谈举止。为了能够做到公正客观，谢尔顿甚至远离故土、避走他乡，不惜加入英国国籍，面壁苦读，可谓“晨钟暮鼓，汝道不孤”。值得一提的是，与一般传记作者不同，谢尔顿不屑传主的细枝末节，而是专注于迪伦人生历程的各个大的转型阶段，从青少年时代对詹姆斯·迪恩、马龙·白兰度、鲍比·威、查克·贝利的痴迷，到青年时代接受“狂飙的60年代”各种平权、反战的理想主义的洗礼，到中老年“信仰与家庭”危机等贯穿全书的人生转折，投射了他自身基于历史与宗教的身份意识的巨大拐点。

翻译此书的历程可谓一波三折，幸亏有众多志同道合者的参与，我的几位研究生，包括郭萧宇、靳荣波、李玉婷、陈健怡、赵小侠与黄诗路等不同程度地参与了本书的翻译工作，在此我一并对他们表示感激。如同影视艺术，翻译永远是一桩遗憾的艺术，本书也不免有令人遗憾的瑕疵，我愿对此负责，并真诚地希望读者批评指正。

滕继萌
2018年寒冷的北京

图书在版编目（CIP）数据

迷途家园：鲍勃·迪伦的音乐与生活. 2 /（美）罗伯特·谢尔顿（Robert Shelton）著；滕继萌译. -- 重庆：重庆大学出版社，2018.2

书名原文：No Direction Home: The Life and Music of Bob Dylan

ISBN 978-7-5689-0896-2

Ⅰ. ①迷… Ⅱ. ①罗… ②滕… Ⅲ. ①鲍勃·迪伦—传记 Ⅳ. ①K837.125.76

中国版本图书馆 CIP 数据核字（2017）第277805号

迷途家园：鲍勃·迪伦的音乐与生活.2

MITU JIAYUAN : BAOBO · DILUN DE YINYUE YU SHENGHUO . 2

[美]罗伯特·谢尔顿 著

滕继萌 译

策划编辑：张 维

责任编辑：李桂英

责任校对：张红梅

装帧设计：崔晓晋

责任印制：赵 晟

重庆大学出版社出版发行

出版人：易树平

社址：（401331）重庆市沙坪坝区大学城西路 21 号

网址：http://www.cqup.com.cn

印刷：北京图文天地制版印刷有限公司

开本：890mm × 1240mm 1/32 印张：14.75 字数：343千字

2018年2月第1版 2018年2月第1次印刷

ISBN 978-7-5689-0896-2 定价：58.00 元

版贸核渝字（2016）第 158 号